浙江文化研究工程成果文库

钱玄同年谱

余连祥 著

浙江大学出版社
ZHEJIANG UNIVERSITY PRESS

浙江省文化研究工程指导委员会

浙江文化研究工程成果文库总序

有人将文化比作一条来自老祖宗而又流向未来的河，这是说文化的传统，通过纵向传承和横向传递，生生不息地影响和引领着人们的生存与发展；有人说文化是人类的思想、智慧、信仰、情感和生活的载体、方式和方法，这是将文化作为人们代代相传的生活方式的整体。我们说，文化为群体生活提供规范、方式与环境，文化通过传承为社会进步发挥基础作用，文化会促进或制约经济乃至整个社会的发展。文化的力量，已经深深熔铸在民族的生命力、创造力和凝聚力之中。

在人类文化演化的进程中，各种文化都在其内部生成众多的元素、层次与类型，由此决定了文化的多样性与复杂性。

中国文化的博大精深，来源于其内部生成的多姿多彩；中国文化的历久弥新，取决于其变迁过程中各种元素、层次、类型在内容和结构上通过碰撞、解构、融合而产生的革故鼎新的强大动力。

中国土地广袤、疆域辽阔，不同区域间因自然环境、经济环境、社会环境等诸多方面的差异，建构了不同的区域文化。区域文化如同百川归海，共同汇聚成中国文化的大传统，这种大传统如同春风化雨，渗透于各种区域文化之中。在这个过程中，区域文化如同清溪山泉潺潺不息，在中国文化的共同价值取向下，以自己的独特个性支撑着、引领着本地经济社会的发展。

从区域文化入手，对一地文化的历史与现状展开全面、系统、扎实、有序的研究，一方面可以藉此梳理和弘扬当地的历史传统和文化资源，繁荣和丰富当代的先进文化建设活动，规划和指导未来的文化发展蓝图，增强文化软实力，为全面建设小康社会、加快推进社会主义现代化提供思想保证、精神动力、智力支持和舆论力量；另一方面，这也是深入了解中国文化、研究中国文化、发展中国文化、创新中国文化的重要途径之一。如今，区域文化研究日益受到各地重视，成为我国文化研究走向深入的一个重要标志。我们今天实施浙江文化研究工程，其目的和意义也在于此。

千百年来，浙江人民积淀和传承了一个底蕴深厚的文化传统。这种文化传统的独特性，正在于它令人惊叹的富于创造力的智慧和力量。

浙江文化中富于创造力的基因，早早地出现在其历史的源头。在浙江新石器时代最为著名的跨湖桥、河姆渡、马家浜和良渚的考古文化中，浙江先民们都以不同凡响的作为，在中华民族的文明之源留下了创造和进步的印记。

浙江人民在与时俱进的历史轨迹上一路走来，秉承富于创造力的文化传统，这深深地融汇在一代代浙江人民的血液中，体现在浙江人民的行为上，也在浙江历史上众多杰出人物身上得到充分展示。从大禹的因势利导、敬业治水，到勾践的卧薪尝胆、励精图治；从钱氏的保境安民、纳土归宋，到胡则的为官一任、造福一方；从岳飞、于谦的精忠报国、清白一生，到方孝孺、张苍水的刚正不阿、以身殉国；从沈括的博学多识、精研深究，到竺可桢的科学救国、求是一生；无论是陈亮、叶适的经世致用，还是黄宗羲的工商皆本；无论是王充、王阳明的批判、自觉，还是龚自珍、蔡元培的开明、开放，等等，都展示了浙江深厚的文化底蕴，凝聚了浙江人民求真务实的创造精神。

代代相传的文化创造的作为和精神，从观念、态度、行为方式和价值取向上，孕育、形成和发展了渊源有自的浙江地域文化传统和与时俱进的浙江文化精神，她滋育着浙江的生命力、催生着浙江的凝聚力、激发着浙江的创造力、培植着浙江的竞争力，激励着浙江人民永不自满、永不停息，在各个不同的历史时期不断地超越自我、创业奋进。

悠久深厚、意韵丰富的浙江文化传统，是历史赐予我们的宝贵财富，也是我们开拓未来的丰富资源和不竭动力。党的十六大以来推进浙江新发展的实践，使我们越来越深刻地认识到，与国家实施改革开放大政方针相伴随的浙江经济社会持续快速健康发展的深层原因，就在于浙江深厚的文化底蕴和文化传统与当今时代精神的有机结合，就在于发展先进生产力与发展先进文化的有机结合。今后一个时期浙江能否在全面建设小康社会、加快社会主义现代化建设进程中继续走在前列，很大程度上取决于我们对文化力量的深刻认识、对发展先进文化的高度自觉和对加快建设文化大省的工作力度。我们应该看到，文化的力量最终可以转化为物质的力量，文化的软实力最终可以转化为经济的硬实力。文化要素是综合竞争力的核心要素，文化资源是经济社会发展的重要资源，文化素质是领导者和劳动者的首要素质。因此，研究浙江文化的历史与现状，增强文化软实力，为浙江的现代化建设服务，是浙江人民的共同事业，也是浙江各级党委、政府的重要使命和责任。

2005 年 7 月召开的中共浙江省委十一届八次全会，作出《关于加快建设文化大省的决定》，提出要从增强先进文化凝聚力、解放和发展生产力、增强社会公共服务能力入手，大力实施文明素质工程、文化精品工程、文化研究工程、文化保护工程、文化产业促进工程、文化阵地工程、文化传播工程、文化人才工程等“八项工程”，实施科教兴国和人才强国战略，加快建设教育、科技、卫生、体育等“四个强省”。作为文化建设“八项工程”之一的文化研究工程，其任务就是系统研究浙江文化的历史成就和当代发展，深入挖掘浙江文化底蕴、研究浙江现象、总结浙江经验、指导浙江未来的发展。

浙江文化研究工程将重点研究“今、古、人、文”四个方面，即围绕浙江当代发展问题研究、浙江历史文化专题研究、浙江名人研究、浙江历史文献整理四大板块，开展系统研究，出版系列丛书。在研究内容上，深入挖掘浙江文化底蕴，系统梳理和分析浙江历史文化的内部结构、变化规律和地域特色，坚持和发展浙江精神；研究浙江文化与其他地域文化的异同，厘清浙江文化在中国文化中的地位和相互影响的关系；围绕浙江生动的当代实践，深入解读浙江现象，总结浙江经验，指导浙江发展。在研究力量上，通过课题组织、出版资助、重点研究基地建设、加强省内外大院名校合作、整合各地各部门力量等途径，形成上下联动、学界互动的整体合力。在成果运用上，注重研究成果的学术价值和应用价值，充分发挥其认识世界、传承文明、创新理论、咨政育人、服务社会的重要作用。

我们希望通过实施浙江文化研究工程，努力用浙江历史教育浙江人民、用浙江文化熏陶浙江人民、用浙江精神鼓舞浙江人民、用浙江经验引领浙江人民，进一步激发浙江人民的无穷智慧和伟大创造能力，推动浙江实现又快又好发展。

今天，我们踏着来自历史的河流，受着一方百姓的期许，理应负起使命，至诚奉献，让我们的文化绵延不绝，让我们的创造生生不息。

2006 年 5 月 30 日于杭州

浙江文化研究工程成果文库序言

袁家军

浙江是中华文明的发祥地之一，历史悠久、人文荟萃，素称“文物之邦”“人文渊薮”，从河姆渡的陶灶炊烟到良渚的文明星火，从吴越争霸的千古传奇到宋韵文化的风雅气度，从革命红船的扬帆起航到新中国成立初期的筚路蓝缕，从改革开放的敢为人先到新时代的变革创新，都留下了弥足珍贵的历史文化财富。纵览浙江发展的历史，文化是软实力、也是硬实力，是支撑力、也是变革力，为浙江干在实处、走在前列、勇立潮头提供了独特的精神激励和智力支持。

2003 年，习近平同志在浙江工作时作出“八八战略”重大决策部署，明确提出要进一步发挥浙江的人文优势，积极推进科教兴省、人才强省，加快建设文化大省。2005 年 7 月，习近平同志主持召开省委十一届八次全会，亲自擘画加快建设文化大省的宏伟蓝图。在习近平同志的亲自谋划、亲自布局下，浙江形成了文化建设“3＋8＋4”的总体框架思路，即全面把握增强先进文化的凝聚力、解放和发展文化生产力、提高社会公共服务力等“三个着力点”，启动实施文明素质工程、文化精品工程、文化研究工程、文化保护工程、文化产业促进工程、文化阵地工程、文化传播工程、文化人才工程等“八项工程”，加快建设教育、科技、卫生、体育等“四个强省”，构建起浙江文化建设的“四梁八柱”。这些年来，我们按照习近平同志当年作出的战略部署，坚持一张蓝图绘到底、一任接着一任干，不断推进以文铸魂、以文育德、以文图强、以文传道、以文兴业、以文惠民、以文塑韵，走出了一条具有中国特色、时代特征、浙江特点的文化发展之路。

文化研究工程是浙江文化建设最具标志性的成果之一。随着第一期和第二期文化研究工程的成功实施，产生了一批重点研究项目和重大研究成果，培育了一批具有浙江特色和全国影响的优势学科，打造了一批高水平的学术团队和在全国有影响力的学术名师、学科骨干。2015 年结束的第一批浙江文化研究工程共立研究项目 811 项，出版学术著作千余部。2017 年 3 月启动的第二期浙江文化研究工程，已开展了 52 个系列研究，立重大课题 65 项、重点课题 284 项，出版学术著作 1000 多部。特别是形成了《宋画全集》等中国历代绘画大系、《共和国命运的抉择与思考——毛泽东在浙江的 785 个日日夜夜》等领袖与浙江研究系列、《红船逐浪：浙江“站起来”的革命历程与精神传承》等“浙 100 年”研究系列、《浙江通史》《南宋史研究丛书》等浙江历史专题史研究系列、《良渚文化研究丛书》等浙江史前文化研究系列、《儒学正脉——王守仁传》等浙江历史名人研究系列、《吕祖谦全集》等浙江文献集成系列。可以说，浙江文化研究工程，赓续了浙江悠久深厚的文化血脉，挖掘了浙江深层次的文化基因，提升了浙江的文化软实力，彰显了浙江在海内外的学术影响力，为浙江当代发展提供了坚实的理论支撑和智力支持，为坚定文化自信提供了浙江素材。

当前，浙江已经踏上了实现第二个百年奋斗目标的新征程，正在奋力打造“重要窗口”，争创社会主义现代化先行省，高质量发展建设共同富裕示范区。文化工作在浙江高质量发展建设共同富裕示范区中具有决定性作用，是关键变量；展现共同富裕美好社会的图景，文化是最富魅力、最吸引人、最具辨识度的标识。我们要发挥文化铸魂塑形赋能功能，为高质量发展建设共同富裕示范区注入强大文化力量，特别是要坚持把深化文化研究工程作为打造新时代文化高地的重要抓手，努力使其成为研究阐释习近平新时代中国特色社会主义思想的重要阵地、传承创新浙江优秀传统文化革命文化社会主义先进文化的重要平台、构建中国特色哲学社会科学的重要载体、推广展示浙江文化独特魅力的重要窗口。

新时代浙江文化研究工程将延续“今、古、人、文”主题，重点突出当代发展研究、历史文化研究、“新时代浙学”建构，努力把浙江的历史与未来贯通起来，使浙学品牌更加彰显、浙江文化形象更加鲜明、中国特色哲学社会科学的浙江元素更加丰富。新时代浙江文化研究工程将坚守“红色根脉”，更加注重深入挖掘浙江红色资源，持续深化“习近平新时代中国特色社会主义思想在浙江的探索与实践”课题研究，努力让浙江成为践行创新理论的标杆之地、传播中华文明的思想之窗；擦亮以宋韵文化为代表的浙江历史文化金名片，从思想、制度、经济、社会、百姓生活、文学艺术、建筑、宗教等方面全方位立体化系统性研究阐述宋韵文化，努力让千年宋韵更好地在新时代“流动”起来、“传承”下去；科学解读浙江历史文化的丰富内涵和时代价值，更加注重学术成果的创造性转化，探索拓展浙学成果推广与普及的机制、形式、载体、平台，努力让浙学成果成为有世界影响的东方思想标识；充分动员省内外高水平专家学者参与工程研究，坚持以项目引育高端社科人才，努力打造一支走在全国前列的哲学社会科学领军人才队伍；系统推进文化研究数智创新，努力提升社科研究的科学化水平，提供更多高质量文化成果供给。

伟大的时代，需要伟大作品、伟大精神、伟大力量。期待新时代浙江文化研究工程有更多的优秀成果问世，以浙江文化之窗更好地展现中华文化的生命力、影响力、凝聚力、创造力，为忠实践行“八八战略”、奋力打造“重要窗口”，争创社会主义现代化先行省，高质量发展建设共同富裕示范区，提供强大思想保证、舆论支持、精神动力和文化条件。

凡 例

一、本丛书之谱主均系公认的浙籍作家。其主要标识为出生于浙江，或童年、少年时期在浙江度过，或长期与浙江保持密切联系，其家世影响、成长经历、文学素养的形成，受到浙江地域文化的浸染，其文学观念、文学创作留有鲜明的浙江文化印记。浙江“身份”尚存争议的作家，暂不列入。

二、本丛书之谱主的主要文学成就，均在“中国现当代文学”时期(包括1949年以前的“现代”期和中华人民共和国成立后的“当代”期)产生过广泛影响的各种文学创作、文学活动及其他相关文化活动。其他历史时段与谱主相关的活动，从略记述。

三、每位谱主之年谱为一册，以呈现谱主之文学创作、文艺思想、文学组织、文学编辑等成就为重点，相关背景呈示多侧重其与文学的关联性；年谱亦涉及谱主在中国革命史、思想史、文化史上的成就与贡献，充分展示谱主在建构我国20世纪新文化中的特殊贡献。

四、每部年谱共由三部分组成。第一部分为家世简表、谱主照片等有关材料；第二部分为年谱正文和少量插图，图片配发在正文相应部位，以便形成文图互证；第三部分为谱主的后世影响，主要包括正文未及的谱主身份、价值的确切定位及相关悼念、纪念活动，以及谱主的全集出版、著作外译、谱主研究会的成立、重要研究成果等，均予以择要展示。文后附参考文献。

五、年谱使用规范的现代语体文。直接引用资料采用原文文体；人名、地名、书名、文章篇名及引录的原著繁体字或异体字文句，凡可能引起歧义、误解者，仍用原繁体字或异体字。

六、年谱以公历年份作为一级标题，括号内标注农历年份。谱主岁数以“周岁”表述，出生当年不标岁数，只标为是年“出生”。为便于阅读，按通行出版惯例，年、月、日及岁数均采用阿拉伯数字。

七、年谱在一级标题下，以条目形式列出本年度与谱主的文学（文化）活动密切相关、对谱主产生重要影响的若干条“年度大事记”。

八、年谱以公历月份作为二级标题。在二级标题之下，以日期标识谱主相关信息。所有日期均为公历；若农历涉及跨年度等特殊情况，则换算为公历将所述内容置于相应年份，以利于读者识别。

九、年谱中部分具体日期不明的重要信息，均置于当月最后位置，以“本月　……”说明之；若有关信息只能确定在“春季”“夏季”之类时间段内，则置于本年度末，以“春　……”“夏　……”等加以说明；若有关信息只能确定在本年度的，则亦置于本年度末，以“本年　……”进行表述。

十、中华人民共和国成立前国家、民族、地名、组织、机构、职官等名称，除明显带有歧视、污蔑含义者须加以适当处理外，原则上仍用文献记载的原名称。

十一、鉴于资料来源多元和考证繁杂，年谱中若观点出现有待考证或诸说并存的，借助“按……”的形式，简要表述编撰者的考辨，或者以注释形式加以说明。

十二、凡有补充、评述等特别需要说明的内容，皆以注释形式说明。对以往诸家有关谱主传记文字的误记之处，在录入史实后，均用注释的方式予以纠正。

十三、年谱正文原则上不特别标识信息来源；若确需说明的，则以分门别类的方式，在正文表述中进行适当处理。

十四、年谱注释从简。确需注释的，统一采用当页脚注。发表报刊一般不注，用适当方式通过正文直接表述；其中，民国时期报刊之“期”“号”等，原则上依照原刊之表述。

十五、因时代关系，部分历史文献之标点符号不甚规范，录入时已根据现时标点符号规范标点。以往相关书籍史料中收录的谱主文献，不同版本在部分文献上有不同的断句，本年谱所录之文系在比对各种资料后基于文意定之。

十六、谱主已知的全部著述，均标注初刊处、写作日期、初收何集、著述体裁（如小说、散文、漫画、艺术论述、童话、诗词、评论、译文、书信、日记、序跋等）。若谱主著译版本繁多，一般仅录入初版本。若该作品有多处重刊、转载或收入作品集，则在正文中进行说明，以表明作品的重要性和社会影响。未曾发表的作品注明现有手稿及作品的现存之处。

十七、谱主的主要社会评价，既反映正面性评价，也反映批评性评价，以体现存真的目的，尽可能体现年谱对谱主的全面评价意义。有代表性的评价文字，节录原文以存真。社会评价文字根据原文发表时间，放在相应的正文中表述；若无法确定时间，则放在相应的月份末尾或年份末尾予以恰当叙述。

十八、年谱若遇历史文献中无法辨认之字，则用“□”表示。

十九、年谱中有关谱主的后世影响，根据不同谱主状况，依照类别和时间顺序，在谱后进行详略有别的叙述。

《浙江现代文学名家年谱》编纂委员会

2020 年 8 月

家世简表

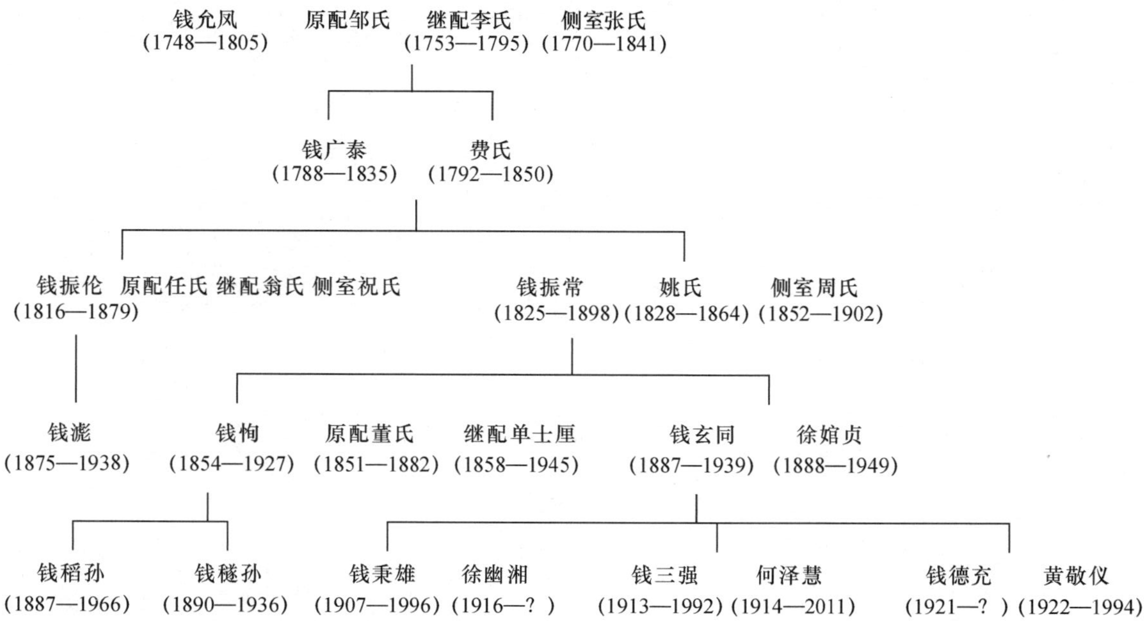

钱允凤
(1748—1805)
原配邹氏
继配李氏
(1753—1795)
侧室张氏
(1770—1841)
钱广泰
(1788—1835)
费氏
(1792—1850)
钱振伦
(1816—1879)
原配任氏 继配翁氏 侧室祝氏
钱振常
(1825—1898)
姚氏
(1828—1864)
侧室周氏
(1852—1902)
钱滮
(1875—1938)
钱恂
(1854—1927)
原配董氏
(1851—1882)
继配单士厘
(1858—1945)
钱玄同
(1887—1939)
徐婠贞
(1888—1949)
钱稻孙
(1887—1966)
钱檖孙
(1890—1936)
钱秉雄
(1907—1996)
徐幽湘
(1916—？)
钱三强
(1913—1992)
何泽慧
(1914—2011)
钱德充
(1921—？)
黄敬仪
(1922—1994)

钱玄同(19 世纪 20 年代)

钱玄同(1936 年)

钱玄同(1937 年)

1937 年全家摄于中山公园。右起：钱德充（五子）、钱玄同、徐幽湘（长媳）、徐婠贞（夫人）、钱秉雄（长子）、钱三强（三子）。

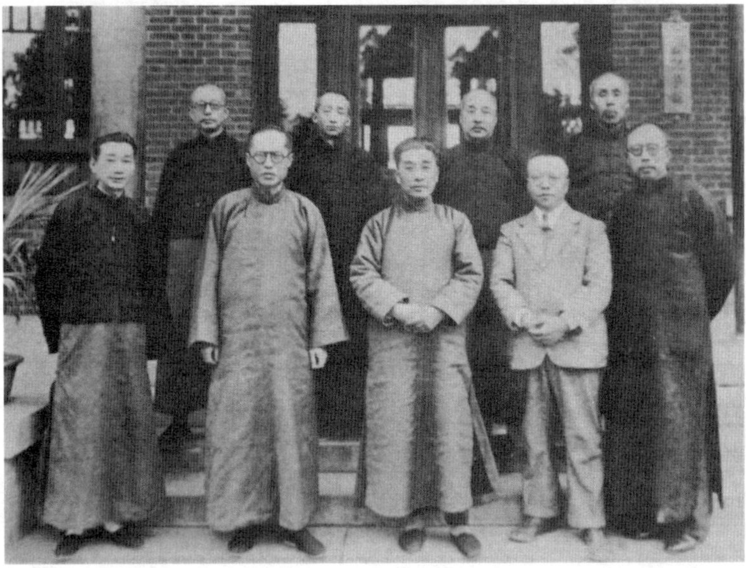

1934 年北师大从教 20 年教师合影。右起：马裕藻、王相龄、钱玄同、孙世庆、杨立奎、董长龄、恭宪、陈映璜、贾需。

钱玄同与友朋在苦雨斋。右起：钱玄同、苏民生、徐祖正、沈兼士、马幼渔、沈尹默、刘半农、周作人、沈士远。

目录

1887年(丁亥,清光绪十三年)　出生

▲5月28日,诗人柳亚子生于江苏省苏州府吴江县黎里镇。

▲10月31日,蒋介石生于浙江省宁波府奉化县溪口镇。

▲12月1日,《中葡北京条约》签订,清政府承认葡萄牙永驻并管理澳门。

9月

1887年9月12日,农历七月廿五日申时,钱玄同生于江苏苏州城内大石头巷。父亲钱振常(1825—1898),同治十年(1871)进士,曾任礼部主事。光绪八年(1882)辞官南归,历任绍兴龙山书院、常州乐仪书院山长,当年正任苏州书院山长。

苏州是钱玄同的出生地,其祖籍为浙江湖州。钱家世居湖州城东南方向鲍山脚下的钱家浜村,属乌程县。民国元年废湖州府,把乌程、归安二县合为吴兴县。钱玄同自己填籍贯时,一直填"吴兴"。钱家的家谱也自称《吴兴钱氏家乘》,并认为是吴越国钱王的后代。

钱玄同祖上为贫寒的农耕之家。乾隆年间,钱允凤在原配邹氏去世后,离开鲍山,入赘湖州城南街的李家。进城后的钱允凤,生财有道,还纳了妾。钱允凤让李氏所生的儿子延续李家香火,精心培养小妾所生的儿子广泰,设法在儿子科考时改回了钱姓。钱广泰就是钱玄同的祖父。钱广泰的两个儿子钱振伦和钱振常先后中举,并由仕而官。钱家骤然成为官宦之家。

钱玄同的伯父钱振伦,尽管少年得志,还是大学士翁心存的

女婿、帝师翁同龢的姐夫，但仕途不顺。钱玄同的父亲钱振常有些大器晚成。不过，与其兄长类似，钱振常同治十年中进士后，十年京曹一直未得升迁。光绪八年（1882）他辞官南归，以教书为业。学生之中，最有名的要数在绍兴龙门书院时的蔡元培。钱振常早年丧妻，只留下一个儿子钱恂。南归后娶侧室周氏，周氏1852年生，四川人。钱玄同就是侧室周氏所生，钱玄同出生时钱振常已62岁了。

钱振常给幼子取名师黄，字德潜。钱振常在给同年老友缪荃荪的信中说："稚子师黄，小名德潜，取山谷嘲小德诗意，不知将来能著《潜夫论》否。"[①]山谷即黄庭坚，小德为黄庭坚庶出的儿子。黄庭坚《嘲小德》原诗为："中年举儿子，漫种老生涯。学语啭春鸟，涂窗行暮鸦。欲嗔王母惜，稍慧女兄夸。解著潜夫论，不妨无外家。"《潜夫论》为东汉王符的名作。黄庭坚借用同样也是庶出的王符，来表达自己对庶出幼子的格外期待。钱振常用黄庭坚来类比，一方面表达了自己老来得子的喜悦，另一方面也表达了对幼子的期待。

兄长钱恂（1854—1927），初名学嘉，号念劬，别号受兹室主人、积跬步斋主人。钱恂幼年接受传统的私塾教育，同治八年（1869）入归安县学，刻苦攻读，但一直没考中举人。钱恂原配浙江仁和董氏，生长女钱蕴辉、次女钱润辉，于1882年去世。1884年，钱恂娶单士厘为继室。单家祖籍萧山，单士厘1858年7月9日出生于海宁。光绪十年（1884），钱恂入宁绍道台薛福成幕下，受命整理天一阁藏书，编成《天一阁见存书目》等，开始了幕僚生涯。

---

① 顾廷龙校阅：《艺风堂友朋书札》（下），上海：上海古籍出版社，1981年，第759页。

钱玄同出生时，钱恂在外游幕，单士厘有孕在身，随公婆在苏州大石头巷待产。

钱振常初到苏州，赁居慕家花园。乾隆年间尚书毕沅曾居此，修缮后又称“毕园”。此园房屋太大太多，租金太贵。第三年4月，钱家迁居胥门内盛家浜，租金便宜了，但房子太小，没窗通风，导致钱振常的鼻膜炎加剧，1887年春天搬到大石头巷，总算安居多年。

12月

5日　侄儿钱稻孙出生。他只比钱玄同小三个月，是童年钱玄同为数不多的玩伴之一。

1890年(庚寅，清光绪十六年)　3岁

▲3月7日，气象学、地理学家竺可桢生于浙江省绍兴府东关镇。

▲7月3日，历史学家陈寅恪生于湖南长沙，祖籍江西修水。

▲11月29日，日本召开第一届帝国会议，并实施《大日本帝国宪法》。

1月

单士厘的《己丑除夕》(二首)描述了钱家过年的情景：

爆竹声声隔院传，屠酥先饮忆当年。

人间卅载风灯瞥，回首重闱独泫然。

团聚华堂肃拜真，仰瞻非复我天伦。

茨菇吉语翻增感，不迨调羹愧荐苹。

（湖州风俗，岁稍供先代神像，谓之“拜真”。又，蔬果中必供茨菇，以音近慈姑也。）[①]

由此可见，钱家尽管客居苏州，但仍遵循湖州的过年习俗。己丑除夕是1890年1月20日。

5月

26日　侄儿钱稻孙出生。

钱玄同在自撰年谱中说：“是岁先子取《尔雅》释诂诸文，书签粘壁，指使识字。”[②]

本年秋天，父亲钱振常从《尔雅》上抄录纸条，粘在书架上。钱玄同立在书架前，一天背到晚。因站立太久，到傍晚，腿僵直，常由仆人抱回内室去。

父亲因长子钱恂考取秀才后却一直没有考中举人耿耿于怀，故对这位“老来子”寄予厚望，督责甚严。

父亲这一特殊的“庭训”之法，一方面为钱玄同的国学打下了坚实的基础；另一方面，钱玄同稚嫩的双腿站坏了，一生都怕走路，几乎不敢跑跳。

本年腊月，入学，塾师为李吉夫（升谦）先生。

本年，钱恂以直隶候补县丞的身份随薛福成出使英、法、意、

① 单士厘：《受兹室诗稿》，长沙：湖南文艺出版社，1986年，第19页。

② 钱玄同：《钱玄同文集》（第6卷），北京：中国人民大学出版社，1999年，第311页。

比诸国。

1891年(辛卯,清光绪十七年)　4岁

▲10月18日,陶行知生于安徽省歙县西乡黄潭源村。

▲12月14日,胡适生于江苏省松江府川沙县,祖籍安徽省徽州绩溪县上庄村。

▲是年,康有为在广州长兴里创设"万木草堂",以《新学伪经考》《长兴学纪》为主要内容,宣传托古改制。学生有陈千秋、梁启超、麦孟华、徐勤等。

本年,随李吉夫读《尔雅》《毛诗》。

沙俄出兵侵占新疆帕米尔地区,驻俄公使许景澄(钱恂业师)作为中方代表与俄国谈判,钱恂奉命赴帕米尔一带查勘边界地形,并参与整理边界地形图。其间,钱恂参考多种中外地图,撰写了《帕米尔图说》和《中俄界约斠注》(7卷)。

1892年(壬辰,清光绪十八年)　5岁

▲11月3日,语言学家赵元任生于天津,祖籍江苏省常州市。

▲11月16日,郭沫若出生于四川乐山,学名开贞,自改名沫若。

▲11月20日,张之洞创办的武昌织布局开织。

本年冬季，读毕《毛诗》。

钱玄同自注："家严教法极严，不许出外与市井群儿嬉，故在家中嬉游者，惟兄子稻孙、穟孙耳。家君以苏俗多无赖市井，乃学坏之地，故禁不使出门，自幼至先君见背之年总是这样。及先君见背以后，先母与我孤儿寡妇，势不能不入交际场中，而不肖从此便变坏了，言念及此，深叹孟母三迁之不错也。"①

1893年(癸巳，清光绪十九年)　6岁

▲5月8日，历史学家顾颉刚出生于江苏苏州一个读书世家。

▲12月19日，清洋务运动首领李鸿章在天津开办医学堂。

▲郑观应著《盛世危言》正式出版，主张变法图强。

7月

莫砚山先生来坐馆。莫先生年事已高。

本年春季，请来顾揖峰先生教《周易》，不久因病辞归。继任权馆者郁先生，5月就离去。

本年冬季，诵毕《周易》。

本年，李吉夫告辞回家。

由于六十四卦处还不够熟，钱振常重新用朱子复的十翼本，亲自教授。

---

① 钱玄同:《钱玄同文集》(第6卷)，第311页。

钱振常晚年“喜复古制”，每年春秋祭祀祖先和神灵时，都亲自洗涤俎豆笾簠等礼器，认真祭祀。平时老父亲为钱玄同讲授张稷若《仪礼句读》，还按照张惠言《仪礼图》来一一演示古代礼仪。喜欢游戏是儿童的天性，童年钱玄同把父子俩演示古人礼仪当成了游戏，欢喜雀跃。参与父亲的春秋祭祀，也是童年钱玄同的一大乐事。

当年采访过钱玄同的王森然，在《钱玄同先生评传》中说：“先生每日由塾中归家时，振常先生必令检《说文》字解释字义，兼授《史记》文中富于小说趣味者，以调济之。”[①]钱玄同小小年纪就把《史记》《汉书》中的有关章节读得烂熟，曾当众背诵《史记》中的某篇。全篇背诵下来，一字不漏，被乡党姻亲称为“神童”。

1894年(甲午，清光绪二十年)　7岁

▲年初，孙中山在檀香山，联合华侨人士二十余人，于10月27日成立兴中会。

▲7月，日军挑起甲午战争。9月17日，北洋水师在黄海海战中全军覆没。

▲本年，马建忠撰《拟设翻译书院议》，全面评述此前西书翻译得失，提出建立翻译书院。

① 王森然：《近代名家评传》(第二集)，北京：生活·读书·新知三联书店，1998年，第332页。

10月

董东初先生回家完婚。改请李夔飏(尧栋)先生教。李先生年老多病,只教了半个月。钱振常只好自己来教,《檀弓》读毕。

钱振常教《礼记》,每卷取郑目录遗文,将书签粘于每卷的头上,要求先读熟。

本年初,请董东初先生来教《尚书》。董东初,名祖寿,桐乡濮院人,光绪十二年(1886)考取秀才。光绪二十三年(1897),与章炳麟、连文澂等在杭州创立进步团体兴浙会。

本年春季,钱振常去外地,钱玄同热衷嬉游,书没读熟。董东初先生不认真管教学生,每日自己研习礿祭。夏天,钱振常回家,检查幼子学业,痛打钱玄同。钱玄同被迫诵读,书稍熟。

本年秋季,钱玄同开始读《礼记》郑注。

1895年(乙未,清光绪二十一年)　8岁

▲4月17日,清政府与日本签订《马关条约》,割让台湾、澎湖列岛。

▲5月2日,康有为发起"公车上书"。

▲10月10日,林语堂出生于福建省龙溪一个基督教家庭。

11月

朱培甫先生又来钱家授课。

钱振常在给同年老友缪荃荪的信中曰：

> 长孙稻孙，九岁毕四子书，授《毛诗》。次孙穟孙，六岁诵《小学韵语》之类，皆母授也。稚子师黄，小名德潜，取山谷嘲小德诗意，不知将来能著《潜夫论》否。毕《尔雅》《易》《书》《诗》，刻诵《戴记》小半。《诗》《礼》皆授重雕相台本，将来设遇考官，斥以背注，亦不顾也。[①]

由此可见，钱振常请来的塾师，单独给钱玄同授课。侄子钱稻孙、钱穟孙的功课是单士厘亲授的。

本年春季，请朱培甫（肇荣）先生来教。

本年冬季，读毕《礼记》。朱培甫先生回家娶妻，请冯蓝宋（汝濂）代课。

本年，经两江总督张之洞奏请，钱恂提前回国，进入其幕府，成为张之洞的洋务文案。

1896年（丙申，清光绪二十二年） 9岁

▲7月4日，著名作家茅盾出生于浙江省桐乡县乌镇。

▲8月28日，盛宣怀创办南洋公学。

▲8月，维新派在上海创办《时务报》，梁启超任主笔。

4月

朱培甫先生因病回家。请张利川（泲澂）先生来教《中庸》，不久告辞。

---

① 顾廷龙：《艺风堂友朋书札》（下），第759页。

本年春季，由朱培甫（肇荣）先生开始教四子书，先学《大学》，继学《中庸》。

本年春季，请沈鉴远（汝明）先生来教，学完《论语·卫灵公》。

钱振常以为，《大学》者，明言是大人之学，童子所不能读。为了科举，开蒙就读“四子书”，极不合理。钱振常先让钱玄同读《尔雅》《诗》《易》《书》《礼》，打下小学基础，然后读“四子书”。四子书，即四书，是指《论语》《大学》《中庸》《孟子》四部儒家的经典。

识了字，钱玄同就私下偷阅小说戏曲。一次，私阅《桃花扇》，为塾师发现，用戒尺劈头打之，眉心留下伤疤一个。

据钱玄同回忆，当年的小小读书郎就把自己当成“读圣贤书”的“士人”，就知道写皇帝的名字“应该改变原字的字形，什么‘玄’字要缺末点，‘宁’字要借用‘甯’，‘颙’字要割去‘页’的两只脚，‘琰’字要改第二个‘火’字作‘又’，这些鬼玩意儿是记得很熟的”①。

1897 年（丁酉，清光绪二十三年） 10 岁

▲2 月 11 日，商务印书馆在上海成立。

▲2 月 20 日，大清邮政在北京开办。

▲10 月 26 日，严复、夏曾佑、王修植等于天津创办维新派报纸《国闻报》。

---

① 钱玄同：《钱玄同文集》（第 2 卷），第 106 页。

2 月

1 日　单士厘在《丙申除夕》中描述钱家过年情景：

卷地北风寒，惊心岁又阑。
仍闻喧腊鼓，未解颂椒盘。
矍铄高堂健，嬉戏稚子欢。
遥怜游宦客，谁与话团圆。[①]

丙申除夕是 1897 年 2 月 1 日。

"嬉戏稚子欢"，就是钱玄同与两位侄子尽情游戏。

"矍铄高堂健"，此时钱玄同父母身体矍铄。

"遥怜游宦客，谁与话团圆。"游宦在外的钱恂，春节都没有回家来吃团圆饭。

7 月

学完四子书。

8 月

开始学《左传》。当月，冯汝谦先生参加乡试，请姚仲范（洪畴）先生来教。

年初，请冯汝谦（蓝宋）先生来教。

本年秋季，钱恂被张之洞任命为湖北武备学堂提调，将家眷接往武汉。单士厘在悼钱恂长女的诗中说到"丁酉年夫子挈眷

① 单士厘：《受兹室诗稿》，第 17 页。

之楚”。钱家由大石头巷迁至泗井巷。人丁减少，便租赁小一点的房子，以节省开销。

伯父钱振伦与翁氏的二女，钱启缯（仲绨）来钱玄同家做客。外甥吴锫孙，比钱玄同略大两三岁，嬉游很投缘。

1898年（戊戌，清光绪二十四年） 11岁

▲6月11日，光绪皇帝颁布《明定国是诏》，开始“百日维新”。

▲7月3日，北京大学的前身京师大学堂成立。

▲9月28日，戊戌六君子（谭嗣同、杨锐、林旭、刘光第、康广仁、杨深秀）问斩，维新派康有为、梁启超分别逃往法国和日本。

6月

塾师告假，钱振常亲自为钱玄同讲授《左传》。钱振常体弱多病，授课之余，天天在纸上书写对后事的礼数要求——衰麻之制、棺衾之饰等。当年苏州人心不古，钱振常很不满意那些不伦不类的风俗，所以对自己的后事，如何遵循古制，交代得十分仔细。

9月

16日 农历八月初一，钱振常突然上吐下泻，并发高烧，次日寅时去世，终年74岁。兄长钱恂正在张之洞幕中，带领全家

从湖北赶来苏州奔丧。钱恂按照父亲“遗嘱”，丧服丧礼悉数按其要求操办。

办完父亲丧事，钱玄同随钱恂到了湖北，居住在武昌水陆街。

钱恂与原配仁和董氏长女钱蕴辉，已嫁归安徐昭宣。钱恂与原配仁和董氏次女钱润辉，已嫁仁和董鸿祎。两位女婿都跟随钱恂。

在兄长家，钱玄同初识董鸿祎（字恂士）。董鸿祎后来官至北洋政府教育部次长，是鲁迅在教育部时唯一一位私交不错的部级领导。

本年春季，伯父钱振伦与翁氏的三女钱云辉来钱家，带来俞尚声（承业，18 岁）、俞九思（承枚，12 岁）两位外甥。钱振常自知来日不多，指着少年钱玄同对钱云辉说：“我躬不阅，皇恤我后，富贵非所望，但求免祸可耳。”

本年，继续请冯汝谦先生教《左传》。

1899 年（己亥，清光绪二十五年）　12 岁

▲7 月 20 日，康有为创立保皇会。

▲是年冬，章太炎《訄书》在苏州付梓。

▲本年，福州索隐书屋刊行大仲马小说《巴黎茶花女遗事》，由王寿昌口译、林纾笔述。

6月

钱恂长女钱蕴辉(1871—1899)病故。

10月

钱玄同奉母命回归苏州，途经上海，到绳正学校走访两位侄子。到苏州后，租赁杨砚家的两间房。

本年初，继续请冯汝谦先生教读，读《春秋公羊传》《春秋穀梁传》。《春秋公羊传》是今文学派的中坚，冯先生偏偏不信今文学派，不断指出其中的"错误"。钱玄同阅读《春秋公羊传》，感觉"陈义可爱"。《春秋》三传中，钱玄同最喜欢《公羊传》，其次为《穀梁传》，最不喜欢《左传》。

因"学生游学，关系重大"，钱恂被张之洞"派充游学日本学生监督"。钱恂把两个儿子送进了上海绳正学校，接受新式教育，自己携眷去了日本。

钱玄同先学对对子，继而一边诵读唐人律诗，一边学作五绝诗。不过钱玄同不太有写诗的天赋，自己坦承："诗初作颇觉其苦，不能成句矣，又苦于诘屈不贯。"没有了父亲的严厉"庭训"，钱玄同喜欢上了阅读小说。

1900年(庚子，清光绪二十六年)　13岁

▲1月8日，俞平伯出生于江苏省苏州城，祖籍浙江省德

清县。

▲春季，直隶成千上万习练义和拳并号称“义和团”的农民纵火烧毁了教堂和教徒房屋，爆发了“扶清灭洋”的义和团运动。

▲8月14日，八国联军攻陷北京；次日晨，西太后和光绪皇帝仓皇出逃。

2月

开始学作试帖诗。

5月

开始学作八股文，却苦于艰涩不成句。

冯汝谦先生被丁经生家聘去坐馆，钱玄同奉母命前往附读，同学只有丁乃骏(季良)、丁福佑叔侄两人。钱玄同随两个不良少年一起玩乐，习染轻薄；加上丁家小厮僮仆的引诱，少年钱玄同做了不少对不起父母的事。所幸母亲不肯多给零花钱，钱玄同无法随丁家叔侄去逛花柳街，到结婚时仍是童子身。

丁家孩子不能诵读“四子书”。丁家责师很严，却能宽恕自家孩子。冯汝谦先生悲愤之余，终日吟诗醉酒，与师兄冯汝璋(望如)、弟冯汝禧(延云)终日唱和。钱玄同模仿冯先生，要做狂放名士。当年吴中青年热衷对联诗词，钱玄同也去凑热闹，署名“披蓑篛”，却遭冯先生批评。

1901年(辛丑，清光绪二十七年)　14岁

▲5月3日，清政府向列强赔款四亿五千万两白银。

▲5 月 10 日，由留日学生编辑的《国民报》（月刊）在日本东京创刊，宣传“革命排满”的思想。

▲9 月 7 日，清政府与英、美、俄、德、法等 11 国签订丧权辱国的《辛丑条约》。

是年秋季，废除八股试帖，改用策论。唐继盛先生要求阅读《瀛环志略》《海国图志》《东洋史要》《地理问答》及《纲鉴易知录》，以及《盛世危言》《校邠庐抗议》等书。钱玄同当年极其厌恶新学，有一回先生要求写策论《赵武灵王胡服骑射以教百姓论》，钱玄同大骂改服制之举。

向苏州唐继盛（仲芳）先生学作试帖八股文。苦于不能成文，就从《大题文存》等时文中抄袭。唐仲芳是唐仁斋的儿子。唐家父子都是碑刻高手。

同学中多浮浪少年，喜欢穿着打扮。受他们影响，钱玄同也向慈母要求购买好看的衣服。

有友人经常拿局刻书来，谎称是古书，钱玄同仍有名士思想，就要求母亲筹钱购买。母亲望子成龙心切，就给钱玄同买书的钱。钱玄同购买这些高价书，并非真的爱书好学，“谎母之罪，万死莫赎”。

1902 年（壬寅，清光绪二十八年） 15 岁

▲2 月 8 日，梁启超在日本创办《新民丛报》。

▲12 月 17 日，京师大学堂师范馆创立。

▲12 月 28 日，沈从文出生于湖南省凤凰县。

3 月

堂兄钱滮(幼楞)继配山阴金氏难产而死后,钱玄同母子搬至张思良巷,彼此有个照应。

8 月

13 日　农历七月初十日,生母周氏患时症,急痢一天,亥时就去世了,享年 51 岁。

本年初,改向冯汝谦(蓝宋)先生学习策论。

本年初夏,钱玄同回到故乡湖州,住李松筠(垲)家的池凤山庄,参加"县试",不过农历六月底就回苏州了。当年的童生考试,要三场连捷,才能取个秀才。钱玄同只考过一场"县试",连第二场"府试"都没有参加。

回到苏州,钱玄同就去拜访冯汝谦先生。冯汝谦先生也要求钱玄同多读些新书。先生稍知算学,教学加、减、乘、除之法,要求学习《数理精蕴》。钱家没有恒产,钱玄同自然要学些谋生本领。

太湖流域习俗,男孩长到虚龄 16 岁,摆过"罗汉酒",就算成人了。父母双亡的钱玄同,算是可以自己当家做主的成人了。他不复遵循父亲拟定的古制,按苏州习俗,服苏人麻纬帽、麻外套,主办了母亲的丧事。

1898 年,钱振常临终前,托好友陈兆熊指导幼子钱玄同的学业。陈兆熊为嘉庆二十四年二甲进士,散馆后授编修,并于道光五年任过福建乡试副主考官。他晚年寓居苏州,确实认真操心为钱玄同“延师读书等事”。无奈陈兆熊年高八旬,已跟不上时代变化。晚清改八股为策论,不懂国内外时势,已很难以策论取士。长兄钱恂为晚清新式外交官,又是倡导留学日本的新派教育家,更适合主导钱玄同的学业。

这位同父异母的兄长也关心钱玄同的学业。他 9 月来湖州扫墓,送给钱玄同《世界地理》《万国历史》《国家学》《法学通论》4 种新学方面的书。钱玄同不懂新学,以为是日本图书。“母故之后,兄来信嘱作东游,馁而不前。”钱恂没有回国来帮助钱玄同料理父妾周氏的丧事,只是来信让 15 岁的钱玄同只身前往日本留学,钱玄同不敢贸然前往。

湖州的李姓亲戚也写信来,让钱玄同去湖州读书。钱玄同考虑后,还是回故乡湖州,寄居在李家。

李垲(1836—1922),字松筠、松畇,以“松筠”字行,为钱玄同曾祖父钱允凤的孙子,是钱玄同同祖异姓的叔叔。李松筠在与洋商业务往来中学会了英、法、日语,成为湖商中的奇才和翘楚。

李松筠于同治末年在湖州城内霅溪南岸的长桥头建造了池凤山庄。山庄内有五开间的大厅,东西各有一幢三层的西式小洋楼和两层中式楼房。钱玄同从小随伯父钱振伦、父亲钱振常和兄长钱恂来湖州老家扫墓,就客居在池凤山庄。

对于钱玄同来说,湖州李家已是熟门熟路,不妨先去他家暂住。于是,料理完母亲的后事,钱玄同就于 9 月来到了李家。

李松筠家安排给钱玄同一小间楼房,这让少年钱玄同有了独立的空间。钱玄同在苏州时就已学过英语,来到李家,主要想跟李家聘请的英文教师学习英语。父亲没有留下“恒产”,在钱玄同看来,学会了英语,日后还可以通过译书谋生。然而,钱玄同入住李家后就生了大病,直至年底才渐瘥。

钱玄同想稍稍阅读新书，苦于没有门径。有人告诉他，可以阅读《新民丛报》，于是他就认真阅读该报。钱玄同在《新民丛报》的广告中知道它的前身是《清议报》，便设法买到几本残缺的《清议报全编》。读到梁启超那些倡导“保皇论”的文章，钱玄同佩服得“五体投地”。尤其是《爱国论》中的有些片段，钱玄同“时时要将它高声朗诵的”。

钱玄同又向人借阅《经世文新编》。康有为、梁启超崇尚《春秋公羊传》，以孔子为教主，正与钱玄同原先喜欢的《春秋公羊传》《春秋穀梁传》相契合。钱玄同也就喜欢上了康梁的保皇思想。

1903年(癸卯，清光绪二十九年)　16岁

▲2月17日，中国留日学生浙江同乡会在东京创办《浙江潮》。

▲5月31日，邹容著作《革命军》出版，提出建立“中华共和国”主张。

▲6月29日，“苏报案”发，章太炎被捕，邹容不久也来投案。

春天，吴兴老乡胡惟德出使俄国，奏调钱恂为参赞。钱恂就结束了在张之洞幕中的生活，开始新的外交官生涯。钱恂夫人单士厘随同丈夫，经朝鲜、西伯利亚，到达圣彼得堡。随行所记《癸卯旅行记》，改革开放后被钟叔河收入“走向世界丛书”，影响很大。

李家聘请的英文教师薛懋铎，字金声，江苏武进人，选用教

材为商务印书馆根据 Primer 编译的印度英语入门读本《华英初阶》。薛懋铎总是请传教士来测试学生，爱写英文信，钱玄同称此人为“洋奴”。此人对于学生扬此抑彼，大概对寄人篱下的钱玄同实行了“冷暴力”。钱玄同跟他学了半年英语，就起了冲突。

阅读《新民报》，拟购上海新出的新书。湖州城里有醉六堂书坊，寄售新书数种，钱玄同就买来阅读。

8 月

薛懋铎偷了李家“百金而逃”，就没了音讯。

10 月

方青箱来做李家的家庭教师。

方青箱，字于笥，与章太炎女婿龚宝铨同为嘉兴市郊马厍汇镇人。他在上海中西书院毕业后，游历美国、加拿大、日本，后秘密加入光复会，立志反清革命。辛亥革命前，茅盾在嘉兴中学读书时，方青箱是校长，同时又是光复会在嘉兴的领导人。辛亥革命后，他被推举任嘉兴军政分府府长。

钱玄同与方青箱十分投缘。方青箱送钱玄同两部书：一部是章太炎的《驳康有为论革命书》，一部是邹容的《革命军》，都是“野鸡大王”徐敬吾翻印的，用有光纸石印。字迹很小，白洋纸的封面上印着红色的书名。钱玄同回忆道：

> 一寸见方的三个红字——“革命军”触我眼帘，我顿然起了一种不能言喻的异感，急急忙忙地辞别了青箱，拿了它们赶回我住的一间小楼上，ㄆㄥ地一声把楼门开了，剔亮了菜油灯的灯草，和衣倒在床上，先将《革命军》翻读，看它的

序中将"同胞"二字照屁款式中之"皇上"二字例抬头写它，末行是"皇汉民族亡国后之二百六十年革命军中马前卒邹容记"，本文第二行写"国制蜀人邹容泣述"（这"制"字与穿孝的人的名片上的小"制"同义，"国制"是说"汉族的国亡了，现在给它穿孝"），种种特别的款式和字句，以及文中许多刺激的论调和名词，看了之后，很使我受了一番大刺激，前此的尊清见解，竟为之根本动摇了。[①]

钱玄同接下来阅读章太炎先生的《驳康有为论革命书》，看到了"堂子妖神，非郊丘之教；辫发璎珞，非弁冕之服；清书国语，非斯邈之文"数语，忽然觉得这些野蛮的典礼、衣冠、文字，我们实在应该反抗革除！再看下去，看到"向之崇拜《公羊》，诵法《繁露》，以为一字一句皆神圣不可侵犯者，今则并其所谓'复九世之仇'而亦议之"数语，钱玄同更是大大地佩服起来。对于《春秋公羊传》耳熟能详的钱玄同也能古为今用，认为清灭明，以汉族为奴隶，我们汉族正应该复九世之仇。

这两部书，令钱玄同醍醐灌顶，从"保皇党"变成了"革命党"。他认为："满州政府如此可恶，真叫我气破肚，章邹的主张，实在是'有理1'有理'！一定非革命不可！"

此后，钱玄同又陆续看了些《浙江潮》《江苏》《汉声》《书学》《黄帝魂》《警世钟》《訄书》《攘书》之类的书，认定"满州政府是我们唯一的仇敌，排满是我们唯一的天职"。钱玄同为了买这些书，甚至还典当了衣物。

---

① 钱玄同：《钱玄同文集》（第2卷），第109—110页。

1904年(甲辰,清光绪三十年)　17岁

▲2月8日,日俄战争爆发,随后清廷宣布中立。

▲7月4日,中国历史上最后一次科举考试举行。

▲11月20日,反清革命团体光复会成立,蔡元培任会长。

4月

阅读了几个月的排满论著,钱玄同为了表示"义不帝清"的决心,于此月25日下午4点,叫来一名理发师,把那小楼的门关了,勒令他将自己的辫子剪去。由于不便出门,钱玄同只得在草帽上装一假辫,弄得十分狼狈。

5月

除了钱玄同,方青箱还把湖州的青年张定界、潘芸生等改造成了赞同排满的革命志士。当年江南不少有知之士,为了用通俗易懂的白话唤醒广大民众,纷纷创办通俗白话报。仅浙江省就有《杭州白话报》(1901年创刊)、《宁波白话报》(1903年创刊)、《绍兴白话报》(1903年创刊)等。钱玄同与方青箱、张定界、潘芸生等几位有为青年,经过一番酝酿,于此月15日(甲辰四月初一日)创刊了《湖州白话报》。

《湖州白话报》,其实是份小型杂志。封面上的出版日期有意不用清光绪年号,而印上干支的"甲辰"。该刊内容包括发刊词、社说、纪事、实业、杂俎、来稿等栏目,共28页。文章直排,凡

应标点处均空一格。“发刊词”写得平白如话，表达了中国怕被列强瓜分的忧患意识。几位同仁创办《湖州白话报》，就是要用“女人家小孩子”都能懂的白话来唤醒湖州当地民众。“发刊词”说要把“天下大势，一项一项的登下去，使得个个人买一本去看。这些看报的人，见了那外国人欺侮中国的情形，自然良心发现，必定要发愤起来了”。

对于当年创办《湖州白话报》的心情，钱玄同回忆道：

> 当时我和几个朋友办一种《湖州白话报》，封面上决不肯写“光绪三十年”，只写“甲辰年”；当时这种应用“《春秋》笔法”的心理，正和二十年后现在的遗老们不肯写“民国十三年”而写“甲子年”一样。其实写干支还不能满足，很想写“黄帝纪元四千六百零二年”，这也与遗老们很想写“宣统十六年”一样的心理；只因这样一写，一定会被官厅干涉，禁止发行，所以只好退一步而写干支。①

潘芸生，字澄鉴，是晚明“治理黄河第一人”潘季驯的后代，曾留学日本，先后任上海南洋公学、务本女塾教员。1906 年回到湖州，受沈谱琴委托，接办程安高等小学堂校务。他与方青箱年龄相仿。张孝曾，字稼庭、界定，与钱玄同年龄相当。据钱玄同日记，他与张界定在日本留学时仍坚持编印《湖州白话报》。

7 月

钱玄同到上海去制了一套西装，拜访了孟崇年等人。当年很想去拜访刘申叔、蔡孑民，苦于没人引见。拜读章太炎的《訄书》，虽然不太看得懂，但很喜欢这本书。

---

① 钱玄同：《钱玄同文集》（第 2 卷），第 111 页。

9 月

由于没有辫子不方便在外行走，钱玄同就装了假辫，重新穿上长衫马褂。

钱玄同客居李家，实际身份是“陪太子读书”的角色。李松筠高薪聘请薛懋铎和方青箱，目的是让儿子李彦士学好英语。李彦士，生于 1893 年 9 月 6 日，为李松筠幼子，比钱玄同年幼六岁。李彦士的国学功底自然没法与钱玄同相比，但两人的英语水平相当，因而可以在一起上英语课。

12 月

兄长钱恂怕钱玄同留在湖州荒废学业，书信中多次催促钱玄同去上海读书。钱玄同就于此月去上海考取了苏氏民立中学堂。钱玄同回到湖州，正愁于没钱交学费，遇到同样爱好文字学的汤济沧。汤济沧为南洋中学教员，与校长王培孙合伙开设利川书店，以书店之盈利贴补办校经费。他建议钱玄同改入南洋中学，学费可以缓交。

此年读梁启超的文章，梁启超推崇刘献廷（继庄）的学说。钱玄同深受影响，改号为“掇献”，意思是要“掇拾刘献廷坠绪”也。当时钱玄同名“德潜”，在吴兴方言里，“掇”与“德”同音，“献”与“潜”音近。

本年春季，湖州府郡试，书坊到了不少新书，钱玄同典当冬衣来买新书、地图。

本年冬季，钱恂为钱玄同定了亲，女方为会稽徐婠贞，丈人徐显民是钱振常在绍兴龙山书院的门生。

1905年(乙巳,清光绪三十一年) 18岁

▲8月20日,中国留日学生在东京正式成立同盟会。

▲11月26日,中国同盟会机关报《民报》在日本东京出版,发刊词中首次提出“民族”“民权”“民生”三大主义。

▲12月8日,陈天华在日本东京大森海湾蹈海自杀,以抗议日本文部省颁布的《取缔清国留学生规则》。

4月

钱恂自俄国回来,寓杭州西湖半年。暑假,钱玄同也去钱恂寓所,离别近六年的钱稻孙也来了。钱稻孙于五年前娶妻,大女儿钱亚新春天出生。结识近代启蒙思想家宋平子(1862—1910)。

9月

25日 农历八月廿七日,学堂中举行孔诞演剧,钱玄同不赞成,招致全体学生的反对,弄得人人喊打。学生中有不少尚武之人,柔弱的钱玄同每逢校中演说等事,得理不让人,得罪了不少人,此时就要报复他。钱玄同在该校读了近一年书,合得来的同学只有郭成爽(景庐)、庄正权(君达)两人。

课余阅读刘师培的《周末学术史序》《西汉学术史发微论》《汉宋学术异同论》等文章。又读夏曾佑(穗卿)的《中国历史教

科书》。

本拟次年改入复旦，后想留学日本，就将头发悉数剃去，头秃如僧。

12 月

9 日 随大兄钱恂登上日本镇安号海轮赴日本。同行共六人，钱恂及妻子单士厘、小妾朝日，钱恂女婿董恂士，还有金庄康和钱玄同。该船无二等舱，六人分住两间头等舱。

钱玄同在海轮上开始记日记："余之日记，从今日起。余今日将由上海至日本矣。"①

钱玄同坐在甲板上看林纾翻译的小说《巴黎茶花女遗事》。次日仍在甲板上饶有趣味地阅读小说《忏情记》和《美洲童子万里寻亲记》。

13 日 镇安号于中午抵达神户。上岸憩田中旅馆。晚上 6 点，乘夜行火车至东京。沿路不断看见"祝凯旋"字样。那是庆祝在"日俄战争"中凯旋的日本军人的标语。

14 日 早上，远远望见富士山，山顶白雪皑皑。听钱恂他们说，富士山顶终年积雪。上午至钱恂寓所，一行人与董恂士夫人钱润辉及其子女、钱稻孙夫妇及其长女钱新亚、小侄钱穟孙团圆。钱玄同卧楼上，与钱稻孙为邻。

此时，部分留日学生正在抗议日本政府颁布的《清国留学生取缔规则》，钱玄同还听闻陈天华蹈海殉国，佩服其刚烈。

钱稻孙带钱玄同上街购买西衣西裤及外套。

---

① 杨天石主编：《钱玄同日记（整理本）》（上），北京：北京大学出版社，2014 年，第 9 页。

阅读《民报》第1期。“此为兴中会(孙文所组织者)之机关报。内容不甚佳”,感觉与江苏省留学生所办的《江苏》杂志差不多[①]。

19日 钱恂和钱玄同的姐姐嫁给吴县的张济和(鼎臣),其子张菊圃(1871—1945),名国华,奉母命来找钱恂。钱恂带了钱玄同、董恂士,请张菊圃一起外出吃日本料理。

25日 钱玄同通过编辑《湖州白话报》,与湖州的新派读书人建立了联系。在日本,钱稻孙带钱玄同去见了驻日使馆官员林鹍翔(铁铮)。随后几日又见到了湖州公社社友张界定、潘廉深、杨莘耜、张柳如、沈仲芳等留日学生。他们因留日学生罢课,外出游玩了几天。

29日 钱恂带领全家旅行,入住箱根汤本的万翠楼。此地可以泡温泉,钱玄同首次见识日本男女同浴的风俗。钱玄同患皮肤病半年,发痒难受。钱恂告诉他,泡温泉可治此病。钱玄同当天就泡了三次,此后每日都数浴。

30日 开始阅读林译小说《迦茵小传》。日记中评价此小说:“事固曲折,耐人寻味,而译笔亦极佳。余所见新小说之佳者,《茶花女》以外,当推此篇矣,二者皆林畏庐所译。”[②]

本年春季,到上海南洋公学读书。南洋公学由清末著名实业家、教育家盛宣怀创办,因经费来自招商、电报两局捐款,故名为“公学”,是一所我国最早兼有师范、小学、中学、大学等完整教育体制的学校。

教授钱玄同国文的是王引才、许稚梅,教历史的是汤济沧,

---

① 杨天石:《钱玄同日记(整理本)》(上),第10页。

② 杨天石:《钱玄同日记(整理本)》(上),第11—12页。

姚明辉教地理，关葆麟、叶藻庭教英文，李霞圃教图画，张后甫教体操。当年钱玄同喜欢的汤济沧、王引才、许稚梅等老师，日后觉得不过如此。

1906年(丙午，清光绪三十二年)　19岁

▲1月29日，李伯元的小说《官场现形记》出版。

▲4月开始，中国同盟会机关报《民报》与梁启超主办的《新民丛报》围绕要不要进行民族革命、民权革命、实行土地国有、平均地权等问题展开大论战。

▲6月29日，章太炎出狱。

1月

1日　早上饮屠苏酒，吃年糕等杂煮，还有鱼子和小鱼等，有中国古时大年初一遗风。

钱玄同初至日本时，由钱稻孙教日文。自1月4日开始学日文，同学者张菊圃，后沈冰如加入。张、沈两人另住附近的东浓馆。钱稻孙白天自己忙功课，晚上教大家学日文。

5日　阅读南宋遗民郑思肖(字所南)的诗集《心史》，深受感动。

6日　钱恂生日，在上野的西餐厅精养轩设宴，钱家10人，加上董恂士及子女三人，外甥张菊圃，共14人。餐毕与钱稻孙参观博物院，大开眼界。

8日　开始为钱恂抄写《日本法规大全解字》。《日本法规大

全》是一部全面汉泽日本法律规范的外国法规类图书，收录法律、法规众多，内容十分丰富。由钱恂、董鸿祎编纂的《日本法规大全解字》是《日本法规大全》的附录，具有词典之功能，1907 年由商务印书馆出版。

9 日　在东京的湖州留日学生召开《湖州白话报》的编辑会议，讨论改良事宜，选举张定界为编辑，莫伯恒为书记，林铁铮为会计，并改为东京印刷。在钱玄同的影响下，钱稻孙也积极为《湖州白话报》撰稿，3 月 11 日写成一篇小说《雌龙》，钱玄同帮他誊抄。大部分稿子由张定界收来交钱玄同编辑，钱玄同还自己写了一篇论说《告青年人不可学速成科》。17 期稿子于 23 日编定，次日到邮局寄了印刷件。

24 日　农历除夕，钱玄同随兄、嫂、董恂士，以及张菊圃、沈冰如，到中餐馆吃午餐，算是吃年夜饭。

25 日　大年初一，没有国内过年的气氛。日本明治宴请中国考察政治各官，钱恂也在邀请之列。晚餐，董恂士宴请全家人。

从上月至此月，认真阅读《马氏文通》，并摘录概要。

2 月

6 日　“上午夏穗卿来访恂士，余在旁。闻彼谈中国汉种之本为戎夷所变，引证确凿，听之不厌。”

20 日　在日记中记下了阅读《桃花扇》和梁启超《二十世纪太平洋歌》的感受。

《二十世纪太平洋歌》是梁启超于 1900 年 1 月 30 日午夜写的诗作。梁启超在诗中提出人类文明经历了三个时代：第一纪是“河流文明时代”，由中国、印度、埃及和小亚细亚这四个“古文明国”组成。第二纪为“内海文明时代”，由地中海、波罗的海、阿拉伯海和黄海、渤海等周边文明构成。第三纪为“大洋文明时代”，是随着哥伦布发现新大陆出现的。据茅盾回忆，钱玄同代授湖州中学国文课时，还给学生讲述过这首长诗。

本月 钱恂好友夏曾佑来访，留宿多日。

钱玄同多次聆听钱恂、董恂士、夏穗卿，还有偶尔来访的蒋观云的高谈阔论，眼界大开，“听之不厌”。日后与周作人等人闲聊，钱玄同还讲起与钱恂、夏穗卿等人行走在日本东京，边看边惊叹日本的建筑仍有中国唐宋遗风。

3 月

2 日 阅读《孽海花》，认为此书“叙事真确，实可作近四十年来中国历史观”。

4 日 购阅梁启超主编的《新小说》，喜欢那些“意译”的外国小说，又能用中国传统小说的结构与“诙谐旁文”的作品，认为小说仍以传统的章回体白话小说为佳。

8 日 傍晚，阅读章太炎的《訄书》《正名释例》，认为“皆极有理”。“今之有物无名者比比皆是，检之故籍，储材不少，举而用之，犹修废官也。必古实无其物其文而后新造一名词，其并不能造新名词则译音，所言实是卓见。盖古时所定，恒较今定为确。士人煞费苦心，尽心下问，始定一确当之名词，不若今人之师心自用也。废而不用，杜撰一不安者何为耶？虽然吾知必有议之者，曰奴隶保守性质。吁！江河日下，势固然也。”①

阅读严复的《英文汉诂》。严复 1903 年 10 月应熊季廉之

① 杨天石：《钱玄同日记（整理本）》（上），第 27 页。

请，作英文文谱，杂采英人马孙摩栗思等人的著作，释以汉文，编成《英文汉诂》(English grammar explained in Chinese)，1904 年 5 月该书由商务印书馆出版。此书为中国第一本完全横排的书，又是我国最早使用西方标点符号的汉语著作。钱玄同又与看过的《马氏文通》作比较，“严、马二人，当世华文、英文皆第一流人物。一著《文通》，一著《英文汉诂》。中、英文每有暗合之处，以后拟各部互看也，藉资进益”。

11 日 晚上看《英文汉诂·名物类》。次日阅读《文通·名字类》《英文汉诂·名物类》。

13 日 受钱恂邀请，单士厘堂弟单不庵(伯宽)偕好友蒋觐圭来日本，居住在东浓馆旁的大盛馆。

钱玄同与单不庵经常交谈，成为好友。

初来日本的单不庵，留着辫子，被女仆戏弄。钱玄同感慨道：“唉，华人拖此狗尾，到处受人凌辱。每念及此，不禁痛恨彼珠申贱种之野蛮也。”

28 日至 29 日 钱家一起去镰仓、江之岛旅游，赏樱花、泡温泉，观看海上日出。

4 月

1 日 湖州同乡会开月会，提议海岛事件由留学日本的浙江学生致函浙江巡抚，由留学日本的湖州学生致函沈谱琴，希望能把海岛教案闹到京城去。只是湖州地方绅士那边，尽管有理，但美国神父霸占公地海岛的真凭实据偏少。希望能查到真凭实据，讨回府城公地海岛。

张菊圃购买来《国粹学报》，钱玄同借阅，感受很有趣味，认为该刊“保存国粹，输入新思想，光大国学，诚极大之伟业也”。

4 日　上午与钱恂夫妇、单伯宽、张菊圃等一起去上野看樱花。“此花远望有如红梅，色极娇艳，令人爱睹。”日本人看到单伯宽、蒋觐圭都留有辫子，十分稀奇。听到这群中国人说汉语，更为纳罕。回到住处，看到窗外盛开的樱花，“颇观可爱”。

5 日　上午与钱恂、单伯宽谈论中西文字的不同，感觉西文的 26 个字母还是蛮好的。不过中文字中的形声字还是比较好学的，一边是表示物类的偏旁，另一边则表示读音（如牛为总类之名，而犊、特、牺皆从牛旁，而右旁之字则为谐声之类），音和义都很容易辨识和记忆。“惟中国音学久废，设能修其废官，则中文较之西文未见其为难也。”

6 日　在钱恂处看到徐显民来电：“令弟何日来申，兄同来否？”这是徐婠贞的父亲徐显民来电催钱玄同去上海完婚，并希望钱恂能参加婚礼。

8 日　晚间与单伯宽、张菊圃一起到神田，拜访单伯宽好友朱蓬仙（宗莱）。钱玄同感觉朱蓬仙“诚实有涵养人也”。

18 日　得知蒋觐圭要进成城学校，20 日见其已剪去辫子。

19 日　早晨，钱恂拿来徐尔谷的信，要钱玄同到上海后先寓福兴栈。徐家将把崇实书局收拾好，给钱家的亲戚住。

此后数日，钱玄同忙于编辑下一期《湖州白话报》，与友人话别。

24 日　单伯宽赠送给钱玄同早稻田大学半年的讲义，既留个纪念，又希望能对钱玄同日后来早稻田大学留学时有所帮助。

25 日　起程回上海，钱恂夫妇、单伯宽、张菊圃一路送行，乘汽车到横滨。张菊圃赠送一表作纪念，“亦得用之品也，同人不送无用之物，真爱我哉”。

26 日　早上，兄、嫂购赠一小花瓶作纪念品。九时半登上

“博爱丸”，十时从横滨启航。告别兄嫂，独自去完婚，“不禁黯然”。

在日本五个多月，通过洗温泉浴和看皮肤病，钱玄同的“疥癣”已基本痊愈。在船上洗海水浴，已感觉不到皮肤疼痛。

5 月

乘海轮一周，补记日记、阅读《中国秘史》《新小说》打发时间。

2 日 傍晚到达上海东亚公司码头。徐家佣人用马车把钱玄同接到新闸路公馆内，没有主人出来招呼。徐家人已搬至六马路新屋，忙于操办婚礼去了。

3 日 到上海务本女塾拜访汤济沧、潘芸生。“知此间同乡会亦已成立，甚慰甚慰。并闻学会亦已成立，尤为之喜。”

4 日 阅读国学保存会的《历史教科书》，是刘申叔编写的，“取精用宏，体例亦不差，远胜夏《历史》矣”。

5 日 坐徐家的车去拜访李松筠，在李公馆吃午饭。几天后，李松筠还专程到徐家一趟，奉送喜仪。钱玄同由于不能请他喝喜酒，就将喜仪完璧归赵了。

6 日 上午到务本女校，参加湖州同乡会会议。到会者有会长沈谱琴，副会长汤济沧，书记岩澄，会计雨岩，调查潘芸生、文伯。会议议程为修改章程等。

7 日 下午到南京路、福州路等处购买结婚用品，回来后与丈母娘交谈。

10 日 早上到福兴栈，找到 13 号，看望钱家来参加婚礼的亲人。沈洪泉送春联等，钱玄同让徐家佣人交给徐尔昱，交代清楚哪些贺礼可收、哪些应完璧归赵。

11 日　农历四月十八日，天晴，为“成婚正日”。新郎溷浴，剃发装假辫，添红绿辫线，一切从俗。午后四时装扮停当，徐家用双马彩车来迎接，并由李毓斋、钮颂侯两人作为迎亲礼节指点者。来到举行婚礼的新宅，先朝上行二跪六叩礼，入席，先后上了三道茶，由李毓斋、钮颂侯以及冰人沈洪泉、电报局总办周晋镳四人点陪。拜天地、拜祖先、夫妻交拜等，都行一跪三叩礼。牵红绿巾坐床，饮交杯酒，撒果。坐席者为徐尔谷哥哥徐元钊，行礼过程中，众人冷言热语，弄得新郎新娘哭笑不得。穿衣打扮时没有脱棉袄，导致行礼时太热。入洞房后，尽管又累又困，但上床后“又闷极不能合眼。是夜难过。真生平罕受者。Bride 亦然”①。

12 日　新娘四叔徐维烈，在日本留过学，由于正在服丧，不便出席婚礼，此日上午来见。新娘发寒热，呕吐。

15 日　新娘舅舅汤君来，又得穿上新郎衣服见礼，“真觉礼繁可厌”。

16 日　下午外出购物，由于装了假辫而前面不剃，在黄包车中就引起路人发笑。到新学会社购书，更引起店人大笑，原因是他们还记得钱玄同数日前不装假辫时的模样。钱玄同发誓要摘掉假辫。

19 日　不装假辫，改穿新做洋装，坦然外出。

26 日　徐家搬出六马路新屋，迁回新闸路旧宅。又装假辫，随徐家人同车回老屋，参加拜菩萨、拜灶、祭祖等，事毕立即摘去假辫。

---

①　杨天石：《钱玄同日记（整理本）》（上），第 42 页。

6月

9日　农历闰四月十八日，新婚满月，晚餐夫妇对吃一桌。

10日　湖州同乡会开会，报告东京留学生情况，筹划海岛教案善后之策。

28日　上午，朱蓬仙与蒋觐圭一起送来单不庵代购的早稻田大学之历史、地理讲义等。钱玄同与他们一起回鼎陞栈，了解东京留学生近况。翻阅《世界地理》与浅田编写的《西洋上古史》，取精用宏，比国内中学教材强多了。钱玄同有空还翻阅从日本带回来的早稻田中学讲义。

29日　章太炎三年监禁期满出狱，东渡日本。7月7日，他以个人身份加入同盟会，接任《民报》总编辑和发行人。7月15日，东京留学生召开欢迎章太炎大会。

7月

7日　外姑生辰。越俗，岳家祭祀，女婿也得祭拜。于是钱玄同改穿"胡袍胡裤"，装假辫，参与祭拜。

21日　向丈母说明情况，付学费三元，参加南洋中学暑期音乐补习会。入学考试只考do、le、me、fa、so五音。随后参加音乐补习会，由李惠卿、曾志范等老师授课。

8月

19日至23日　与张菊圃一起乘轮船去了一趟常熟三姐钱云辉家，借住儒英小学校。到钱滮家，见到堂嫂沈氏。

23日　收到钱恂信。经钱恂设法，钱玄同已获得官费留学日本的资格。

25 日　开始准备去日本留学,“买篋包等,至六马路取物。收拾行囊”。

收到从湖州汇来的留学公款。

9 月

6 日　购得赴日二等船票。

7 日　向徐家辞行。丈人与亚宰乘马车送至船上。

8 日　早晨,海船已驶入黄海。海上看《聊斋》消遣,同行者安吉梅溪人张宗绪(柳如)。

14 日　到岸。“有陆日升者,阿兄请来迎余,与同乘火车至东京,时已近暮。”

15 日　由钱恂陪同到早稻田大学报到注册,购买教科书。见到青柳笃恒、马恒高、田求苗。经钱恂建议,钱玄同选学史地预科。为了让钱玄同到早稻田大学留学,钱恂多次联系早稻田大学清国留学生主事青柳笃恒。

17 日　进校上课。搬入早稻田大学寄宿舍。

24 日　与钱恂商量学业,晚餐后告别兄嫂回到学校。

25 日　正式上课。有两位老师分别上日语课,其他诸如动物、地理、历史、矿物、植物等课,都需要借助翻译才能听懂。

28 日　钱恂偕夫人单士厘,加上女婿董恂士,起程赴南洋考察侨务与华侨学业。

下午没有上课,专程去《民报》社,定了《国学讲义》及《革命评论》。

30 日　同乡会在三宜亭开会,推举成员:干事长冯骥才,书记为陈英士和张界定,会计是吴家潘。

10 月

8 日　上午交费一元，上广东班的英文，由王国樑授课。

收到章太炎来信，表示意愿与钱玄同结交。当即给章太炎回信。

12 日　购阅《民报》。拜读章太炎的《无神论》，驳耶稣的自相矛盾，深以为是。

13 日　到福寿馆看望朱蓬仙，纵谈多时。感觉说话投机的好友，只有单不庵和朱蓬仙两位。

17 日　去听浙同乡章太炎的演说，历举浙江籍文人的文集等，结合历史来讲，有理有据。

21 日　上午，与徐达青(卿)、赵季谦至三崎馆看屋。看中一间六叠(席)者，每月宿、食料共 10 元 50 钱，如月初交付则可以优惠至 10 元。

钱玄同读过不少章太炎的文章，十分崇拜章太炎，21 日下午专程到牛込区新小川町二丁目八番地民报社去拜访章太炎，称其"道貌蔼然，确是学者样子"。进入民报社章太炎的居室，但见满架都为旧籍。与章太炎交谈，并代朱蓬仙定《国学讲义》一份。

周作人认为，钱玄同结识章太炎，"立定他的研究国学的基础，也是他复古思想的第一步"①。

改名钱夏。

22 日　下午迁居三崎馆，由于随身带钱不多，只能月底付账。

---

① 钟叔河编：《周作人文类编 · 八十心情》，长沙：湖南文艺出版社，1998 年，第 470 页。

23 日　发现同船一起来日本的朱希祖(逖先)、汪心田等也住在三崎馆。

11 月

11 日　上午到钱稻孙处吃午餐,沈冰如也在。午后三人一起到三宜亭开会。议题为湖州学会及学堂办法。举定学会干事如下:

会长:沈谱琴、孔杏生。

书记:沈士远。

会计:沈筠抱。

庶务:蔡云青、潘芸生。

23 日　上午到清风亭开特别会,由钱稻孙报告情况,添举两名评议,钱稻孙为庶务。

26 日　日语老师西村,要求把"高等小学国文教科书"翻译成日文,译起来异常困难。

12 月

2 日　《民报》开纪元节大会。起一大早,赶往锦辉馆,参会约五千人。章太炎发表祝词。

3 日　购买《世界语讲习》,由于世界语文法简便,钱玄同很愿意学习。

9 日　事先为钱稻孙编好"同乡章程"。下午乘电车到三宜亭,参加本月的湖州同乡会例会。

本月　同盟会策动江西萍乡,湖南浏阳、醴陵地区会党和矿工武装起义,史称"萍浏醴起义"。钱玄同 16 日看到有关这次起义的号外,就十分关注。

1907年(丁未,清光绪三十三年)　20岁

▲6月22日,《新世纪》杂志在巴黎创刊,由吴敬恒(稚晖)、李石曾、张人杰等人发刊,宣传无政府主义。

▲7月13日,绍兴大通学堂督办秋瑾主持浙江光复军起义以响应徐锡麟安庆起义的计划,为清政府侦知,14日在大通学堂被捕。15日秋瑾死难。

▲8月30日,留日学生张继、刘师培(光汉)在东京发起"社会主义讲习会"。

1月

1日　早晨起床,旅馆主人就送来屠苏酒和年糕等杂煮,出门但见家家摆放门松、悬挂注连绳。目睹异国阳历新年景象,"令人不胜生故国之感"。

5日　收到大嫂单士厘信。他们将离开星洲,去爪哇岛。张菊圃也到了南洋,信中对当地情景的描述绘声绘色。

6日　到朱逖先(希祖)处,见其藏书中有《广雅》、《说文通训定声》和段玉裁《说文解字注》等,发现他是关注小学的有心人。

利用新年休假,借阅同学讲义,抄写整理。

9日　开始阅读刘师培宣传反清民族革命思想的《攘书》。

20日　阅读柳亚子的《中国灭亡小史》。

2月

14日　开始期末考试前的复习。由于平时学习不够认真,

茫无头绪。

20日 午前到处借钱，大家都没钱。最后向朱逖先借到20钱，且在他那里吃了午餐。

21日 开始考试。此后几日都在考试。

27日 购阅吴趼人的章回小说《恨海》，感觉小说写得很感人，远胜西洋的言情小说。

3月

2日 同盟会总会寄来第九次选举票，钱玄同把总干事的选票投给了章炳麟。由此推断，钱玄同已加入同盟会，有了选举权。加入同盟会后，自号汉一，改名钱夏，字中季。

3日 被钱稻孙叫去开同乡会的职员会。到了会场，只等来五位参会者。“不能商议，徒耗半日工夫，可谓乏味已极矣。”此后不再热心湖州同乡会。

物理课由大桥任翻译，仍听不懂。

9日 由于日本老师志水讲解斯威夫特的英文小说《格列佛游记》的第一部《小人岛》不太好懂，就请来钱稻孙讲解。

10日 晚间迁东北馆。

《民报》第12号出刊，章太炎的《社会通诠商兑》是批驳严复学说的。严复以翻译西方哲学、社会学著作为世人所重，其译述对原著的“误读”之类，不懂外语者自然难以识别。章太炎用其广博的学识与卓见，来纠正严复的学说，自然有利于社会发展和学术进步。其他有两篇批驳梁启超的文章，也都“精思伟论”。钱玄同在日记中赞道：“《民报》自太炎来后，固大放异彩，一至于此，真令人佩服。”[1]

28 日 上午上了一节历史课，就到大盛馆，与钱稵孙去看博览会。工艺、器具众多，只能随便瞧瞧，像似刘姥姥进了大观园。水族馆中有很多水栖动物，观赏起来十分有趣。

4 月

8 日 晚上，湖州同乡会十余人饯别钱稻孙。

9 日 晚上，钱恂二女儿钱润辉设宴饯别钱稻孙，钱玄同作陪。

11 日 午后，送钱稻孙至汽车站，“临别时不禁黯然”。

17 日 接到章太炎来信，告知近日写成《新方言》，仿戴氏《转语》，用“小学”的考据方法来求证当下的日常语言。希望钱玄同有空时前去谈论此事。乘车前往，不遇。

22 日 再去拜访章太炎，终于获得谈论机会，并首遇刘申叔。

5 月

5 日 到钱润辉处吃午饭。饭后请钱稵孙讲解《世界读本》。

6 日 《民报》发行临时增刊《天讨》，主要刊载章太炎的《讨满洲檄》。

购阅《民报》第 13 号，内有章太炎所作《记印度法学士钵罗罕氏开印度西婆耆王纪念会事》，作者与印度同病相怜，惺惺相惜。

8 日 湖州同乡人又要开展活动，林铁铮晚上特意前来相

---

① 杨天石：《钱玄同日记(整理本)》(上)，第 89 页。

劝，希望钱玄同能任书记，盛情难却。

22日　长子钱秉雄出生于绍兴外婆家。

下旬　关注日本报纸上关于广东革命党黄冈起义的新闻。

7月

2日至4日　考试结束。暑假开始，送同学登舟回国。

长子刚满月，不回国去看望母子。

5日　扭坏了脚，不良于行。多次就诊，直至8月11日才经医生诊断无需医治了。

11日　购《天义报》，读后感觉“精美绝伦”。

8月

31日　迁居富士馆。条件远不如东北馆，不过有两个好处：一是开窗凭眺，便是旷原，还能瞧见远处隐约的青山；二是房屋静僻，“不虑烦嚣可厌”。

9月

6日　董恂士刚回东京，前往一起吃午饭。

7日　从两天前的传单得知，由何震发起，此日要为徐锡麟、马宗汉、陈伯平、秋瑾四人开追悼会。一大早乘人力车前往。到会约三千人，由何震宣布开会，章太炎讲述历史，另有六人演说。刘申叔主张暗杀，张震主张无政府主义。

8日　晚上阅读何震所赠《天义报》上的《李卓吾先生学说》（刘师培所作），十分佩服这位“通人”。

12日　本学期开始上课。

14 日　收到刘申叔信，将举行社会主义讲习会。

15 日　中午到江户川亭参会，约五十人到会。刘申叔首先演说中国民生问题，“述农民之失业及前途之隐忧”。第二位演说者为日本早期社会主义运动活动家堺利彦，张继翻译。他的观点是：自有政府富豪而后，贵贱日分，贫富日区，今欲平此阶级，宜实行无政府至共产主义。此后，几乎每个星期天下午，钱玄同都要参加社会主义讲习会。

18 日　购得《新世纪》三、四两号。《新世纪》，又名《巴黎新世纪》。该报宣传无政府主义，标榜反对强权、私产和宗教，主张无国界、无种界。着重介绍巴枯宁、克鲁包特金和蒲鲁东等人的无政府主义学说，报道各国社会党和无政府党的活动。提倡“万国新语”（世界语）及“创立新世纪纪元”。

10 月

3 日　购得《新世纪》五至八号，阅后觉得学识远不如《天义报》，不过仍赞同其无政府主义的主张。

4 日　相传为孔诞日，放假一天。

6 日　与朱蓬仙一起参加社会主义讲习会。日本的社会主义者山川均（1880—1958）到会演说。赞同刘申叔关于爱国的主张。

8 日　获悉《国粹丛编》已代购，内有李贽《焚书》等，十分高兴。

16 日　阅读刘申叔的《中国文学教科书》，发现差错很多。

20 日　认为自己识字太少，晚上开始抄写《说文解字》，以备日后研究。

清政府外务部的“借款筑路”方案激起了江浙人民的极大愤

怒。浙路副工程师汤绪绝食抗议而死，浙路业务学校学生邬钢愤恨喷血而亡。反抗斗争进一步高涨。江浙两省铁路公司揭露清廷“名曰借款，实则夺路”。杭州爱国人士首先创立国民拒路会。苏州、绍兴、宁波也相继成立拒款会或拒约会。两省的学校相继聚众抗议。

11月

3日　到锦辉馆参加浙江同乡会会议。有四五百人到会，由金保稚介绍“借款筑路”方案的由来和江浙两省的抗议情况，并提议推举四名代表回国表达浙江同乡会的抗议。讨论时杭州人汪櫆发表奇怪言论，引起会议失控。章太炎也来参会，本想发表演说，见会场乱哄哄而作罢。

5日　傍晚赵季谦、张柳如来劝钱玄同次日赴会。经打听，要发动大家捐款筹集代表回国的路费。推举代表时，革命党与立宪的保皇党（政闻社）发生了争执。听说四名代表中的金保稚、蒋观云都是政闻社的人，借机回国忙政闻社事务，钱玄同深表失望，尽管另两位代表陈学汶、陈时夏是同盟会的人。

10日　章太炎专门召集同盟会成员开会，商讨如何抗议“借款筑路”方案。

25日　社会各界在杭州举行浙江全省拒款大会。通过斗争，英国掠夺这条铁路建筑权的野心终于未能得逞。

本年春天，清廷下旨，委任钱恂为驻荷大使，次年调任驻意大利大使。钱恂就以江苏省补用知府出任荷兰大臣。钱稻孙也就结束了在东京高等师范学校的学业，随父母赴欧洲留学。

1908年(戊申,清光绪三十四年) 21岁

▲7月4日,清廷允学部奏,于京师设立女子师范学堂,暂招简易科两班,派傅增湘为总理。

▲10月19日,日本东京警视厅封禁同盟会机关报《民报》。

▲11月14日,光绪帝载湉死于瀛台。以溥仪为嗣皇帝,载沣以摄政王监国。次日,慈禧太后那拉氏亦死。18日定建元年号为"宣统"。

1月

1日 在日本过的第三个元旦,照例吃杂煮、鱼子等。

访周伯匋,晚上与仲叔、薇生、凤章、晋良五人共卧楼上,谈至夜半方寝。

范古农,字拱薇、薇生,后改名梦耕,嘉兴人。1907东渡日本,留学于东京物理专科学校。1910年归国,任嘉兴府中学堂监督。1912年创办嘉兴县立乙种商业学校,任校长。

12日 到清风亭参加社会主义讲习会。章太炎通过解读庄子的《齐物论》来谈论平等和自由。最后,由刘申叔妻子何震的表弟汪公权提议,准备请日本无政府主义思想家大杉荣(1885—1923)教Esperanto(世界语)。钱玄同早就想学世界语,听此消息十分高兴。

13日 学校已开课,没去上课,在图书馆查阅古籍。次日白天在法学馆盘桓,没去上课。之后逃课数日。

15日 傍晚去民报社订了半年同盟会新加坡分会机关报

《中兴日报》,5 日元。

2 月

2 日　正月初一。下午朱蓬仙来,两人一起讨论中国今日办学,宜从村镇办起,希望平民都能受教育。至于成年的乡下人,应该用白话教授相关知识。

月前向潘芸生索要甲辰年的《警钟日报》,昨日带到,此日翻查。该报载有刘师培用进化论思想研究中国古代社会生活的《论小学与社会学之关系》《国学发微》《补小学发微》等文,钱玄同准备细读与考证。

3 日　午后外出购买《史通》《老子》《墨子》等。

5 日　没去上课。随后几日,喜欢上的课往往老师不来,而老师来上的课偏偏不喜欢去上。

13 日　屈伯刚送来托其购买的《国粹丛编》、刘师培编著的《伦理学教科书》《经学教科书》及清人朱骏声编写的《说文通训定声》。

后半夜有小偷趁关了电灯后行窃。经女工报告,检查室内物品,衣物扔了一地,偷走箱中六十多元钱。

15 日　上课。其中一门课为体操,一直不愿上该课,既对体操没兴趣,又讨厌上该课的老师吉田公重。无奈本学期要考试,只得勉为其难去上课。

16 日　午后参加社会主义讲习会,原定的演说者印度人与章太炎都没有到。只有汪公权介绍近几个月各国无政府主义者的活动情况,重点介绍了俄国虚无党"砥砺旧节,舍身济世"的一面。

17 日　到清事馆见周伯匋、莫伯衡,向莫伯衡借阅大杉荣的世界语讲义。

18 日　晚间与蒋让旃、陈仲权在太和馆饯别即将留学美国的贝寿同(季美)。

19 日　早晨,收到《新世纪》寄来《新世界丛书》七种(第一集)一册《萍乡革命军与马福益》,还有《社会学书报目录》一册,回寄书费和邮资 60 元。在钱玄同看来,新世纪编著的书籍,排斥强权,提倡无政府主义,有其进步的一面,但不满意处有二:一是希望未来幸福之心太盛,二是文笔太劣。

21 日　午后与蒋让旃、陈仲权、屈伯刚及苏州人戴云涵送贝季美赴美留学。

23 日　下午参加社会主义讲习会,到会人数较多。刘申叔报告形势,立宪派改变策略,吸引了不少革命党。严复翻译的《天演论》几乎成为家喻户晓的教科书,造成功利主义泛滥。社会主义讲习会要多多译介无政府主义的书籍,作为纠正时弊的"药石"。

邀请一位印度人演讲,主要介绍马克思、蒲鲁东等人的学说。

25 日　开始考试。此后几日都在考试。

28 日　钱玄同用从《新世纪》上看来的观点,与伦理学老师宫田修大唱反调,结果老师给的成绩竟是甲等。

3 月

8 日　下午到清风亭参加社会主义讲习会。刘申叔介绍克鲁泡特金的"互助论"。汪公权介绍托尔斯泰的《致一个中国人的信》,该书主张中国人要坚持"农桑为本"的立国思想,不可盲从欧洲人的立宪、警察、陆军等治国思想。章太炎对托尔斯泰的主张进行了评点，强调“择其善者而从之可也”。最后有人介绍马克思的《共产党宣言》。

14日 与龚味生一起拜访章太炎，刘申叔、何震、苏曼殊等都在。当时章太炎和苏曼殊都寄居在刘申叔家。

章太炎的《新方言》要出增订版。由于排版时缺少现成的铅字，排版印刷都困难，钱玄同建议手写石印。

22日 上午与龚味生一起拜访章太炎，想请他讲授国学，先从小学讲起。章太炎说此前已有四川人来请过了，当听从他们的安排。

午后到清风亭参加社会主义讲习会。先请宫崎民藏演说农业与平民的关系。宫崎氏在日本创立土地复权同志会，为主张共产主义者。随后又有刘申叔和章太炎的演说。最后，刘申叔说大杉荣即将出狱，将请他教授 Esperanto。

23日 第二学期开始上课。3月的日记中有上课和逃课记录，4月的日记已不提上课事，大概已不再去上课，专心听章太炎讲国学了。

29日 午后到章太炎处问询讲授小学之事。说是四川人董修武（特生）联系好了讲学场所为帝国教育会，时间定于每周三、六的下午，先讲小学，接着讲文学。此事告成，特别高兴。最先报名参加的浙江留学生共有五人：钱玄同、龚味生（宝铨）、朱蓬仙、朱逖先（希祖）和沈钧业。

31日 钱糍孙迁居本乡馆。午后至刘申叔处，商量学习世界语之事，据说有十几人报名了。1907年11月，同盟会不再对《民报》提供经费支持，章太炎就从民报社迁居刘家。此日章太炎说，准备迁出刘家。事后传言刘申叔体弱多病，其美貌妻子何震与表弟汪公权关系暧昧。章太炎向刘申叔讲了实情，引起刘申叔夫妇的不满。

4月

3日　章太炎已从曲町刘家迁回民报社，午后前去拜访，晚上才回。

4日　午后在清风亭开国学讲习会，章太炎讲解古音旁转、对转诸端。商定日后每周三、六在帝国教育会讲学。此后都去听章太炎讲课。

6日　午后至刘申叔处，大杉荣开始教授世界语。据他说，会英语者，三月初会，半年学会；不懂英语者，半年初会，一年学会。由于与章太炎的国学讲习会时间冲突，钱玄同只得放弃世界语。日记说，"此次请太炎讲小学、文学，大非易事，以后难再，真是时哉不可失"①。

10日　在旧书肆购买石印本俞樾的《春在堂全书》。

11日　国学班迁至大成中学上。

帝国教育会每月租金25元，章太炎嫌贵，董修武改租大成中学，每月租金仅需10元。当时章太炎生活拮据，而穷学生所交听课费又少得可怜。据钱玄同保留下来的国学讲习会收支账单来看，4月份共有21名学员，每人2元，共收42日元，5月免收。

13日　沈钧业离开东京，赴爪哇。

18日　前后数日，用《说文部首杂记》等抄校讲义。

22日　午后到民报社找章太炎。拜读章太炎新写的《驳中国用万国新语说》，全面批驳《新世纪·万国新语之进步》，多有

---

① 杨天石：《钱玄同日记（整理本）》（上），第125页。

精义。章太炎将神珙三十六字母改用最简单的小篆部首，又将《广韵》二百六韵合并为二十二文（上、去、入规以〇），也改用最简单的小篆部首。用类似反切的方法，就可以用声母和韵母“切”出字的读音，这也是受了日语中用片假名来注音的启示。章太炎的这一注音方法，就是日后注音字母的雏形。章太炎将用小篆写的字母和韵母交给钱玄同，令其手写后交神田一印刷店试印。

24日 全天在章太炎处。听闻刘林生和汪寄生出面调解章太炎与刘申叔的矛盾。章和刘都愿意调解，但何震和汪公权坚执不肯。

28日 收到张菊圃信，告知《新世纪》中的《人类原始说》《礼运大同义释》是他写的。从来信看，他近来受《新世纪》影响，有了看不起中文的思想。

29日 收到《新世纪》40号，在以前主张用世界语取代汉语的基础上，更进一步，要仿照世界语，新创一种汉语。章太炎说他们发疯了，钱玄同深以为是。

5月

12日 为朱逖先书写《别赋》。

13日 经常为章太炎校对排版的校样，钱玄同关注汉字书写问题，并与章太炎进行讨论。钱玄同认为可以从《说文解字》的五百四十个部首开始，认真写小篆。章太炎表示赞同，至于部首写不出来的生僻字，只能用相近的隶书。随后又听章太炎讲解《说文解字》。

17日 将《说文解字》部首用篆体书写，准备求教于章太炎。

6 月

1 日　为讲习所印刷章太炎的《古双声说》《古今音损益说》。

2 日　收到丈人的信，得知自己的旧书都存放在绍兴的古越藏书楼，感觉将来取出来有些麻烦。

6 日　在章太炎处，见其正在撰写《四破论》，即破进化、公理、自然等四论。

27 日　就日本堺利彦等被捕函询刘申叔，得到回复：世界语暑期讲习班照常开设，由大荣杉推荐老师来授课。

7 月

1 日　购得《平民科学》二、三、四编。

到刘申叔处，打听世界语暑期讲习班的开班情况。原定于 1 日开班，至 8 月 15 日。然而，月初各校期末考试，要推迟到 5 日以后。

2 日　将《说文部首杂记》的部分部首录出，仍有不少没弄懂。好在不久就可以听第二遍，有许寿裳、周树人、周作人等，要趁暑假在民报社另开一班。钱玄同与朱希祖、龚味生三人准备再去听一遍。朱蓬仙日后也来听课。

许寿裳在《亡友鲁迅印象记》中说，他和鲁迅"极愿往听，而苦与学课时间相冲突，因托龚未生（名宝铨）转达，希望另设一班，蒙先生慨然允许"。[①] 于是，从 1908 年 7 月 31 日起，鲁迅和许寿裳等人就于每星期日清晨前往章太炎在民报社的寓所

---

① 鲁迅博物馆编：《鲁迅回忆录（专著）》（上），北京：北京出版社，1999 年，第 229 页。

受业。

当年得到章太炎先生“开小灶”的入室弟子共有八位，除鲁迅、周作人、许寿裳外，尚有同住伍舍的钱均夫（家治），另四位是由大成再来听讲的，是朱蓬仙、龚未生、钱玄同和朱逖先。

28日 与朱希祖一同到上野图书馆阅读《诗声类》。

8月

1日 从此日开始，大成学校的章太炎国学讲习班改为上午上课。章太炎讲解王氏廿一部说，《庄子·逍遥游》至《人间世》毕。

4日 上午到民报社，听章太炎讲解《说文解字》，自“口”部至“辵”部。这便是民报社的“小灶”课。

5日 收到朱希祖寄来的顾炎武著《音学五书》。

7日 为章太炎抄写《岭外三州语》一篇。章太炎从方志文献来研究嘉应、惠州、滇州人的方言，准备附在《新方言》后。

23日 到图书馆查阅江沅的《说文解字音韵表》和张成孙的《说文谐声谱》。

9月

11日 各校开课，各人忙于上课。

15日 一直为章太炎抄校稿子。吉田送来的校对稿，排不好章太炎稿子中的生僻字，弄得钱玄同不胜其烦。

由于钱玄同上学期几乎没去早稻田上课，又没有参加期末考试，故官费被终止，成了自费生。钱恂每月只给10日元的零花钱，钱玄同只得向绍兴徐家要留学的费用。徐显民得信后一直拖着不寄钱，弄得钱玄同着急万分。此日再次给徐显民写信，催要学费和生活费。

16日 由于对《新方言》的排版不满意，想说服章太炎改成手写石印，而章太炎和董特生不想改成石印。怕见面时再起争执，逃掉此日的《尔雅》课。

27日 见有法部主事江某奏请废汉文，用“通字”云。通字系用罗马字母二十改其音呼者。“噫！近日闻学部纷纷调王照、劳乃宣入内拟简字，复有此獠出现，何王八蛋之多也。”[①]

午后，与朱蓬仙、朱希祖一起到董特修处，商议退印之事，大致能成。晚上与朱蓬仙讨论简化字、世界语和文字学等问题。

10月

4日 听说潘芸生来东京了，晚上去拜访他，他说准备进入早稻田大学读政法。

11月

2日 到木嵩山堂购得《庄子》《六朝文挈》。

3日至4日 用小篆体抄写章太炎的《新方言》。

1909年(己酉，清宣统元年) 22岁

▲9月16日，第一次庚子赔款留美学生发榜，录取王士杰、梅贻琦、胡刚复等47名。胡适、竺可桢等为第二批。

---

① 杨天石:《钱玄同日记(整理本)》(上)，第141页。

▲11 月 13 日，陈去病、柳亚子、高旭等在苏州创立文学团体“南社”。

▲12 月 28 日，候补四品京堂劳乃宣奏请推行官话字母。

1 月

11 日　给屈伯刚写信，托其购买《国粹丛编》

16 日　发朱希祖信，告知他接下来章太炎要讲解《汉书》。

22 日　农历大年初一，与徐冕伯等一起到鸿宾处吃年糕。

自上一年 11 月初开始，一直忙于为章太炎抄写《新方言》，尚余一百页左右，估计要抄写至 2 月。

29 日　晚间，在章太炎处谈天。钱玄同主张“废楷用篆说”。章太炎说，难于推行，原因是《说文解字》中没有的字，用宋体太不协调，改作隶书或楷书，略为雅观些。钱玄同认为章太炎的说法很有道理。

30 日　康心孚来，建议《新方言》用电光印，就托其打听。

2 月

21 日　接到钱恂来信，说正月、二月的补助共 20 元。农历年前，借新款来还清旧债。得到这笔钱正可以还年前的新债。

22 日　将初来日本时的学堂课本及不喜欢的拙劣汉译本卖去，得到 4 日元 50 钱。

26 日　李叔美来，还清借款 20 日元。

朱希祖晚上到，帮助购到雷氏《说文》以及《说文拈字》《文心雕龙》等。存在徐家的二十四史没法取到，十分惆怅。

28 日　给范拱薇写信，托其到上海时去徐家取二十四史。

收到黄季刚信，得知他已到上海，将乘甘州丸海轮东渡日本。

3月

3日 龚味生接站没接到人，而黄季刚自己去找朱希祖，暂居中村馆。据章太炎说，黄季刚治经学和小学。午后朱希祖带黄季刚来见章太炎。

晚间有警察告知章太炎，如果民报社的罚金再不交，明天将下牢，做苦工。龚未生、沈兼士分头出外筹款。

周作人在《章太炎与国民党》一文中回忆，章太炎接编《民报》后，原编辑人张溥泉到巴黎和吴稚晖去搞《新世纪》去了。章太炎就在《民报》第24期上将编辑人改为陶成章，岂知日本政府正要封闭《民报》，就借口编辑易人不呈报，违反条例，将报社封门，还判了社长章太炎罚金150元。同盟会干部不肯管，一直到了缴款期限的前一日，龚宝铨跑了一天没有着落，晚上走到许寿裳的寓居。许寿裳忽然想到了一个办法，为了译印同文会的书，经办人交给他的存折上有二三百元钱，可取出钱来救急。事情就这样办妥了，后来垫款也还了。

直到龚未生筹到款，钱玄同才安心回去。其间与黄季刚谈论小学，感觉他重视音韵而轻视字形，与高邮王念孙相类似。

4日 得张菊圃信，"仍是满纸荒唐话"。作长信"斥之"。7日再修书，与他绝交。

9日 抄毕《新方言》。

12日 晚上到崔侪处，找来第三年的《国粹学报》，捡出章太炎的《南疆逸史序》来抄写。章太炎要求把此文收入《新方言》。

13日 上午9点地震，半夜又大地震，躲床底下。事后听日本人说，如此大震也属罕见。

14 日　晚上接到钱滮来信，告知他即将离开上海，而徐显民也将北上，竟然没有提到帮助催徐显民款项之事。钱玄同十分着急，直接给徐显民去信告急。

15 日　上一天与朱蓬仙讨论亲族称谓的古今雅俗问题。今天就检取《尔雅》《释名》，专门录出不同称谓。

李叔美在成城学校学军事，恰逢此校放春假，来留宿几天。

17 日　上午下雪，午后没去上《汉书》课。

19 日　康心孚来，想请钱玄同教女生历史，每周三小时，但没有定下来。

见范拱薇来信，说“取书详情，容越一日再告”，感觉事情不妙。

23 日　继续想取不到书之事，推想徐尔显既扣书不发，又不肯寄钱，加上徐婠贞的性情也不太好相处，干脆断绝算了，“乐得做一世鳏夫罢了”。

晚上得到范拱薇信，告知尚未去取书，但听闻徐尔显“似有不肯发书之意，心中稍觉一宽”。

24 日　收到钱稻孙信，愿借 20 日元，解燃眉之急。钱稻孙还愿意代钱玄同向李松筠求救。

26 日　上午到神田，购得康有为《广艺舟双楫》《大义觉迷录》。见到木刻大字的《桃花扇》，要价 2 日元，手头缺钱，只好不买。

29 日　下午李永铭带来从公使馆传出的消息，下月 4 日东京将会有大地震。如果将兵工厂震坏，全市将成灰烬。想到外地躲避地震，苦于没钱，典当无用衣物，只得到几个日元。连日都有地震传言。

4 月

2 日　与朱逖先一起乘车至佐原躲避地震。

5 日　回到中村馆，晚上约 9 点地震。"一动便熄，然其势甚烈。"

7 日　晚上康心孚来谈教女生历史一事，须从董卓教起。

8 日　在章太炎处见到"小将军"汪东来信。晚餐后回来抄写《小学答问》。

11 日　写篆书《小学答问序》。晚上收到范拱薇信，告知取不到书。

18 日　次日将第一次上讲坛做老师。晚上只编了不满两页的讲义，担心不够用。

19 日　上午拿了历史讲义去找康心孚，商量可以采用的教科书。康心孚说，只有夏曾佑编写的商务版《中国历史教科书》可以用，可惜只有第一册，接下来的内容应该采用该书的体例来编写。康心孚把钱玄同领至大成女学校上课，由于没有印讲义，只能边教边详细板书，结果没有板书多少内容，就到了下课时间。

20 日　晚上到汪心田处，借夏曾佑的《中国历史教科书》，准备以此为蓝本来编讲义。

21 日　晚间编历史讲义，内容为三国时的董卓之乱，次日早晨将 3 张讲义拿到康心孚处印刷。

下午在大成女学校上课，自董卓废少帝讲起，讲到王允杀董卓。此后几日都忙于编讲义与去大成女学校上历史课。

23 日　下午收到钱恂来信，并有 30 元汇款，"为之一喜"；奉劝回国，"为之一愁"。给钱恂回信，力陈不愿回国的理由。

27 日　中午收到钱稻孙来信，让钱玄同到正金取银，可借用 50 日元。取钱还钱，尚欠一百多日元。

5 月

4 日　再次给钱恂写信，继续陈述不能回国，并请求长兄为钱稻孙设法争取官费。

9 日　上午吴琼突然上门来索要《中兴报》的 13 日元报资，只得承诺其 15 日来取。

10 日　在章太炎处看到石印的《守山阁丛书》，字迹清朗可看。与章太炎谈论礼仪必须复古。

11 日　正愁于债台高筑，从朋友处很难借到钱，忽然收得徐尔显的信，将汇来 300 元。

13 日　取到 300 元，将下宿、料理各处的欠账一概还清。

午后至文求堂，购得《峄山碑》一张，邓石如篆书四帧。又去神田书店，将早就看中的新刻木版《桃花扇》买下，另外又购买了《燕子笺》、《广阳杂记》和夏曾佑的《中国历史教科书》。

19 日　给康心孚写信，说自己脑力大坏，讲义难编；更何况急于为章太炎先生抄写《小学答问》，又要准备今年夏天回国去。因此，历史课只能辞去。康心孚回信，不许辞历史课。只得再写推辞信，由邮局寄去。

24 日　上午至文求堂，定购江声《书疏》篆刻元本，价 16 日元。

31 日　下午收到钱恂的信，给补助费 100 日元，除去伙食费 30 日元，其他大致够归国用度。欣喜之余，给钱恂复一长信。

6 月

2 日　向旅馆租定三叠房一间，便于集中精力抄写章太炎的《小学答问》。此前有空，一直在抄写。

4 日　钱恂又寄来 6 月、7 月的伙食费 20 日元。

11 日　与章太炎谈论修明礼教与放弃礼法的问题。

14 日　龚宝铨为杭州人蒋抑卮求写隶古部首一通。蒋抑卮便是资助周氏兄弟印刷《域外小说集》的大财主，人称"蒋半城"。

16 日　一大早，屈伯刚、屈伯匋来，邀请至他们家，中饭一起吃鸡。他们将于次日回国。

17 日　上午抄写《小学答问》半张，想到别人都期末考完，回国与家人团聚，自己却在早稻田大学荒废了近一年的学业，无法向亲人交代，就难受得写不成字。

22 日　下午张元节拿来钱恂托其转交的 100 元回国旅费。

24 日　打听回国船票，要到下月 15 日才有三等票。

到朱蓬仙处待了一天，告知退学之事。钱恂怀疑钱玄同在早稻田的学业，已写信问询青柳笃恒。据青柳笃恒说，如果要继续原先的学业，必须缴足一年学费，还要补考两学期的功课，很不合算。不如考插班，但考插班，就要考理化、代数、几何等几门不懂的功课。

26 日　李叔美帮助购买下月 15 日的莫舟号特别三等票，价 25 元 5 角。朱希祖也买到了。

30 日　下午朱蓬仙来。他将于次日启程回国。

7 月

1 日　渭侠来，说早稻田续学也可以不补考，但要写履历书。

2 日　前几天感冒咳嗽，请章太炎开了药方，开始喝药。随后几天，边喝药，边抄写《小学答问》。

15 日　坐火车至横滨上船。朱希祖、李叔美等同行。

19 日　约清晨 4 点抵达上海，上海天气炎热。6 点，钱滮来接，一起到福兴栈。得知丈人徐显民在上海，徐婠贞小叔徐武承也在。徐婠贞母子在绍兴，希望钱玄同回绍兴去。

中午到丈人处。徐显民说，还是回绍兴为宜。

21 日　傍晚与叔岳徐武承一起坐轮船去杭州。

23 日　转乘火车到南星桥，乘轿渡江，改乘篷子船。晚上 9 点抵达绍兴古越藏书楼，徐婠贞母子平安无恙。

24 日　丈母娘设晚宴，徐家账房、先生、徐婠贞大叔徐嗣龙与小叔徐武承等作陪。

25 日　上午，徐婠贞大叔徐嗣龙带去参观三区中萃小学及中学校，见到了徐锡麟亲手造的浑天仪，还见到了日本留过学的范爱农。

26 日　徐婠贞伯父徐元钊请吃晚饭，徐婠贞两位叔叔作陪，陪宾中还有烟鬼李莼复之子。

29 日　收到朱希祖信，要求抄写古越藏书楼中的《抱经堂》。

8 月

20 日　晚上 6 点登舟离开绍兴，丈母娘吩咐人将三箱书送到船上。与徐婠贞母子别离，不觉黯然。

21 日　乘火车至硖石，在斜桥偶遇蒋遵伦、蒋觐圭。下午 4 点半到站，单不庵接至其家。

23 日　与单不庵一起游审山。山巅有一座小巧精致的庙。两人在庙中一屋中清谈一日。“月余以来，与市侩学究相处，恨极矣！得此殊足一涤尘襟也。”[①]

24 日 下午 1 点从硖石乘轮船去上海。

25 日 约上午 8 点抵达上海，即寓福兴栈。到丈人处，得知已购好去日本的船票。午后钱滮也从无锡赶来相见。见到书箱已送到福兴栈，“甚慰”。

黄昏时，李彦士来访，五年不见，当年的小男孩已长成大小伙子了。他准备暑假后去青岛大学读预科。

27 日 上午出外，途中遇老乡梁曦（索伍），知道他也乘同一艘海轮。

下午到老丈人处辞行。

至秋枚处。拿到《墨子间诂》四本，要求转交章太炎先生。

郭成爽（景庐）来访，一直送到海轮上。

28 日 上午 9 点，海轮从上海启航。

同船中有绍兴人陈中，为马裕藻的阿舅，与梁曦也相识。

31 日 在船上与湖州老乡陈嵘相识，他在北海道帝国大学林科学习，认识校友钱稻孙。

9 月

3 日 下午 2 点左右抵达横滨。乘火车至新桥，赁人力车，6 点左右至中村馆。

9 日 22 周岁生日。前一天晚上收到朱希祖信，说他应浙江两级师范学堂监督沈钧儒之聘，在该校教授文学史，让钱玄同向先生章太炎请教问题。上午到章太炎处，章太炎写信解答朱希祖的问题。午后给朱希祖写信，把先生的信一同寄去。

① 杨天石：《钱玄同日记（整理本）》（上），第 171 页。

13 日 参加早稻田普通科第三年始业式，了解各科及教科书使用情况。重新开始学校生活。

18 日 上午为钱䅟孙到正金银行取钱，顺道买了《八代诗选》。

晚上收到钱恂的信，他打算 11 月回国，次年定居湖州城内潜园。

20 日 傍晚，安吉梅溪人莫永贞（伯衡）前来，赠送崔适（怀瑾）旧作《四谛通释》。据说崔适为归安人，俞樾弟子，好治今文经，刚完成《史记探源》一书。

21 日 课后到章太炎处，将崔适的《四谛通释》转赠给他。黄昏时归，到神田购买山冈时之助英文法教科书一册，为学校指定用书。

收到汪东和单不庵的信。单不庵说，钱恂明年回国后，拟请他去为钱稻孙修改译著，并任钱稻孙家孩子的家庭教师。钱玄同在回信中鼓励他去。

23 日 汪东的信是探讨小学的，钱玄同十分认真地回复了一信，一起探讨几个朴学问题。

28 日 与吴凤章以火腿、乌龟、肘子等合煮，邀请龚宝铨来一起吃，算是过中秋节。

30 日 学校将于下月 4 日进行编入考试。所有功课都没看过，不得不略作准备。

10 月

2 日 下午到章太炎处，两人一起谈论中国文学史上“有价值能独立之文人”，共排出 190 人。

3 日 傍晚，马幼渔阿舅陈中来访，请钱玄同去做家庭教师。

4日至6日　参加早稻田大学编入考试。

13日　学校又通知去补试体操，大概是原先此门课不及格的原因。

14日　收到从上海海运来的书。

26日　晚上看到号外，日本枢密院议长伊藤博文在东北被韩国人安重根枪杀。

11月

1日　到正金银行取学费，随后去章太炎处。

9日　下午到马幼渔处，教他七岁和五岁的儿子识《文字蒙求》，还有宁波赵莘耕八岁的女儿。先讲易学的日、月、山、川等象形字。随后几日到马家教书。

19日　翻检出三姊的来信，把伯父钱振伦一房与父亲钱振常一房子女的婚配及生育子孙情况整理在一张纸上。"吾族本寒，予生又晚，诸兄姊行次，每不了了，兼年来游历四方，更易忘，爰记如左方。"[1]

25日　拜访马幼渔，谈论了一天。翻阅了他刚从国内带来的书籍，共22箱，宋、元、明儒诸学案均有，可见其专心好学。

27日　龚宝铨来，嘱办《教育今语杂志》，要求草拟章程。黄昏时草成，为了教育民众，倡导用直白的官话。

随后几天一直忙于为章太炎抄写文章。

12月

1日　请马幼渔代购的严选《全上古三代秦汉三国六朝文》

---

① 杨天石：《钱玄同日记(整理本)》(上)，第191页。

送达，可惜没有纲目，不便于检索。

2日　到马幼渔处，借阅毕沅《经典文字辨正书》、钱大昭《说文统释自序》、三希堂中史孝山《出师表》。

11日　到马幼渔处，借取《宋元学案》，朱蓬仙需要此书。

19日　阅读夏穗卿和蒋观云的论著。夏穗卿治学宗今文学派，且重视谶纬，成一家之言，拟多看其论著。

24日　早稻田送来纸片要求去一趟。到学校，由于经常不上课，被青柳笃恒诘责恐吓一通。

25日　晚上收到钱恂来信，他决定向清政府告长期病假。三姊将为他在常熟租赁一旧园。

27日　下午去看蒋德臣，借来《投影画讲义》，抄数纸。龚宝铨来，《教育今语杂志》的章程已印好。

协助章太炎主办的《教育今语杂志》共出六期。钱玄同在该刊写了四篇署名“浑然”的文章：《刊行〈教育今语杂志〉之缘起》《中国文字略说》《共和纪年说》《说文部首今语解》。

29日　一直跟“小将军”汪东探讨“六书”中的“转注”问题。

31日　阅读夏曾佑编写的《中国历史教科书》第一册。

1910年(庚戌，清宣统二年)　23岁

▲1月17日，清廷赏给游学专门列入一等之詹天佑等工科进士，严复、伍光建等文科进士，张康仁等法科进士，授二等之刘冠雄等工科举人。

▲2月，光复会在东京成立总部，推章炳麟、陶成章为正副会长。

▲6月5日，南洋劝业会在南京开幕。是为官商合办的博览会。分设农业、医药、教育、工艺、武备、机械、美术、通运等馆，陈列各地特产。

1月

5日 阅读梁启超的《子墨子学说》，“虽强与欧西附会，可笑实多，然亦可取，千虑亦必一得也”。

7日 曹姓老乡即将毕业回国，赵季谦为其饯行，邀请郑素伯、赵季衡、赵伯辊、吴逸民、吴凤章和钱玄同作陪。

10日 写长篇日记，论述今后“行用之字”只有篆书、隶古、隶书和章草，且“不应写《说文》以外之字”。

11日 学校开始上课。

12日 上午到神田取钱，在青木嵩山堂购买《墨子》、刘申叔的《公羊》书四种、朱骏声（丰芑）《群书》六种。

15日 灯下作《教育今语杂志·发刊辞》。

17日 托吴凤章找到一位老先生长谷川，请其教授代数、几何。

20日 晚上收到董恂士、钱稻孙的信，说钱恂他们已于7日回到故乡湖州，暂时住在李松筠家，不久将迁入租赁的潜园。

22日 收到汪东信，有关转注的讨论，两人谁也说服不了谁。

25日 晚上想去上代数、几何，偏偏长谷川说要弄什么算术书籍，要到2月3日才能开始教。此后钱玄同决定回国任教，此事不了了之。

2月

4日　晚上找朱蓬仙聊天。回来收到单不庵、范拱薇的信。范拱薇告知已担任嘉兴中学堂(浙江省立第二中学)校长,准备对核校加以改良,想聘请朱逖先和钱玄同去教文史。单不庵的信尤其"谆谆相劝,疑不能决"。准备第二天找朱蓬仙商量。

5日　下午去找朱蓬仙商量,他劝钱玄同去嘉兴任教。回来后马上给单不庵、范拱薇回信。

晚上计仰先来。他也是范拱薇聘请的新派教师之一。

22日　午后李叔美来,说是钱恂已给出使日本的钦差大臣胡惟德发去电报,告诉这位湖州老乡,钱玄同已应聘到嘉兴中学教书,并寄来100日元。于是,钱玄同回国的决心更坚决了。

24日　为《教育报》作《文字源流》一篇。次日改定后向斐然交卷。

3月

2日　莫伯衡、屈伯刚、屈伯訇等湖州老乡为钱玄同饯行。

3日　与龚宝铨合影纪念。

4日　拜访老师章太炎,请其写字。章太炎为钱玄同书写新近作诗二首,并写扇面一页。

6日　上午龚宝铨来。康心孚之弟康宝恕(字心如)前来,告知康心孚毕业回国后,参加了清朝的科举考试,被授予庶吉士,在邮宣部工作,兼任"大清银行学堂"的学监和教务长。

10日　《教育今语杂志》在日本东京创刊。创刊号刊出钱玄同起草的章程和发刊辞《刊行〈教育今语杂志〉之缘起》,还有署名“浑然”的论文《共和纪年说》《中国文字略说》。后一篇论文作者自言没有写完，但此后再也没有续写。

本月 从日本回国，到嘉兴中学任国文教员，主要讲授小学。朱希祖也辞去浙江两级师范学堂教职，应范古农邀请，来嘉兴中学任教，全家迁居嘉兴南门徐家埭。

5月

范古农邀请大量留日的新派教师来嘉兴中学任教，得罪了那些失去教职的旧派文人。这些人背后挑动学生闹风潮，范古农被迫于本月辞职。

钱玄同也于此月辞职，由朱希祖介绍，到海宁中学任国文教员，主要讲授小学和《左传》。

7月

钱玄同好友方青箱出任嘉兴府中学堂监督（校长），又陆续把朱希祖、马幼渔、朱蓬仙聘请到该校任教。钱玄同仍在海宁中学任国文教员，直至年末。

据茅盾晚年撰写的回忆录《我走过的道路》记载，秋季开学伊始，湖州中学有校长布告，组织学生去南京参观“南洋劝业会”，让学生实地接受“实业救国”教育。

参观“南洋劝业会”回校次日，沈校长亲自到校，宣布请钱恂先生代理校长一个月。

钱恂代理校长，认真下班听课。英文老师由于发音不准挨了钱恂的批评，便鼓动国文老师杨笏斋等罢教抗议。钱恂分别让儿子钱稻孙和弟弟钱玄同来代课。

钱玄同代国文课，教学生史可法的《答清摄政王书》、黄遵宪的《台湾行》和梁启超的《横渡太平洋长歌》等，向学生间接灌输反清的革命思想，学生们都觉得新鲜。

1911 年(辛亥，清宣统三年)　24 岁

▲4 月 27 日，同盟会在广州举行武装起义，史称“黄花岗之役”。

▲10 月 10 日，武昌新军起义，攻占湖广总督衙门。11 日武昌光复，革命党人强推黎元洪就任湖北军政府都督，废“宣统”年号，用黄帝纪元，改国号为“中华民国”。

▲11 月 5 日，杭州新军起义，攻占浙江巡抚衙门，俘巡抚增韫，成立浙江军政府，举立宪派汤寿潜为都督。嘉兴、湖州、绍兴、金华等八个府城先后建立军政分府。

1 月

9 日　《说文部首今语解》发表在《教育今语杂志》第 5 期与第 6 期合刊上，署名“浑然”。

2 月

拜访今文经学家崔适。崔适和章太炎同为俞樾的弟子，但章太炎为古文经学家，崔适为今文经学家。研读崔适的《史记探源》稿本和康有为的《新学伪经考》。

10 月

10 日　武昌革命军起，辛亥革命爆发，推翻了两千多年的封建专制统治。归潜故里的钱恂，也赞同“光复”。

11 月

7 日　湖州满城插遍白旗，随即成立了湖州军政分府，推举沈谱琴为军政分府临时分府长，钱恂任民政长，前清官吏沈树人任财政长，湖州藏书家陆心源之孙陆庆誉任军法官。同时扩充学生军至百余人，又扩充商界自卫团，共同维护湖州治安。

钱恂与钱玄同兄弟俩，兄为清朝官员，弟为同盟会会员，辛亥革命时能“咸与维新”，成了“同志”。

12 月

钱玄同认为光复后应该恢复大汉古礼，参考《礼记》书仪，家礼，及黄宗羲、任大椿、宋殷初、张惠言、黄以周诸家关于考证“深衣”之说，写成《深衣冠服考》一册，分衣、冠、带、履四篇，并附《周居考》一篇。钱玄同还专门为自己裁制一身“深衣”。

是年春，由钱玄同用正篆抄写的章太炎《小学答问》，在杭州印行。印资由章门弟子筹集，鲁迅与许寿裳各出 15 元。章氏称赞该书“字体依附正篆，裁别至严，胜于张力臣之写《音学五书》”。

春季开学，到湖州中学堂教经学和小学，每周上二十多节课。还从绍兴接来妻子徐婠贞和长子钱秉雄，一起入住潜园。

自1911年到1913年，三年中钱玄同或当面请教，或书信往来，向崔适“质疑请益”；日后钱玄同把崔适推荐到北京大学，“自札问安，遂自称弟子”。

1912年(壬子，民国元年)　25岁

▲1月1日，孙中山在南京就任中华民国临时大总统，宣告中华民国成立。通令改用阳历。

▲2月12日，清宣统帝溥仪下诏退位。13日，袁世凯通电声明赞成共和。孙中山向参议院辞临时大总统职。15日，参议院选举袁世凯为临时大总统。

▲7月10日，教育部在北京召开临时教育会议，由教育总长蔡元培主持。会议规定“壬子学制”：小学四年、高小三年、中学四年、大学预科三年、本科三年或四年。

2月

与马裕藻、朱宗莱、沈兼士、龚定铨、范古农、朱希祖、许寿裳、沈钧业等章门弟子发起成立“国学会”，请章太炎担任会长，会址暂设杭州方谷园。

钱恂于此月出任浙江图书馆总理(馆长)。

3月

浙江教育司成立，沈钧儒任浙江教育司司长。朱希祖、沈坚士和马幼渔都在教育司任职。钱玄同应邀来到杭州，在浙江教

育司任第三科科员。

朱希祖任第三科科长，还介绍周作人来教育司任视学。

钱玄同戴上“玄冠”，穿上“深衣”，系上“大带”，前往办公室，赢得大家大笑一场，朋友们从此传为笑柄。

5 月

章太炎于25日写信给朱希祖、范古农、钱玄同、朱宗莱，筹划刻印其文集《文始》。

9 月

1 日　钱恂宴请张宗祥(冷僧)、朱逖先，钱玄同作陪。

在钱恂处见到谭复堂《意林》校本，为马彝初所新购。借回来翻阅。

4 日　马幼渔出任省立一中校长。钱玄同允诺其到该校讲授小学，每周六小时，6日开课。原先的小学课由杨学洛等所教，以《字学举隅》为课本。拟改授《说文解字》的部首。到一中，抄写部首及《说文解字》序，付誊写版印刷。晚上开始备课，翻阅《说文解字》序及五篇豆部以下章节，参阅段、严、王、朱四家之书。

陈大齐(百年)出任浙江高等学校(浙江大学前身)校长，也上门邀请钱玄同去教小学，钱玄同也答应了。

5 日　忙于备课。钱稻孙要回北京教育部，打电话来请钱玄同到浙江图书馆话别，一起吃晚饭的还有单不庵。晚上到朱希祖处，借取钱玄同前年在海宁中学所编的小学讲义，以作备课时参考。

6日　农历七月廿五日，钱玄同生日。首次到一中上课。

7日　听说一中学生借口英文教师郑表万温州口音太重，听不懂，要求校长马幼渔调换该老师。其实背后原因是杨学洛、唐德业、戴承胙等被辞退的旧派老师心有不甘，鼓动学生闹事。其目的是逼退马幼渔，回校复职。

8日　向单不庵借阅《汉书·艺文志》，准备为高等学校毕业班的学生讲授《艺文志·小学指要》。

10日　马幼渔来，学生又对另一位英文教师郑昂生无礼。日前《新浙江潮日报》分送攻击一中教师的传单，由唐德业撰稿。浙江省教育司沈钧儒司长不敢决断，反而认为马幼渔的做法不妥，令人气愤。

14日　上午朱希祖来说，一中的四年级学生要求马幼渔更换化学教师，马幼渔不同意，他们就率领一、二、三年级学生罢课。只有五年级学生不为所动。沈钧儒派人去要求复课，学生们也不听。大概已布置周密，今日开始发难了。

15日　上午到沈家，与沈士远一起到一中。听说将由经子渊、汤尔和两人出面调停罢课之事。此番一中风潮，反对马幼渔者仅杨、唐、戴几位不得志的旧教员，大部分人其实是冲着沈钧儒的。沈钧儒派他们两位想插手教育的人来调停，岂不引狼入室？

16日　昨晚汤尔和来到一中干涉教务。各教员对其“侵入教务范围”极为愤慨，立即全体辞职，并到沈尹默处，一起写信质问汤尔和。马幼渔通电各省立中学，要求主持公道，并辞职。

17日　到浙江图书馆，起草《全体教员致沈司长书》，质问他为何派汤尔和来干涉一中教务。朱希祖也从一中辞职。

18日　到浙江图书馆，为马幼渔写信，分致章太炎先生及京、沪、本城各处学界人物，报告此番办学宗旨及失败情形。

为了把家眷接来杭州安家，开始托朋友帮助租房子。

20日 钱恂进城来。请大兄、关来卿、朱希祖、单不庵等到王饭儿吃中饭，饭后一起游城隍山。约沈坚士一起到沈尹默家，与马幼渔话别，马幼渔将于次日早晨回鄞县老家。

25日 中秋节。中午，钱恂在壶春楼宴请浙江图书馆馆员。晚上钱家一起吃团圆饭，留宿圣因寺。

26日 到高等学校上课。有一学生硬说杨雄的姓肯定不是木字旁的杨，引经据典，他仍不听。

27日 听说接替马幼渔出任省立第一中学校长的王垚仍聘唐、戴、李、杨等人回校教书。

30日 上海的郭步陶多次写信来嘱写邹容传和刘西园传，忙了两个晚上，终于写好。

10月

3日 到高等学校上课，那个学生又以杨雄的姓来纠缠，还说章太炎论语言文字的一篇文章不可解。另有一班催促加快进度。十分气愤，准备辞职。

5日 收到教育部许寿裳来信，准备办一种教育学术杂志，要求书写杂志名，写好寄出。

8日 写信向陈大齐辞职，并寄还高等学校的聘书。

收到马幼渔来信，他被张菊生招到商务印书馆去了。

11日 浙江高等学校校长陈大齐派人来劝说复职，“峻拒之”。

12日 收到向商务印书馆预约的《新字典》，陆炜士编。浏览一下，发现此书只是删节《康熙字典》，去古字，增俗字，必无价值无疑。

15 日　马幼渔赴上海前到杭州停留几天。晚上一起聊天，睡在教育司内。第二天一起到沈尹默家，聊了一整天。17 日，马幼渔乘火车去上海。

18 日　重阳节。上午与朱希祖、沈尹默等人一起到钱恂新近租赁的坚匏别墅。此屋俗称“小刘庄”，由南浔首富刘镛的儿子刘锦藻修筑。

见到安吉递铺镇人潘尊行，谈论一番，发现此人很有“小学”功力，但对章太炎先生的《文始》颇有微词。

辞去两校教职后，有时间阅读今文学家的著作，先看崔适的《史记探源》，并与《史记》对照着阅读。又阅读康有为的《新学伪经考》。在钱玄同看来，崔适的考“伪”水平比康有为高多了。

27 日　在此日出刊的《独立周报》第 6 期上发表《钱中季与率群论国学书》。留日朋友康心孚协助章士钊编辑《独立周报》，并与其弟康心如一起设立书局。钱玄同（中季）与他在信中讨论如何编印图书。康心孚编发了两封钱中季的来信。其一认为设立书局应铸就美观可用的字模、宜设编译局，其二论草书及编年表。

29 日　沈士远的姊姊将要嫁给吴逸民，钱玄同不准备送银元、绛幛之类，取白宣纸画朱丝栏，节录《礼记·婚义》，书写成六轴小屏，以贺“吴君逸民与沈君星联结缡”。

11 月

3 日　上午到浙江图书馆。三箱常用的书，由钱恂从湖州带到杭州，寄存馆内。

请周佚生刻一印章，今隶“钱夏字季”，仿元魏造像，刻得古茂浑厚。

5日 杭城光复纪念日,官厅不办公,学校不上学。

8日 由沈士远、吴逸民相邀,前往沈家“定礼”。主张既不学中国人的跪拜,又不学西洋人鞠躬,应恢复古礼中的“肃”,即新郎新娘只要作揖即可。

10日 沈士远、沈尹默、沈坚士三兄弟之姊此日成婚。钱玄同为襄礼者,新郎新娘果然行“肃”礼。

11日 沈家来柬相招,此日宴请媒妁、赞礼者、襄礼者及司会计事者。

13日 收到钱恂的信,告知坚匏别墅仅四楼三底,不像湖州潜园,大家可以住在一起。此后只得加紧自己找房。

23日 钱恂来信,准备回湖州一趟,要求去坚匏别墅一聚。晚上与单不庵一同住在坚匏别墅。

24日 几天前与朱希祖看中一屋,在福隆安巷,三楼三底,较新且明亮,有水井和灶头,开价月租8元。随后沈尹默说已谈妥,月租降至7元,押租50元。此屋就租定下来了。

晚上给徐婠贞伯父写信,告知租好房子了。

27日 购得《独立周报》七册,选刊今春给康心孚论铸新铅模、编新字书等二封书信。

28日 晚上在沈尹默家看到浙江都督朱瑞给沈钧儒的信,撤掉钱恂的浙江图书馆总理(馆长)之职。钱恂考虑到藏四库全书的文澜阁有些潮湿,就把白楼和红楼之间的隔墙拆掉,占领了闲置着的红楼,把文澜阁四库全书搬进红楼,大大改善了藏书环境。红楼为军政要人宴会作乐之处,钱恂此举得罪了浙江军政权贵们,导致被撤职。

12 月

1 日　上午与徐冕伯一起去拜访浙江高等学校校长陈百年。

2 日　上午与沈尹默一起乘汽车，约下午 2 点到达上海，寓福兴栈。拜访马幼渔、马叔平兄弟。康心孚请吃晚饭，还请来黄季刚、汪东作陪。

3 日　与沈尹默、沈赓虞一起拜访吴昌硕。当年吴昌硕大叔在苏州拜访钱振常，钱玄同还是小孩，至今已 20 年了。老画家耳聋，不便于交流，自书寓所为“聋寓”。

4 日　下午乘火车离开上海。沈尹默直接回杭州，钱玄同去嘉兴见朱蓬仙。朱蓬仙说下一年将教小学，还大致讲了教学设想。当年国学讲习会的《说文解字》笔记，为钱玄同、朱希祖、朱蓬仙、龚宝铨、张敬铭诸人所录，都存放在朱蓬仙处。朱蓬仙已汇录一册，就向他借来补录。

5 日　傍晚回杭州。

6 日　上午到浙江图书馆，已任命龚宝铨为馆长，请朱逖先、蒋让旃辅助。

9 日　请人书写门署“吴兴钱夏居此”（外）、“钱夏所居”（内）两条。下午到拱宸桥，乘轮船去湖州取家具。

10 日　黎明抵达湖州，钱稻孙也在。方青箱新任吴兴县令。下午拜访曹髯、汪逸宸、方青箱诸人。晚上曹髯、汪逸宸请喝酒，钱恂、钱稻孙父子作陪。

11 日　检点可以运走的家具。晚上钱恂回请曹髯、汪逸宸。方青箱来回访。

12 日　上午将家具装运到轮船上。下午 4 点开船，行李有一百多件。

13日 黎明到达杭州，一直忙到中午，才雇人把家具统统搬进新租的房子。

14日 到新屋，将家具摆放好，又新购一些桌椅之类。

收到徐婠贞家书，告知近日将从绍兴娘家动身，于19日早晨到达杭州。此前未满周岁的女儿早夭。

17日 收到康心孚的信，嘱在《独立周报》内担任国学这一门类。康心孚热心国故，精神可佩，恐怕主持此报者未必那么热心。

18日 新房子里添置家具，布置书画，装裱门首，忙了一天。

19日 上午拜访新任教育司司长沈钧业。徐婠贞来到新房子里，忙忙碌碌，布置俗事。

朱逖先、沈尹默、沈坚士来参观私宅。

22日 晚上家中失火，所幸马上扑灭。

28日 到教育司办公，冷得无法动手。下午4点以后，司中开会研究互选规则等。

30日 朱希祖将作为读音统一会的浙江省代表，动身去北京教育部开会。

31日 婚后一直苦于没有一个独立的家，如今终于如愿以偿。此日为阳历除日，算是搬入新家的第一个节日。用鱼肉、蔬果、粽子等物祭祖，祭拜方式改用三肃。

1913年(癸丑，民国二年)　26岁

▲2月15日，汉字注音字母诞生。

▲7月12日，孙中山兴兵讨伐袁世凯，发动“二次革命”。

▲10 月 10 日，袁世凯就任正式大总统。

1 月

2 日 专为康心孚助编的《独立周报》写作《中小学校改良国文教授并加课语言文字学议》一文。

5 日 康心孚来信，说《独立周报》要增加篇幅和门类，要求多多提供国故方面的稿件，钱玄同就将《中小学校改良国文教授并加课语言文字学议》寄他。

12 日 此日出刊的《独立周报》第 2 卷第 1 期发表了《中小学校改良国文教授并加课语言文字学议》，署名钱夏。钱玄同认为，国文科可分文字学、文章学、文法、读文、作文诸科。文字学是各科的基础，因而中小学校的国文教学应加课语言文字学。

15 日 收到钱恂来信，告知他们全家于前一天抵达杭州。在聚丰园宴请关来卿、单不庵等人，钱玄同前去作陪。

18 日 钱恂过 61 岁生日，一起吃家宴的有男女长幼共 15 人。酒后全家摄影。钱玄同身穿自己设计裁制的深衣玄冠，单独拍照留念。

20 日 钱恂把曾祖父用过的墨漏、漱盂送给钱玄同作纪念，说是李松筠理出来交给他的，嘱咐“敬谨珍藏”。

21 日 早上与单不庵一起，冒雨送钱恂和钱稻孙父子到火车站。早在 1912 年 2 月，钱稻孙就进了教育部。钱恂女婿董恂士已升任教育部次长。钱恂去北京，将在老友夏曾佑的社会教育司任个虚职。

2 月

1 日 用大字格书写《古诗十九首》，给大儿子钱秉雄吟唱。

24 日　考虑编一本供儿童识字的教科书，拟将许慎《说文》中的九千字，按六书归类，从中检取四五千常用字，略按《文字蒙求》体例，编一本《学文笞》，供儿童及蒙师参考。从中再精选二三千字，编为小学国文教科书。

写成一小文，有关六书略例及说明，写成指示三例、象形三例，拟投稿给《独立周报》。

25 日　上午到教育司，已停止办公，要等到 3 月 1 日迁入蒲场巷民政司公署内，同署办公。

闲在家中，准备在《学文笞》之外，拟取段玉裁、桂馥、王筠、朱骏声"四大家"的注释，再汇编一部《部首约注》。

3 月

3 日　首次到行政公署办公。

10 日　收到马幼渔来信，统一读音会仍争执不下。马幼渔与杜亚泉、朱希祖与王照等起了大冲突。

17 日　将 1909 年在日本时，与汪旭初辩论转注的四通往复函，整理抄写寄给康心孚，刊在 23 日《独立周报》。

21 日　沈尹默寄到章太炎所拟《国歌》，"宜雅宜俗，极好！极好！"开始书写《四体说文》。

26 日　收到钱恂来信，他们已到达湖州，又说钱玄同下半年可以到北京入职。钱恂将请沈尹默教其孙子读经书。钱玄同希望他们也能带长子钱秉雄到北京去一起读书。

4 月

13 日　找单不庵，商讨《四体说文》中几个字的正隶如何书写。

16日 将章太炎的《文始》稿子寄给上海的康心孚印刷。信中告诉康心孚,如果印三千部,每部印价五十元左右,就印三千部。

20日 丈人徐尔谷来杭州,就到旅馆去拜访。

25日 见到钱恂的条子,知道他已从湖州来杭州,住在坚匏别墅。钱恂此行了结了湖州潜园与杭州坚匏别墅的租赁事宜,偕妻子单士厘和钱玄同长子钱秉雄一起去北京。

本月 空闲时就写《四体说文》。

5月

2日 教育部召开读音统一会,审定字音、核定音素和制定字母。会上争论不决,5月,终于通过了马裕藻、周树人、朱希祖、许寿裳等章门弟子的提案,将章太炎的记音字母,斟酌损益,制定39个字母,代替传统的反切,逐步形成后来通行的注音字母。钱玄同尽管没有参加这次会议,但日后积极推广注音字母。

6月

北京大学放暑假,朱希祖回杭州来接家眷。朱希祖于4月被聘为北京大学预科国文教授。老友相见,钱玄同了解到不少北京学界的情况。

7月

2日 为朱希祖书写扇面,内容是《说文》的540部首。为朱蓬仙书写扇面,是汪中的《吊黄祖文·序》。又为自己写了一把扇子，一面是汪中的《吊黄祖文·序》，另一面是汪中的《狐父之盗颂》。

4日 沈坚士来，要求用章太炎师的《正言论》书写扇面。下午写好，送到他家。

5日 浙江图书馆收到由刘子庚捐献的周文（沐润）的未刊稿本《说文窥管》，单不庵要求钱玄同篆书以刊行。前往校勘，晚上大雨，留宿图书馆。

随后三天，篆书《说文窥管》。

钱玄同篆书的《说文窥管》，并未出版，由浙江图书馆收藏。1942年周作人从杭州书店得到《说文窥管》的相片14页，加以影印，纪念这位作古的老友。

9日 上午与单不庵去朱希祖家，又一起去沈尹默家。自沈尹默去北京大学预科任教，已分别近半年。与老友握手言欢，傍晚才回家。

本月中旬 受二次革命影响，杭州金融恐慌，不少人逃往上海租界。钱玄同收拾东西，准备前往北平。此前还得准备把已怀有身孕的徐婠贞和次子送回绍兴丈人家。

8月

7日 上午，徐家来人接走徐婠贞母子。

此后，徐婠贞回绍兴娘家待产，钱玄同于9月远赴北京。

9月

13日 钱玄同来到北京，与长子钱秉雄一起住在钱恂家。钱玄同来北京后任国立北京高等师范学校附属中学国文、经学教员。该校前身为创办于1902年的京师大学堂师范馆,1904年改为优级师范科。1908年5月,独立为京师优级师范学堂,校址迁往厂甸五城学堂。这是我国高等师范学校独立设校的开始。1912年5月,改名为北京高等师范学校,陈宝泉出任首任校长。

27日 鲁迅日记载:"赴广和居,稻孙招饮也,同席夔侯、中季、稼庭、逖先、幼渔、莘士、君默、维忱,……"[①]此次聚饮,做东的是钱稻孙,参加聚会的多是钱玄同在东京留学时期的老同学,有可能是钱稻孙为初到北京的钱玄同接风,有意识地请来一些老朋友见面,为钱玄同张罗一些人脉关系。何夔侯、张稼庭、沈尹默这三位浙江人此时为北京大学的实权人物。

28日 与朱希祖一起探望被袁世凯软禁在东城钱粮胡同的章太炎,邂逅黄侃。

当年交往的朋友,以章门弟子为主,有沈兼士、马裕藻、朱希祖、周树人等,沈尹默虽非章门弟子,但也算是圈内人。

当年北大误把沈尹默当作章门弟子,聘为预科教授,可谓"弄假成真"。1913年起,章门弟子纷纷北上,黄侃、马裕藻、沈兼士、朱希祖、钱玄同、朱宗莱等执教北大。随后数年,以章门弟子为核心的浙江籍教师取桐城派而代之,主宰北大文科。他们一致对外,"骂倒"了"选学妖孽""桐城谬种",为新文化运动扫清复古障碍。

10月

16日 三子钱三强生于绍兴徐宅。

---

① 鲁迅:《鲁迅全集》第15卷,北京:人民文学出版社,2005年,第80页。

11月

8日 下午购买顾炎武的《音学五书》，四明观稼楼刻本。家中藏有顾炎武的《音学五书》，上有钱振常的批注，不忍涂改。新购一本，点校后备课用。

9日 与嫂嫂单士厘谈及半年来的不快意之事，"不禁潸然涕下，念先人之泽，自不肖而斩，虽死而不足以蔽辜，死亦何颜见先人于地下哉！"主要是事业不顺，收入不多。来到北京，仍不能自立门户。

16日 钱恂长婿徐颂唐上午来，与沈尹默、沈坚士一起外出，购买大衣。回来见到朱希祖。

1914年(甲寅，民国三年) 27岁

▲1月上旬，章太炎被袁世凯软禁于北京龙泉寺。

▲5月1日，袁世凯公布《中华民国约法》，废止《临时约法》，扩大总统权限，改责任内阁制为总统制。

▲8月23日，日本对德宣战，旋即派军于9月2日在山东龙口登陆。10月6日，占领胶济路全线。11月7日，日军攻占青岛。至此，德国在山东的势力范围全部为日本控制。

9月

12日 阳历生日。

14日 农历七月廿五日，为农历生日。兄嫂特地准备了生

日宴，邀请马幼渔、沈尹默和沈坚士兄弟、钱稻孙来陪。

来北京一年多，本以为此学期可以增加收入，能带家眷来北京一起生活，课余还可以读一些想要读的书。不料为忌者排挤，课少导致收入减少。好在马幼渔设法，把他自己的中学课程让出来。此后开始到中学上课。“良友厚谊，深可感佩。”①

16日　总统诞辰日，学校休假一日。

17日　购得商务版《民国区域沿革表》一册。

18日　到打磨厂恒发栈拜访崔适师。午后带崔适到沈尹默处，然后一起去见北京大学代理校长胡仁源（次珊）。

晚上在沈尹默处见到黄季刚。黄季刚说六书象形指事应该遵从王荀的学说，朱逖先也赞同，钱玄同也觉得有道理。

26日　午后走访许寿裳，说是后天丁祭，总统亲自去，外人不得观看。

27日　上午拜访崔适师，他每周三天有课。准备每周去听一次课。

康心孚次日远行，钱玄同、朱希祖、马幼渔、沈兼士和沈尹默兄弟在瑞记为他饯行，并邀请黄季刚、周豫才（鲁迅）、曾通一等作陪。宾主都为章太炎弟子。

28日　崔适认为《左传》书写方法、所记史实都有可疑之处。向其借取考证质疑《左传》的论文。购买《钦定左传读本》一本。

本月　家眷从浙江绍兴迁来北京，租住在东安门北河沿北头北箭亭子。一家五口终于团聚北京，长子钱秉雄上小学。

---

① 杨天石：《钱玄同日记（整理本）》（上），第273页。

1915年(乙卯,民国四年)　28岁

▲5月9日,袁世凯接受丧权辱国的“二十一条”。

▲8月14日,杨度、孙毓筠、严复、刘师培、李燮和、胡瑛发起筹安会,公开支持袁世凯恢复帝制,实行君主立宪。

▲9月15日,陈独秀创办《青年杂志》。

1月

1日　到沈尹默处,得知章太炎师的事仍没有圆满的结果。

2日　带夫人和长子钱秉雄游玩故宫三殿,又到武英殿,观看古物陈列所中的瓷器、漆器及字画等。随后到社稷坛,新年三日开放。

4日　上午去见马幼渔,一起去拜访正在北京调解南北矛盾的光复会元老李燮和,告诉他章太炎师的近况。

11日　钱恂阳历生日,带钱秉雄一起去吃生日宴。

12日　与沈尹默冒着寒风去看望章太炎。

16日　傍晚到沈尹默处,得知章太炎的事已解决,门警可以撤去。

17日　拜访崔适师,随后去看望章太炎师,门警确已撤去。

31日　与沈尹默、马幼渔、沈坚士、朱逖先、汪旭初、许季茀、周豫才等一起在老师家宴请章太炎师,“谈宴甚欢”。

2月

6日　为师校附中起草《改良中学国文教授法》草案。

11 日　课毕到朱逖先处，谈到现在作古体诗宜用何韵。钱玄同认为，无论古体、律诗，都应以《广韵》为准。

12 日　溥仪退位纪念日，放假一日。

13 日　阴历除夕，学校请假，到钱恂处参与祭祖。

14 日　大年初一，钱恂叫钱玄同夫妇和长子钱秉雄去吃午饭。钱玄同一大早就去了，完成了钱恂吩咐书写的廿四史书头。

晚上章太炎在家宴请众弟子：沈尹默、钱玄同、朱逖先、许季茀、周豫才、马夷初、马幼渔等。

4—5 月

与黄侃一起在北京大学互相切磋音韵学，感觉黄侃的研究心得很有道理，就借来黄侃的音学手稿抄录，还在《黄侃音学九种》前写一“小识”，以记其事。

6 月

20 日　与朱希祖一同走访周树人。周树人分赠《会稽杂集》各一册，另有三册要求带给沈尹默、沈坚士和马幼渔。

此年秋季，北京高等师范学校增设国文部，钱玄同任国文部教授，同时兼任北京大学文字学教授和北京大学研究所国学门导师。

据王森然《钱玄同先生评传》：

> 时黄季刚在北大教文字学，先生与黄季刚既属同门，则互相修正，过从初甚密切……先生与黄季刚既相友善，遂借季刚之力，于四年秋至北京大学教文字学，《尔雅》《说文》，

在预科教音韵一小时。[①]

在探视章太炎时，章太炎有四句赠言："激励奋迅，决破罗网，焚烧荆棘，荡涤污泽。"钱玄同铭记于心。

1916年(丙辰，民国五年)　29岁

▲6月6日，袁世凯去世。7日，黎元洪就任大总统。

▲9月1日，《青年杂志》自第2卷第1号改名《新青年》，发表李大钊著名论文《青春》。

▲12月26日，黎元洪任命蔡元培为北京大学校长。

1月

1日　元旦，上午到崔适师处贺年，随后前去见老友沈尹默、马幼渔和朱逖先。在马幼渔处见到官报，宣称从今日开始改称"中华帝国洪宪元年"。午后到中央公园，又去参观古物陈列所。

3日　上午在沈尹默处，康心孚前来为《中国学报》组稿。告诉他要向当世有名的学者如章太炎、廖季平、刘申叔等人组稿。钱玄同不太有兴致写论文。

4日　打电话请金子直来家，为东儿诊视。孙鹰若、钟骏臣来请教音韵方面的问题，并求书篆字。

9日　午前到马幼渔、沈尹默处，沈尹默将到医校讲授修身，准备以黄式三的《黄氏塾课》为蓝本。

14日　下午陪钱恂一起观看梅兰芳主演的《黛玉葬花》。

① 王森然：《近代名家评传》(二集)，第342页。

15日　徐颂唐和尹辅在瑞记宴请钱恂，请钱玄同作陪。钱恂次日生日。

2月

8日　课后到火神庙，书摊都摆出来了。购得清翻刻宋吴革刻大字本朱子《周易本义》、横渠《易说》、郭庆藩《庄子集释》等。

9日　课后到火神庙，购得初印本《楷法溯源》《古周易》。

傍晚去看望钱恂。他昨晚腰部麻木，医生说谓老年人体虚。

11日　到琉璃厂，购得同文石印《纲目》一部。

18日　正月十六日，火神庙书摊摆最后一天。购得点石斋石印《四库提要》及同文印《草字汇》，还有一部《周子全书》。

探视董恂士的病，忽轻忽重，不稳定。董恂士于3月去世，享年38岁。

3月

袁世凯被迫取消帝制，取消洪宪年号。

4月

与马裕藻合拟《高等师范学校预科国文教授法》草案，刊1916年4月《北京高等师范学校校友会杂志》第一辑。

6月

6日　袁世凯病死于北京。

9月

11日　高等师范学校开学。

12日　中秋节。阳历30岁生日。带长子秉雄到钱恂家。先拜祖先，再一起喝中秋酒。钱恂家从老石娘胡同搬迁到了受璧胡同的新屋。

13日　1916年初夏，为了规避袁世凯称帝导致的北京乱局，徐婠贞带领孩子去天津暂住，寄居在老丈人处。钱玄同就退掉了租屋，将未曾理清的书物搬运到办公室存放，自己也就暂寓办公室。同年初秋，徐婠贞带领孩子回京，租住宣武门外香炉营头条。加上北京大学即将开学，钱玄同就来设法清理办公室，将书物搬回家去。

15日　四儿病情加重，上午与妻子一起抱孩子到金子直处诊视，诊为气管炎，次日上午又去取药水、药粉。

19日　给上海友人写信，求购无政府主义书报数种。八九年前初读《新世纪》杂志，厌恶其文章鄙俚。后来又由于该刊主张用世界语取代汉语及吴稚晖、章太炎之间的矛盾，加深了厌恶感。如今想来，该刊在中国最先创导无政府主义。即便像刘申叔，如今虽身败名裂，但他与同仁所办的《天义报》《衡报》以及与张溥泉等人开办的社会主义讲习会，也是在中国提倡无政府主义的先驱，不可因人废言。

20日　午后出城购一墨盒，上镌"玄同"二字。

21日　由于本学期忙于编讲义，家中不够安静，于此夜开始晚上住在大沟沿师大办公室，晚上有空仍回家休息。

为北京大学哲学教授郑介石书写扇面。

10 月

1 日 早晨，钱恂来大沟沿寄宿舍，吩咐钱玄同去其家吃中饭。灯下编《大学讲义》。

4 日 林损送《伦理学》讲义。

6 日 马幼渔来商谈编选有关学术文论的打算，如《抱朴子·诘鲍》篇和黄梨洲《原君》《原臣》篇等。

7 日 下午与沈尹默、马幼渔商议为北京大学及预科编选《学术文录》，拟选六类：(一)历代学术思想之文，(二)传经之文，(三)关于史学之文，(四)关于政治之文，(五)关于科学之文，(六)关于文学原流之文。其中有《中庸》《礼运》《桃花源记》等。

10 日 双十节放假

12 日 整理学术文选稿。傍晚到钱恂处取来廿四史，编写国专小学讲义。

14 日 购买康有为新印本《广艺舟双楫》。

《新青年》第 2 卷第 2 号出版，吴稚晖的长文《青年与工具》，“陈义极正”。

17 日 点阅《南史·儒林传》前序、后论，《北史·儒林传》前序、后论，《新唐书·儒学传序》，《旧唐书·儒学传序》，《宋史·周敦颐传》《陆九渊传》。钱玄同以为《新唐书》文笔简洁，远胜《旧唐书》。

24 日 长子钱秉雄生病发烧。

长子降了点体温，“可有生之希望矣，为之一慰”。

12 月

26 日 蔡元培被任命为北京大学校长。蔡元培为钱玄同父亲钱振常的得意门生。由于钱玄同、沈尹默等人的推荐，蔡元培才决定聘请陈独秀出任北京大学文科学长。

1917年(丁巳，民国六年)　30岁

▲1月1日，胡适在《新青年》第2卷第5号发表《文学改良刍议》，揭开“文学革命”序幕。

▲7月1日，张勋带领“辫子军”进京，通电各省，宣布已“奏请皇上复辟”，要求各省应即“遵用正朔，悬挂龙旗”。

▲8月14日，中国正式对德国、奥地利宣战。

1月

1日　自1907年以来，追随章太炎，“冀国人发思古之幽情，振大汉之天声，光复旧物”，保存国粹。钱玄同准备从“复古”走向“反复古”。

找沈尹默，谈论应用文字改革之法。赞赏陈独秀、胡适的文学改良论主张，“必能为中国文学界开新纪元”①。

2日　购买石印胡刻《文选》一部。

往中央公园来今雨轩，参加北京大学卸任校长胡仁源的饯别茶会，在后院摄影留念。

午后至大兄钱恂家。傍晚，北京大学新任校长蔡元培来访钱恂，钱玄同初识蔡元培。“其人状貌温蔼，语言谦和，举止醇谨。人谓其学问渊博，吾谓其道德尤高。尹默谓大学校长得此

① 杨天石：《钱玄同日记(整理本)》(上)，第296页。

等人任之，允足为学生表率。诚然！”

3日　北京大学百余名中外教员在北京饭店饯别胡仁源，欢迎蔡元培。此事由理科学长夏浮筠发起，大家共同出资。

5日　钱玄同获悉张菊圃随陈炯明来京，住在钱恂家，就欣然前往。两人一起探讨世界大同、革新与战争等。钱玄同向往于“万物玄同，相忘于道”的极乐世界。

6日　上午到北京大学，校长蔡元培与钱玄同商谈如何教授文字学。钱玄同说，按教育部规定，此门课分为音韵、《说文》、《尔雅》三种，合为三单位。蔡元培认为此门课其实可分为文字学、尔雅学（训诂学）和音韵学。

北京大学已聘陈独秀为文科学长。“第陈君不久将往上海，专办《新青年》杂志，及经营群益书社事业，至多不过担任三月。颇闻陈君去后，蔡君拟自兼文科学长，此亦可慰之事。”

晚上取上学期北京大学文科一年级《字音学》讲义，改书横行，注语用小字志于每页下端，本文小注均用（一）、（二）、（三）、（四）为标识，缘文字排列之法横便于直，自是定理（今算学、理化学已多改用横行）。

马幼渔电话告知，预科有三位教师辞职，让钱玄同写信催促在嘉兴中学任教的章门弟子朱蓬仙来北京大学国文系任教。

7日　钱恂病愈，钱稻孙、钱穟孙兄弟在长安饭店为其补过生日，电话招请钱玄同赴宴。

下午到沈尹默处，取《科学》第2卷第1期，准备研学胡适的《论文字句读及符号》一文。钱玄同、沈尹默和马幼渔正在编选有关中国古今学术方面的文选，由学校出资排印。他们准备用新式标点来点校学术文选。

8日　在同古堂刻银印三枚，今日往取。三印分别为“玄同之鉩""钱氏玄同""泉玄同"。

上学期在北师大、北大及其预科三处授课,每周有27小时之多,又要编讲义,忙碌疲劳。本学期拟将北师大英语部讲读作文课,转由马幼渔讲授,征得北师大王霖之的同意。

9日 钱玄同于1916年夏天起住在宣武门外香炉营头条所赁之屋,自10月起,妻子徐婠贞及东儿、穹儿、弘儿相继传染猩红热,1915年出生的四子秉东(东儿)早殇。钱家视此屋为"凶宅",急于退租,看中了琉璃厂西北园的新居。钱玄同请周支山代觅铺保,交好房租,与裱糊匠商定糊棚。

10日 北京大学及预科开学,前往聆听蔡元培的开学演说。蔡元培大谈真善美,尤其强调美育,并告诫学生要认真抄讲义。

11日 到北京大学拜访蔡元培,托其购买《旅欧杂志》及在巴黎出版的《新世纪》。原先在日本时所购的《新世纪》,没能携带回国。当年受章太炎影响,有些排斥该杂志。

12日 全家迁居新屋。钱玄同仍独居北师大宿舍。

13日 昨晚全家患病,原因是新裱糊的房子,门窗紧闭,致煤气中毒。钱玄同前一晚患病,也是同样原因。

沈尹默在西安饭店宴请钱恂,同座有钱稻孙、马幼渔、徐森玉和钱玄同。饭后回家,除老仆又煤气中毒外,其他人皆无恙。

来北京三年,一直心绪恶劣,不与亲友通信。当夜给三姊修书一封。

教育部正式任命陈独秀为北京大学文科学长。

14日 到直隶书局,购买顺德人卢信所著的《人道》。此书主张无政府主义。

中午钱稻孙在江苏会馆宴请张菊圃,从广和居叫菜。钱玄同父亲钱振常为京官时居江苏会馆,钱玄同生母周氏、钱恂夫妇同住此会馆。钱玄同偕夫人与大儿子一起赴宴。

到德兴堂印名片，中、西文两面印。中文横式左行，西文作H. D. DJian。

朱蓬仙来信，愿意来北京大学任教。

15日 自上年10月下旬长子钱秉雄患病，钱玄同就回家住，照顾家人，不意竟足有三个月之久。其间没有心情写日记。

20日 北京大学下午开会，讨论秋季开始的大学学制改革。蔡元培的改革意见：预科由三年改为一年，专习国文、英文、算学三门，以补中学之不足。本科分文理两科，学制三年，所修学科皆为治专门学之预备。毕业入研究科，专门研究一种学术。研究科由华人专家任主任教员，另请一外国专家指导。

钱玄同赞赏预科改革，认为能消除预科与中学的重复教学。

结识在北京大学教西洋文学史的徐佩铣。徐子明自称精通英语、德语、法语，又懂拉丁文，有志于研究中国文字。钱玄同与他谈得十分投缘。

晚上，陈独秀在庆华春设宴，同座有沈尹默、刘半农、高一涵、李大钊、钱玄同。刘半农由投稿结识《新青年》主编陈独秀，并由陈独秀介绍到北京大学。高一涵、李大钊都与陈独秀一起帮章士钊办《甲寅》杂志。这六位，加上尚在美国留学的胡适，形成了《新青年》团体的雏形。

收到蔡元培、汪精卫、李石曾编辑的《旅欧杂志》1—7期。

21日 与马幼渔、沈尹默商议北京大学新预科教国文之标准，每周九小时，拟以两小时授文字学，两小时授文法及修辞，五小时讲读。讲读中以两小时授模范文，三小时授关于本国学术变迁之文。

22日 除夕。全家到钱恂家拜祖先，吃年夜饭。张菊圃也在。

25日　阅读《新青年》，赞赏陈独秀所撰《梅特尼廓甫之科学思想》。由陈独秀的另一篇《答常乃惠(德)书》，想到文坛上的桐城派之文和江西派之诗，认为其毫无价值。

27日　购《官场现形记》《二十年目睹之怪现状》，认为这两部谴责小说描写黑暗腐败之社会，较有价值。

晚上带领徐婠贞、长子钱秉雄到青年会，观看北京大学学生所演新剧《黄粱梦》。

28日　以交通票13元购得李卓吾《藏书》一部。称赞李卓吾是明代的"新思想者"。

31日　晚上10点，得知朱蓬仙已到北京，寓逸鸿处，即命车往。四年不见，有说不完的话，畅谈至次日5点左右，同榻而眠。

2月

1日　带朱蓬仙拜访沈尹默，后与朱蓬仙到北京大学拜访蔡元培、陈独秀。

胡适在《新青年》第2卷第5号发表《文学改良刍议》。钱玄同立即在此日出刊的《新青年》第2卷第6号"通信"栏内进行声援："顷见5号《新青年》胡适之先生《文学刍议》，极为佩服。其斥骈文不通之句，及主张白话体文学说最精辟……具此识力，而言改良文艺，其结果必佳良无疑。惟选学妖孽、桐城谬种，见此又不知若何咒骂。"钱玄同的出阵，使陈独秀、胡适深受鼓舞。鲁迅在《且介亭杂文二集·五论"文人相轻"——明术》中认为这八个字"形容惬当，所以这名目的流传也较为永久"。[1]

---

① 鲁迅：《鲁迅全集》第6卷，第396页。

5 日 陈独秀邀钱玄同、朱蓬仙、朱希祖、徐佩铣等人开会，商议文科教授事。

8 日至 11 日 患气管炎，发高烧，其间回家养病两天，功课告假。

3 月

1 日 给陈独秀的信《反对用典及其他》发表在此日出刊的《新青年》第 3 卷第 1 号。

21 日 此日为春分节。“我曾主张将来改用十三个月之新阳历，当以春分为元旦，自是以后天气和暖、庶草繁芜，人亦欣欣然有朝气。”今日算是个人“新历”的起始日。

22 日 钱恂患足疾月余，且发烧。下午前往探病，钱恂烧已退。

钱稻孙整理“大内档案”时，发现了钱振常的廷试卷，拿回家来。钱恂十分珍惜，自己写了“识语”，又为钱玄同代作“识语”。钱玄同遵兄嘱，将两人的“识语”，用篆、楷两体录至角花笺上。兄弟两回忆父亲庭训时，十分注重字体。

赏读上一年《进步杂志》上吴虞的《李卓吾别传》，请张从玄抄录。此日拿到抄件。

25 日 午后看望钱恂，他能扶着桌子站立了。钱恂命钱玄同将钱振常的廷试卷带回家去，让徐婠贞书写“次子妇徐婠贞敬观附志”。

27 日 与马幼渔至琉璃厂，购定《长庆集》一部。购买有正书局的原本《红楼梦》。

4 月

1 日 学校开始放春假，共一周。

2 日 上一年冬天，与沈尹默、马幼渔一起编选关于古今学术之文辞百数十篇，共分五类：(一)关于古今学术思想升降变迁者。(二)关于经学大义及传经之历史。(三)关于史学者。(四)关于政治者。(五)关于科学者。该文选拟由北京大学预科出资排印，作为文科预科学生的讲习教材，每类须撰写说明书。由于家人相继生病，此事一直耽搁着。晚上开始写第一类的说明书，没写完。

4 日 将学术思想升降变迁文之说明书写完。黄宗羲、纪晓岚之传用李元度《先正事略》，戴震之传拟用刘申叔所作。

与沈尹默请来马幼渔，一起探讨第二类关于群经义旨之文。

5 日 取《碑传集》所载钱大昕的《戴先生震传》，与刘申叔《戴震传》相校，以刘著为简赅，定用刘著。邓秋枚的《邓牧传》，将《君道》《吏道》两篇全行载入，叙邓牧事略本《洞霄宫图志》，定以秋枚之著录入而删去原列之《君道》《吏道》两篇。拟改用钱宝甫的《黄宗羲传》，此传远胜于李元度的《黄梨洲事略》。

12 日 上午拜访蔡元培。在北京大学见到周启明(作人)。

14 日 见到刘叔雅，北大预科新来的国文教习，合肥人。曾在《青年杂志》上登有《叔本华自我意志说》，是刘申叔的弟子。

5 月

1 日 此日出刊的《新青年》第 3 卷第 3 号上，发表《与陈独秀讨论译音及其书写问题》一文。在该文的末尾，他谈到了图书文字的书写(即排印)格式问题,主张汉文须改用左行横迤,如西文写法也。

6 月

给陈独秀的信《论世界语与文学》发表在 1917 年 6 月 1 日《新青年》第 3 卷第 4 号。

7 月

《论应用文之亟宜改良》发表在 1917 年 7 月 1 日《新青年》第 3 卷第 5 号,提出了文章应加标点符号,数目字可改用阿拉伯字,凡纪年尽量改用世界通行的公元纪元,中小学国文教科书要标注注音字母,书写方式“改右行直下为左行横迤”等主张。

8 月

《论白话小说》发表在 1917 年 8 月 1 日《新青年》第 3 卷第 6 号。同期还刊登了给陈独秀的信《〈新青年〉改用左行横式的提议》,得到陈独秀的赞赏。

9 月

12 日 30 周岁生日。

此日写好大学文科预科所用《学术文录叙》,且加标点。午后送到北京大学排印。

胡适于 10 日到京,此日蔡元培在六味斋宴请胡适,蒋竹庄、汤尔和、刘叔雅、陶孟和、沈尹默、沈兼士、马幼渔及钱玄同作陪。

18 日 陈独秀、刘半农已到北京。

19 日　中午到中西旅馆拜访陈独秀。午后到北京大学拜访胡适，畅谈甚乐。

20 日　下午到大兄钱恂家，晚餐后与钱稻孙谈天，他不赞同《新青年》的主张。

21 日　昨晚得家里电话，匆忙回家，弘儿发烧，喉间出现白色，可能是白喉。回想去年家里持续了三个多月的病，十分焦虑。早晨赶回家，见弘儿病情加重，请医生来诊视，确诊为白喉，注射实扶的里（白喉）血清。

北京大学举行开学式，蔡元培、胡适、李石曾等人演说。钱玄同与马幼渔都迟到了，挤不进会场，在陈独秀处小坐。

22 日　昨晚弘儿退烧，今日白喉稍减。午前带医生来诊视，病情已得到控制，只要服药便可痊愈。

23 日　向上海民声社借阅《新世纪》周报，今日送到。晚上翻阅《新世纪》。

24 日　阅读《新世纪》，如今赞同该刊的主张。

25 日　下午到北京大学拜访胡适。胡适认为，现在的白话，文法整齐也不倒置，略一修饰便成绝好的文句。钱玄同认为极有道理。

28 日　收到周豫才（鲁迅）信，告知日本有一份鼓吹用罗马字拼音的杂志。另有用罗马拼音撰写的图书，如《海之物理学》《实验遗传学》。托鲁迅转购鼓吹用罗马字拼音之杂志曰“Romaji”，“以资改良中国文字之参考”。

10 月

1 日　阅读《新青年》第 3 卷第 6 号。陈独秀的《复辟与尊孔》，很有说服力。《通信录》中有陶孟和等人的来信，对于钱玄同主张用世界语取代汉语的意见大加驳斥。

2日 见到朱希祖，谈论胡适的《墨经新诂》，“做得非常之好”。

3日 北大的本科和预科讲义，原定排印。由于排版质量太差、进度太慢，蔡元培校长主张暂时油印。尤其是刚开始的几页有注音字母等，只能自己写付油印。

7日 南洋中学同学庄正权（君达）来访，五年不见，畅谈当年在南洋中学同学时的事，十分快活。

青云阁富晋书庄购买罗振玉的《殷墟书契考释》。

8日 晚上走访周氏兄弟。周豫才看到《新青年》第3卷第6号上钱玄同给胡适的信内称《留东外史》为第二流小说，不以为然。晚清小说的确一般，《留东外史》勉强可以称为第二流小说。

9日 点阅罗振玉的《殷商贞卜文字考》。

10日 民国国庆日，学校放假。上午乘人力车去看沈尹默。因代总统冯国璋看操未归，半路上等了将近一小时方才放行。在沈尹默处见到陈独秀，得知北大正在选国文、英文主任教员。英文拟选胡适，国文则陈独秀、沈尹默等准备推举钱玄同。“我非不肯负责任者，果然选到，决不推辞，但常须与季刚周旋，殊嫌无味耳。”

15日 向马夷初借得孙仲容先生的《名原》。

16日 购买《铁云藏龟》。

19日 到富晋书庄购买《流沙坠简》《殷墟书契后编》《殷墟书契菁华》。

晚上沈尹默、陈百年、马幼渔、朱希祖、钱玄同宴请伍仲文、许季茀、叶洁若、蔡元培和钱恂。

20日 午后北京大学选举本届评议会会员。文、理、法本科和预科各两人，工科两人。文科当选者为章士钊（行严）、胡适。文预当选者为沈尹默、周思敬。后在陈独秀处开改订大学规程第一次会，列席者：陈独秀、章行严、陶孟和、陈百年、胡适、沈尹默和钱玄同。

22日 收到胡适的《尝试集》，这是胡适尝试白话诗的成果。阅读下来，“总嫌他太文点，其中有几首简直没有白话的影子”。钱玄同曾劝告胡适，要革新文艺，“该尽量用白话去做才是，此时初做，宁失之俗，毋失之文”①。

25日 阅读刘半农所作的新诗，有些比胡适的要好。

28日 午后到中央公园，观看“京畿水灾助赈游艺大会”。师校、北大两校硬卖给钱玄同五张游览券。

29日 胡适出示新作白话诗一首，诗用长短句，较从前所作的白话七言、白话词自然得多。

11月

据《北京大学日刊》1917年11月20日载《本校教职员捐助天津水灾赈款清册》：

> 蔡元培20元、陈独秀5元、钱玄同4元、胡适4元、朱宗莱4元、朱希祖4元、周作人4元、陈大齐4元、马夷初4元、马裕藻4元、沈尹默4元……

据《北京大学日刊》1917年11月27日载《本校捐助航空学校白故学员永魁奠款一览表》：

> 蔡元培18元、陈独秀2元、黄侃1元、朱希祖2元、崔适2元、陈大齐1元、钱玄同1元……

---

① 杨天石：《钱玄同日记（整理本）》（上），第324页。

12 月

据《北京大学日刊》1917 年 12 月 13 日《国语讨论会纪事》:

星期二下午。本校国文门研究所国语部各教员与国语研究会诸君会于国史纂处。国语研究会会员到者:陈颂平、董懋堂、刘资厚、陆雨庵、黎锦熙、沈商耆、朱造五诸君。本科职员与会者:蔡校长、沈尹默、钱玄同、朱逖先、刘半农、胡适之诸君。是日所讨论者为国语研究会与本校国语部研究所对于国语一事所应分工合作之办法。讨论结果。大致以一切关于此间题之学术上之研究如语言史、标准语之类皆属之大学研究所,国语研究会及教育部之国语编纂处则惟办理一切关于国语教育所急须进行之诸事。现会拟以五年办理此事:以二年属调查用,以三年为编纂国语教科书之用。黎锦熙君有详知意见书商榷国语研究之具体进行方法,现此意见书已付印,以备下次会集时之讨论云。

据《北京大学日刊》1917 年 12 月 15 日《国文教授会第一次开会纪事》:

十二日下午四时开第一次国文教授会,到会者:刘师培、吴梅、钱玄同、朱希祖、朱宗莱、刘三、刘文典、伦明、林损、沈尹默、沈颐、魏友枋、程演生、刘复。

选举主任获票数如下:沈尹默 12 票、刘师培 1 票、刘三 1 票、钱玄同 1 票。沈尹默君以得票最多当选主任。

25 日 蔡元培、李石曾和北大教授马幼渔、马叔平、沈尹默、钱玄同等在北京东城区方巾巷的华法教育会的会址,创办了一所新型的学校——孔德学校。孔德为法国实证主义哲学家。蔡元培在演说中阐明了办学宗旨:我们是取他注重科学的精神,研究社会组织的主义来做我们的教育的宗旨。为注重科学的精神，所以各科教学偏重实地观察，不单靠书本同教师的讲授。该校男女合校、合班教学，自编教材，白话文授课，创编汉语拼音。

本年秋天，被北京大学聘为教授。

1918年（戊午，民国七年）　31岁

▲5月15日，鲁迅第一篇白话小说《狂人日记》在《新青年》第4卷第5号发表，钱玄同为催稿者。

▲8月3日，教育部决定每年选派各大学、高等专门学校教授若干名赴欧美各国留学。本年选派刘复、朱家骅、邓萃英、杨荫榆等7人，是日由沪乘船赴美。是为我国教授留学之始。

▲11月10日，蔡元培为《北京大学月刊》写《发刊词》，主张大学教育应该遵循"思想自由之原则"，行"兼容并收之主义"。

1月

2日　到陈独秀处拿来《新青年》存稿。第4卷第2号将由钱玄同编辑，本月5日收齐稿子开始编辑，15日寄印刷厂。正与陈独秀谈编印事宜，刘叔雅也来了。

陈独秀、刘叔雅都说中国文化已成僵死之物，诚心要救国，非废灭汉文及中国历史不可。他们的说法跟周豫才和钱玄同的相同。钱玄同认为，眼下的中国只有用杂种文字之一法，对于自己的历史、旧有的学术及普及的平常语仍用汉文，但要改文言为白话，至于新事、新物、新理，直接用西人名字、西字，以世界语为

标准。

回宿舍略检存稿，有刘延陵论文学两篇，“笔杂已甚”。其他几篇没法用。创作的作品中，选录了沈尹默、刘半农等人的几首白话诗。

3日 编辑《新青年》的稿子，编不满50页，尚须催促陶孟和、陈独秀等同人多多撰稿，才能编齐这一期的稿子。

晚上北京大学同人在桃李园举行新年会，每人自己出钱，并须于餐前合影。

4日 灯下编录沈兼士“论新文学与新字典”的一封信，加以按语，拟登《新青年》。又撰一通信，致《新青年》同人，主要谈论新式标点。

5日 嘱人抄录吴稚晖谈话中关于“旅欧俭学之情形及移家就学之生活”一段，校点后也将登《新青年》。撰写《林语堂〈汉字索引制〉跋语》，约千余字，也将登《新青年》。

6日 晚上校点完吴稚晖谈话，并撰一小序。

7日 堂姐钱云辉的儿子俞九思来京，赠送朱拓杨春篆书陶渊明屏条4帧。

10日 将《尝试集》序修改一番，编入《新青年》。

刊于《新青年》第4卷第2号的《〈尝试集〉序》，是钱玄同阐释文学革命内容的重要篇目，文中首次对“选学妖孽，桐城谬种”的本质及其特征作了较为深入的揭示与剖析，可谓是《新青年》向旧文学进击的重要篇章。钱玄同认为，《尝试集》的意义，不仅仅在于体现了《新青年》同人“‘知’了就‘行’，以身作责，作社会的先导”之精神，更在于“作者”努力“尝试”昭示新文学的目的及其未来的发展方向。

12日 陈独秀交来《新青年》用稿一篇，题为《人生真义》，一千八百字左右，写得很精。收到李大钊（守常）《论俄国革命与文学》一稿，可留到第3号用。

13日　下午作致陶孟和信，以《答陶履恭论Esperanto》为题，编入《新青年》。又作答李锡余的信，以"四声"为题编入《新青年》，第4卷第2号的稿就编齐了。

14日　下午走访刘半农，一起到陈独秀处，将《新青年》第4卷第2号的稿子交给他。

15日　给胡适的信《论小说及白话韵文》发表在1918年1月15日《新青年》第4卷第1号。还在同期的"通信"栏内发表了给刘半农的信《新文学与今韵问题》。

16日　据《北京大学日刊》1918年1月16日、17日载，钱玄同、沈尹默、刘复、程演生、朱希祖、周作人、王星拱、马裕藻、刘文典、陶履恭、陈独秀、朱宗莱、朱家骅、陈百年共同提出《拟请（一）组织大学俱乐部、（二）分大学区域、（三）制定教员学生制服案》。

20日　到劝业场购买《法语进阶》及《新佛和辞典》。

21日　晚上去方巾巷法文夜班试听。由于一点基础都没有，"茫然不解所谓"。此时忙于编讲义和杂志，没有时间学法语。

收到《新青年》第4卷第1号。该刊于本月15日如期出版。《新青年》从本期起，接受钱玄同的建议，采用新式标点和白话文，"居然印得很像样子，可喜可喜！"

按：1918年初，《新青年》杂志编辑部由上海移至北京。1918年和1919年的《新青年》杂志，钱玄同是轮流编辑人之一。1918年编辑人的次序是陈独秀、钱玄同、胡适、刘半农、沈尹默、李大钊。《新青年》成了同仁杂志，包括鲁迅、周作人等，形成了《新青年》团体。

25日 看到上海的《时报》有吴稚晖写给钱玄同的信，讨论注音字母。《新青年》第4卷第1号发表了钱玄同的《论注音字母》，论述了注音字母的优缺点，以及在特殊情况下与罗马字母一起用的必要性。吴稚晖认为，注音字母既已审定，就要实施使用，不必再改。其实，近半年来，钱玄同是主张废除汉字的。暂用注音字母，只是权宜之计。

26日 蔡元培在长安饭店宴请徐尔谷、屈映光、刘琨等人，钱玄同作陪。蔡元培说，同仁们如果回到南方去，拟办一理想的小学，同时教授外国语和世界语。学了外国语便以"输入欧化"，世界语要发展成"将来之国文"。主张用世界语取代汉语的"同志"又多了一个。

31日 徐婠贞说阴历年后，想写写字，并学写信。钱玄同认为，不必学艰深的文言，学白话就行。购来《少年杂志》，午后在家为徐婠贞讲解几篇。她说不太有不识之字、不懂之句。"可见要普及教育、识字容易，非改白话不可。"

2月

7日 走访刘半农，与他谈论中国文字源流。他不赞成用注音字母，最好能用国际音标标注中国音。汉字未废以前，小学教科书仿日汉文旁注假名之法，暂时是一个可行的办法。

10日 除夕。下午携全家及使女一起去大兄家，举行典礼，一起吃年夜饭。

15日 《新青年》第4卷第2号出版，刊载了钱玄同的《刘半农译〈天明〉的附志》《〈尝试集〉序》《林语堂〈汉字索引制说明〉跋语》《句读符号》，还在同期的"通信"栏内发表了给陶履恭的信《答陶履恭论Esperanto》、给沈兼士的信《新文学与新字典》和给李锡余的信《四声》。陶履恭的信则发表在同刊第 3 卷第 6 号。

3 月

15 日 《新青年》第 4 卷第 3 号出版，发表了钱玄同给吴敬恒的信《注音字母》。

为扩大《新青年》的影响，引起社会更广泛的关注，特别是要对一些守旧派思想进行全面批判，编辑们煞费苦心。钱玄同和刘半农经过一番策划，决定以一反一正两种截然不同的观点写文章，引起争论，批驳那些腐朽落后的反对新文化运动的顽固派。钱玄同化名"王敬轩"在《新青年》第 4 卷第 3 号上发表题为《文学革命之反响》一文，洋洋洒洒数千言，罗织新文化运动种种罪状，攻击主张新文化的人是不要祖宗。刘半农撰写了万余言的《复王敬轩书》，针对王敬轩所提出的所有观点一一加以驳斥，把实无其人的"王敬轩"批驳得体无完肤。这实际上是钱、刘二人演出的一场"双簧"戏，故意制造一场论战，以便把问题引向深入，唤起社会的注意。

钱、刘的"双簧"戏上演后不久，真正的新文化运动反对派确实跳了出来。他们因王敬轩被批驳而坐立不安，要为王敬轩鸣不平了。

1919 年春，赫赫有名的桐城派代表林琴南在上海《新申报》上的《蠡叟丛谈》中发表文言小说《荆生》影射攻击《新青年》的几个编辑，以皖人田其美影射陈独秀，以狄莫影射胡适，以浙江人金心异影射钱玄同。林琴南在小说里幻想出一个英雄"荆生"，让这个伟丈夫寻衅闹事痛打田、狄、金三人，发泄他维护旧礼教、反对新文化的积怨，从精神上满足了卫道者们。

21 日 据《北京大学日刊》1918 年 3 月 21 日《本校教职员

敬赙田北湖教授题名》载，钱玄同向北大教授田北湖捐奠银两元。

4 月

15 日　在此日出版的《新青年》第 4 卷第 4 号的“通信”栏内发表了钱玄同给孙国璋的信《答孙国璋论 Esperanto》和给林语堂的信《论汉字索引制及西洋文学》。

钱玄同在给陈独秀的信《论中国今后之文字问题》中，正式提出“废除汉字”改用 Esperanto 的主张。

鲁迅《三闲集・无声的中国》：“但是，在中国，刚刚提起文学革新，就有反动了。不过白话文却渐渐风行起来，不大受阻碍。这是怎么一回事呢？就因为当时又有钱玄同先生提倡废止汉字，用罗马字母来替代。这本也不过是一种文字革新，很平常的，但被不喜欢改革的中国人听见，就大不得了了。于是便放过了比较平和的文学革命，而竭力来骂钱玄同。白话乘了这一个机会，居然减去了许多敌人，反而没有阻碍，能够流行了。”①

5 月

15 日　此日出版的《新青年》第 4 卷第 5 号，发表了钱玄同的《致钱玄同论注音字母书》的案语、《新的！旧的！》的附言和《随感录》(八)。鲁迅创作的第一篇短篇白话日记体小说《狂人日记》也首发于这一期《新青年》。

《新青年》团体中的鲁迅、周作人，主要是钱玄同动员来的。钱玄同还是鲁迅第一篇白话小说《狂人日记》的催生者。

---

① 鲁迅：《鲁迅全集》第 4 卷，第 13 页。

28 日　加入“进德会”,为乙种会员。

蔡元培在《北大进德会旨趣书》中开列了以“三不”即不赌、不嫖、不娶妾为基础的三个等级的会员条件,任师生员工选择承诺:甲种会员,不嫖,不赌,不娶妾;乙种会员,于前三不外,加不作官吏、不作议员二不;丙种会员,于前五不外,加不吸烟、不饮酒、不食肉三不。

乙种会员有蔡元培、范文澜、傅斯年、钱玄同、周作人、徐宝璜、康白情等。

6 月

据《北京大学日刊》1918 年 6 月 12 日《本校入学试验委员会组织业已就绪》载:北京大学成立入学试验委员会,蔡元培、陈独秀分别为正副会长,钱玄同为文本科文字学科命题及阅卷委员。

15 日出版的《新青年》第 4 卷第 6 号的“通信”栏内发表了钱玄同给张厚载的信《论旧戏》和给基督徒的信《文字改革及宗教信仰》。

7 月

15 日出版的《新青年》第 5 卷第 1 号的“通信”栏内发表钱玄同给福州师范学校校长邓萃英的信《文学革新与青年救济》,强调通过文学革新来拯救青年,不让他们沦为封建“遗少”。钱玄同还在这期《新青年》上发表《随感录》十六、十七、十八三则,署名玄同。

8 月

15 日出版的《新青年》第 5 卷第 2 号的“通信”栏内发表钱玄同给任鸿隽、朱经(农)的信《答朱经、任鸿隽》。任鸿隽与钱玄同都是章太炎的弟子,又是赞同新文化运动的北大教授,他与朱经都对钱玄同废除汉文的主张表示异议。钱玄同在回信中仍坚持自己的主张,同时指出,在没能废除汉文之前,只能先设法改良汉语。

钱玄同还在这期《新青年》上发表《关于 Esperanto 讨论的两个附言》和给刘半农的信《今之所谓“评剧家”》。

9 月

15 日出版的《新青年》第 5 卷第 3 号发表钱玄同的《随感录》二八、二九、三十、三一、三二共五则,署名“玄同”。这些《随感录》对于封建遗少、“中学为体,西学为用”、反对阳历、杂耍与看客等进行文明批评和社会批评,主张要平等、博爱。

10 月

15 日出版的《新青年》第 5 卷第 4 号的“通信”栏内发表了钱玄同给朱我农的信《对于朱我农君两信的意见》,一起探讨注音字母与 Esperanto。

北京大学法科政治系学生张厚载迷恋旧戏,不认同《新青年》上几位北大老师对旧戏的批判。在《新青年》第 4 卷第 6 号上与胡适、陈独秀、刘半农、钱玄同争鸣后,又给《新青年》写信,再次为旧戏辩护。钱玄同就在这一期上给他回信《“脸谱”——

“打把子”》，希望他能“做点人类的正经事业，不再用闲功夫来研究”“画在脸上的图案”。

11月

15日出版的《新青年》第5卷第5号的“通信”栏内发表钱玄同给张月镰的信《汉文改革之讨论》、给姚寄人的信《答姚寄人论Esperanto》和给胡天月的信《答胡天月论Esperanto》，继续探讨钱玄同废除汉文改用世界语的主张。钱玄同在与人争论时，提到“唐俟”也赞同这一主张，引出了鲁迅化名“唐俟”的来信。鲁迅从进化的角度，强调人类将来的语言有可能会统一，但目前使用世界语只是一种过渡的办法。钱玄同的回信《渡河与引路》赞同鲁迅的主张，同时认同鲁迅主张《新青年》同仁不要纠缠于就事论事的争论，而要从大处着眼，多做对青年人的“引路”工作。与周作人的通信《论中国旧戏之应废》对旧戏从内容到形式作了全面否定。给张效敏的信《论韩柳文》继续批判旧文学中的“选学妖孽，桐城谬种”。

《文字学音篇》于此月初版。这是钱玄同于1917年在北京大学教授预科生时编写的讲义，至民国廿六年(1937)已出至第六版，出版者为北京大学出版组。

《文字学音篇》是我国高等院校汉语音韵学课程最早的一部教材，可谓开山之作。这是中国第一部音韵学通论性的著作，首次把古今字音的演变划分为周秦、两汉、魏晋南北朝、隋唐宋、元明清、现代六个时期，形成了第一个完整的汉语语音史分期学说。

此月在《北京高等师范学校十周纪念录》的序中写道：“希望本校同人从今以后，对于过去的，决然舍弃，不要顾恋，对于未来的，努力前进，不可迟疑。进！进！前进！”

12 月

15 日出版的《新青年》第 5 卷第 6 号的“通信”栏内发表了钱玄同给陈大齐的信《保护眼珠与换回人眼》。陈大齐指出那些受了封建礼教影响的人就像被调换了“狗眼”。钱玄同认为《新青年》同仁批判封建的旧礼教，张扬“科学”与“民主”等新思想，就是为了“保护眼珠与换回人眼”。

钱玄同还给远在四川的孙少荆回信《罗马字与新青年》，认为由于条件不成熟，当时还很难实行罗马字拼音。新青年不管通过什么语言，都要努力学习新知识，用新思想充实自己。

本年夏天，沈尹默、马幼渔、钱玄同、陈大齐等以“新教育研究会”的名义编出了孔德小学一年级学生用的国语课本。课本的内容有短语、儿歌、故事等，每个字都有注音，还配有插图，插图是徐悲鸿画的。这一课本很适宜儿童使用。小学一年级国语课本中先教注音字母，钱玄同他们开了先河。

本年冬天，吴稚晖从上海带着他亲自编写的《国音字典》稿本来到北京。当时陈懋治受教育部嘱托，邀集吴稚晖、钱玄同、黎锦熙、王璞、马幼渔等，在他家里开审查修订会，两夕会餐，每餐净吃两个素火锅，就修正决定了。这审查的两个晚上，只是钱玄同和吴稚晖的辩论。辩论时，钱玄同虽然觉得有些字音规定得太俗而不合于古，但极肯降心相从，不执己见，所以能顺利而迅速地通过。1919 年出版了吴稚晖编写的《国音字典》，1920 年国音字母发声唱片灌注成功。至此，“老国音”才正式在全国推广。

本年所编的《北京大学职员录》，钱玄同为“文本科教授兼国文门研究所教员”，家庭地址为：琉璃厂高等师范学校教员寄宿舍。

1919年(己未，民国八年)　32岁

▲1月15日，《新青年》从第6卷第1号起成立编辑委员会，采责任编辑制，实行轮流担任编辑办法，由陈独秀、钱玄同、高一涵、胡适、李大钊、沈尹默分期编辑。

▲5月4日，北京学生三千余人举行爱国游行示威，抗议巴黎和会的强权和北洋军阀政府的卖国行径，揭开了中国新民主主义革命之序幕。

▲10月，孙中山宣布改组中华革命党为中国国民党。

1月

1日　写了一篇长日记，简述自己从1900年到1918年的思想变迁：

1900—1902年，想做打灯谜、做诗钟的鹦鹉名士，又想做考经解的书院生。

1903年，想做新党却主张保皇。

1904—1905年，思想一变主张排满革命，办《湖州白话报》，要做那开通民智的事业。

1906年，想研究教育，到日本去学师范。

1907年，遇见张溥泉、刘申叔诸人，又想研究社会主义。

1908—1909年，忽然要保存国粹。从章太炎师问小学，专文字名称，一切主张极端的复古。

1910年，回国做教员。思想仍与前两年无异。

1911年，由文字复古进而至于尊孔读经。问业于崔觯父师，讲求今文经典。这年冬天，革命军推倒清廷，建立民国。我因为前此主张光复汉室之后一切应该复古，于是做了深衣玄冠来穿戴，又要复古礼制。

1912—1913年，还是写古体字，讲今文经，复古衣古礼的思想。其时，因为在浙江教育司里事务清闲，常和沈尹默、周佚生相见，见他们的字写得很好，于是又想来研究书法，因此临魏碑。

1914—1915年，写古体字。复古衣古礼的思想渐渐淡了。今文经还是研究，其时又添一种腐败思想，则时而想学《文选》的骈文，时而拿什么桐城"义法"的鬼话去教中学校学生。

1916年，因为袁世凯造反做皇帝，并且议甚么郊庙的制度，于是复古思想为之大变。起初对于衣冠礼制反对复古，夏秋间见《新青年》杂志及陈颂平、彭清鹏诸公改国文为国语的议论，于是渐渐主张白话作文，而于孔氏经典尚不知其为不适用共和时代也。

1917—1918年，此时始知孔氏之道断断不适用二十世纪共和时代，而废汉文等等思想发生，现在差不多还是这种思想。①

午后在寄宿点《模范文选》里的《说文序》。检《音韵阐微》等

① 杨天石：《钱玄同日记（整理本）》（上），第336—337页。

书，把39个注音字母各找一同音的字注出，预备将来做关于注音字母的文章时，如注音字母的铅字没有做成，便用这汉字暂代。

2日　接到胡适自拟的新式丧母讣文。

3日　收到陈百年来信，附白话文《恭贺新禧》，要求刊登《新青年》。

到商务印书馆购买《傀儡家庭》，此书即为胡适、罗家伦合译的《娜拉》。

又到注音字母传习所，买了几十本《注音字母报》和《模范语》第四册。

4日　取空格纸四百余张，把国音四百余音写出，以便填字。受教育部委托，要求审查《国音字典》。钱玄同打算就趁此按音填字，编一部新韵书。

5日　大兄钱恂的生日。在东兴楼吃午饭。钱玄同偕同妻子徐婠贞、儿子钱秉雄和钱秉弘一起去。钱秉穹有小病，未去。

下午与沈士远、沈尹默兄弟及徐森玉到中兴茶楼吃晚饭。徐森玉说陈衍、林纾等人求徐世昌来干涉北大的革新。徐世昌就与傅增湘部长商量，要驱逐陈独秀，改换学长，整顿文科。

6日　午后到教育部拜访陈颂平。商谈审查《国音字典》时发现的一些问题。陈颂平出示山西督军阎锡山回复国语研究会的信。信中主张国文改为国语。听闻阎锡山在山西出白话告示，编《国语读本》，提倡注音字母，国民学校的《国语读本》已经编了四五本。

7日　看《国民公报》，刊登蓝公武给傅斯年的信，大骂钱玄同废汉文的主张，“也无足奇”。他把《新青年》第5卷第4号里朱我农的话误当成钱玄同的话，“也未免太可笑了！”

与刘半农一起走访周氏兄弟。周豫才说，如果大总统下了吃孔教的上谕，“我们惟有逃入耶稣教之一法”。陈颂平也有类似说法。

8日 阅读1月5日《时事新报》，有骂钱玄同的漫画，针对其废汉文用西文的主张。说钱某人苦于讲话不能酷肖西人，就请医生换上一个外国狗的心，于是讲出话来和外国狗叫一样。

到直隶官书局，买了一份《英字方笺》，准备自修英文。

9日 到北大，见到刘半农、马幼渔、马叔平、陈百年、秣陵、陶孟和、沈尹默等人。陶孟和说，严范孙肯定《新青年》，但不赞成钱玄同骂“桐城谬种，选学妖孽”。

去秋同人所编的国民学校《国语读本》第一册已印成，其中印坏的一张重写后寄给马隅卿。

回到宿舍，检出陈望道、宋云彬致《新青年》的信，分别撰写了复信《横行与标点》《“黑幕”书》。

10日 审查《注音字典》子集毕。

11日 沈尹默说，“整顿大学”不了了之，陈独秀已照常办事。

北大学生所办的《新潮》创刊号出版，以傅孟真评马夷初的《庄子札记》、罗志希评林琴南的翻译小说最为精彩。

陈独秀说《新青年》第6卷第1号中有刘叔雅译的《苏克尔精神之不可思议》，一万多字。其他稿件已经很多，15日可以寄发。

12日 带徐婠贞同到欧美同学会参加陈天骥与黄瑜梅女士的婚礼。介绍人赵简庭请求做四个字一句的祝词，严词拒绝。

13日 晚上为《新青年》第6卷第1号作《随感录》两条，论上海通信教授典故之事。

在一片谩骂声中，区声白给钱玄同来信，赞同使用世界语，并就如何扩大世界语的影响力提出建议。钱玄同就作《答区声白论 Esperanto》，商讨如何扩大世界语的影响力。查钊忠（钜猷）给钱玄同写来信，对《新青年》“废文言，用白话”的主张表示赞同，并就如何建设“新文体”提出了自己的意见。钱玄同就以《新文体》作答。钱玄同与区声白、查钊忠的通信都发表在《新青年》第 6 卷第 1 号。

收到许寿裳（季市）来信，赞成《新青年》的主张，还要求大家编撰青年读物，尤其是幼儿读物。

14 日　去年夏天，沈尹默、马幼渔、刘半农、陈百年和钱玄同等人编成了《国语读本》第一册。第二册急须着手编纂，拟请傅斯年（孟真）加入。吃完西菜便到北大去商量，结果拟请傅斯年先搜材料和选字。

15 日　接到沈兼士的来信，并附论文《文字学革新之研究（字形部）》，主张打破前人《六书》分例之法，观点颇为新颖，拟细细研究后再讨论。

此日出版的《新青年》第 6 卷第 1 号的“通信”栏内发表钱玄同给陈望道的信《横行与标点》、给宋云彬的信《“黑幕”书》、给区声白的信《中国文字与 Esperanto》、给查钊忠的信《新文体》以及为陈百年《恭贺新禧》写的附志。

此期还发表了钱玄同的《随感录》四四、四五，署名“玄同”。前一则认为买一本有关典故的书来，被骗去钱事小、浪费时间事大；后一则认为成语不能一律沿用，只有活在日常生活中的成语可继续用。

本期刊发的《什么话?》之一，钱玄同摘录一些复古派的荒唐言论，有点“示众”的意味。

16日　接到高师英语部毕业生刘式经从甘肃写来的信，赞同改文言为白话，寄来学生试卷一本。

17日　课毕走访沈士远、沈尹默。沈士远说到教育部里去听范源廉（静生）部长演说美国教育。说美国课堂上会演课本剧和即兴小品。又说美国男女同校，男女生座位也不分在两处。

20日　朱希祖为《北大月刊》写了一篇研究孔子文学思想的口语体论文，极有价值，替他加标点。

22日　午后到北大购买一本《国民》杂志。该刊也是学生办的，与《新潮》唱对台戏，不过如此。

收到《新青年》第5卷第5号。

走访沈士远，见到马隅卿，得知天津的孔德中学由吴稚晖主管，只设法文、算学、科学三科，学两年后自费去法国，实在是"饭桶学校"。

24日　审查《注音字典》。

刘半农来，说已与《新青年》脱离关系。胡适博士瞧不起没学历的刘半农，伤了其自尊心。刘半农已得到北大同意，到欧洲留学，不再为《新青年》撰稿，他拟赴法学言语学，朋友们都劝他去研究小说、戏剧。

去秋所编北京大学文预科《文字学音编》，论注音字母一段有误，灯下重新编写两页。

25日　检查《国音字典》，次日也在做此事。

27日　收到朱我农的信，对于Esperanto、罗马字拼音、注音字母都有议论。他是最主张罗马字拼音的，是最反对Esperanto和注音字母的。此前钱玄同已在《新青年》第5卷第4号上发表了《对于朱我农君两信的意见》，并附了朱我农给胡适的两封信。

《新青年》对于社会主义的问题，内部有了赞成和反对两派。

《每周评论》也发生了“问题”与“主义”的争论。

31日 除夕，下午带了长子钱秉雄到大兄钱恂那边祭祖。钱恂夫妇、董亚粹、钱玄同、钱秉雄一起到北京饭店吃晚餐。

《北京大学月刊》第1卷第1期于此月出版，蔡元培校长在发刊辞中发表了著名的“思想自由、兼容并包”主张。钱玄同发表了未完稿《中国字形变迁新论》。

2月

2日 今明两天，北京大学有游艺会。在家吃过午饭，带钱秉雄去观看，有打拳、变戏法、奏中外音乐。晚上演话剧，根据日本同名小说改编的《不如归》，并不见佳。

4日 逛厂甸，购买木版的《助字辨略》，印刷精美。

5日 收到周作人的信，内有四首诗，将登《新青年》第6卷第2号。周作人的诗比胡适、刘半农的好，其中长诗《小河》尤佳。

晚上到陈颂平家，吴稚晖来了。吴稚晖说耶稣教会将改罗马字拼音而用注音字母，实在是好消息。

6日 逛厂甸，购买泽存堂本《广韵》，拟于各纽记上端记明何声何呼，以便检查。

晚上到陈颂平家。沈商耆来谈上海音，黎锦熙来谈长沙音，加上钱玄同的苏州音，吴稚晖据以增添闰母。

9日 国语研究会开第三次会。钱玄同主张先办一国语的杂志，同人都赞成。吴稚晖提出拟将注音字母改正的次序以本会名义呈请教育部批准，大家都赞成。

10日 朱蓬仙不赞同钱玄同编《新青年》，也不赞同钱玄同排斥纲常的主张。十多年的老友，在北大大辩一通，谁也说服不了谁。

11日 在厂甸买了几部书：严译《天演论》，初刻本，还有王柏《书疑》、木版《红楼梦》（没有圈点的）、《音韵阐微》。

审查《国音字典》。

15日 此日出版的《新青年》第6卷第2号上发表了钱玄同的《随感录》五十、五一、五二，署名玄同。前一则批判了有些中国文人喜欢把西方现代文明硬说成中国"古已有之"的阿Q精神，后两则用西医的生理学来批判中医的"江湖"怪论。

"通信"栏内发表钱玄同给周祜的信《关于国文、外国文和Esperanto》、给凌霜的信《Esperanto与现代思潮》，继续讨论世界语问题；给周作人的信《英文"SHE"字译法之商榷》，既不赞同刘半农的另造"她"字，也不赞同周作人译作"他女"，而是主张直接用英文或日渐通行的"伊"字；给彝铭氏的信《答彝铭氏论新旧改革》强调既要积极倡导文学革命，又要编新文学教科书，为新文学培育新人。读者S. F.君寄来《公言报》上姚叔节的奇文《示正志中学校一二班毕业诸生》，要求记者像骂王敬轩那样痛骂姚叔节。钱玄同回复《姚叔节之孔经谈》，认为在清帝逊位、袁世凯称帝失败的中华民国，姚叔节之孔经奇谈不屑痛骂，只要转载"示众"就可以了。

本期刊发的《什么话？》之二、之三，钱玄同摘录一些复古派的荒唐言论，有点"示众"的意味。

25日 此日出刊的《北京大学日刊》登载《国语统一筹备会会员本校推定六人》，北大由校长推选朱希祖、钱玄同、胡适、刘复、周作人、马裕藻为会员。

3 月

10 日　此日出版的《北京高等学校周刊》第 62 号上发表“施行教育不可迎合旧社会”的主张，认为“教育是教人研求真理的，不是教人做古人的奴隶的，教育是教人高尚人格的，不是教人干禄的。教育是改良社会的，不是迎合社会的”。

15 日　此日出版的《新青年》第 6 卷第 3 号发表了钱玄同的《随感录》五五，署名“玄同”。黄侃发表了一首词《北海怀古》，其中有：“故国颓阳，坏宫芳草，秋燕似客谁依？笳咽严城，漏停高阁，何年翠辇重归？”《新青年》同人胡适认为这首词有点遗老遗少的味道，流露出复辟的意思。钱玄同对此有不同的看法，写了这篇《随感录》，既指出了用旧体诗词来“托物言志”会词不达意而令人误会，又有替黄侃辩解的意思：“我知道这位某先生当初做革命党，的确是真心的；但是现在也的确没有变节。不过他的眼界很高，对于一般创造民国的人，总不能满意，常常要讥刺他们。”

论文《施行教育不可迎合旧社会》发表在此月出刊的《北京高等师范学校周刊》第 62、63 期。

4 月

21 日　北洋政府和国民政府时期教育部附设的推行国语的机构，北洋政府时期称“国语统一筹备会”，简称“国语统一会”，于此日成立。

会长张一麐，副会长袁希涛、吴敬恒（稚晖），会员中有由教育部指派的黎锦熙、陈懋治、沈颐、李步青、陆基、朱文熊、钱稻孙等，由部属学校推选的钱玄同、胡适、刘复、周作人、马裕藻等，由会中陆续聘请的赵元任、汪怡、蔡元培、白镇瀛、萧家霖、曾彝进、孙世庆、方毅、沈兼士、黎锦晖、许地山、林语堂、王璞等，先后共172人。

1928年，国语统一筹备会由国民政府改名为“国语统一筹备委员会”，聘定吴敬恒为主席，钱玄同、黎锦熙、陈懋治、汪怡、沈颐、白镇瀛、魏建功为常务委员，蔡元培、张一麐、李石曾、李书华、李步青、胡适、刘复、周作人、陆基、朱文熊、曾彝进、孙世庆、方毅、沈兼士、许地山、林语堂、任鸿隽、马体乾、钱稻孙、马裕藻、萧家霖等为委员。

在国语统一筹备会召开的第一次大会上，周作人、钱玄同、马裕藻、胡适、朱希祖、刘半农等人提交《国语统一进行方法》议案。1920年1月，教育部正式通令全国：“自本年秋季起，凡国民学校一二年级，先改国文为语体文，以期收言文一致之效。”并以部令修改学校有关法规。1920年4月，教育部又发出通告，规定截至1922年止，凡用文言文的教科书一律废止，要求各学校逐步采用经审定的语体文教科书。

马裕藻、胡适、钱玄同、周作人、朱希祖、刘半农又提出《请颁行新式标点符号议案》，要求政府颁布通行新式标点。11月，胡适执笔对《请颁行新式标点符号议案》作了修正。1920年2月20日教育部颁布第53号训令《通令采用新式标点符号文》，全国正式采用新式标点。

5月

4日 北京学界发起五四运动，北京大学、北京师范大学多名学生被捕。

据周谷城《五四运动与青年学生》[1]一文回忆，钱玄同那天加入学生的游行队伍，陪学生一起游行。

9日 蔡元培离校出京。

20日 在此日出刊的《北京高等师范学校周刊》第70期上发表《文学革新杂谈》。

6月

4日 此日出刊的《北京大学日刊》载：胡适、马寅初、马叙伦、马裕藻、钱玄同、沈士远、高一涵、康宝忠、刘复、周作人、朱希祖、陈百年等人作《致本校全体教职员诸君函》，针对前日下午军警强占北大法科，将多名师生拘禁在内，请全体教职员于当日下午开会，磋商办法，以谋解决。

7月

12日 此日出刊的《北京大学日刊》载：北京大学公布本学年入学试验委员会出题及阅卷委员名单。国文阅卷委员名录有：马裕藻、刘复、钱玄同、刘文典、朱希祖、吴梅、沈尹默、沈士远、林损、陈怀。

8月

13日 在《国民公报》"寸铁"栏发表两则小文，署名"异白"。

14日 在《国民公报》"寸铁"栏发表四则小文，署名"异白"。

16日 在《国民公报》"寸铁"栏发表六则小文，署名"异白"。

---

① 1959年5月4日《光明日报》。

徐子明是胡适留学美国时的熟人，1915 年到北京大学任教，常常往东安市场追逐女性，人称“探艳团团长”。他喜欢自吹自擂，学术水平低，教学态度差，1918 年 1 月被北京大学辞退。1919 年 8 月，北京《公言报》上分八期连载了一篇徐子明署名“思孟”的长篇文章《息邪》，又题《北京大学铸鼎录》，包括蔡元培传、沈尹默传、陈独秀传、胡适传、钱玄同传、徐宝璜刘复合传，以泄私愤，激起《新青年》同仁公愤。

钱玄同的多则“寸铁”小文与此事有关。其一，对于徐子明仿胡适新诗所作的“跑出西直门，跳上东洋车”，钱玄同发现其仍用的是“对对子”的老法子。其二，针对徐子明、周瘦鹃、“清国林孝廉”等人的“白话诗”，反问“白话诗还成个什么东西?”其三，有人主张应起诉《息邪》的作者“思孟”，钱玄同主张大可不必在诉讼上“耗去美好的光阴”。其四，指出中国借刀杀人者最爱用“三字经”:“莫须有”“革命党”“过激党”。其五，批判“遗老”所标榜的传统道德中的“孝”道。其六，通过日本政府对无政府主义者大杉荣的宽容来反衬北洋政府对陈独秀的残暴。其七，把批判的矛头指向新旧文学争论中的“蝙蝠派文人”。其八，钱玄同认为，有些中国人真该“读小学校的教科书”，以“知道一点普通的知识”。

9 月

13 日　到商务印书馆买盖葆耐《英语发音练习》。随后走访周启明，谈论罗马字母拼汉字音，见到周豫才及孙伏园。又到《益世报》馆买《建设》一、二两册。

14 日　午后到北大，与沈士远、朱逖先、沈兼士共商编撰《新语典》。

灯下为沈兼士录注音字母的音读与旧纽旧韵的对照表。

15 日　到北大拜访李大钊。然后与马幼渔、沈士远、沈尹默商量《学术文选》的印刷事宜，改名为《中国学术论著集要》，仍然直排，用句读符号。

16 日　阅读新买的《少年中国》第 3 期。黎劭西来信，要求将《国音字典》内不妥当的地方记录下来，即在勘误表中改正。

17 日　为孔德学校编写国文读本。此后几日都在做此事。

下午到北大，天津学生联合会和天津女界爱国联合会来信，邀约钱玄同于 10 月 19 日去演讲注音字母，并派代表来接洽。答允他们去讲《注音字母与教育普及之关系》。与陈百年、朱逖先、马幼渔去看望前一天出狱的陈独秀。

18 日　校《国音字典》，又点校《中国学术论著集要》。

19 日　上午检点《中国学术论著集要》抄稿，打电话请同文印书局曾劲青来，商量排印《学论》事宜。

灯下在宿舍编辑《新青年》第 6 卷第 6 号稿。

20 日　到北大参加法科欢迎蔡元培回校的会，并举行开学式，又听杜威博士演说。

21 日　下午，北京中等以上职教员联合会在北大法科开茶话会，欢迎蔡元培等各校校长复职，并请教育部、警察厅来人参会，合影。

22 日　在宿舍编辑《新青年》稿子。

23 日　到同文局去校对《中国学术论著集要》文稿。

24 日　在家看马夷初《修辞学》讲义。再到同文局去校对《中国学术论著集要》中的《庄子·天下篇》。到富晋书庄购买一部石印的《王阳明集》。

25 日　到北大校对印好的《摹拟篇》及《学论》。点阅王阳明的《大学问》，又校对《学论》中的《孔子世家》。

朱蓬仙教授英年早逝，生后萧条，钱玄同与蔡元培、刘复、沈尹默、朱希祖、刘文典、马寅初、李大钊、马裕藻、沈士远、陈百年、马叙伦、康宝忠等人发布启事，为其征募赙仪。

27 日　灯下继续校对《学论》中的《孔子世家》。

28 日　到海昌会馆参加朱蓬仙的追悼会。

30 日　下午到北大走访李守常。

1919 年钱三强入小学，这一年钱玄同在《新青年》上发表的一篇文章中说：

> 此等小学生，自从今年五四运动以来，也颇受了一些激刺，似乎比到从前，颇添许多活泼气象。但愿以后少受他们的家庭教育，少读圣经贤传，少读那些“文以载道”的古文，多听些博爱、互助、平等、自由的真理的演讲，尽两手之能而常事工作。如此，则庶几可为将来新中国的新人物。

钱玄同确实是以做“新中国的新人物”的目标来塑造自己的下一代的。他的三个儿子先后就学的高师附小和孔德学校均是国内率先采用白话文和注音字母来进行启蒙教育的。

据钱玄同的三个儿子回忆：“‘五四’以后，父亲给我们的课外读物，期刊有《小朋友》《儿童世界》《小说月报》《创造季刊》《语丝》；旧小说如《儒林外史》《水浒》《西游记》《红楼梦》《镜花缘》《三国演义》；新小说如《呐喊》《彷徨》《鲁滨逊漂流记》《阿丽思漫游奇境记》等。”①

---

① 沈永宝编：《钱玄同印象》，上海：学林出版社，1997 年，第 121 页。

10 月

2 日　收到日本出版的《新村》杂志。到教育部参加国语统一筹备会委员会。

3 日　午后在家查《宋元学案》。继续校对《学论》。

4 日　到青年会观看端本女学校演的《碧玻璃》。

5 日　下午 3 点到胡适处,《新青年》同人商量第 7 卷以后的编辑办法,商议结果,仍归陈独秀一人编辑。

6 日　到教育部参加国语统一筹备委员会的会。会后到青云阁购买《解放与改造》第 3 期。

7 日　中午回家,饭后在家中查《龚定庵集》,找《学论》材料。下午到孔德学去,参加师生欢迎蔡元培的会。

8 日　下午徐婠贞外出,钱玄同守在家中校《学论》。

11 日　编完孔德学校教科书,下午交去付印。到教育部开"国音委员会"。

12 日　上午到教育部参加国语委员会的会,讨论《语典》及《辞典》事宜。

14 日　到同文局校对《文字学》。点阅《检论》中的《订孔上》《清儒》。

15 日　参加北大国文研究会与教育部国语统一筹备会召开的联席会议,讨论《语典》事宜。校对《新青年》稿子。

16 日　课后到高师图书馆,查找《摹拟篇》的相关资料。傍晚到马幼渔处查阅《太平御览》。灯下点阅《蓟汉微言》。

17 日　校《摹拟篇》。编《新青年》的稿子。

20 日　送《新青年》稿子到同文局。然后回家编第 6 卷第 6 号的《新青年》稿子。

21 日 下午 2 点到北大，适逢各学校联合要求薪水发现洋，马夷初、沈士远忙于给各校写联络信件，钱玄同就帮他们抄写。沈兼士来商量编订《学论》事宜。

22 日 到北大抄写孔德学校教本。

23 日 课后回宿舍，校《摹拟篇》。为《学论》上宋儒的取材，查《宋元学案》。

24 日 上午编《新青年》第 6 卷第 6 号的稿子。写《答陈颂平信》。到北大交《文字学》讲义稿，暂付油印。

晚上在宿舍，编《新青年》的稿子，写了一篇《论中国当用世界公历纪年》。文章分析了几种纪年的优缺点，认为公历纪年是世界通用的，最为便利。此文发表于 1919 年 11 月 1 日《新青年》第 6 卷第 6 号。

25 日 编好《新青年》第 6 卷第 6 号，下午送同文局。

26 日 到教育部参加国语统一筹备会，购买数本《国音字典》，自留一本，送几本给熟人。灯下用《音韵阐微》校《国音字典》。

27 日 在北大图书馆借得王船山书数种，为编《学论》采取王氏学说作参考。

28 日 编订《学论》目录。

29 日 请孔德学校陈亚牧陪钱秉弘到法国医院看病。

31 日 到高师参加国文教授会。

11 月

1 日 上午乘火车赴天津。下午受"觉悟社"邀请，即兴讲新文学，讲了两点：(一)文言与白话之名不能对立，国语文学中可采取古文及方言、外来语。(二)白话文很经济。晚上到南开学校礼堂，先由徐季龙演说《学生救国运动》，后由钱玄同演说《注音字母与教育前途之关系》。

此日出版的《新青年》第6卷第6号“通信”栏内发表钱玄同给潘公展的信《关于新文学的三件要事》，关于第一件白话新文化的“模范文”，《新青年》里“几篇较好的白话论文，新体诗，和鲁迅君的小说，这都算是同人做白话文学的‘成绩品’”。第二件国语的文法书，北京大学的国文研究所正在编写。第三件白话新诗的押韵问题，要用现在的国音押韵，以读音统一会已审定的《国音字典》为准。钱玄同给陈颂平（懋治）的信《同音字之当改与白话文之经济》是在胡适回信的基础上进一步补充的。钱玄同认为，白话文尽管字多，但不会像文言那样引起歧义，如果加了虚词，则逻辑更为严密。因此，用白话行文，尽管字数多，但表情达意更“经济”。钱玄同在南洋中学的好友郭步陶来信谈论对白话新文学的看法。钱玄同在回信《写白话与用国音》中坦承自己尽管言辞激烈，但只是“半路出家”，在同仁中敲敲边鼓而已。老同学应该一起“多听些博爱、互助、平等、自由的真理的演讲”，争做“将来新中国的新人物”。读者“不平”给《新青年》来信，反映武汉居然还有宣扬妇女三从四德的《三从义》《妇顺说》，钱玄同代表编辑部写了《请看姚明辉的〈三从义〉和〈妇顺说〉》，对此加以“示众”。

2日　上午乘火车回北京。

3日　看刘半农的《文法通论》。走访李守常。同文局送来《新青年》第6卷第6号“通信”栏的校样。

15日　与沈尹默、沈士远、马幼渔等同赴青年会，参加该会欢迎新会员入会的会。

16日　上午到孔德学校开校务讨论会。会后与周启明、沈士远、朱逖先到市场吃点心。3点一同到康心孚宅吊丧。

按：康忠宝（心孚），11月1日在北京法政专门学校授完课后，在休息室谈笑间突然发病而死，时年35岁。

晚上收到沈兼士寄来的《论"的"字"底"字之用法》，要求转交《晨报》馆，就给《晨报》编辑孙伏园附了几句话。

12月

7日　中午到辟才胡同马夷初家，参加为刘半农留学法国的饯行午餐，同席有朱希祖、马裕藻、周作人、沈尹默、沈士远等。

1920年(庚申,民国九年)　33岁

▲1月12日，北京政府教育部废止文言教科书，下令国民学校一二年级国文改国语，再到1922年废止一切文言文教科书。

▲3月，胡适《尝试集》由上海亚东图书馆出版，为中国现代文学史上第一部白话诗集。

▲8月28日，郭沫若白话新诗集《女神》出版。

1月

1日　为《国音字典》事走访黎锦熙。晚上看《新青年》。

6日　少年中国学会请钱玄同陪周启明去讲演《新文学的需要》。

8日　王仲超、夏宇众来，请钱玄同担任师大附属中学第三年级的国文教师。由于钱玄同近年很想改革中学国文教学，所

以答应了。

9日 抄写胡适的《文学改良刍议》,拟油印后教中学生。

12日 师大附中开学,开始到师大附中上课。

13日 收到黎劭西寄来汪怡庵的议案,主张将注音字母先行修正,再行颁布《国音字典》。

14日 走访陈独秀,托其代请高语罕担任高师国文教习。

15日 为《国音字典》事走访黎劭西。

17日 抄孔德学校读本。抄了几日。

18日 国语统一筹备会开会,根据汪怡庵的议案,讨论修改注音字母。

23日 上午到北大,补看去年夏天北大国文门毕业试卷。在校中购得《钱江评论》第3期、《少年中国》第7期,大略看了一看。

傍晚在家看《新社会》,《论女人服饰》一文极有道理。

24日 下午看完去年夏天北大国文门毕业试卷。灯下抄孔德学校读本。

2月

1日 钱玄同在《新青年》第6卷第3号发表《减省汉字笔画的提议》一文,认为拼音文字一时难以产生,眼下急需要做的是减省笔画。

4月

25日 与朱希祖、马裕藻、马衡、马季明、马夷初、沈士远、周作人等在东兴楼为沈尹默赴日留学饯行。

8 月

1 日　傅斯年从伦敦给马裕藻、沈士远、沈尹默、周作人、钱玄同、朱希祖来信，报告自上年 12 月赴英国留学大半年来的感想，也提到了俞平伯刚到英国就强行回国之事。

9 月

12 日　阅读郭沫若、田汉和宗白华三人的文艺通信集《三叶集》。

13 日　中午到教育部，与赵元任、汪一庵、黎锦熙会商《国音发音表》，讨论了一下午。

15 日　在教育部修改附录。

17 日　在教育部，校《国音字典》。

18 日　在教育部与赵元任、汪一庵、黎锦熙会商《国音发音表》。

19 日　蒋觐圭请单不庵吃饭，叫钱玄同作陪。随后带单不庵到中央公园，与沈士远、沈尹默、马幼渔、朱逖先等人聚会。

21 日　写信给黎劭西，报告国音不增。

10 月

据 1921 年北京大学编的《国立北京大学学科课程一览》，1920 年至 1921 年中国文学系学科课程中，钱玄同开设中国文字学(甲)三课时、(乙)两课时。

1920 年北京大学编《国立北京大学讲授国学之课程并说明书》中，预科国学课程“文字学”说明书为：一年讲完文字学，为讲求中国一切学术之初基。此特讲明六书之大凡、声韵之纲要及训诂转变之方法而已。

11 月

1920 年 11 月，上海亚东图书馆出版了汪原放标点、分段的《儒林外史》铅印本，钱玄同撰写了《〈儒林外史〉新叙》。这是《儒林外史》的第一个标点本，影响了此后的各种标点本《儒林外史》。钱玄同认为，《儒林外史》可列入“现在中等学校的模范国语读本”，理由有三：一是描写真切，没有肤泛语；二是没有一句淫秽语；三是《儒林外史》属于“国语的文学”，比“方言的文学”更适合青年人阅读。

是年，教育部明令把小学“国文科”改为“国语科”，公布《国音字典》。这两件事，钱玄同和黎锦熙两位先生都起过很大的促进作用。教育部又通令各省教育厅采用新式标点，这也是钱玄同和其他几位学者首先提倡的。

《新青年》杂志编辑部迁回上海，钱玄同对它的投稿逐渐减少。

钱玄同在教育部国语讲习所编有一部《国音沿革六讲》(排印本)。在他看来，讲清楚国音沿革，有利于推广“老国音”。

1921 年(辛酉，民国十年)　34 岁

▲1 月 4 日，沈雁冰、郑振铎等发起成立第一个新文化社团文学研究会。

▲3 月 14 日，北京大学等八校教职员为抗议当局积欠经费，举行罢工。15 日北京国立专门以上学校教职员代表联合会成立，马叙伦任主席。

▲7 月 23 日，中国共产党第一次全国代表大会在上海举行。会议制定了党纲，通过了工作决议，选举了党的机构，陈独秀为中央局书记。

1 月

1 日　钱玄同日记中载：

> 我在两三年前，专发破坏之论，近来觉得不对。杀机一启，决无好理。我以为我们革新，不仅生活见解，第一须将旧人偏窄忌克之心化除。须知统一于三纲五伦固谬，即统一于安那其、宝雪维兹也是谬。万物并育而不相害，道并处而不相悖，方是正理。[①]

2 日　晚上阅读《史记探源》，崔适师说有 29 篇伪书，可能还有更多"伪造者"。

3 日　与马幼渔商量《文论集要》篇目调整，抄好目录，寄给马幼渔，他要油印给学生看。

4 日　上午走访黎劭西，商量《注音字母发音表》，在他处吃中饭。

下午 3 点去吊蔡元培夫人之丧。4 点到北大领薪水。在国文教授会中拟定 41 纽发音图。6 点走访马幼渔。赞同马幼渔把《文论集要》各文一律按时代编排的主张。

5 日　购买通学斋送来的《经义考》，索价二十余元。这是整

① 杨天石：《钱玄同日记（整理本）》（上），第 367 页。

理国故很好的参考书。购买《宋六十家词》和《明代名人尺牍续编》。

8日 购买《随园全集》。著者袁枚“论人品，论见解，不足取处甚多，然颇聪明，故论议颇有特别之处”。

走访胡适。他出示《汉宋奇书》，下刻《三国》，上刻《水浒》。这一版本的《水浒》与金圣叹本“大不相同——似可证其为最古之本”。“无卢俊义一梦，其下即征四寇。”

9日 中饭后带两个儿子到钱稻孙处。他要为“红履公”（钱恂）祝寿。

10日 下午参加教育部国语统一筹备会的新年茶话会，听“王蕴山的话匣子”。

11日 购买《崔东壁遗书》，此书与康有为的《新学伪经考》“同有摧陷廓清之功，而亦同有学圣之病”。

12日 购买《戴氏遗书》和《汉宋奇书》。

晚上走访黎劭西，商量《发音表》，拟日内撰成公布。

18日 收到李守常来信，得知《新青年》团体中陈独秀与胡适意见冲突。一位主张介绍劳农、谈论政治，另一位反对。

19日 与李守常商量，设法化解陈独秀与胡适的矛盾。

20日 被“红履公”钱恂叫去吃生日宴。

王博谦请钱玄同、陈颂平、黎劭西吃晚饭，商量《国语报》之事。

灯下草《注音字母音素表》。

21日 高师国文部学生组织了一个读书勉进会，约钱玄同下午去开文字学谈话会。

23日 钱玄同带领妻子徐婠贞和两个儿子，在大陆饭店为钱恂设生日宴。约请单不庵夫妇、钱稻孙和钱穟孙夫妇，俞九思、钱润辉等作陪。

24日 下午去教育部。赵元任请钱玄同、汪怡和黎锦熙到他家吃晚饭，一起研究《发音表》。

25日 灯下撰《国音发音略说》。

29日 钱玄同在此日写给胡适的信中态度非常明朗：他是主张思想和宣传、出版工作都自由的。尽管他不愿参加陈独秀办的"'劳农化'的杂志"新的《新青年》的编辑工作，但绝不主张不让别人办这个杂志。

30日 为钱秉雄治白喉，奔走一天。

2月

1日 钱秉雄的白喉痊愈了。

3日 向吴梅(瞿安)请教昆曲中唱南、北曲的音韵问题。

4日 去北大领薪水。

晚上到青云阁，购买邢澍之《金石文字辨异》。此书搜罗碑文异体，又罗列了很多假借字，可资参考。

6日 走访马叔平，获赠一部《碑别字初补》。

3月

10日 幼子钱德充出生。

6月

1日 随手翻阅《越缦堂日记》，十分佩服李慈铭持之以恒写日记的精神。

钱恂夫妇以"合做生日"为名，在来今雨轩大宴宾客。钱玄同夫妇及大、三两儿，还有丈人徐显民都去了。傍晚又随钱恂夫妇到长美轩乘凉吃晚饭。

走访沈士远，打听他们去教育部“索薪”的消息。

2日 据说索薪的“成绩”是能发到一个半月的欠薪。

给黎劭西寄胡适写的《的和得》。他根据《水浒》《红楼梦》《儒林外史》三书，主张把“得”“的”两字区分使用。

晚上走访黎劭西，催他把词类分书的办法写一篇文章详细说明。

3日 上午马叔平来，说孔德学校七年级学生罢课了。中午与马叔平、沈兼士等到校开会。大家都主张召集七年级学生，劝他们复课。

5日 在北大旧书摊上买到一本周启明从前翻译的希腊小说《红星佚史》。

7日 午后看《晨报》，载有周启明给孙伏园的一封信《碰伤》，对“六·三”请愿事件进行了冷嘲热讽。

24日 走访吴虞，在其家吃中饭。《吴虞日记》云：“钱玄同来谈，言……黄晦闻、张孟劬、刘子庚、吴瞿安皆旧，且寻常。朱逖先、单不庵旧学好。朱有意趋新，单则认伦常最真，伦明之流勿数可也。”①

9月

12日 钱玄同生日，带妻子徐婠贞和三个儿子到瑞记吃中饭，饭后到中央公园拍全家福和夫妻照。

---

① 中国革命博物馆整理：《吴虞日记》(上)，成都：四川人民出版社，1984年，第608页。

13 日　买了一部新式标点的《西厢》，奉天图书局出版，郭沫若的序论述《西厢》在文学史上的价值。

将《汉英大辞典》中的 420 个标准拼音录出，并用国音字母对照。

14 日　北大将举行第二次预科招考，由钱玄同和沈兼士出国文题目。

15 日　到教育部，与汪怡商量注音字母。

16 日　农历中秋，学校放假。

走访沈氏弟兄，与沈兼士同出文本科第二次招生的国文题。题为“晚周诸子之学说其影响之后世者若何？”。

18 日　在孔德学校讲演“国音之发音”。

与沈士远、沈尹默一起到中央公园，找胡适聊天。胡适一周前从上海回来。谈到经典，以为章学诚“六经皆史”的方法很好，康有为《新学伪经考》的辨伪方法也不错。

19 日　北大考今年第二次招生的国文，钱玄同监场及阅卷。

顾颉刚说，已将前人对于诸子辨伪之说抄成一书，以子书之名为纲。钱玄同肯定了这种方法。

20 日　参与北大教职员欢迎蔡元培的会。

21 日　去沈士远家，约来单不庵，将《国故论著集要》宋学以前各文的抄稿分成三部分，由三个人担任圈点校印事宜。

22 日　《国音发音表》尚有待酌订，准备与黎锦熙、汪怡商量。

23 日　去孔德学校参加欢迎蔡元培的会。

24 日　上午北大全体学生欢迎蔡元培。

与黎锦熙长谈。钱玄同认为，“中国的语体文完全告成，必在废弃汉字改用拼音之后，现在的语体文仍是古体文之变相”。

29日　晚上马叔平在沁芳楼为沈尹默饯行，钱玄同作陪。沈尹默将去日本西京大学进修。

点阅《书林清话》。

30日　下午到国语统一筹备会去，与汪一庵、黎劭西商量《发音表》中几个问题。

晚上，马幼渔、朱逖先、沈士远为沈尹默及康心如饯行，钱玄同作陪。

10月

2日　中午在京汉车站食堂为沈尹默饯行，邀沈士远、沈兼士、马幼渔、马叔平、马季明、单不庵作陪。

北大研究所国学门打算努力做出些成绩来，苦于没有经费。蔡元培将到上海向富人募集，要大家先拟个计划。下午到沈尹默家商量此事。

3日　北大举行转学试验，钱玄同去监试国文及阅国文卷。

中午见到从山西养病回来的周启明。他出示一部用罗马字拼日本语的小说，很好看。此事更加激发钱玄同制造拼音新汉文的兴味。

到教育部，见到黎均荃来信，说直隶教育厅有国民学校缓授注音字母的通令。

点阅《荀子·天论》，拟付印。

10日　上午走访沈士远、沈尹默兄弟，马幼渔也来。沈士远特别安排午餐吃面，以志祝贺“双十节”。

晚上带钱秉雄到青年会观看燕京大学学生演出的新剧《这是谁的错?》。

11日　北大新学年开学，下周开始上课。

住师校后铁厂寄宿舍已三年。其间书物越堆越多，来客竟无处可坐，恰好对面屋子的白眉初搬走，钱玄同就搬去其屋看书会客，慢慢整理旧屋中到处堆放的书物。

12日　上午到沈宅，与马幼渔、沈兼士、郑介石、单不庵商量北大预科国文的功课分配。

近来受腹疾困扰，中饭后找沈麟伯诊病，说是肠炎，开了药方。

晚上走访黎锦熙，受马幼渔嘱托，请他去教高师国文部的语法，他答应了。两人一起商议用发音学字母作汉语字母，与注音字母并用。

13日　下午为北大的“国故概要科”编教学计划。此科共两单位，讲约六十小时，而所选的文章将近百篇，故入选文章分“必讲”“节讲”“参考”三种，参考者就让学生自己去看。

本年夏天，钱玄同到黎锦西家的院子里乘凉聊天，讨论当时小学生照多数表决公定的所谓“国音”读国语教科书，在全国任何地方都觉得别扭，听着不是味儿，究竟怎么办才好。钱玄同说：“前几天我给叔平（即马衡先生）家里的小学生写刻墨盒盖儿，用注音字母拼音‘国音’墨盒两个字，小孩子都说拼错了，跟口里说的（墨盒）不对；叔平也说这两个字的韵母恰巧要调换个儿；我原是反对‘京音派’的主张，把北京的地方音做国音，你以为如何？”黎锦西答道：“先生！一个墨盒，你于‘言下大悟’了！”意思是，钱玄同像悟禅一样，突然悟到了用“京音”的好处。

本年，作与顾颉刚《论近人辨伪见解书》《论今古文经学及〈辨伪丛书〉书》《论编纂经部辨伪文字书》，各篇均见《古史辨》第一册上编。这几封书信在学术界产生的影响很大，可以说是

1923年学术界轰轰烈烈讨论我国上古历史问题的前奏。

本年，钱玄同开始以“疑古”为别号。

本年，黎锦熙与钱玄同商定以“寒来暑往”四字的首笔“、一丨丿”（点横竖撇）为现行楷书字之新部首的基本四大系。这对后来各种字典、辞书的单字按新部首排列是很有影响的。

1922年（壬戌，民国十一年） 35岁

▲3月15日，张石川创办明星电影公司。

▲4月28日，第一次直奉战争爆发。

▲6月2日，徐世昌下野，黎元洪复任大总统。

1月

2日 上午到国语讲习所上课，讲《国音沿革六讲》。课后学生安毓文来谈，他是学过世界语的，希望在讲堂上提倡世界语。钱玄同受其启发，认为可拟一种采用世界语字母的国音字母。午后回宿舍即草拟国音字母二种：一种用罗马字母的，另一种用世界语字母。

4日 晚上走访黎劭西，查斯威忒的《发音学初步》，弄明白《国音沿革六讲》中需修改的一个问题。

走访少元，借阅徐乃昌《随庵丛书》的《菉斐轩词林韵释》，此书与《中原音韵》为同类。拟采其韵目编入《国音沿革六讲》。

5日 孔德学校开教科书编纂会。此会干事为马幼渔，但他忙于做北大国文系主任，会议决定请马隅卿襄理。此会设立2年，只编了一至四年级的《国语读本》数册，内容不太理想。钱玄

同主张，今后凡担任编某年某科教材者，从最初着手，至最后定稿，必须负完全责任。

6日　走访马幼渔，借阅《粤雅堂丛书》中《菉斐轩词林韵释》，充实《国音沿革六讲》。

7日　到国语讲习所，编写《国音沿革六讲》的第四篇《守温字母、广韵及反切》，一万余字，尚未编完。

春节前抓紧编成《国音沿革六讲》，则高师选修科文字学中音韵部分也可以用，形义部分拟采用朱蓬仙的《文字学形义篇》。空出时间，编写详细的《国音沿革概论》，就可以给北大国文门、高师国文部用了。

8日　国语讲习所有学生要求免考，上午开教务会议讨论。讨论结果：凡应考者给毕业证书，不考者给修业证书。

会后回宿舍，拟了一种国音字母新方案。

9日　大兄钱恂办生日宴，偕夫人及儿子到东华饭店吃午饭。饭后到北大领薪水。

张仲人全家南归，国语讲习所教职员在西车站为其饯行。遇见胡适，借阅顾颉刚辑的稿本郑樵《诗辨妄》。

12日　到北大、高师领薪水。

13日　上午改定国音韵母三表，拟交北大铅印。钱稻孙、钱穟孙为钱恂摆生日宴，偕夫人去吃中饭。向钱恂要了《韵目表》和《史目表》各10部。

15日　郑介石赠送其编写的《中国文法之研究》。其另一种讲义《中国文法十讲》，已在北大排印。

拟取《中州音韵》每韵之音列成一表，如《切韵考》之式，先取支、徂韵之平声，试为排列，因头痛而罢。

16日　傍晚到蜀园饭庄。族人钱壮秋与张振华女士自由结合已四五年，但钱母以旧眼光蔑视张女士，不把张女士当儿媳。因而在饭庄签一婚约，证婚人钱玄同，介绍人为湖州人张藻生、桐城人吴天民。

18日 潮安学员陈亦修来谈，出示《潮州方音》。与汪一庵、黎劭西一起用注音字母帮该学员酌定潮安音表。

到商务印书馆北京分馆，定购《儿童世界》两份，其中一份给三儿阅读。郑振铎主编的这份儿童文学杂志“内容颇佳”。

19日 黎锦熙说，国语研究会准备出刊《国语杂志》，第一期即将面世。第二期拟定为“汉字改革号”，约请钱玄同作一篇昌言废弃汉字的论文，也要请胡适、蔡元培“诸公撰文”。

20日 阴历年关将到，各庄所欠书账都在一百元以上，午后一一付清。

21日 去年夏天，友人高承元撰成《国音学》，请钱玄同写序。此书即将出版，商务印书馆方叔远写信来催序。在宿舍写了一天。序中顺着著者主张国语革命，多造复音词的主张，引申到“将国语文字应该改用拼音”。次日写好，用快信寄交商务印书馆。

23日 从郑介石处借阅《国学卮林》第一期，黄季刚主编，1920年夏间武昌高师出版。其中有文章竟然还在提倡君臣之说。

24日 购买费密的《弘道书》《荒书》《诗抄》和一部铅印粉连纸的《陆象山全集》。

25日 与周启明、沈兼士谈论汉字改革问题。钱玄同强调事在人为，不过没有改用拼音之前，“必须大大地采用简体字，极古与极俗均可采用”。

27日 除夕，三儿钱秉充发烧，徐婠贞借口要照顾病儿，和儿子都留家里。钱玄同下午独自到大兄钱恂处拜祖宗。

30日 晚上到高师看戏，上演汪仲贤的《好儿子》、陈大悲的《幽兰女士》。

31日 逛厂甸，购书二种：粤雅堂本《菉斐轩词林韵释》、江晋三《先秦韵读》。

晚上至高师看戏，上演胡适的《终身大事》、汪仲贤的《双解放》和陈大悲的《幽兰女士》。

2月

1日 修改《国音沿革六讲》，准备用作高师选修课讲义。

2日 逛了一下午土地庙、厂甸、火神庙的书摊。购买汲古阁本的《乐府诗集》、四印堂初印本《稼轩词》。

3日 购买《击壤集》《曾国藩日记》和熊刻《切韵指掌图》。

5日 逛厂甸，买了《潜书》、段大令定本《毛传》、石印《日知录》和《论语正义》。

7日 逛厂甸，购得日本版《玉篇》。

8日 下午购得古逸《玉篇》《广韵》和《周官新义》。

梁启超《中国历史研究法》出版，"此书内容甚佳"。购买五册，自留一册，其他赠送单不庵、沈士远、郑介石和孔德学校。

9日 下午逛厂甸，购买白纸《荀子集解》《巢经巢诗集》《韩诗内传》。

11日 厂甸书摊最后一天，买了浙局初印本先秦诸子集，其中《尸子》是伪书。又购得粤雅堂本《声类》、张祖廉的《娟镜楼丛刻》，内有《龚定庵遗文》及《定庵年谱外记》。

13日 上午到北大，周启明说上海伊文思书馆有外国整理过的《十三经》，就托他代购。

14 日　点阅《墨子间诂》。

15 日　下午走访单不庵，向他借来朱子《孝经刊误》《习学记言·经序》。

《北京大学日刊》1922 年 2 月 15 日《校长布告》公布研究所国学门委员会规则 10 条。蔡元培兼任北京大学研究所国学门委员会委员长，委员有顾孟余、沈兼士、李大钊、马裕藻、朱希祖、胡适、钱玄同、周作人等，沈兼士任国学门主任。

17 日　到《晨报》馆购得 1921 年 12 月和 1922 年 1 月的《晨报副镌》，以及《戏剧》第 2 卷第 1 期。

18 日　下午，北京大学研究所国学门委员会开会，将 1918 年创刊的《北京大学月刊》改归出版委员会办理，每年 12 期，分国学、文学、自然科学和社会科学四门出版。

19 日　下午到北大开歌谣研究会，商定两事：（一）先出月刊，刊登三四年来征集到的各地歌谣，以及整理出来的古谚谣。（二）定音标，用注音字母和国际音标两种。

20 日　购得克鲁泡特金《互助论》。

《注音字母与现代国音》在此日创刊的《国语月刊》第 1 卷第 1 号开始连载，一直刊载至第 4 号。原文末标注“未完”，但此后也未见续写。钱玄同追溯了晚清注音字母的兴起，又讲解了民国注音字母与现代国音的发展，厘清了不少注音字母的音韵学原理。

21 日　下午到教育部开注音字母正草书法研究会，拟采用黎劭西所定的三种书写体：印刷体、书写体和草体。由教育部公布。

买得共学社出版耿墨今译的《托尔斯泰小说集》两部，一部送给长子钱秉雄。

23日　购得《章氏丛书》，相对旧本，“异同甚多”。

25日　下午到教育部大礼堂，看女高师演戏，7点开演，人早已挤满。戏为《归去》《冬烘先生》《孔雀东南飞》。

27日　赵元任译《阿丽思》，“有趣味，文笔亦极流利诙谐”。买1部送钱秉充，算是生日礼物。

晚上在教育部看女高师演的《孔雀东南飞》和《叶其锐》。

28日　下午到北大出版部购买《章实斋年谱》。

3月

3日　下午爱罗先珂在女高师讲《智识阶级之使命》。钱玄同有课，没法去听。

4日　下午在北大第三院听梁启超评胡适的《中国哲学史》，他对于胡适关于先秦哲学的引证，举出了很多可疑之处，很有说服力。

5日　上午听爱罗先珂讲演《世界语及其文学》，胡适翻译。中午蔡元培宴请爱罗先珂，胡适、孙国璋、周豫才、马幼渔、沈士远、钱玄同、周启明作陪。

下午继续听梁启超评胡适的《中国哲学史》，胡适也到场。这次评孔子、庄子两段，又进行了史实辨伪。

6日　取刘半农文两篇，加以按语，拟登日刊。

7日　阅读胡适的《国语文学小史》。

10日　阅读胡适的《五十年中国文学》。

13日　五儿种牛痘。

14日　下午开国学门研究所委员会，商量月刊事，结果无专号之名，而有专号之实。

15日　到教育部开干事会，与黎劭西、汪一庵商定叶尖声和舌叶声。

16日 停课一日，开八校全体教职员大会，讨论经费及罢课问题。

购得吕留良、吴之振编的《宋诗钞》，商务石印本。胡适说此书为研究宋诗的重要材料。

18日 晚上黎劭西请卫挺生在西花春吃饭，约钱玄同、胡适、汪一庵、周作人作陪，谈论国语问题。卫挺生是主张京语的。

20日 中午回家，为徐婠贞过生日。

钱玄同的《高元〈国音学〉序》发表于此日出版的《教育杂志》第14卷第3号。钱玄同赞赏此书既能"根据语音学的学理说明国音"，又能"疏通疑义和订正误说"，是国音学方面的"空前的佳著"。

高元《国音学》，商务印书局1922年6月初版，刊有胡适和钱玄同的序。

21日 下午到北大研究所国学门开会，讨论《国立北京大学国学季刊》问题，请胡适为主任，5月中旬第1期出版，用新式标点，横排。

22日 北京光社成员、爱好摄影的沈麟伯医生与贺惺华女士傍晚在中华饭庄结婚。他们请湖州竹墩的宗兄沈士远证婚，又请钱玄同"礼赞"。钱玄同用"国音"礼赞了这对行新式婚礼的新人。

28日 孙伏园拟在《晨报》附一"国语消息"栏，就去跟黎锦熙商量。晚上两人在雨华春喝酒，谈论"汉字简笔"的必要性。

31日 近来有"非宗教大同盟"出现，钱玄同等人反对这种干扰别人宗教信仰的"运动"，在《晨报》上登了一宣言。

4 月

2 日　喉咙痛，到金子直处诊治。

3 日　前一天中饭后发烧。上午又到金子直处诊治。

6 日　天天复诊，病情控制住了。午后走访沈士远，沈尹默回来了，沈尹默说有一部《法文字典》，旁有发音字母注音，托其代购。

10 日　学校开学。因病本月两校都告假。

12 日　午后到北大检取《国故概要》。

14 日　走访沈尹默，其家对门有新屋，已租定，以张凤举、沈士远二人为主体，而马季明、钱玄同、沈尹默也可置一书桌，一起讨论读书之事。

15 日　由于奉直战事，据说交通票靠不住。让徐婠贞将家中所有交通票取出，兑换现金。

17 日　上午到交通银行去换现洋。

18 日　下午到教育部访黎劭西，谈简笔字问题，打算专心干此事。

20 日　《北京大学日刊》1922 年 4 月 20 日登《为清室盗卖四库全书敬告国人速起交涉启》。根据报载，为溥仪筹措大婚费用，清遗室盗卖四库全书给日本人，沈兼士、沈士远、单不庵、马裕藻、朱希祖、马衡、钱玄同、周作人等要求国民政府一律收回古物院，任人观览，“使帝制余孽稍收敛其觊觎侥幸之逆谋”。

21 日　到北大选国文系主任。

23 日　晚上取字典中能作偏旁用的部首，定作简字。取《国音字典》，书以简笔字。

24 日　弄“急就”偏旁。

25 日 到教育部与黎劭西谈弄“急就”偏旁。

26 日 晚上弄完“急就”偏旁。简笔字的偏旁，主要取材章草，破体字只有一小部分。

27 日 胡适受李慈铭日记的影响，认真写日记。向他借来去年 4 月至今年 3 月的日记，共六大册。看下来，发现胡适的精力真不可及，日记中关于学问的材料很多。

钱玄同在此日出版的《晨报副刊》发表《刘复〈四声实验提要〉的附记》。刘复（半农）运用实验语音学的仪器和方法对汉语四声进行研究，发现汉语四声与语音的音质、强弱、长短无关，决定四声的是语音高低的变化。刘复把自己的研究成果整理成《四声实验提要》，进一步修改成《四声实验录》于 1924 年由上海群益书社出版。钱玄同肯定了刘半农的实验研究，进而指出，白话国语由于是多音节的，一旦拼音化，就不太需要像单音节文言那样用四声来区别。

29 日 早晨就从西南传来炮声，奉直的确开火了。

30 日 夜间炮声隆隆。

此月出版的由北京基督教学校事业联合会编的《生命月刊》（1922 年 4 月号）上发表钱玄同的《我对于耶教的意见》。钱玄同赞同陈独秀与周作人对于基督教和宗教的观点，认为基督是古代一位伟大和高尚的人，其博爱、平等、牺牲的教义是现代中国人应该实行的。现代中国人不应再像膜拜孔子、关羽那样去膜拜基督。

5 月

1 日 劳动节，八校放假一日。关节很痛，行步艰难，此半月都请假。

3日 梁启超《孔子学案》只有清华油印本，尝试用简笔字来抄写。

4日 继续用简笔写抄写《孔子学案》。

枪声加上直奉战争的多种传闻，“家人甚惊恐，我今日勿出城，因宿家中”。

7日 长子钱秉雄生日，请他到东华饭店吃饭，“中菜西吃甚佳，还吃了一瓶葡萄酒”。

8日 中午到沈麟伯处看脚。

10日 报载张作霖免职，东三省巡阅使取消了。

15日 北大开始考试，考两个星期。因脚不便没去监考，两个班级都托人监考。

21日 书写简笔字初稿，次日也在做此事。

23日 购得新诗集《湖畔》一册。

24日 晚上写《三国志演义序》。

26日 下午4点到孔德学校，开“校务讨论会”，将此会改为“常务董事会”，定常务董事七人，校长为当然董事，其他六人为沈尹默、钱玄同、蒋梦麟、胡适之、马叔平、李石曾。

29日 写好《三国演义序》，约三千字。

30日 下午走访单不庵，邀来沈士远一起吃晚餐。得知欠薪又拿不到了。

6月

1日 买得《晚报》，看到张作霖发通电。“要滚蛋了，这固是极好之事。”

3日 去年6月3日索薪纪念日，八校临时放假。上午分别到两校领取欠薪。

8日　中华教育改进社将于七月中旬在济南开会，邀钱玄同参会，钱玄同婉拒。暑假准备将《国音沿革六讲》改定付印。其他暑假演讲的邀请都推辞了。

继续思考汉字改良问题。

11日　黎元洪来京。

中午到大兄钱恂家吃生日宴。三儿参加孔德三、四年级学生饯别王淑周的会，全家其他人都去了大兄家。

12日　晚上，与马氏三兄弟、沈氏三兄弟在东华饭庄宴请孔德学校全体教员。

15日　午后走访黎劭西，告知国语统一筹备会恐怕将被裁撤。裁了也好，由民间来做，就不用跟衙门打交道了。

17日　五儿又病了。

19日　胡适在《努力》上发表说，无论谈政治谈学术都是实验主义，"此说极有理"。

22日　上午到国语统一筹备会开会。午后回家，五儿的病已好。

24日　大嫂单士厘生日，单不庵在东华饭庄为其设生日宴，邀请钱玄同夫妇作陪。

下午，钱恂外孙、董恂士大儿子董大酉来辞行。他已从清华毕业，将于29日从上海去美国学建筑。

28日　买到《学津讨源》，80元。

30日　下午到米市大街基督教会的树德小学校演讲注音字母。

此月所编的《北京大学职员录》，钱玄同为国文系教授，讲授课程为文字学音韵甲、乙。

7 月

4 日　整理章太炎师论学的信，共 26 封，其中两封只有抄件。准备抄录一遍，将原信装裱好。

午后到沈士远家，约马幼渔、单不庵、沈兼士、沈尹默等一起出北大预科入学试验题目。

5 日　看龟甲、钟鼎文。

6 日　下午走访马叔平。晚上走访沈士远。对钟鼎、龟甲产生兴趣。

7 日　看钟鼎文。购得《捃古录》。

8 日　受董大酉委托，几天前给新任北洋政府教育部长马叙伦（夷初）写信，请其设法让董小酉到清华大学读书。收到马夷初回信，办不成此事。

11 日　上午到北大出本科考试题。

中午仆人匆忙赶到，说乳母被房东的亲戚打伤了，要求赶快回家，就赶回家去调解。

13 日　托听差代为觅屋。

15 日　沈兼士打来电话，说北大预科国文试题印好后原稿不见了。怀疑泄漏，要重新出题。下午到沈士远家，重新出试题。

与长子钱秉雄谈论文学。

16 日　钱秉雄要学世界语。正好有暑假夜班，从明日起每星期一、三、五晚上上课，至 9 月 10 日毕，就让他去学。

17 日　腹泻两天，到金子直处诊治。回家发现徐婠贞也胸闷腹泻。

18 日　徐婠贞病渐愈。

19日　阅读郭沫若的诗剧《女神之再生》《湘累》《棠棣之花》。“我苦极矣,今后打算:看文学书以怡情悦性,看金文、甲文以收摄乱心。”

20日　此日出版的《国语月刊》第1卷第6期上发表《刘复〈国语问题中的一个大争点〉的附记》,对刘半农《国语问题中的一个大争点》中反对“京音”、仍主张“国音”的观点表示赞同。

23日　马幼渔来电话,题目又泄漏了,相约到沈士远家再出。

24日　上午到北大,监试国文。此后几日,均阅卷。

30日　撰写《新案国音字母》。

8月

5日　阅读郁达夫的小说《茫茫夜》。随后两天阅读《沉沦》。

8日　阅读罗迪先翻译的厨川白村《近代文学十讲》,文句诘诎,文意不连贯。手头有厨川白村的日文原著,可惜读不懂,“更觉读外国文之必要”。

11日　傍晚回家,房东已将屋出租,只能住到20日。从次日开始,徐婠贞也出去找房子。

15日　教育部国语统一筹备会开大会,共有46件议案。上午开会,各省代表报告。推举胡适、沈颐、陈懋治、赵伦士、廖立勋、汪怡、王璞、钱玄同、陆基、江仁纶等组成整理议案委员会。会议重要议案有:黎锦晖的“废止汉字改用拼音案”、秦风翔的“注音字母独用案”。

钱玄同的“减省汉字笔划案”议决通过,并成立了一个由钱玄同、陆基、胡适、王璞、杨树达、方毅、廖立勋、黎锦熙、沈兼士、周作人、赵纶士等组成的汉字省体委员会。

17 日　终于看中并租定景山东街马神庙大学夹道北口 13 号，有 17 间房子，租价每月 33 元。随后两天办妥租赁手续，全家住进新屋。

21 日　孔德学校开学。该校秋天将迁入北大三院。

24 日　到商务印书馆北京分馆，买了四种图书：《爱罗先珂童话集》、周作人翻译的小说、安特来夫的《小人之忏悔》、《意门（茵梦）湖》。前三种多买一册，送钱秉雄。

28 日　胡适来电话相邀到春华楼一起吃中饭。他近来注释《诗经》，已完成《周南》一卷，上栏为诗，下栏注简单明了的字义，每篇后面附上从毛序至龚序的主要观点。

9 月

2 日　沈兼士赐稿一篇，可以登《国语月刊》。

3 日　到东安市场购买德国歌德著、郭沫若译的《少年维特之烦恼》，法国古尔孟著、郑伯奇译的《鲁森堡之一夜》。

5 日　马幼渔来电，告知女高师校长许寿裳请钱玄同去教国语发音学，每周两小时，上一学年，钱玄同答应了。

下午到孔德学校，参加国文教授会，主张彻底改造教科书。为应急，只能在旧编中选若干篇课文给一、二、三、四年级应用。

7 日　晚上录《文学旬刊》目录。

8 日　取孔德学校教科书，先研究一年级的。

10 日　购买《创造》第 2 期，阅读郁达夫的小说《风铃》。次日又阅读了张资本的小说《木马》。

12 日　阅读张资本的小说《恋爱初期之失败者》。

到高师领取 4 月上半个月的薪水。

13 日　由高师的李建勋与法专的王家驹发起七校校长一同

辞职，其实是逼北大校长蔡元培辞职。北大召开全体大会，挽留蔡元培校长。

14 日 到北大领取 4 月份下半月的薪水。

走访沈尹默，在他家吃晚饭。芮振南夫妇次日要去日本，沈氏三兄弟、马家兄弟、徐耀辰、张凤举等一起为他们饯行

15 日 到高师领取 4 月份下半月的薪水。

购买商务印书馆出版的《国音指掌图》。该书由温州人张玉生(1883—1938)撰写。图中共列 3630 字，采用部首编排和注音字母编排，检索十分方便。钱玄同将该书的图贴在墙上，感觉“随时可以检查，很是适用”。

晚上根据张蔚瑜的《国音分韵检字》，将国音的四百余字，用国际音标一一拼出。

16 日 上午到师校领取 5 月上半月的薪水。中午大兄钱恂请去中央饭店吃生日宴，只有钱恂夫妇、钱玄同夫妇。晚上徐婠贞备了些菜，钱玄同买了一瓶克利沙酒回家。

17 日 修改用世界语拼中国音的拼法，将修改的国音个个拼出。

19 日 看到《晨报副镌》正在分三天连载黎锦熙的长篇论文《汉字革命军前进的一条大路》，想把此文转载到《国语月刊》第 7 期的“汉字改革号”。下午到北大领取 5 月份的薪水。再到孔德学校参加常驻董事会，沈尹默、马衡、蔡元培、钱玄同到会。

20 日 上午先后到高师和教育部国语统一筹备会领取薪水。下午与沈尹默一起到北大三院去听日本文艺评论家片上伸的演讲。然后又请他去孔德学校演讲《游戏的必要》。原计划让高年级学生与教师一起听演讲，不料没有对接好，竟然也让低年级的学生坐在前排听，结果影响演讲氛围，只能草草结束，十分

可惜。

21日 张玉生约黎锦熙、钱玄同喝酒聊天。席间钱玄同约黎锦熙一起编孔德学校的国文教科书。两人商定，一级年的教科书不用汉字，单用字母。

23日 下午去北大送补考题。去劝业场买手杖一根，山东潍县出产，形式、光泽都很好。

24日 着手准备女高师国文部的国语发音学讲义，打算在讲义中灌输汉字革命主义。

1922年2月20日，黎锦晖主编的国语研究会会刊《国语月刊》创刊，中华书局印行。创刊号发表蔡元培《国语的应用》、黎锦熙《我所希望的一件事》、钱玄同《注音字母与现代国音》等大家的专文。黎锦晖也撰有《国语辨音实例》一文，并在“儿童文学”专栏化名“做非”发表唱本《偷梨记》，还选了一篇正在上小学的女儿黎明晖撰写的故事《不会说谎话的人》。然而，《国语月刊》毕竟是专业性的刊物，上海也只有一个国语研究会的分会，很难维持这么一本刊物。眼看刊物因稿荒而脱刊，黎锦晖只能向北京的大哥黎锦熙求助。黎锦熙就与钱玄同商量，将这本刊物移到北京来办。

28日 午后到高师看国文考卷，约有六百本。由钱玄同、单不庵、马幼渔、朱逖先、章厥生、夏宇众、徐名鸿、梅仲等人阅卷。次日中午看完。随后又参加对报考国文部学生的口试。

购买汪静之新诗集《蕙的风》来阅读。

10月

1日 近年来主张改造国音字母，反复考虑，决定采用国际音标和世界语两套字母，与国音字母对应，认真排列了对照表。

修订《国音要略》讲义纲目。

2 日 北大、男高师、女高师同时开学，特意去参观女高师的开学式。校长许寿裳、教务处傅佩青演说后，一定要钱玄同也即兴演说几句，钱玄同就大致讲了“改古文为今语，是为改良，不是求通俗，今语比古文精密，不是比古文浅俗”。大家都是现代的人，就应该做“比古文进化的现代的白话的文章”。钱玄同把这次演讲整理成《国文的进化》，发表在《国语月刊》第 1 卷第 9 期。

3 日 上午到高师领取 6 月份上半个月的薪水。

4 日 晚上回寄宿舍，听差说家里来电话，要求回去一趟。此前家有急事，“不是有人打架，必是有人生病了”。急忙雇车回家，虚惊一场，原来是次日中秋，要求回家吃团圆饭。

5 日 中秋，回家吃中饭。沈氏三兄弟的祖母生日。12 位好友，每人 2 元，买了东华饭店的菜券送去。傍晚带了两个儿子一起去吃寿宴。

8 日 女高师周刊编辑部来电话，催交演说稿。上午写好送去。

9 日 下午 3 点去参加教育部“国语统一筹备会”的干事会。要办第四届国语讲习会。由于本学期课多，忙于新编和修改讲义，推辞了国音沿革的课，只答应演讲一次《国音字母与汉字之前途》。

10 日 双十节。作为孔德学校的教员，参加天安门的国民裁兵大会。从北大一院出发，走景山东街，出后门绕皇城根，往东往南，进中华门，三点半到达天门安，又累又饿。

11 日 上午到北大、高师两处领取薪水。

12 日 将两校旧讲义检阅数篇油印，供开学几周急用。

赵元任《国语罗马字的研究》长文，拟登《国语月刊》第 7 期

"汉字改革号"。取到该文的油印稿,晚上看了三个多小时。

18 日　课间听闻学生闹事,起因是反对学校向学生征收讲义费。蔡元培愤而辞职,沈士远、李大钊等人也相继辞职。

21 日　北大的讲义风潮未了,国文系教员都告假。

23 日　北大讲义风潮仍未平息,继续告假。

傍晚走访单不庵,看到朱逖先、马幼渔信,说评议会与两千多学生沟通好了,大家同意挽留蔡元培校长,次日照常上课。

29 日　再次修改国际音标与注音字母的对照表。

11 月

3 日　购买丁福保的《佛学大辞典》。其音译的字,有不少将西方人用罗马字母拼出的原文读音附入,很有用处。

10 日　走访马幼渔,商量由北大刊行《音韵丛书》。考虑筹集不到大笔经费,马幼渔建议化整为零,先取短篇当作讲义去排印。

12 日　抄录钱大昕《音韵答问》和王念孙《与李许斋论古音廿一部书》,预备作排印之用。

15 日　下午到教育部国语统一筹备会,听赵元任所读的国语留声机片,比王璞读的强多了。赵元任口齿清晰,音调讲究,但入声字读不自然,可证国音不能容入声。

18 日　胡适为北大《国学季刊》写了一篇发刊宣言,一万多字,请钱玄同提点修改意见。在家里阅读了一遍,指出几处毛病。

24 日　午后到大佛寺,购买《法华经玄赞》,据说此书引用了《切韵》。又购买《翻译名义释》。

下午到女高师,听爱罗先珂的演讲《女子与其使命》。

28 日　见到《国语月刊》第 8 期出版广告。《国语月刊》第 7 期“汉字改革号”只缺钱玄同的文章。高师的课告假，专心在宿舍撰写《汉字革命！》。

29 日　写成《汉字革命！》，约黎锦熙到雨华春吃晚饭，请他看稿子，提修改意见。

30 日　下午到教育部国语统一筹备会，将《汉字革命！》稿子交给张玉生写了油印，也用作国语讲习所的演讲稿。

12 月

1 日　购买东亚四版发行的《儒林外史》，用新式标点，还有一篇胡适的《吴敬梓年谱》。

2 日　修改《汉字革命！》。

3 日　夏天把右脚脚趾擦破了，一直溃烂没有收口，昨晚溃烂加剧引起发烧。午前到金子直处诊治。

晚上沈兼士在东华饭店宴请罗振玉，卫礼贤、蔡元培、陈援庵、蒋梦麟、马幼渔、马叔平、沈士远、张凤举、朱逖先、胡适、钱玄同作陪。

4 日　下了两次馆子，致足疾加剧，中午到金子直处换药。

购买《创造》第 3 期，阅读郭沫若、成仿吾与胡适、沈雁冰、郑振铎打的笔墨官司。

5 日　不断告假，年前竟不再去各校上课。

6 日　伤口化脓了，到金子直处诊治。

8 日　《国故概要》即将印成，仅缺《荀子·正名》。病中将其点校好了。

9 日　足疾稍愈，仍不良于行。

17 日　今明两天北大召开廿五年成立纪念会，有三张入场券，便让妻子带两个儿子一起去观剧游艺。

23 日　陈百年回国了，约沈尹默、钱玄同、马幼渔、朱逖先、马叔平、徐耀辰、张凤举、马季明、沈兼士、单不庵、沈士远到其家里谈天，下午吃茶点，并留吃晚饭。

24 日　撰写《一封最紧要的信》，针对《国语月刊》第 1 卷第 6 期萧景忠的《辟破坏国语教育的谬说》认为白话文通俗易懂的“谬说”，钱玄同明确指出：“因为古文贫乏、浮泛、浅陋、幼稚，不足以传达高深绵密的思想和曲折复杂的情感，所以要对彼革命，将彼推翻，另外建立丰富、精密、深奥、进化的国语文学！绝对的不是嫌古文太深奥难懂，‘为通俗起见’而另创浅陋的国语文，‘使一般人易懂’，可以‘由浅入深’去学古文！”此文与《“他”和“他们”两个词儿的分化之讨论》都刊发在 29 日出刊的《国语月刊》第 1 卷第 10 期。

27 日　购买《小说月报》第 13 卷第 12 号，阅读鲁迅的小说《社戏》。

30 日　午前到教育部国语统一筹备会，将《汉字革命！》下半篇的稿子交给张玉生写了油印。

31 日　带长子钱秉雄去大兄钱恂家“过年”。

1923 年（癸亥，民国十二年）　36 岁

▲1 月 17 日，蔡元培因教育总长彭允彝干涉司法独立，非法要求逮捕北大兼课教师、财政总长罗文干，愤而辞去北大校长的职务。

▲6 月 15 日，《新青年》改出季刊，成为中国共产党的理论性

机关刊物，迁往广州出版，瞿秋白任主编。《国际歌》中文词曲在创刊号首次刊出。

▲8 月 3 日，鲁迅出版白话小说集《呐喊》。

1 月

1 日　与妻子徐婠贞约定："我们做了中华民国的人，当这国历的新年，不可没有些子点缀。"中午带领徐婠贞、钱秉雄、钱秉穹到东华饭店吃西餐。

周作人废"字"（启明），以"名"（作人）行了。他约大家到其家喝新年酒，但钱玄同要参加钱恂的"家宴"，就不能到他家会老友了。

走访马叔平，并晤幼渔、季明、绳父，不庵也来。见潘尊行给不庵的信，说对于甲文、金文将有著作，信中略述研究所得，颇有特见。在叔平处见商务印书馆新近印出之陈介祺《十钟山房印举》，可喜极矣，准备去买一部来。

与叔平谈及近人研究甲文、金文之得失，认为吴大澂、罗振玉、王国维三人最精。但他们都还有些不足。

3 日　北大开课，男女两高师都于次日开课。

4 日　上午到教育部国语统一筹备会开会。

5 日　在商务印书馆门市部看见一本"在时间的轨道上开倒车"的杂志《小说世界》，作者既有包天笑、李涵秋、何海鸣、胡寄尘、林琴南等旧文人，又有沈雁冰、王统照等新文学作家。阅读这种"不成材料的东西"，就在灯下草成《"出人意表之外"的事》，邮寄给孙伏园。《晨报副镌》当天就发表了钱玄同的这篇杂文。对于商务印书局，钱玄同写道："一个《小说月报》改得像样了，它就不舒服了，非另找此辈来办一个《小说世界》不可！呜呼！天下竟有不敢一心向善，非同时兼做一些恶事不可的人们！我们对于他们，除了怜悯以外，尚有何话可说！”钱玄同的杂文也引起了沈雁冰、王统照等新派作家的注意。他们也撰文表达《小说世界》在作者不知情下印发他们作品的愤慨。

6日　上午将《中原音韵》《中州音韵》《菉斐轩词林韵释》三书略略对勘，以《中原音韵》为最好。

午前收到黎均荃信，得知上一年12月寄去的四封快信、五篇文稿都收到了。

7日　校了两三篇《国语月刊》“汉字改革号”的稿件，预备两三日内寄给黎均荃。

8日　到教育部国语统一筹备会去，《汉学革命！》一文已经油印完了，校对完毕。

9日　上午到教育部国语统一筹备会去，交印《汉字革命！》的勘误表。

下午将“汉字改革号”中负责整理的稿件整理一过，拟即寄交黎均荃付印。

11日　《晨报副镌》又发了一篇痛骂《小说世界》的文章。孙伏园来信说，周氏兄弟和他不久都将有骂《小说世界》的文章发表。

15日　从本日起，基本能正常到北大、高师、女高师上课。

下午赴北大研究所参加国学委员会的会。

16日　到教育部国语统一筹备会，去见吴稚晖先生。他出国两年，刚回国。钱玄同向其约稿，其同意给《国语月刊》的“汉字改革号”作文。

17日　《国故论著集要》印了三四年，总算印齐。不过还得增删修订。

18日　《晨报》上登载着蔡元培的辞职呈文。他因愤恨教育总长彭允彝干涉司法独立、蹂躏人权，向大总统辞北大校长职。钱玄同认为，面对一年来政府欠薪与北京八所高校的索薪，蔡元培的举动不仅保存了自己的人格，也保存了八校的“人格”。

下午，孔德学校开校务委员会。先前给蔡元培写过一封信，主张孔德学校应该增加世界语。蔡元培本拟在此会中讨论，不料他于今晨离开北京了，此事也就无从讨论。

与黎劭西谈论到修改《国音字典》和写定国语词类，都应该积极进行。由钱玄同专做修改音典的事，黎劭西专做写定词类的事。

19日　爱罗先珂到国文学会来演讲。

吴稚晖在国语讲习所讲演，中午讲习所宴请他，钱玄同作陪。与吴稚晖讨论国语文字改良问题。他始终反对国语改用罗马字母拼音，而是主张从英、德、法三种语言中选取一种作为第二国语，日后过渡到全新的国语。对于注音字母和白话文，他始终认为是通俗教育的利器。

20日　在国语讲习所讲演“汉字革命”。

21日　到湖州会馆拜访崔适师，老人家更龙钟了，扶着桌子才能立起，并且还是摇摇晃晃的。

日本汉学家今关寿磨来谈，并赠送其著作《宋元明清儒学年表》。他说20年前，日本人受崔述的影响最大；近十年来，受汪中的影响最大。崔述的影响是以经治史，汪中的影响是以史治经。

22日　下午收到厦门大学周忭民（辨明）寄来的一篇油印文章《中华国语音母和注声的刍议》。他主张用国际音标作国语字母，所论很有道理，拟登入《国语月刊》。

23 日　蔡元培发表一篇宣言，主张不合作主义，也奉劝大家这样做。

晚上走访张凤举，见到徐耀辰和沈士远。他们不赞成蔡元培的主张，钱玄同与他们辩论了很久。

24 日　上午到北大上课。学生因下午 1 点参议院投新阁员的同意票，定于上午 11 点全体出发请愿不要投教育总长彭允彝的同意票，因而临时停课。下午到北大探听消息，则彭允彝已通过了，学生也并未挨打。有北大教授既骂蔡元培，也骂彭允彝。

25 日　女高师许寿裳、医专周颂声、美专郑锦、工专俞同奎等 4 校长辞职。高师没有校长，而法专的校长刘彦与农专的校长章士钊都是"彭党"，当然不辞职。

28 日　大兄钱恂 70 岁生日。钱恂家中有胡惟德、孙宝琦、沈瑞麟等几门阔客。他怕麻烦，就约了钱玄同夫妇、夫人单士厘、单不庵、包尹辅、钱亚新、钱亚猛、钱亚获，还有一位包小姐，中午躲在钱稻孙家中吃生日宴，还留下钱玄同夫妇和单不庵一起吃晚饭。

在大兄钱恂处，看见伯父钱振伦的殿试卷一本。三姊夫寄来墨拓常熟沈石友家中所藏砚瓦数十方，包括吕留良的砚瓦。

31 日　学生对市民讲演，揭露彭允彝、吴景濂的罪状。

在家中与长子钱秉雄谈话，告诫三点："一，你爱研究那种学问，你就要研究，决不要因联想及于生活问题。二，你似乎是爱研究文学的，虽研究文学，但在中学时代，这点点普通知识，是不可不注意的。三，无论研究什么学问，'历史的观念'和'科学的方法'总是必要的。"

晚上走访沈士远，遇着单不庵和沈兼士。赞同他们着手编《中学适用国学书目提要》。

2 月

3 日　陈颂平在西长安街五族饭店请吃晚饭，同席有汪衮父、陆渭清、张杏生、胡适、黎劭西、杨遇夫、汪一庵、陆雨庵等人。初识汪衮父，他对古音古字很有研究。

4 日　购阅《小说月报》，郑振铎的《读〈毛诗〉序》不错。其他尚有顾颉刚、郑振铎、周予同等人的《读书录》。

6 日　上午《国学季刊》编辑委员会开会，讨论第 2 期的编辑事宜。胡适、徐旭生、周作人、马幼渔、马叔平、沈兼士、单不庵、钱玄同、郑介石等到会。

7 日　为祝贺钱恂生日，马幼渔、马叔平、沈士远、沈尹默、沈兼士、马夷初送他一张东华饭店的酒席券。钱恂就在此店请大家吃西餐，同席还有单不庵、钱玄同、单受兹、钱稻孙。午后到北大国学门研究所，借阅《东洋学报》及《交太韵》。

8 日　下午看《东洋学报》，上有辨伪论文，能补足康有为、崔适没有提及的证据，可证《左传》为刘歆所伪造。

走访黎锦熙，赵元任用其所拟的《国语罗马字》编成课本，教美国人。他寄来一份，由黎锦熙转交。

10 日　晚上收到黎锦晖（信中声明取消“均荃”名号）寄来“汉字改革号”的校样本，及几篇尚未付排之原稿，要求审定。

11 日　“汉字改革号”的稿件中有《读者意见》六篇，修改出来六篇勉强可登的稿子。

12 日　黎锦熙那篇《汉字革命军前进的一条大路》中选了一段叶圣陶的小说《低能儿》，要用注音字母、赵元任的国语罗马字、钱玄同的国语新字母拼出。灯下一直写到次日清晨 4 点才完成。

13 日　上午到教育部开“经济委员和常驻干事的联席会议”。

14 日　买到《国语月刊》第 9 号浏览。

傍晚到各书店还书账，多达 150 元。

15 日　上午到各处去领薪水。下午带领钱秉雄和钱秉穹到大兄钱恂处，去参加旧历除夕的祭祀。

18 日　中午在西车站食堂请吃西餐，算是补请大兄钱恂的 70 岁生日宴，宾主两家到了 11 人。下午逛厂甸书市，买了《诗传遗说》《二程遗书》，还有一部石印梁巨川的遗墨。此公为梁漱溟之父，投积水潭殉清，见解虽顽旧，但意志极坚卓。

19 日　下午在土地祠中买了一本蔡锡勇的《传音快字》，算是中国拼音文字史上的一种材料。

20 日　下午逛厂甸书市，邂逅大兄钱恂夫妇、马叔平。购得莎彝尊《正音咀华》、江永《四声切韵表》、叶维庚《纪元通考》。发现马建忠《文通》1898 年本，商务印书馆排印本，为寻访多年的初版本，买了 10 本。

21 日　下午逛厂甸书市，买了叶大庆的《考古质疑》、《制义丛话》、吴昌绶红印本《龚定庵年谱》、李命三的《行状》。《制义丛话》为考八股文的极重要材料，与钱振纲所著《制义后言》一样，是八股文的重要史料。

22 日　下午逛厂甸书市。买了知不足斋本《伯牙琴》《通志二十略》《范石湖诗集》、杨诚斋的《易传》、唐埙的《通俗字林辨证》。

到商务印书馆购买陈承泽的《国文法草创》，新学制用的小学前期、后期及初中学用的国语读本，以及初中用的历史、地理读本。浏览初中三种读本，周予同、范祥善、吴研因所编的国语选材甚佳，王伯祥所编的地理也很好，傅运森所编的历史最差。

23 日 上午接到沈士远电话，邀请钱玄同去他家中吃午饭，熟客有沈氏兄弟、周氏兄弟、张凤举、徐耀辰、马幼渔，生客唯有郁达夫。郁达夫的小说钱玄同读过，但听说此人的脾气和黄季刚差不多大。钱玄同就只好“道谢啦”。

下午逛厂甸书市，买了一部巾箱本的杨慎《丹铅总录》。

25 日 逛厂甸书市，买了四部书：刘次源的《孔经新义四种》（《大学》《礼运》《中庸》《论语》）、毛士述的《春秋三传驳语》、严可均的《铁桥漫稿》、金和的《秋蟪吟馆诗钞》。

许豪士和陈德荣受去厦大教国文的梁冰弦之托，来调查北大国文系的开课情况。

26 日 各校都开课了。逛厂甸书市，购买周济的《宋四家词选》。

27 日 逛厂甸书市，购买通志堂本欧阳修的《诗本义》、程端礼的《读书分年日程》、有句读的金陵刻本《六祖坛经》。

28 日 到教育部国语统一筹备会开辞典委员会的会。

3 月

1 日 课后逛厂甸书市，购买《申报》馆排印本《儒林外史》、石印《小学汇函》本《说文》。

晚上收到顾颉刚长信，论《诗经》，论伪史，“均是极精之论”。

2 日 中午到海王村公园，给钱秉充买玩具。

下午逛厂甸书市，临近收摊，只买了一部湘南刻本“蹩脚板子”的《玉篇广韵》。

晚上高师大门口，学生与警察大闹。学生们议定元宵晚间提灯游行，宣传打倒军阀等问题，警厅就派警察来劝阻。据说北大学生出门时未被阻拦。

4日 大嫂患流行感冒，前去探望。大兄钱恂约到德国饭店吃晚饭，同席还有单不庵和钱稻孙。

到商务印书馆门市部去买了《四部丛刊》中的《朱文公集》。又买了一部洋装的《饮冰室丛著》。社会上很多人骂梁启超，钱玄同一直认为他在“中国思想界、学术界上都是极有功的人”。

5日 点校汪衮父的《歌戈鱼虞模古读考》，预备交给季刊去印。

7日 下午走访胡适，见他正在撰写论述章崔述学派的文章，拟发表在《国学季刊》第2期。

17日 钱秉充日生，买些外国点心给其过生日。

20日 校《国学季刊》第2期中汪荣宝(衮父)的文章。

21日 近两三个月，沈尹默、张凤举、徐耀辰在周日为沈氏、钱氏的子女讲演文学。这当然是好事，但青年人喜欢文学，恐怕形成“颓废的人生观”。沈士远也为孩子们讲解墨子的思想和《史记·刺客传》。这就“足以和文学相调剂”。

22日 顾颉刚寄来《〈诗经〉的厄运和幸运》第一段，是《小说月报》第3号的样张。顾颉刚具有炽烈的疑古精神，敏锐考证的眼光。其论断之精当，不下于胡适、梁启超。

23日 校毕“汉字改革号”中的印稿。

24日 晚上为《之江日报》的纪念号撰文，题为《浙江人和历史学》。“希望今后浙江再出许多历史家，尤其希望浙江人治学、办事，大家都注重历史的观念。”①

25日 下午5点到中央公园，邂逅沈氏三弟兄及方梦超、梁

---

① 杨天石:《钱玄同日记(整理本)》(中)，第523页。

素伍(希)、沈方等人。梁素伍将赴德国留学,他们在长美轩为梁素伍饯行。钱玄同也加入了陪客行列。

26日 因旅大收回事件,北京商、学各团体在天安门会齐游行、演说,北大临时停课。

31日 到北大第二院听陈百年演讲《新旧与是非》。

《国语月刊》第1卷“汉字改革号”于此月出刊。《国语月刊》“汉字改革号”上登载了钱玄同的《汉字革命!》和黎锦熙的《汉字革命军前进的一条大路》两篇“斟酌饱满”的长文。还有赵元任的《国语罗马字的研究》等。钱玄同在《汉字革命!》中既态度鲜明地大声疾呼“汉字的罪恶”及汉字应该革命的理由,又从汉字的变迁史上研究,说明汉字革命,改用拼音,是绝对可能的事。他明确提出,“汉字革命”,主要有十项筹备工作:选定字母、写定词儿、改造同音的词儿、采取古语、采取方言、采取外国的词儿、编纂词书、改造文法、编纂文法书、翻译书籍。“我们对于这十项,一项一项的做去,做到十项的时候,便是它完全成立的纪元节了。”

钱玄同考虑到在筹备期内离不开现行的汉字,又提出了对于汉字的“补偏救弊”的办法:写“破体字”和“白字”,输入外国的词儿,鼓吹注音字母独立施用并承认它和汉字同样有文字的价值。

就在《国语月刊》“汉字改革号”上,刊出了钱玄同的《减省现行汉字的笔划案》。这是他在国语统一筹备会第四次大会上提出的提案,并列的联署人有陆基、黎锦熙、杨树达。钱玄同的汉字改革论得到国语筹备会多数人的赞同。筹备会设立了“汉字省体委员会”,除钱玄同之外,另有胡适、沈兼士、黎锦熙、周作人等15名委员。当年商务印书馆的张元济、高梦旦和中华书局的陆费逵也对这一提案表示支持和赞同。

这一期登载了钱玄同的《国语字母二种》，还刊出了钱玄同为胡适的“卷头言”和黎锦晖《废除汉字采用新拼音文字案》分别所写的附志。

4 月

1 日 再校汪荣宝的文印稿。

4 日 走访北大图书馆单不庵，一起到东华吃晚饭。饭后一起走访沈士远。对沈士远说，“辨伪诚是整理国故中第一件要紧事，但辨伪的意思完全为求真相”，至于文章好坏，另当别论。

6 日 到真光剧场看女高师的新剧：描述苏武牧羊的哑剧《怀乡》、根据西洋同名电影改编的新剧《赖婚》。该剧改编的中国化，只是皮毛，内容上不合情理之处很多。

9 日 前一天是婠贞的农历生日，大哥钱恂在西车站补请生日宴，同席者有大哥钱恂夫妇、钱玄同夫妇、钱亚荪和蒋觐圭的夫人（大嫂之妹）。

12 日 课后到教育部国语统一筹备会，开辞典委员会，讨论组织重修字典委员会，推举钱玄同为主任。

13 日 根据八校教职员联席会议议决，教职员全体到教育部去索薪。

16 日 起草《对于重修字典的意见》。

傍晚到教育部国语统一筹备会，走访黎劭西，又去其家取黎锦晖所译《国际语音学会大要》中关于说明音标的几节译文。

18 日 钱稻孙将赴日本，单不庵中午在东华饭店为其饯行，邀钱玄同作陪。

19 日 购阅俞平伯的《红楼梦辨》，此书很好地运用了“考证学的方法”,“可以与阎百诗的《尚书古文疏证》比美”。

20日 下午到北大领取薪水。

此日出版的北京大学《国学季刊》第1卷第2号发表了钱玄同编辑的汪荣宝音韵学论文《歌戈鱼虞模古读考》,并在《跋汪荣宝〈歌戈鱼虞模古读考〉》肯定了汪荣宝通过汉语和外语的对音和译音来推翻传统音韵学中“古无麻韵”的论断。

21日 内弟徐世闿来京,带他和钱秉穹一起逛公园,看美术展览会,有李毅公所绘杨妃出浴图。

22日 晚上到美术学校看女高师的游艺会,有跳舞,还有新剧《宝珠小姐》。

24日 到北大买《国学季刊》第2期,携至中央公园,看完顾颉刚的《郑樵著述考》。回宿舍阅读顾颉刚的《郑樵传》和胡适的《科学的古史家崔述》。

25日 钱秉充今天断奶,奶妈当天回老家去了。

26日 到教育部国语统一筹备会,走访汪一庵,他的猩红热痊愈了。

灯下为《国语月刊》第2卷第1号撰写《国语字母私议》一文。

30日 定购《申报馆五十年纪念册》的《最近之五十年》收到。

阅读了胡适的《五十年世界之哲学》,还有蔡元培、张君劢、陈颂平的文章。其中不堪的文章很多,其他《申报》馆中人,自己吹牛的文章更不堪了。

5月

4日 男高师放假,并非纪念五四运动,而是黎元洪总统开放了总统府供小民们仰瞻。钱玄同就想撰文在《晨报》上骂骂此事，这便是发表在 1923 年 5 月 7 日《晨报副刊》上的杂文《“五四”与“游园”与“放假”》，署名“疑古”。

5 日　傍晚到新明观看女高师演出的《娜拉》，很不错。“扮娜拉者为陈照宇，尤见精彩。”

6 日　晚上到新明看女高师演剧《多情英雄》，“这戏的演本糟透了”。

10 日　检查数年来所用的音韵旧讲义数种，拟修改后铅印。新讲义难以编出来，而四年以来不用讲义只印几张表，师生上课都感到困难，就只好先印旧讲义了。

12 日　身体不适，到金子直处诊病。晚上到新明看女高师演剧《赖婚》。

13 日　带老三钱秉穹到德国饭店，长兄钱恂请客。

灯下将高师、北大两处三年级的讲义旧稿略略修改，以便付印。

15 日　林语堂交来《读汪荣宝书后》，“甚佳，拟登季刊三号”。

16 日　上午到金子直处诊治咳嗽和目疾。

大兄钱恂在新西安饭店请吃晚饭，钱玄同带了妻子及两个儿子前往。

17 日　刘半农寄来 36 字母排列说。尽管“有许多我不同意”，但仍要登入《季刊》第 3 号。

20 日　晚上到新明，看人艺社演出新剧《说不出》（哑剧）和《英雄与美人》（正剧）。

21 日　到帝王庙观赏阿博洛学会的绘画展览。

灯下作《古道将复兴矣》一篇怪文章，拟送登《晨报副镌》。

22 日　俞樾弟子黄百新从杭州来到北京，他说“杭州学界情形，真所谓魑魅魍魉白昼现形了”。

25 日　给顾颉刚写讨论辨伪的信。此后几日都在写此信。

6 月

1 日　教育界邀请名流报告学校经费困难的“危象”。

2 日　阅读胡适的《镜花缘引》，他说《镜花缘引》是中国唯一提倡女权的书，所言极是。

晚上到新明戏园看人艺社演出《不如归》。

3 日　带钱秉雄到德国饭店吃晚餐，问其将来的志趣，“他说愿治文学，愿如莫泊三那样用冷静的头脑观察社会作文学之资料，又说愿干政，但不愿身入政治漩涡”。

4 日　点校《诗经通论》。

9 日　晚上到新明，观看人艺社的新剧《终身大事》和《幽兰女士》。

巡警罢岗，名为索饷，实则是冯玉祥、王绍庵的阴谋，想借此逼走黎元洪。

10 日　做《广韵音表》，随后几天有空就在做此事。

顾颉刚在 1923 年 5 月的《读书杂志》第 9 期上发表《与钱玄同先生论古史书》，明确提出了“层累地造成的中国古史”说。钱玄同在 1923 年 6 月 10 日的《读书杂志》第 10 期上发表《答顾颉刚先生书》，认为顾颉刚的这一学说“真是精当绝伦”。钱玄同从古文字学的角度，对顾颉刚把“禹”训为一种“蜥蜴之类”提出了不同看法，似乎王伯祥把“禹”训为龙更有说服力。钱玄同还对古事古经进行了辨析。本篇又收入《古史辨》第一册中编。

13 日　下午到北大。接到郑介石的电话，说黎元洪被迫于下午出京。

15日 下午到北大研究所，借阅明代乔中的《元韵谱》。

18日 端午节，中午回家吃饭。晚上到新明观剧《东道主》和《维持风化》。

20日 到北大一院，开《国学季刊》第3期稿件审查会。

25日 午前到《努力周报》社，走访《读书杂志》的编辑章洛声，看到刘掞藜与胡堇人驳顾颉刚论古史的文章和顾颉刚的回信。章洛声说，这期的版面还差约二千字，希望钱玄同写篇补白小文，钱玄同就答应了。

中午回家。在家中阅读刘掞藜、胡堇人的文章，发现他们错引伪书、伪物，拟借此写一篇短文。灯下起草短文。

26日 天气热得睡不好觉，起床看见东北角红光烛天。次日看报才知清宫大火，而溥仪辈要守他们的规矩，将神武门等紧闭，故延烧二三点钟。

27日 上午，将草稿修正抄好，题为《研究国学首先应该知道的事》，主要讲了三点：一要注意过去的辨伪成绩，二要敢疑古，三是研究古史不可存"考信于六艺"的成见。下午送到编辑部。

28日 为崔适师校对《五经释要》印稿。

29日 大嫂单士厘生日临近，单不庵先请生日宴，叫对门洋人的厨子来家里做西餐。同席有单不庵夫妇、大兄钱恂夫妇、钱玄同夫妇、钱稻孙夫妇。

30日 午后到商务购买国语留声机片。

7月

1日 北京师范大学校成立。

3日　《努力周报》社送来顾颉刚的文章，论“禹”极精核，拟登 8 月份《读书杂志》。

4日　与单不庵、沈士远商量《中国学术论著集要》出版事，改为《国故概要》，先由三人分别修正第一册，标点付印。

5日　为钱秉穹书写扇面，写了周作人的《画家》。

到教育部国语统一筹备会走访黎劭西，请他用草书注音字母为钱秉穹书扇，他写了沈玄庐的《劳动歌》三首。

7日　得知马叔平回京，就去他家，并晤沈兼士、徐森玉。他此番到洛阳去又买得几个《汉石经》残字。

8日　作致郭后觉一书，讨论“您”“那”“还”三个字的问题，拟登《国语月刊》第 12 期。

9日　陈百年母亲去世，今日“扶三”，傍晚前往吊丧。

15日　到金子直处取医脚的药。

17日　上午到北京大学，与马幼渔、陈君哲、谷锡五、罗东里监印国文试题，共印 2700 张(北京报名者已达 1900 人)。

22日　傍晚到中央公园，与孙伏园、吴稚晖聊天。孙伏园说吴稚晖的文章《箴洋八股化之理学》，“痛诋”梁启超的《国学书目》、张君劢的《新宋学说》，将刊登在次日的《晨报附刊》。吴稚晖文如其人，聊天时也嬉笑怒骂。

25日　中午请大兄钱恂夫妇到西车站吃饭，为大嫂单士厘祝寿。同席有钱稻孙、钱穟孙夫人、单不庵和徐婠贞。午后回家，将 16 张国语留声机片带回，都听了一遍。

26日　上午到北大第二院，今日考试新生，有两千多考生。此后几日都在二院阅卷。

徐婠贞四妹来，说她与五妹将于次日回南方去。

30日　多日牙痛，下午到八宝胡同的伊东处拔牙。

8 月

2 日　下午到伊东处刮牙。

4 日　林玉堂译的《卡而格伦》寄来了,《国学季刊》第 3 号的稿差不多齐了。

5 日　此日出刊的《读书杂志》第 12 期上发表《研究国学应该首先知道的事》。此文后收入《古史辨》第一册中编。

6 日至 11 日　本周阅北大上海卷及女高师卷。

12 日　午后到总布胡同燕寿堂,吊陈百年丧母之孝。

13 日　到高师阅卷。预科国文卷有 1093 本。阅卷者:钱玄同、马幼渔、沈尹默、沈兼士、名鸿、夏宇众、单不庵、张风举、稚鹤。

20 日　单不庵来电话,说马幼渔昨日下午去沈尹默家,忽然感觉头昏目眩。昨晚就宿在沈家,大概脑病又发作了。

起草《修正国音字典议案》。

21 日　走访马幼渔,他的病已渐有起色。

22 日　午后到沈士远家。朱逖先来,他刚从陕西回京,赠送《姚伯多造像》《景教流行碑》。

23 日　到教育部国语统一筹备会,大会议案来了十多件,没有要紧的。校潘尊行文排稿。

24 日　王氏《切韵》已印成,今日借来抄出目录。

鲁迅赠送一本小说集《呐喊》。

25 日　午后到教育部国语统一筹备会,写印两个议案:一、请组织国语罗马字委员会案。二、请组织增修《国音字典》委员会案。

27 日　阅读鲁迅的《阿 Q 正传》。

28 日　上午，学界俱乐部召开教育部国语统一筹备会第五届常年大会，由各处会员报告国语推行状况，然后组织审查议案委员会，分音韵、字体、辞书、教学、推行五组，委员指定 28 人，次日起开审查会。

方叔道赠送赵元任《国音新诗韵》的样本，已印成十之七八。

29 日　参加音韵、字体、辞书三组联合召开的审查议案委员会会议，成立了三个委员会：国语罗马字委员会（但须改名为"国语罗马字拼音研究委员会"）、增修《国音字典》委员会、增修新式标点符号案委员会。

30 日　《太平洋杂志》第 4 卷第 3 号寄到，有吴稚晖的《一个新信仰的宇宙观及人生观》，极好。

31 日　开大会，报告审查结果，吴稚晖为大会主席，全体通过，会毕摄影。会议主办者在湘泽春宴请吴稚晖。

9 月

1 日　大兄钱恂自西山回家，来家约钱玄同夫妇次日去西车站吃饭。

傍晚走访顾颉刚，将《东壁遗书》下半部借给他。他已将此书标点，拟次年由亚东出版。

2 日　走访沈士远，得知日本 9 月 1 日发生关东大地震，伤亡惨重。

3 日　上午接到林玉堂电话。他已携眷来京，寓官场胡同 40 号，约吃晚饭。

下午到教育部，自己写印议案。傍晚到林宅，一起吃晚饭的还有陈源（通伯）。

5 日　为林玉堂文作跋，老老实实说明因为西方文化是世界文化，中国要与世界文化融洽，非与西文融洽不可，因此必须改用罗马字。

8日　得到驻日使馆消息，留学日本的钱稻孙安然无恙。

晚上到新明戏园看《平民的恩人》《良心》两剧。

10日　北大举行开学礼，本科24日开始上课。

钱幼楞的儿子钱棣孙（仲联）来京，大兄钱恂中午在西车站请他吃饭。带徐婠贞和钱秉穹去作陪。

11日　校对刘半农的《守温字母》。

13日　灯下批阅北大国文系三年级文字学试卷二十余本。有数本不及格，有一本竟得零分。

在此日《晨报副刊》发表《请组织"国语罗马字委员会"案》，并为同时刊发的黎锦晖《请教育部令全国学校使用新文字案》写"附记"。钱玄同认为，组织"国语罗马字委员会"，主要是探讨"字母应该怎样配置，声韵应该怎样拼合，声调（即四声）应该怎样表示"等等。"国语罗马字"这一工作日后由"数人会"来完成了。

15日　到新明看《换魂奇术》《维持风化》。

16日　上午11点走访孙伏园，将批评昨晚新剧杂文《好！》交给他。

灯下批阅上学年北大国文系二年级学生文字学试卷49本，都及格了。

18日　到金子直处诊治痔疮。

22日　到北大，为浙江第一师范学潮事，马幼渔、马夷初等人召集开会讨论，会议拟定发出三电：第一封致浙江省省长张载阳，问其如何办理。第二封致浙江省教育厅厅长张宗祥（冷僧），谴责其辜负浙江人。第三封致浙江第一师范校长何炳松，叫他滚蛋。

23日 走访马幼渔，马夷初也在，有张冷僧致钱稻孙的信，信中为自己辩解。回宿舍起草谴责张宗祥的信。

24日 上午将信修改好，下午走访马幼渔、单不庵，出示信稿。在北大油印信稿100份。

25日 中秋节。料理一切还账事宜。沈家祖老太太生日，中午前往祝寿。

晚上回家，抄好给张宗祥的信。

26日 上午到高师监考，复试各省送来的学生。钱玄同出的预科国文试题："我们现在用怎样的眼光去研究国学?"下午与徐名鸿一起阅卷。

28日 上午考师大国文研究科的文字学。午后阅卷，国文卷共56本，与朱逖先分开批阅。

29日 下午到北大开对付学潮的会，孙伏园与许寿裳也来了。

晚上收到唐仲芳师逝世的讣文。

30日 上午到米市胡同48号去吊唁塾师唐仲芳先生。

10月

2日 上午将《广韵》206韵分为299类表写完。

在此日的《晨报副刊》上发表《对于许锡五君的〈国语字母钢笔书写法〉说的话》。钱玄同表明国语会的态度，国语字母不应该书写成罗马字母。喜欢罗马字母的直接写罗马字母，国语字母还是要按自己的写法来写。

5日 到第一院开会讨论浙江学潮事。

7日 沈家祖老太太5日去世，下午到沈宅吊孝。

8日 校对《季刊》稿。

10日 贿选总统曹锟来了。据说顺治门有三小时的交通断绝。

14日 将299类表做完。批阅高师国文系转系卷10本。

16日 到北大,亲写206韵,分299类表付油印。

晚上开始撰写《世界语与国音》。

17日 到东亚公司购得日本人宫原民平氏的《北京声音辨》。他对于北京音调分析得很详细。

继续撰写《世界语与国音》。

25日 到迎宾旅馆访章厥生。

26日 去探望病中的大兄钱恂。

晚上到新明观看欧阳予倩的话剧《泼妇》和日本佐藤红绿的话剧《社会钟》。

11月

1日 范源廉就任国立北京师范大学校首任校长。学生自治会举行了欢迎梁启超董事长、范源廉校长大会。

汪荣宝以前送来五篇稿子,《国学季刊》登了两篇,尚有《释身》《释彝》《转注说》三篇未刊发。陈颂平来信催稿子,就取出那三篇来抄出校对好,以救其稿荒。

下午到北大第一院,孔德学校董事与北大教育系教员开联席会议,讨论以孔德为北大试验事宜。

电话问询大嫂,知得大兄昨夜痔疮发作,痛了一整夜,早晨听了钱稻孙的劝告,已到德国医院去割痔疮了。

2日 到德国医院探望大兄钱恂。接下去几日都去探望大兄钱恂,其病情正在好转。

3 日 参加女高师15年成立纪念会,有种种游艺。

11 日 到师大听梁启超讲演“晚明心学之反动产出顾黄诸公与顺、康两朝学问与政治之关系”。

17 日 撰写《汉字革命与国故》。

18 日 听梁启超演讲清初学术。

中午与沈士远、单不庵到六味斋吃饭。傍晚,一起去探视大兄钱恂,“据说再有个半礼拜便可完全收功了”。

晚上在单不庵家谈天。沈士远说他将与金兰芳订婚。“鳏寡相配,应该开此风气也。”

20 日 将《汉字革命与国故》一文写完,约两千字,准备送交孙伏园。

25 日 听梁启超演讲乾嘉学术。

26 日 因五儿面上发现红斑,请金子直来诊治,傍晚去取药。

29 日 治《韵镜》。

30 日 午后走访马幼渔,教他国际音标。

12 月

1 日 到西安门华北大学听梁启超演讲“颜习斋与现代思潮”。

晚上到宣外大街忠信堂饭庄,《晨报》馆请吃晚饭。

此日的《晨报五周年纪念增刊》上发表钱玄同《汉字革命与国故》。钱玄同认为,汉字革命与整理国故并不矛盾,而是相辅相成的。

2 日 梁启超演讲晚清学术,这是最后一讲。

晚弄《韵镜》。

3日　晚将《韵镜》表弄完。

4日　“今天师大及女高师均请假，因我狠反对五校给黄大人口中赏了六千（总数三万）元便开门，故开门后第一次上课，我表示反抗的主意而不去也！”

清理国语字母讨论号，作致郭后觉信。

11日　梁启超约在来今雨轩吃中饭，纪念戴震（东原）诞辰两百周年，同席有林宰平、蒋百里、王国维、陈渊泉、孙伏园、高鲁、陶行知、胡适、沈兼士、马幼渔、朱逖先等人。

下午到北大，高仁山约请在哲学系开会，讨论孔德学校的国文教材问题。

15日　校对《季刊》第3号的样张。

16日　到北大，做研究所照料员。

17日　北大廿五周年校庆，放假一日，去做了一天研究所照料员。

晚上花一元钱，在第二院参加聚餐会，菜很难吃。

此日出刊的《歌谣》周年纪念增刊上发表《歌谣音标私议》。

18日　到孔德学校，向钱秉雄询问老三的病状，说是有所好转。

23日　编《广韵音表》。

24日　到研究所借《王韵》。为孩子们购买圣诞蛋糕和玩具袜。

灯下编《王韵音表》。

1924年(甲子,民国十三年)　37岁

▲6月16日,黄埔军校正式开学,蒋介石任校长。

▲11月5日,末代皇帝溥仪被逐出宫。

▲11月17日,《语丝》周刊在北京创刊。孙伏园、周作人先后任主编。主要撰稿人有鲁迅、周作人、川岛、刘半农、章衣萍、林语堂、钱玄同、江绍原等。

1月

1日　到北大第一院领薪水。

2日　陪徐婠贞、钱秉穹、钱秉充到西车站食堂一起吃新年的"家宴"。

将《广韵》的字,依音分类,编撰《广韵音类》,随后几天有空就编。

4日　与马幼渔谈及青年的颓废现象,"以为除了提倡科学的人生观,别无他法"。

5日　下午走访沈士远。他从去年年底以来改穿西装,写字改用钢笔横书;又服膺颜习斋的教导,时时"习勤",想"找事做",这是极好的气象。与他讨论《中国思想史料集要》的取材,约单不庵来商酌。

10日　下午走访沈士远。他新买了一个留声机,钱玄同带了赵元任的国语机片去,16片都放了一遍。沈士远又放了两张外国音乐片。

整理《国语月刊》的稿子。接下来几日都在做此事。

12日　阅读《科学》第8卷第8号赵元任的《再论注音字母译音法》。他主张采入国语的外语不译，而从国语罗马字读音，称为"妈乎"主义。钱玄同认为这主张很好。

13日　师大交来梁启超第四次演讲稿，灯下略作修改。

15日　到国语统一筹备委员会，走访汪一庵、黎劭西。汪一庵的讲义已出全，获赠一部样本，索序。

17日　大兄农历生日，钱稻孙中午请吃生日宴，仅由徐婠贞携五儿去。

18日　取得《韦氏大辞典》。

19日　纪念戴震诞辰两百周年（阳历纪念）。梁启超、胡适等在安徽会馆开会。钱玄同从师大请假前往，在会上讲述戴东原的声韵学。

21日　点阅《弘道书》。

24日　整理《国语月刊》第2卷第1号的稿子。黄正广的《字母问题》反对国语罗马字和世界语，"觉得不登则难为情，登则未免惑人"，就略加案语，并寄黎劭西，请他也加案语。

26日　到北大第三院开会，成立方言调查会。

28日　三儿的白喉得到控制，又忽患猩红热，赶紧请金子直来治疗。晚上睡在家中，三儿又患气管炎，通宵咳嗽。

30日　三儿猩红热未愈，忽患腹泻，去请金子直来诊治。

31日　中午到金子直处取药。到第三院开歌谣研究会后回家。

2月

1日　三儿病势减轻，可以放心了。

5日　五儿昨晚发烧，面见红点，疑是猩红热。打电话请金子直来诊治，金子直也吃不准，暂按猩红热治疗。下午到金子直处取药。

7日 五儿病情加剧，急忙请金子直来诊视，确诊为猩红热。下午到金子直处取药。

9日 五儿已退烧，但患咳嗽。到金子直处取药。

10日 中午回家，五儿的脸、手、足忽然肿了，疑是肾脏炎。四儿就是由猩红热骤转成肾脏炎而夭亡的，十分忧虑。

11日 五儿肿得厉害。至金子直处取药，据说是肾脏炎。

12日 五儿略消肿，稍稍放心。

13日 午前到金子直处取药。五儿又略消肿，可以放心些了。

15日 灯下给热心世界语的冯省三回信。

16日 五儿基本消肿，咳嗽未好全。到金子直处取药。

18日 五儿已消肿。

19日 下午逛厂甸，书摊末日，买了《温州经籍志》《采薇僧集》《谈天》。

26日 到金子直处诊治肠胃病。

27日 到金子直处诊治肠胃病。

28日 到金子直处打针，治疗痔疮。

3月

1日 将给汪一庵写的序誊写清楚。

2日 下午到什方院参加沈士远和金兰芳的婚礼。

晚上偕徐婠贞到新居腊库甲27号喝喜酒。

5日 下午到安定门头条0020号道济妇婴医院看望钱润辉，得知其女儿董亚胜的丧事已办好。

晚上到真光观看电影《赖婚》。

6日 傍晚到教育部，汪一庵在虎坊桥锦江楼请吃晚饭，感谢作序者，同序者还有黎锦熙、陈颂平、陆雨庵。

7日 清理北大的古音旧讲义10份，以备发给四年级用。

9日 阅读丘浅次郎的《进化与人生》，"觉得此书与《上下古今谈》是现在青年的包医百病的圣药"。

11日 杨荫榆接任女高师校长，女高师放假。

13日 下午到金子直处打针，治疗痔疮。

15日 午后整理了一个半书架，各书均用废纸书写书目，每书一片，以便将来凭片整理，各书整理就绪再誊片，最终整理成"疑古室藏书目"。

18日 晚上在西车站请俞志靖吃晚饭，顺便为长兄钱恂补过生日。

21日 到北大自写讲义。见到鲁迅，很愉快地聊了半个钟头。

22日 下午师大准备与燕大的辩论会，作了会预选选手的评判员。到北大研究所讨论编高中课本及国故丛书事宜。陈垣（援庵）、方梦超等人想倚重北大的名头为印刷局谋利，钱玄同就发了几句"正谊不谋利，明道不计功"的高调。

约黎锦熙到德国饭店吃晚饭，商量《国语月刊》事宜。上海方面有人有反对拼音字的倾向，十分忧虑。

26日 徐婠贞农历生日，中午回家吃面。

27日 大兄约到东安饭店吃晚饭，为徐婠贞祝寿。

28日 五儿病势加剧，发烧又干咳。打电话请金子直来诊治，为肺炎。傍晚去取药。

29日 为阻止学生"承认苏俄"游行，北大内军警林立，如临大敌。

30日 五儿病重，金子直来诊疗，忙于购药等。

午后五儿能安眠，略退烧。

4月

1日 请金子直来为五儿诊疗。下午去取药后回家，五儿病情缓解。

抄写戴震《声类表》，拟托北大油印数百张。接下来几日都在抄此表。

2日 中午回家，五儿病情好多了，放下心来。

3日 请金子直来为五儿复诊。他说无须再诊，继续服药即可。

7日 上午将《广韵》音读表写出。下午在北大写印此表。

钱稻孙女儿钱亚新将与翁之龙（叔泉）结婚，新郎为德国法兰克福大学医学博士。徐婠贞前往帮助发嫁妆。

8日 回家照看五儿。钱秉雄喝好喜酒回家，据说大兄钱恂夫妇没有参加婚礼，于是就有了自由证婚和新派演说。

11日 中午回家，为五儿取药。

作《结婚的演说》二则，拟登《晨报副刊》。

13日 晚上与钱秉雄到真光看电影《莎乐美》。

20日 沈士远请吃中饭，夫人金兰芳亲自下厨。同席有沈尹默、马幼渔、张凤举、徐耀辰、周作人等。

23日 灯下做《杂感》一则，拟投《晨报副刊》。

24日 郑介石约到钱粮胡同的聚寿堂吃晚饭。同席者4人：钱玄同、沈尹默、沈兼士、马幼渔。商量保全女高师的饭碗问题，“拟先发制人，与杨为难，真是无聊之极。如此大风，叫人赶来尝此苦!”杨是指女高师校长杨荫榆。

25日 探望刚从跑马厂养病回家的胡适。

27日 此日的《晨报副刊》上发表《我也来谈谈“博雅的手民”》,署名玄同。当年称排字工为“手民”,钱玄同列举的几则差错,有演讲记录者的“博雅”差错,也有“手民”误植的。

29日 化名“X. Y.”,在《晨报副刊》上发表《孔家店里的老伙计》一文。吴虞身为北京大学教授,却去逛八大胡同。为了赢得妓女娇玉的欢心,他写了几十首《赠娇寓》,一边印成诗单供妓院散发,一边化名“吴吾”投稿《顺天时报》等报纸公开发表。钱玄同指出,吴虞根本不是“打到孔家店的老英雄”,其实是“孔家店里的老伙计”,“只配做被打者”。

5月

1日 为冯省三的《高等世界语读本》撰序。

黎劭西约到华美北号吃晚饭,商量《国语月刊》事宜。

午后收到孙伏园送来吴虞的信,“真好驳极了,于是撰一‘读后感’,和他开开玩笑”。

4日 约晚上八点,绍兴来电,丈人徐尔谷去世。

吴虞写了《给附刊记者的信》,为自己的言行辩解。钱玄同又在《晨报副刊》上发表《〈吴虞先生的来信〉的“读后感”》,进一步批驳吴虞。

9日 北大杨适夷教授写给“校花”韩权华的情书刊登在《晨报》,只得辞职。

12日 宋柏筹从绍兴参加徐尔谷的丧礼回京,昨晚寓钱家。

16日 晚上回宿舍,接到学校来信,要求后铁厂的寄宿舍于6月15日以前搬空。

18日 中午到梁家园寄宿舍中走访师大总务长陈裕光，了解到西北园9号的寄宿舍中有一南屋空出来了。

19日 师大同意钱玄同使用西北园的南屋，吩咐听差裱糊此屋。

在《晨报副刊》上发表《〈世界语名著选〉序》。冯省三因北大讲义风潮而被开除，继编选《初级世界语读本》之后，又编选了《世界语名著选》。钱玄同的序文既讲了在中国倡导世界语的必要性，又赞赏了冯省三的这本《世界语名著选》。

署名"滗生"的读者发表《浅陋的话》，以"公允"的态度对《孔家店里的老伙计》进行挑剌，钱玄同仍署名"X. Y."，在此日的《晨报副刊》上发表《答滗生君》，简要作答。

22日 在《晨报副刊》上发表《不完全的"苏武古诗第三首"和"孔雀东南飞"》，批评新式标点的白话诗文选编的编者乱加标点、随意删节的奇怪现象。

25日 咳嗽加剧，到金子直处诊病。

31日 连日咳嗽未愈，到金子直处诊病。

走访林语堂，讨论罗马字问题。

6月

1日 徐婠贞赴沈尹默、沈坚士太太的宴请，回去看家一天，与长子钱秉雄谈两性问题。带大儿、三儿到德国饭店吃晚饭。

5日 到金子直处诊治咳嗽。

到北大和师大领取薪水。

6日 外出还账，得知《胡适文存》与《独秀文存》被禁。

7日 在《晨报副刊》上发表杂文《零碎事情》。唐弢以"晦庵"为笔名，在1962年2月19日《人民日报》上发表书话《取缔新思想》，转抄了钱玄同的一篇杂文，接着指出：“这条杂感署名‘夏’，夏就是钱玄同的本名，谜语其实就是玄同自己的创造。当时北洋军阀禁止《独秀文存》《胡适文存》《爱美的戏剧》《爱的成年》《自己的园地》等书，玄同为了揭发事实，故意转弯抹角，掉弄笔头，以引起社会的注意。”由此看来，喜欢淋漓痛快的钱玄同，偶尔“故意隐约其词”，更能显示语言文字学家的特长，也能为人津津乐道。

8日　昨晚上唇忽然肿了，上午到金子直处就诊，系丹毒，需敷药。

9日　嘴唇消肿了。

11日　下午到北大，参加国文系毕业生的茶话会，并摄影。孔德学校开常务董事会，会后与马叔平、马隅卿同到东华吃晚饭。

15日　晚上骆驼社的周作人、张凤举、徐耀辰在水榭宴客，宾客主要是现代评论社与创造社的人，初识江绍原、郁达夫。

16日　徐婠贞从聚丰馆叫菜，中午祭丈母的六十阴寿。

18日　杨树达在长美轩请吃晚饭，商量师大国文本科科目事宜，同座有马幼渔、沈坚士、黎锦熙。

20日　在《晨报副刊》上发表《〈胡适文存〉究被禁止否?》，署名“夏”，继续谈禁书问题。

21日　得知大兄钱恂前几天夜半起床如厕，忽晕厥约一小时，现已痊愈。

23日　在《晨报副刊》发表《悼冯省三君》，记述冯省三是长子钱秉雄的世界语老师，在世界语教学与读本选编方面有很好的才华。文末附了冯省三从广州的来信。

24日　傍晚到中央公园，应现代评论社的宴请，席中有周鲠生、郁达夫、李石曾、易寅村的致辞。

26 日　到教育部开修订字典委员会。

7 月

1 日　上午到教育部，与黎锦熙、汪一庵等人开关于《国音字典》修订问题的会。

4 日　上午杨适生、郑介石来访。

5 日　单不庵来告别。他将于次日回江南。

7 日　灯下作《增修国音字典的办法》。

8 日　上午郑介石来，安排下半年在女子大学预科二年级教授 2 小时的文字学课，内容包括发音学、音韵学、形义学，上一学年。

9 日　整理《国语月刊》第 4 卷第 1 期“字母讨论号”上的稿件。

11 日　郑介石在东华请吃中饭，为女高师的事，同席有沈尹默、沈坚士、马幼渔。

14 日　修改《国音字典》为京音的问题，上海方面大为恐慌，陆弗廷、王璞都写信来。

27 日　上午到北大第一院印考试题目。预科考试，应试者 2150 人，本科考生只有 51 人。后几日忙于阅卷。

8 月

1 日　咳嗽、便秘，到金子直处就诊。

6 日　崔适师来信，说膀子跌伤了，要求钱玄同去面谈一次。钱玄同前去拜访，崔师问了许多衣衾棺椁的事。

7日 半夜12点，接到湖州会馆郑仲轩电话，说崔适师病危，约好次日上午前往探视。

8日 到湖州会馆郑仲轩处，李子载、张藻生、赵清泉都在。张藻生医专毕业，说昨晚注强心针也没什么效果，“盖年老油干火尽也，恐不可救”。大家商定三事：一是添一佣人服侍，二是发信并寄川资三十元给他的侄子崔伯南（嗣子）促其速来，三是筹钱。钱玄同负责筹钱，打电话给马幼渔，托他向北大设法筹钱。

9日 徐婠贞身子发热，得了妇科病。

走访马幼渔，为崔适师取得百元。打电话问询湖州会馆，得知崔适师“昨今大泻，病势颇危”。

10日 送钱到湖州会馆，交赵清泉，崔适师昨晚说胡话了。前往探视，“肉消骨露，为状至可怖、至可惨”。

徐婠贞的病略有好转，未发热。

11日 到中央公园见马叔平。在公园见到三儿，得知徐婠贞的病又略有好转。马叔平说王国维因研究所对于清宫事件的宣言中有“亡清遗孽盗卖古物”之语，且直称溥仪之名，“大怒，于是致书沈、马，大办其国际交涉”。随后到马叔平家阅读王国维的信。其信中表示，不再担任研究所导师，送登《国学季刊》的文章也要收回。马叔平的意见是先挽留他，明日再开会讨论此事。

12日 上午接到钱秉雄电话，得知徐婠贞病情加剧，改请沈麟伯来诊治，沈麟伯说必须卧床休息。中午回家，午后徐婠贞病象渐见轻。

托马幼渔筹集到200元，送湖州会馆。崔适师已于七点左右去世了，所幸衣衾棺椁都由国学部置办送到，即行入殓，十一点半办妥。

崔适师享年73岁（1852年6月27日—1924年8月12日）。

13 日　徐婠贞的病情较稳定。到湖州会馆，清理崔适师的书籍，将其《五经释要》原稿取来，以便续编整理。

18 日　上午金子直来为徐婠贞诊治，洗涤，注射。小腹内有一小块。

19 日　徐婠贞忽然大发烧，晚上高达 39.7 度，“恼怒胡言，至为可怖”。

20 日　徐婠贞清晨退烧，下午金子直来诊治，洗涤，注射。

大嫂单士厘来探视。

21 日　徐婠贞的病疑为二日疟，预服金鸡纳二粒。

到湖州会馆，走访崔六齐与其子崔伯南。他们说崔适师的著作及书籍拟移交钱玄同处理，欣然接受。

下午回家，钱润辉和钱稻孙来探视徐婠贞。徐婠贞晚上胃痛甚剧，通宵不眠。

22 日　午后请金子直来，为徐婠贞注射一大针。徐婠贞晚上胃痛，大呻吟。

23 日　大兄钱恂夫妇来，建议请曹巽轩中医诊治。

下午钱恂和钱润辉来，随后曹中医来诊治。钱润辉留宿下来，陪护病人。

24 日　老友及太太们来探视徐婠贞。

徐婠贞胃痛加剧，从半夜呻吟至天明。中药只喝了头服的一半。

25 日　托钱稻孙去请狄博尔。晚上狄博尔来诊治，说小腹内的硬块可能是胎儿，为宫外孕，需要到医院进一步检查。

26 日　徐婠贞晚上胃痛加剧，通宵不寐。

27 日　下午仍请金子直来诊治，服胃、止痛、安眠等药及补血丸。徐婠贞晚上尚能安眠。

9月

12日　38岁生日。

徐婠贞还病着,晚上仍需睡在家里。

《晨报副刊》上刊登一封胡适的信,谈《努力周报》继续出版的事,对陈独秀表彰"拳匪"深致不满。

13日　到金子直处取徐婠贞所吃的安眠药。阅读俞平伯的《跋〈灰色马〉译本》。

14日　购买陈万里的《大风集》、朴社影印的《元剧三十种》和黎劭西的《国语教学法》。

15日　阅读《创造季刊》第1卷第2号上郭沫若的《孤竹君之二子》。

下午孙伏园夫人和沈兼士夫人来探望徐婠贞。

17日　下午沈尹默、单不庵、马叔平来探视徐婠贞。钱稻孙女婿、留德医学博士翁叔泉来为徐婠贞诊病开方,开胃药、止胃痛药、医神经药和补药各一种,打一针补血药。

与单不庵一同走访胡适,在胡适处初识丁文江。

回家检阅大兄钱恂所纂《吴兴钱氏家乘》。"此书体例太芜杂,记载无条理,看了真觉得眉目不清。"纪年太杂,家乘中各人都应设法改用公历纪年。

18日　上午出门,到利亚药店购买西药。至德国医院付狄博尔诊察费10元。到金子直处取安眠药。

下午回家,大嫂和钱润辉都在。

19日　在家做了一天"看护夫"。

徐婠贞想要让梁太太原先用过的周妈来料理她的饮食等。单不庵的车夫知其住处,下午走访单不庵,托他的车夫去找。

20 日　《晨报》载，18 日孙传芳攻浙江，浙江军官潘国纲降。

22 日　周妈终于请到了。

24 日　为徐婠贞出城购物。

25 日　走访孙伏园，他说鲁迅近来发明三条真理：一、真理的数目，和鞋店里的鞋子一样多，因为人人都可以得到一双合他的脚寸的鞋子；二、文学是从胃里出来的，文学家和香水瓶一般，一拿上手，便可闻到香味；三、世界是傻子造成的，因为聪明人只会批评，不肯做事，所以他不是组成世界的份子。

27 日　黎劭西说，上海方面赞成国语统一以及注音字母，而对于"白话文"则表示怀疑。

对于字典修改的京音和国音问题，主张仍以国音为主，可加入京音。

黎锦晖大病，乐嗣炳已离开中华书局，郭后觉管别的事，《国语月刊》专由马国英办理。

28 日　北大从 10 月 6 日起上课，师大也在那时开学。女师前周已上课，但由于要照顾徐婠贞，也从 10 月 6 日起去上课。

29 日　到利亚为徐婠贞购药。至金子直处取安眠药。

30 日　徐婠贞夜卧不安，闹得两三夜不得安眠。

10 月

4 日　周妈又要走了，不得已，只好去设法找来奶妈。

8 日　忙于为徐婠贞购药。走访马叔平，获赠两方图章。

10 日　到金子直处，为毛头取咳嗽药。

11 日　徐婠贞闹了一夜，不得安眠。

11 月

2 日　下午，孙伏园、周作人、钱玄同、李小峰、章川岛、江绍原、顾颉刚等人在北京东安市场开成素餐馆聚餐，商议创办《语丝》周刊。稿件由大家撰写，印刷费由鲁迅和到场的七人分担，每月每人八元。

17 日　《语丝》周刊创刊于北京，刊出了 16 位发起人兼撰稿人。钱玄同继鲁迅之后列名第二位，还为《语丝》周刊题写了刊头。创刊号发表了他的名文《恭贺爱新觉罗溥仪君升迁之喜并祝进步》，希望这位“已经超升为现代的平民”的青年，“肯用功上进”，把“自己造就成一个知识丰富学问深造的人”。

24 日　在《语丝》第 2 期发表《随感录五则》，署名玄同。钱玄同主要从语言的角度来发表随感：《不通的外行话》分析“清室善后”中行文的外行语。《“清室溥仪”》认为溥仪已是民国的公民，不必冠于“清室”。《“清君侧”》也是封建社会的用语。《〈尚书〉和〈易经〉为崇》分析故宫中门、殿、宫命名的词源。《“持中”的真相之说明》，以第二次鸦片战争中被俘的叶名琛为例，讽刺这位自诩“海上苏武”的“六不总督”之“持中”真相：不战、不和、不守；不死、不降、不走。

12 月

8 日　在《语丝》第 4 期上发表《告遗老》，分析了进入民国以来遗老们的种种表现，希望他们能“大彻大悟，知道自己应该堂堂地做一个‘人’”，千万别做那些损人不利己或损人利己的事。

18 日　首次到清室善后委员会查点物件。

29 日 徐婠贞入住协和医院治疗。

30 日 徐婠贞开始进行放射治疗，共放射 32 小时，持续到次日下午 5 点。用药以后，身体很虚弱，但日有起色。钱润辉和董亚粹母女在医院陪护。

1925 年(乙丑，民国十四年) 38 岁

▲3 月 12 日，孙中山在北京逝世。国共两党组织各界民众进行哀悼活动，广泛传播孙中山的遗嘱和革命精神。

▲5 月 30 日，上海学生两千余人在租界内散发传单，发表演说，抗议日本纱厂资本家镇压工人大罢工、打死工人顾正红，号召收回租界，被英国巡捕逮捕一百余人。下午万余群众聚集在英租界南京路老闸巡捕房门首，要求释放被捕学生，高呼“打倒帝国主义”等口号。英国巡捕竟开枪射击，当场打死十三人，重伤数十人，逮捕一百五十余人，造成震惊中外的五卅惨案。

▲10 月 10 日，故宫博物院在北京紫禁城成立，并向社会开放。

1 月

1 日 应邀到周作人家，去吃元旦的屠苏酒、日本杂煮等。同吃者有马幼渔、沈士远、沈尹默、张凤举、张振南、龚绿子、陶晶孙、陶虞孙、章矛尘、孙伏园等。所吃纯粹日本风味，连餐具都是日本的。

2 日 到协和医院看徐婠贞，钱秉雄说她病情有好转，食量也渐渐增加。

3日 与钱三强一同到协和医院。徐婠贞本拟出院，因昨日又出血，还应治疗。

4日 命钱三强到医院陪伴徐婠贞，据说钱润辉已回家，董亚粹还在。

5日 上午到协和医院，钱润辉在，董亚粹上课去了。徐婠贞出院，下午回家，钱润辉一同来。

在《语丝》第8期上发表《三十年来我对于满清的态度的变迁》。钱玄同这篇回忆性散文洋洋洒洒写了七千多字，抓住历史的变迁与自己戏剧性的态度的变化来写，把自己心路历程的个性书写与中国历史变化的宏大叙事结合起来，成为一份宝贵的心灵史档案。

6日 收到吴稚晖先生贺年片。

到协和医院付账，共154.25元。

购买《华国》第2期第2册，有章太炎师的《中学国文书目》。

至春华楼吃饭。晤幼渔，他说日前在伪宫发现莽、董原物。

农历十二月十二日，大兄钱恂生日，傍晚到东安饭店吃生日宴。

7日 课毕到教育部去见汪一庵、黎锦熙、陈颂平。与汪一庵、黎锦熙一同吃饭，商谈修改《国音字典》。

8日 下午到清室善后委员会查点物件，有几个空箱子，据说文物被八国联军取走了。

9日 到金子直处为徐婠贞取药。徐婠贞又出血了。

12日 到新潮社见李小峰夫妻、俞平伯、江绍原。

晚上在宿舍接到家里电话，说太太病重，只得回家。徐婠贞发烧到39度以上，卵巢剧痛，出了很多血。

13日 上午走访翁叔泉，请他来为徐婠贞诊治并打止血针。

他中午来，说用过镭射后，因卵巢收缩，会有此现象。先止血，再吃退热药。

阅读《国语月刊》的稿子。

14 日　找赵元任夫人、妇科博士杨步伟来家为徐婠贞诊病。了解病情后说无妨，发烧与作痛是卵巢收缩的缘故。

钱玄同在次年给胡适写的信中诉说道："一年多以来，贫(我)病(我妻)交攻，心绪恶劣，神经衰弱。"

编阅《国语月刊》第 4 期的稿子。

15 日　上午到协和取药，走访翁叔泉，请其晚上再来打针。

下午在宿舍看《国语月刊》第 2 卷第 4 期的稿子。

16 日　周启明 40 周岁生日，川岛、江绍原、李小峰、孙伏园送菜到他家去祝寿，约钱玄同、俞平伯作陪。

徐婠贞退烧了。

17 日　为徐婠贞到利亚购药。徐婠贞体温正常。

18 日　中午回家，徐婠贞仍出血，腹又痛，体温正常。

晚上语丝社又宴请作者。同席有钱玄同、林玉堂、俞平伯、江绍原、孙伏园、周启明、王品青、川岛、李小峰、章衣萍。

19 日　徐婠贞的病情仍严重，请翁叔泉来家打针。

21 日　徐婠贞又发烧了，大哭大闹。中午请杨步伟大夫来注射一针。下午大兄钱恂夫妇来，又相对而大哭一场。下午服退烧药，晚上降了些体温。钱玄同"竟夜未脱衣，未安眠"。

22 日　徐婠贞病情仍未好转，怨言不绝。午前为她购物。

23 日　徐婠贞病情稍缓，请翁叔泉再来打一针。他说这病快好了。

到北大、师大、女师大领薪水。两年来首次领到一个月的薪水。

除夕，大兄钱恂家照例又要拜一次祖宗，去年已躲过一次，今年更有理由不去了。

24日 徐婠贞早晨血止烧退，晚上烧了一会儿就出汗退烧了。

26日 头中神经作痛，往金子直处取药。

逛厂甸，买了《韵略汇通》《侯官严氏三种》《宸垣识略》。

27日 午前走访翁叔泉，请他为徐婠贞开补药，并买好。

28日 晚上8点半回家，又被徐婠贞唠唠叨叨骂了老半天。

29日 东亚公司来电话，说定购的一部厨川白村《出了象牙之塔》已到。前往取书时，又顺便购买了厨川白村的《文艺思潮论》《苦闷的象征》。

徐婠贞略平和，晚上回家不再挨骂。

30日 逛厂甸，购买闵尔昌的《五续疑年录》、《续汇刻书目》"闰"集和董说的《西游补》。

31日 到厂甸，花30元购买《雕菰集》。

中午到东兴楼，周启明、张凤举因陶孟和夫妇回京、郁达夫将赴武昌教书，宴请中饭。

2月

2日 中午在森隆，钱玄同、沈尹默、沈坚士、马幼渔、马叔平、徐旭生、陈百年、杨遇夫等请了陶孟和、郁达夫、林玉堂、陈通伯、江绍原、周作人、胡适、杨振声等。

3日 逛厂甸，购得《采薇僧集》《薛浪语集》《杨诚斋集》。

5日 到厂甸，购得《同治东华录》。买全了清代的《东华录》。

到来今雨轩，与胡适、陈百年、单不庵、徐旭生、林宰平等共作发起人，号召发起哲学研究会成立大会，梁启超未到会，但来信愿作发起人。

取吴伯宛、黄顽的《定庵年谱》，将龚自珍主要文章的公历写作年代和年岁弄清楚。

6日 逛厂甸，买了陈乃乾编的《南洋中学藏书目》、李邺的《切韵考》、刘毓崧的《王船山年谱》和王鴳的《音韵辑要》。

7日 徐婠贞妇科病明显好转，放射治疗的功效出来了。

9日 到孔德学校走访沈尹默，向其要钱为学校购买两部《清经解》。

12日 溥仪退位之日，清室善后委员会放假。

13日 夏穗卿于1924年去世。其书出售，选购五种：《孔子改制考》(原本)、《觉颠冥斋内言》、谭仲修校本吴刻《龚定庵集》、《谪麐堂集》、《静庵文集》。

15日 《现代评论》社的周鲠生、丁巽甫、陈通伯、皮皓白、刘光一在东兴楼请吃中饭。下午北京书局假北大研究院开会，讨论编辑初中国文课本事宜。郑天挺在春记请吃晚饭。

16日 到语丝社去见孙伏园等人，孙希望能搜集吴稚晖的文章，由新潮社出版一本文存。钱玄同很愿意做，"但搜稿不易"。

17日 刘子庚赠送其校印的《南唐二主词》。

19日 到清宫点查懋勤殿，有百箱左右的奏表等，点查了五箱。

21日 晚上，孙伏园、周启明在西长安街的宣南春为徐志摩和江绍原饯行。徐志摩将前往印度，江绍原则去湖北。座中有吴稚晖，谈得非常高兴。

24日 喉间发痒，咳嗽。到金子直处诊视，说是气管炎，拿了四天的药。

下午取出 20 年来的日记整理。

25 日 从报上得知溥仪于 23 日前晚由日本保护逃到天津。《京报》推断，日本人将利用溥仪，“以遂其吞并东三省之野心，使东三省为朝鲜第二”。

27 日 中午孙席珍来，说将办《平民周报》，写捐五元。

28 日 点阅《安定学案》。

3 月

1 日 语丝社饯别江绍原。

5 日 师母汤国梨想出售一部明《六十种曲》印本，共 120 本，要价 80 元，想让孔德学校买下。

阅王白田《朱子年谱》。

7 日 想点校《史记》，先从列传做起。晚上点了《伯夷》《管晏》《老子韩非》《司马穰苴》《孙子吴起》。

8 日 点阅《伍子胥》《仲尼弟子》《商君》《苏秦》列传四篇。

9 日 到孔德学校访沈尹默，告知师母的明《六十种曲》已代为买下，75 元。

11 日 不定期小刊《笑里刀》，尽是无聊的骂人文章，其中有署名“疑古”的小文，骂胡适用文言写的《〈淮南鸿烈集解〉序》。

灯下草一函投登《京报副刊》，说别人虽署名“疑古”，但钱玄同常用的“疑古”之名不会取消，还要“大用特用”。孙伏园将此信以《予亦名“疑古”》为题，并加编者敬注，刊发于 1925 年 3 月 13 日《京报副刊》。

傍晚与汪一庵、黎锦熙开会商议字典修改事宜，讨论结果是国音旧音可改或易改从京音者，都改读京音。

12 日　接到电话，孙中山于上午 9 点 3 分逝世，师大放假。收到清室善后委员会来信，今日轮到做文物清点的组长。想来清室善后委员会也会放假，但电话打不通，只好去一趟，果然放假。

13 日　晚上回宿舍，将数年前所买的翻同文《史记》，依据崔适的考据改在上面。拟将凡关于整理《史记》的考据都记在这个本子上，如王应麟、王若虚、梁玉绳、崔述、崔适有关《史记》的疑点，都标记在此册上。

14 日　将《史记》弄完。

受徐旭生、李玄伯的邀请，到长美轩参加《猛进》的茶话会，有林玉堂、张凤举、赵志云、李润章、李圣章、高叔钦等人。

15 日　提前为徐婠贞在西车站设生日宴，请了钱恂夫妇、钱稻孙、钱润辉、钱毬孙夫人、翁叔泉等。

16 日　刘半农出国留学近五年，收到周作人寄给他的《语丝》周刊，有感而发，专门给周作人写来一封长信。晚上开始撰写《半农给启明信书后》，准备与原信一同刊登在《语丝》第 20 期。

18 日　晚上到新明看女师大演话剧：郭沫若的《卓文君》、田汉的《梵峨璘与蔷薇》。

19 日　孙中山的灵柩 11 点出发，国民党人亲自抬棺材，停在中央公园社稷坛。钱秉雄去看了，说现场人群拥挤。

晚上到新明看女师大演出洪深改编的话剧《少奶奶的扇子》。

灯下取出旧讲义油印稿，准备略事整理，给北大排印 500 部，以作此后两三年内的教材。

21 日　大兄钱恂带钱棣孙来。钱棣孙去年夏天回苏州成亲，这次来京想进学校学外语，预备出国。

22日　收到顾颉刚来信，其对《春秋》的辨伪很精辟，由此怀疑《国语》以及《左传》的可疑之处。

见到黎劭西。他说与鲁迅聊天，鲁迅认为汉字革命的提倡很有必要。他主张别读中国书，也是同样的意思。口号喊高些，讨价还价下来，就正好了。此说很有道理。

23日　晚上到青年会看女师大演出丁西林的话剧《酒后》与《一只马蜂》。

24日　晚上到青年会，观看女师大演出易卜生的话剧《娜拉》。

26日　《国音沿革讲义》，不知何日能编印成书。年内北大、师大的油印讲义既不成片段，且误字很多。拟取十年以来所编所改之稿略一修改排印。

27日　下午北大学生追悼孙中山，上不成课。到孔德学校审阅《孔德旬刊》第1期的稿子。

晚上走访单不庵。途中黄包车夫跌了一跤，钱玄同跌下车来，右足踝摔伤。

28日　上午到金子直处医脚。

晚上语丝社在太和春吃饭，周启明因病未来，新来了一位张申府。

在《京报副刊》上发表《这三天所见》，署名"玄同"，分别批评了汪一庵儿子婚礼上贺客的不文明、观看话剧《酒后》时观众的不文明、观看话剧《娜拉》时有一观众居然说这是一本"无聊"的话剧。

29日　哲学研究会第一次开会，胡适讲演《禅宗以前的禅》。

同人到社稷坛吊孙中山。本拟入门，但人多太无法入内。

30 日　独自到中央公园瞻仰孙中山遗体，听了孙中山演讲的“话匣子”。

此日出刊的《语丝》第 20 期发表《写在半农给启明的信的后面》，算是与老友的坦诚交流，也对刘半农对自己与周启明在《语丝》上相关文章的“误读”作些说明。

31 日　师大追悼孙中山，放假。

带夫人、儿子一起逛公园，瞻仰孙中山遗体，听了两片孙中山演讲的“话匣子”。

4 月

1 日　各校学生祭孙中山。

2 日　孙中山出殡，各校送殡。

3 日　撰写《青年与古书》，于次日修改好，发表于 1925 年 4 月 11 日《北京孔德学校旬刊》第 2 期。钱玄同既反对要青年人全盘接受地读古书，又反对一律不让读古书，而是要让知识阶层正确引导青年人读古书。

5 日　将《中山先生是“国民之敌”》一稿修改成篇，发表于 1925 年 4 月 23 日《语丝》第 22 期。钱玄同认为，大多数国民其实是把孙中山当成易卜生《国民之敌》的主人公斯多克芒的。

8 日　走访胡适，他新得到王梓材与冯云濠的《宋元学案补编》42 卷抄本，要求钱玄同转交单不庵发抄并设法印行。

9 日　傍晚接到黎劭西电话，叫钱玄同到中央公园去吃饭，同席有汪一庵、胡适、蒋梦麟、丁西林(巽甫)、陈通伯。

应胡适要求，晚上在家中开列清代今文书单。

10 日　林玉堂来信一通，拟登第 23 期《语丝》，他赞同钱玄同“欧化的中国人”的主张。

12日　作《复玉堂信》，未毕而睡。

13日　在宿舍将回语堂的信誊写了一天。此信以《回语堂的信》为题，与《林语堂的信》一同发表于1925年4月20日《语丝》第23期。钱玄同赞同林语堂对当时三种刊物的评价：《语丝》温文尔雅，《猛进》激昂慷慨，《现代评论》有绅士气息。对于国民劣根性的批判，钱玄同认为还是要学吴稚晖的“流氓”法与鲁迅主张的“泼皮”式的韧性战斗。

16日　被清室善后委员会派做第三组组长，组中除摄影者马隅卿外，其他人都不认识。点查如意轩，有一间堆了许许多多木板箱，有两箱都是乾隆年间的雕漆器，另有两箱为红黄蓝白绿五色墨。

编辑《孔德旬刊》第3期的稿子。

17日　将罗什、玄应、慧琳、智广、惟净五家的梵文字母用罗马字母对照，写成一表油印。

到孔德学校交稿件。

18日　中午到北大领取薪水。

21日　收到吴稚晖信，允许将戴季陶的中山书目登入《语丝》，就作介绍性文字《介绍戴季陶先生的〈孙中山先生著作及讲演记录要目〉》。该文及戴季陶编写的要目一同发表于1925年4月27日《语丝》第25期。

23日　写定一个《国音沿革》草稿的目录，共分36篇。

24日　鲁迅主编的《莽原周刊》作为《京报》附刊之一出版。下午在北大见到鲁迅。据说，“他近来愤慨之至，大有鼓吹革命之意”。

25日　整理《国音沿革》草稿。

语丝社在中央公园请吃晚饭。

26 日　星期日，中午到忠信堂吃陆雨庵夫人 60 岁生日宴。

下午与黎劭西一同到中央公园。他说章士钊(行严)做了教育总长，竟来干涉国语运动。章总长说顾颉刚所选的《中学国语读本》"狗屁不通"，中学万不可用白话。又说注音字母也不成个东西。"他们既如此，我们索性来干他一下子，鼓吹汉字革命，主张将《古文辞类纂》扔下毛厕。"等孙伏园回京，就与他商酌，在《京报》出刊《国语半月刊》。

30 日　至师大附中演讲《中学生读古文古书的问题》。

5 月

3 日　下午研究所国学门在三贝子花园开恳亲会。会中提议出《国语周刊》一种，举出几个筹备员，包括钱玄同。会后与孙伏园、周启明一同到周家。晚上，正准备起身告辞，忽然感觉不舒服，脑涨欲呕，面唇俱白，汗出不止。山本医院的一位女医生恰好在周家，她诊视后说是脑贫血，即令躺下，以冷水湿手巾擦脑部，罨头部，又吃了一瓶汽水。缓过劲来，很惫疲，就宿在周宅。

4 日　"五四"，学校不放假，而师校门前军警密布，如临大敌。

6 日　首次乘电车，与黎劭西一同到中央公园长美轩，胡适请吃饭。黎劭西谈章士钊的倒行逆施。胡适答应给章士钊写信，也同意为《国语周刊》撰文。

回到宿舍，接到吴稚晖的信，也答应为《国语周刊》撰文，钱玄同十分高兴。当即给孙伏园写信，请他去动员《京报》老板邵飘萍，设法购买商务的新式横行字母。

7 日　见到胡适、陈通伯等人，得知学生在天安门开国耻纪念会，为军警所阻，改赴景山开，又有国民军把守。会后，前往捣毁章士钊住宅。

9日 各校学生全体齐集天安门，赴执政府请愿，要求罢免教育总长章士钊、首都警察总监朱深，释放学生。

下午到南池子飞龙桥13号北京书局开会，商量翻印古书。主席陈百年，马幼渔、沈兼士、单不庵、陈援庵、钱玄同到会。

女师大5月7日开国耻纪念会，杨荫榆到场，学生不承认她为校长，要求她退席。她大怒，于次日开除许广平、刘和珍等六名学生，遂酿风潮，学生决心驱杨。下午赵世兰、孙觉民来访，询问意见。

11日 到研究所开《国语周刊》筹备会，定每期24页，横行，于来学年开始时出版(《歌谣》并入)。

会毕，与黎劭西一同下馆子。他说女师大昨晨已开大会驱逐杨荫榆。现在学生把守大门，大门口贴有开除校长等布告。明日下午学生又开大会，要请教员们到场表示意见。两人商定于次日下午到女师大向自治会代表声明意见。

12日 下午到女师大，与黎劭西、朱逖先和林砺儒请了自治会代表来，向她们说决不能罢课，一定照常上课。

13日 报纸刊登章士钊用"桐城派的骈体"的辞呈书。下午到女师大，学生说今日三四点开评议会，恐怕杨荫榆要来，非守门不可，就不上课了。

与黎劭西一同到女师大。国文系原定下午开会讨论系主任所拟《女师大国文学系四年学程草案》，因有此变故，由马幼渔提议改为讨论国文教员对于学潮的办法。到会者有钱玄同、马幼渔、沈兼士、黎劭西、鲁迅、王璞，又到了理科主任文范村(元模)。商量决定先由黎劭西、文范村两人以主任资格去向杨荫榆抗议开除学生之不当及违法。

14日 为孔德学校作一文《我所希望于孔德者》。

17日 孔德学校纪念日。

24日 中午应总干事晏阳初的邀请，到宣南春参加中华平民教育促进会下设的平民文学委员会会议。到会者有庄泽宣、高仁山、林玉堂、黎劭西、刘廷芳，推举没有到会的胡适为委员长，钱玄同为副委员长。下午与黎劭西一同到中央公园，会晤吴稚晖。

27日 在女师大兼职的鲁迅、马裕藻、沈尹默、钱玄同、沈兼士、周作人和李泰棻7人联名在《京报》上发表《对于北京女子师范大学风潮宣言》，为被开除学生的品性作证，向公众揭示女师大风潮的真相。

28日 李玄伯在会贤堂请吃晚饭，同席者有张溥泉、二马、二沈、朱逖先等人，他们要商议到河南去发掘宋故宫(坟宅)。

30日 俞平伯出示章太炎、戴子高、孙仲容写给俞曲园的信札一册，拿回宿舍细阅。向周启明借阅范寅的《越谚》。

31日 阅读晚报得知，上海发生"五卅"惨案。"此恐将引起大运动矣。"

6月

3日 因上海"五卅"事件，学生在天安门集会游行，向外交部请愿。

下午走访孙伏园，得悉《京报·西北周刊》停刊，《国语周刊》拟下周出版。

4日 各校罢课，从事演讲、募捐等。

5日 上海罢市、罢工日见其盛。

8日　撰写《关于反抗帝国主义》，发表在本月15日的《语丝》第31期。钱玄同引申发挥“五卅”运动中提出的口号“内除国贼，外抗强权”，主要强调如何“唤醒国人”。

9日　晚上与黎劭西一同在长美轩宴请邵飘萍、孙伏园、胡适、苏耀祖、李小峰、萧家霖，为筹备出版《国语周刊》。

10日　天安门开国民大会，孔德学校也加入。下午到孔德学校，与马隅卿、顾维钧以及几位学生一同出去散发传单。到王府井大街，遇狂风暴雨，夹杂冰雹，参加国民大会的人淋成了落汤鸡。他们还到外交部向执政府请愿。

此日出刊的《北京孔德学校旬刊》第6期发表《我所希望于孔德学校者》。钱玄同对于教师的第一点希望便是“加意教授注音字母”。他深深感到中国汉字的难认难学，尤其是古文，非短时期能学好及应用。中国文盲这么多，固然是由于教育未普及，但是汉字的难认难写何尝不是一个原因呢！有了注音字母的辅助，认字就方便多了。对于学生，钱玄同提了四个希望：有科学的头脑，有文学的手笔，对于古书有历史的眼光，对于社会有改革的热诚。

12日　上午写好《国语周刊》的《发刊辞》，下午走访孙伏园交稿。

13日　报载，英人11日在汉口枪杀华工。

到北大去见鲁迅和李小峰，《语丝》第31期因篇幅过多，延迟出版了。

走访孙伏园，约来黎劭西，一同到昭明印刷局看《国语周刊》校样。

14日　《国语周刊》第1期出刊。钱玄同在《〈国语周刊〉发刊辞》中说这个周刊是他和黎锦熙办的，目的是讨论国语问题，主要撰稿人有吴稚晖、胡适、周启明、顾颉刚、魏建功、萧家霖、杜同力、李遇安、董渭川、苏耀祖等，还有即将回京的赵元任和林语堂。

18日 编《国语周刊》第2期的稿子。

19日 将《国语周刊》第2期的稿子编成，下午送交昭明印刷局。约4点雇车往访周启明，途中被一板车所撞，左臂摔坏。往金子直处诊治，只是简单包扎了一下。

20日 再到金子直处。他说是脱臼，接了数次。他怀疑骨头损伤，建议照X光。

21日 臂弯不太痛，肿大了。

此日出刊的《国语周刊》第2期上发表钱玄同的《关于〈注音字母汉字汇〉》。读者武锡禔给钱玄同来信，拟为平民学校编辑简单易学的《注音字母汉字汇》。钱玄同赞赏了他的想法，考虑到大多数汉字繁复难学，建议将破体、小字、白字列入。

22日 金子直将钱玄同介绍给中央医院陈新周，照了X光片，是骨折。入住中央医院开始治疗。

25日 出院。天安门又有游行队。

编辑《国语周刊》第3期稿子。晚上黎劭西来访。

26日 将《国语周刊》第3期稿子编好发出。到中央医院复诊。

29日 在此日出刊的《语丝》第33期上发表《关于〈野有死麕〉的卒章》。钱玄同看了顾颉刚、胡适、俞平伯关于如何翻译《诗经》中《野有死麕》的结尾，提供了一位朋友用苏州口语的"意译"：

倷慢慢能嘘！

倷勠拉我格绢头嘘！

侬听听！狗拉浪叫哉！

7月

1日 上午到金子直处取药水包臂。

3日 编好《国语周刊》第4期的稿子。马厂誓师纪念日，报馆停报未能交去。

4日 将《国语周刊》第4期交出。中午黎劭西、汪一庵、孙伏园来访。与黎劭西一同到中央公园吃饭，不久汪一庵、孙伏园也来了，还见到了鲁迅。

5日 此日出刊的《国语周刊》第4期上发表《关于民众文艺》。钱玄同受顾颉刚的启发，认为国语有两种：一种是民众的巧妙的圆熟的活语言，一种是天才的自由的生动的白话文。后者又以前者为基础。钱玄同也赞同魏建功的话，国语运动的最终目标是“满纸不见一个方块字”。

在《国语周刊》第4期上还有一篇小文《拼音是文章》，是与读者探讨如何推广注音字母和国语罗马字问题的。

6日 单不庵后天启程南归，秋后回京，晚上在长美轩为其饯行。臂弯处剧痛。

此日出刊的《语丝》第34期上发表《敬答穆木天先生》。创造社诗人穆木天给周启明来信，不认可钱玄同对中国传统文化的否定，又说了些讽刺挖苦的话。钱玄同在回信中表明自己的观点：“我的偏见……咱们应该将过去的本国旧文化‘连根拔去’，将现代的世界新文化‘全盘承受’，才是正办。穆先生说我‘像是什么都不要了’，这确是我的真意。我坚决地相信社会是进化的，人们是应该循进化之轨道而前进的，应该努力前进，决不反顾，才对。”

8日 又将膀子包扎一下，果然疼痛缓解了。

编辑《国语周刊》第5期的稿子。

9日 继续编辑《国语周刊》第5期的稿子。

10日 《国语周刊》第5期此日出刊，杜同力《国文科入学试验谈》根据往年的大学、中学国文科入学考试题谈了对于内容上的复古、语言方面不符合国语运动的精神的问题。钱玄同的"附言"用反讽的笔法，拟了几个陈腐的试题。此期刊出"乃岑"从吉林的来信，对该省当局改国语为国文的开历史倒车行为表示愤慨。钱玄同在回信中说吉林既有当局的复古行为，也有毓文中学几位青年人在《国文研究》"文白问题讨论号"上对于当局"痛下攻击"。"黑暗的屋子里要开一个天窗，全靠热狂的少年们努力工作；开了以后，要想永远看见光明，也全靠热狂的少年们努力把守。"老家陕西咸阳的陈顾远（晴皋）来信，对山西一带的谚语"哈巴狗过门坎，又敦尻子以伤脸"作了解释。钱玄同在回信中肯定了陈顾远的说法。同时录了从小在陕西长大的沈士远所提供的陕西一带的类似谚语："癞蛤蟆过门槛，又蹲尻子又伤脸。"

15日 到协和医院，找翁叔泉，请外科李宣果以X光照左臂。据说骨头已接好，但筋直了，需要用力屈伸。

16日 下午编《国语周刊》第6期的稿子。

17日 上午将《国语周刊》第6期的稿子送出。

18日 天安门又开国民大会、学联会与后援会。

19日 下半年到孔德学校教授十年级、十一年级、十二年级的国故各一小时。定名为"中国思想变迁要略"，书名拟改为《中国思想史料（教材）集要》。

此日出刊的《国语周刊》第6期刊登了杜同力的《海爬狗儿

怎么样啦?》,为方言中的谚语书写问题作了进一步说明。钱玄同在“附言”中主张“最好还是写习惯上通用的字”。“哈叭狗”写成“海爬狗”,容易引起歧义。《语丝》的拟稿人之一王品青给《国语周刊》寄来山东济源民歌《雪美人》,钱玄同将此文也刊在《国语周刊》第6期,并在“附言”中希望作者能多多提供此类民众文艺。钱玄同不日后收到河南信阳的民歌《雪美人》,由于内容相差不大,因而只在《国语周刊》第8期发了简单的回复《关于〈雪美人〉》。

本期刊载吉林青年教师何霭人的来信,钱玄同回复《吉林的反国语运动》(二),鼓励吉林青年教师坚持国语,反对国文复辟,还要明目张胆地竖起“文学革命”这面大旗来。

22日 编好《国语周刊》第7期的稿子。

24日 上午将第7期稿子送出。

26日 晚上到北大第一院地窖子印入学考试卷,印完后,学校用汽车送“无车阶级者”沈士远、钱玄同、陈君哲回家。“第一次坐汽车,颠簸诚不适。”

此日出刊的《国语周刊》第7期上发表了诗人刘梦苇的信。刘梦苇讲述了自己做中学教师时仍被要求教授传统国文的痛苦经历,赞同改教国语。他对钱玄同主张将来要用拼音文字表示了异议。钱玄同的回信以《初中国语教育及汉字问题》为题,简述了《汉字革命》中的观点。同为章门弟子的吴承仕来信,指出了杜同力弄不太清楚的几个北京谚语,同时认为居京十来年的钱玄同应该知道这些谚语。钱玄同的回信《关于谚语》中坦承自己先前主张复古,不太注重北京人说的谚语,因而知道的北京谚语并不多。

31日 编好《国语周刊》第8期的稿子,中午送出。

8 月

1 日　上午作答王乡全的信，将以《关于国音》为题，发表在《国语周刊》第 9 期。

阅晚报，得知杨荫榆奉了章士钊总长的命令，竟带了武装警察到女师大，解散自治会、开除三班生、封锁寝室、断绝饮食，“荒谬至此”。

2 日　星期日。下午钱玄同到《京报》和《晨报》登一声明：

> 从十四年八月一日起，我不再做被杨荫榆聘请的女师大底教员。

3 日　上午张目寒来，他说要和台静农、韦素园、李霁野等人拟办一周刊，定名曰《探灯》，9 月 1 日出版，不仅谈文艺，兼及学术，需要常常投稿。钱玄同同意他们的约稿。

4 日　上月在周启明处见到日本“废姓外骨”所著的书。此人本姓宫武，后废姓，而单称“外骨”或称“废姓外骨”。自从阅读刘师复的《心社意趣书》以来，早就想废姓了。见到废姓外骨，更增废姓之念。“但姓虽废，而玄同与疑古两名则欲兼存之，因此两名我均爱之也。”“废姓而用两名，则写作(1)疑古玄同，(2)玄同疑古，(3)玄同，(4)疑古。”必须写钱字时，可以照外骨的办法写作“钱玄同”。

6 日　编辑《国语周刊》第 9 期的稿子。

9 日　此日出刊的《国语周刊》第 9 期刊登了王乡全的信，谈了对国音的两点意见。钱玄同的回信《关于国音》表明国语运动的态度，要洋为中用：“忍受帝国主义侵略的暴力，是糊涂蛋丢脸的行为，服从先进文明国发明的学术，是明白人合理的举动。”吴承仕再次来信，从音韵和训诂入手，继续分析谚语。钱玄同回复

《解谚》,进行交流。

13 日　到来今雨轩,参加猛进社的宴请,新结识萧子升(《民副》编辑)、褚民谊。吴稚晖在宴席上发表其"飞机代鸦片论",大骂章士钊。最后由褚民谊摄影。

14 日　上午将《国语周刊》第 10 期的稿送出。

16 日　此日出刊的《国语周刊》第 10 期刊登王子约的来稿《古文的用处》,认为古文与皮簧戏一样,有些程式化的用处,至于平时话家常,就没有那么多讲究了。钱玄同的回复性"附言",用反讽的笔法列举了一些古文的用处,甚至还涉及"老虎总长"(章士钊)。读者杨芬来信,说他用湖南方言写了一篇《邓法官》投稿给《国语周刊》。钱玄同以《方言文学》为题进行了回复,认为"方言是国语的基础,文学是国语的血液,所以极看重方言的文学"。本期继续与吉林的何霭人、武锡禔通信互动,谈论吉林省的国语与反国语问题。

17 日　此日出刊的《语丝》第 40 期上发表《废话——废话的废话》,署名"疑古玄同"。钱玄同受日本作家"废姓外骨"影响,准备废自己的钱姓,改用疑古玄同。平时作文不愿受桐城派、阳湖派的束缚,要像吴稚晖那样自由自在。

21 日　《国语周刊》第 11 期发稿。

22 日　阅读晚报,得知刘百昭竟率领警察、老妈子将女师大学生 30 人拖出,拳打、脚踢、指掐,无恶不作,伤者甚多。

24 日　给单不庵回信,报告此间一切。

25 日　此日出刊的《国语周刊》第 11 期发表读者崔渔汀的来信,说《国语周刊》上方言多,且爱用注音字母,阅读起来有些困难,建议编一部《方言辞典》。钱玄同的回信就以《方言辞典》为题,认为多用方言以及古今中外的词汇,能提升国语的表达能力，多用注音字母乃至罗马字拼音，能推进国语的拼音化进程。至于《方言辞典》，国语会已请齐铁恨、白涤洲编纂《京语诠释》，可算是《北京方言辞典》的一部分材料。张天庐根据小侄儿唱的“孤儿叹”整理了儿歌《小白菜》，投给《国语周刊》，来信又整理了些北京话中的同音歇后语，由此推断文字民众化的要求是拼音字。钱玄同的回信《民众与拼音文字》，赞赏《小白菜》是首很好的民歌，同时指出：“中国话改用拼音是有百利而无一害的。”

27 日 编辑《国语周刊》第 12 期的稿子。此为攻击章士钊专号，将来文一一细加酌改。下午白涤洲送来《京语诠释》数十页，即去。

28 日 胡适的稿子《老章又反叛了》送来。上午将《国语周刊》第 12 期的稿子送出。

北大开评教联席会议，脱离教育部案仍未报行。听说马幼渔与胡适险些起了冲突。

在此日出刊的《猛进》周刊第 26 期上发表《反对章士钊的通信》，是与《猛进》主编徐炳昶的通信。钱玄同认为，章士钊的“根本罪恶”是无耻（媚段）与复古（反对新文化与国语）。解散女师大等都是由此而起。

29 日 校稿。写补白小文《甲寅与水浒》，发在次日出刊的《国语周刊》第 12 期上，署名玄同。主张“文以载道”的章士钊，早年写过言情小说《双枰记》。与章士钊在《甲寅》上一唱一和大谈“文以载道”、反对白话的汪某，却在另一篇《光宣诗坛点将录》中用《水浒》这种“流毒社会之武侠小说”来排座次了，俨然忘了自己倡导的“载道”了。

与李石曾、李书华、李宗侗、马裕藻、马衡、沈士远、沈尹默、沈兼士、鲁迅、周作人、徐旭生、朱希祖、刘文典等 42 名北大教职员在《晨报》发表《反对章士钊的宣言》，认为章士钊“思想陈腐，行为卑鄙”，对待女师大风潮，“不用公允的办法”，竟用武装警察强迫解散，因而“反对他为教育长官”。

31日　魏建功来访，说次日黎明中学开学，请钱玄同务必到场演讲。

收到黎劭西从沈阳写来的长信，拟作答语登在第14期。

9月

1日　参加黎明中学的开学式。吴稚晖、钱玄同都有演说。

3日　将《吴歌甲集序》修改誊清，删头去尾登在《国语周刊》第13期上。

下午编辑《国语周刊》第13期的稿子。作答黎劭西书。

5日　早晨起床将答黎劭西的信修改了一下，送至昭明改排。午后看校稿。傍晚到虎坊桥模范讲演所，参加国语运动大会的游艺会。钱玄同、吴稚晖都有五分钟的演说。钱玄同“主张用活人的话，拼其音，写成活文字，发表活思想，而打倒古文，打倒汉字，打倒国粹”。

6日　到栖凤楼国语研究会，送《国语周刊》去，参加国语展览会。

在此日出刊的《国语周刊》第13期刊出周作人的信，并以《理想的国语》为题作了回复。钱玄同采取了周作人、胡适、俞平伯关于文学语言的意见，认为理想的国语应以活的北京话为基础，文学语言还应加上各地的方言，以及国外来的词汇。这样的国语，才有“活泼，自由，丰富”三个美点。黎锦熙得了猩红热，在奉天医院住了个把月。他在给钱玄同的信中说自己到外地宣传国语，人们也就把他当成宣传新文化的人，由此感慨国语与新文化成了“是个垃圾成个堆”。钱玄同在“附言”中认为，社会上反对国语的人往往反对新文化，因而国语与新文化就应“是个垃圾成个堆”。

7日 上午到北大研究所，开会商议《国学周刊》事宜。

下午到沈尹默家，与周启明、马幼渔等商议孔德学校本学期改订国文学系的课程。

8日 到北大、北师大领薪水。

10日 下午编辑《国语周刊》第14期的稿子，用了三篇自己的稿子。

11日 到教育部领女师大的薪水。

13日 上午接到马幼渔电话，得知刘半农博士回北京了，下午到孔德学校与刘半农见面。

此日出刊的《国语周刊》第14期发表了《关于ㄛ跟ㄜ的读音》，是对马俊如《国音字母ㄛ跟ㄜ的商榷》的回应。吾如老圃与白涤洲的通信以调侃的笔调讨论在耕作了“自己的园地”国语问题的同时，是否还需要反对“老虎总长”。钱玄同在《赘说几句》中也说要少登“专门驱虎的文章”，希望大家多来浇浇国语的园地。杜同力来信，对《国语周刊》上魏建功讨论废除汉字的文章大为赞赏，同时指出了此文中对北京话一处翻译的错误。钱玄同的回复《关于魏、杜二君的言论》，首先认同杜同力对北京话“药”字的读音之辨正，同时认为“国语文欧化，正是应时代的要求”，应该提倡。

14日 检取与顾颉刚讨论古书辨伪的通信，准备整理誊抄。

15日 徐婠贞又病了，打电话给翁叔泉，请他晚上再来注射。后几日病情好转。

下午到八道湾。周启明宴请刘半农博士，由张凤举、徐耀辰、孙伏园、孙福熙、川岛、钱玄同作陪。刘半农过于排斥西洋，国家观念“又太发达”，席间与他“大舌战”。

17日 编辑《国语周刊》第15期的稿子。

18日 翁叔泉又去给徐婠贞注射，出血量少了，但宜早入住协和医院治疗。中午回家，徐婠贞更有些精神了。

到孔德学校走访刘半农，他要约钱玄同、黎锦熙、顾颉刚等人编一部普通辞典，由群益出版。

20日 此日出刊的《国语周刊》第15期刊发《吉林的反国语运动(三)》。吉林读者“幽默”给钱玄同写来两封信，既报告他们在中小学国文界的斗争取得了阶段性胜利，又报告该省第一师范附设初中教员专修科不招收女生，招生试题居然还要赞赏日本的“保存国粹”。钱玄同在回复中肯定了他们的斗争，同时指出：“不管中国人外国人，凡是阻我改良，诱我开倒车的，一概以‘苍蝇之声’视之可也。”

22日 誊写与顾颉刚讨论古书辨伪的通信。

打电话约黎劭西在宣南春吃晚饭，得知中华肯铸字母铜模，40母，做大小10付，400个，共20元。怂恿他赶紧去做。

23日 上午誊写完与顾颉刚讨论古书辨伪的通信。

中午走访孙伏园，商量铸铜模事宜。接到孙伏园电话，说该局有铜模，6元就可购到。

24日 编好《国语周刊》16期的稿子。

25日 上午发稿。到《京报》馆走访孙伏园，得知字母铜模一事是看错了，但可以刻。

26日 到景山东大街二号，赵元任宴客。客人有钱玄同、黎锦熙、汪一庵、刘半农。成立“数人会”。

27日 此日出刊的《国语周刊》第16期刊发《关于山东民

歌》。谷凤田寄来两首山东小调,《国语周刊》刊用了。钱玄同在回信中指出,山东民歌不一定要用标注国音,标注山东方言读上去更有味道。《国语运动与平民读书处》的观点,钱玄同表示赞同。钱玄同还建议让平民多读点旧的新的白话小说,可以多识几个字,多懂一点文理。中华书局马国英来信,向钱玄同讨教北京话中几个字的发音问题,钱玄同就写了回信《"郭、哥、波"等字之北京音》。

28 日 中午接到家里电话,徐婠贞可能旧病复发了,急忙回家。

10 月

1 日 编辑《国语周刊》第 17 期的稿子。

5 日 带徐婠贞到协和医院诊察。检查下来,并非旧病复发,而是恢复月经了,虚惊一场。

8 日 看《国语周刊》第 17 期的大样。

10 日 到故宫博物院,首次展出散氏盘,参观者挤得不得了。

在此日出刊的《京报副刊》"国庆特号"上发表随感《赋得国庆》,署名"疑古玄同"。钱玄同认为,由于民国诞生,才有了国庆。此前为帝国,与民国正相反。民国是排斥帝国之"国粹"的,只有懂新文化的专家整理的国故才适合青年学习。

在此日出刊的《国语周刊》第 18 期上发表《ㄊㄨㄇㄛㄦㄡ之临时拼音文字》。钱玄同认为,面对复古思潮,国语会同仁"从今年双十节起,我们要努力做三件事:打倒国粹,打倒古文,打倒汉字"。眼下的临时拼音文字仍为注音字母,今后国语的正式拼音文字应该是"国语罗马字"。

13 日 手病，师大告假。

下午回家，得知房东已把房子卖了，也不告知一声。

《我"很赞成""甚至很爱"双十节这个名词》发表在此日出刊的《京报副刊》第 296 号上，署名"疑古"。张奚若在《晨报副刊》发表了一篇痛骂"双十节"的文章，理由十分古怪：一是说双十节"仿效那昆曲、滩簧的滥调"，是一种"江南靡靡之音"；二是称"节"却不吃年糕、粽子、月饼之类；三是"双十节"是吴稚晖起的。钱玄同对这三种理由进行了驳斥，明确表示自己很喜欢"双十节"这个名词。

14 日 走访刘半农，魏建功、顾颉刚也在，一起谈论如何为吴歌标注音标。魏建功恰好有一篇"吴歌音类"，一同商量改正好几处。

此日出刊的《北京大学研究所国学门周刊》第 1 期上发表《〈春秋〉与孔子》。这是钱玄同与顾颉刚 1925 年 3 月至 9 月间讨论《春秋》与孔子的几封往来书信。钱玄同认为《春秋》并非孔子的著作，无所谓"微言大义"。该书是从《国语》中整理出来的一部鲁国的"断烂朝报"，是"没有组织，没有体例，不成东西的史料而已"。此文被收入《古史辨》第一册下编。

16 日 编辑《国语周刊》第 19 期的稿子。

17 日 房东已明确告知房子卖了。

中午到撷英，孙伏园请客。座中遇见徐旭生。他现在教哲学史，拟编讲义，与胡适的哲学史大同小异。

在此日出刊的《国语周刊》第 19 期上发表《答汪震》，是对刊出汪震(伯烈)的《与疑古玄同先生论文书》的说明。

《荻舟〈得(ㄉㄞ)蝈蝈儿〉的案语》赞赏荻舟的小品文《得(ㄉㄞ)蝈蝈儿》京话流利，是"用活语言做的好文艺"。

参加“数人会”，汪一庵去杭州了，只有刘半农、赵元任、钱玄同、黎锦熙、林语堂参会。这是第二次会。

1925年，刘半农从欧洲归国后，发起组织一个“数人会”，专谈语言音韵之学。这个会的成员每周聚餐开会，轮流当主席，没有教育部的经费，聚餐费用实行AA制。钱玄同主张趁“数人会”之便，专议“国语罗马字”问题，由赵元任主稿。

19日 向新房东续租了房子。

23日 编辑《国语周刊》第20期的稿子。给渭川的《孔子诞日与国语》和白涤洲《两个“白”字的音》都加了附言。

24日 在此日出刊的《国语周刊》第19期上发表《渭川〈孔子诞日与国语〉的附言》。董渭川在《孔子诞日与国语》中说，老师和学生都喜欢节假日放假。孔子诞日自然也放假，不过高兴之余，对于“执政府”的尊孔复古不敢苟同，更何况，这还不利于国语的推广。钱玄同在“附言”中还谈到了中学的国故知识问题，应该让中学生增加些国故知识，但不能把国故当作学生“做人的道理”。古书上的国故材料大多是错误的，需要通过整理“重新估定价值”。白涤洲在《两个“白”字的音》中推断，白云观是道教名胜，外来的文人雅士用官话把“白”念成ㄅㄛ(阳)；白塔寺名声不大，当地的贩夫走卒把“白”念成ㄅㄞ(阳)。钱玄同在“附言”中用音韵学知识作了补充。

30日 编辑《国语周刊》第21期的稿子。自己写了两篇稿子，《答吾如老圃》和《记数人会》。

11月

1日 此日出刊的《国语周刊》第21期上发表吾如老圃的小品文《信疑古玄同》，把“信”训为“信蝼蛄”之药信。对于钱玄同让同仁一起来“浇”《国语周刊》这个园地，吾如老圃建议大家各自把自己园地里的“可口鲜菜”拿到这里来“交换或发卖”。钱玄同在《答吾如老圃》中，首先称吾如老圃为“伙计”，觉得拿这个称朋友，最为平等。至于大家把各自的“可口鲜菜”拿到《国语周刊》这个园地，钱玄同深表欢迎。《国语周刊》仍然鼓励大家用方言，用活的语言。钱玄同还发表《记数人会》，向大家介绍这个专议“国语罗马字”问题的组织之由来及活动情况。读者给《国语周刊》来信，要求开列一些学习国语方面的书目，钱玄同转给黎锦熙，请其开书目。黎锦熙就写了《“第五库”书目的一脔》，书目开得很认真，又写了个幽默的由头，说自己正在编“四库全书”的“第五库”书目，正好是国语方面的书目，就顺便转来了。钱玄同在“附言”中怕老实人上当，就把黎锦熙的“花枪”说破了。

5 日　编辑《国语周刊》第 22 期的稿子。

在此日的《京报副刊》“纪念驱逐溥仪出宫周年专号”，发表《十一月五日是咱们第二个光荣的节日》，署名“疑古玄同”。钱玄同指出：“一九一二年推翻清廷，取消溥仪的政权以后，又有今番的取消皇帝名号，着令溥仪出宫之举，这同样是咱们很光荣的日子，我主张也定她为一个纪念节，与‘双十节’为同等有大意义与高价值的节日。咱们国民每年遇到这两个节日，应该抖擞精神，尽量的乐他一天：因为这是咱们做‘人’的纪念，咱们‘荡涤旧污’的纪念。”

12 日　编辑《国语周刊》第 23 期的稿子。撰写回复潘汉年的信《关于民间文艺》。

14 日　师大成立纪念日，放假。

开始写作“废话”，题为《原经》，将十三经都来“原”他一下子，写了约一万字。

15 日　本期“数人会”的主席为黎劭西，赵元任夫妇、钱玄同、林语堂到会。

此日出刊的《国语周刊》第 23 期发表《关于民间文艺》。创造社里的“小伙计”潘汉年是宜兴人，与钱玄同的出生地苏州、故乡吴兴同属吴方言区。他向钱玄同介绍民歌《落雨沉沉》的词汇和方言读音问题，又不太弄得懂歌中的“冬椿”米。钱玄同在回信中说，这种米他知道，“我的故乡（浙江吴兴）便有此米”。“椿”为“舂”之误。至于年轻人如何学好国语文，做成“活泼美丽的白话文”，首先要学民间文艺，其次学戏曲和白话小说中的活语言。至于有人倡导的学习胡适、梁启超的白话文，实为下策。

17 日　到清宫做文物清点的组长，清点养心殿文物。

19 日　灯下编辑《国语周刊》第 24 期的稿子，为杜聿成的《官样文字与国语文》写跋，名为《鞋子话》。

21 日　晚上回宿舍，作致黎锦明的信，有千余字，投《京报副刊》，末了骂郭沫若、曾琦等。

22 日　拟定苏州闰母表，以与顾颉刚、魏建功通信的形式，写成《〈吴歌甲集〉序》。

此日出刊的《国语周刊》第 24 期发表《鞋子话》。杜聿成给《国语周刊》投来小文《官场文字与国语文》，又在给钱玄同的信中强调，国语文的推广，在老百姓中的影响力还不够，主要原因是官场的公文还用文言文。钱玄同在此文后面附了《鞋子话》，认为“白话是咱们一品大百姓们使用的神圣的工具”，能给大家“述学理，写情感，记事物，以及彼此通情达意”。只有老百姓不再自认为是官家的奴才，有主人意识，才会自觉使用白话。

23 日　在此日出刊的《语丝》第 54 期上发表《废话——原经》，署名“疑古玄同”。这篇小品文对十三经进行了解构与还原。钱玄同认为，《易经》的主要内容是"迷信之说，妖妄之谈"，《尚书》只是"乱七八糟的'文件粘存册'"，《诗经》最有价值的是国风中的"淫奔之诗"，《周礼》是汉人"关了房门弄笔头的玩意儿"，《春秋左传》只是"断烂朝报"，而《公羊传》与《穀梁传》中那些"微言大义"是秦汉儒家的昏话，《论语》和《孟子》都是古代哲学史料，《尔雅》只是字典的材料，等等。

24 日 将苏州音表修改好。

26 日 编辑《国语周刊》第 25 期的稿子。

28 日 林玉堂在家请"数人会"吃中饭，刘半农没来。赵元任拟一罗马字方案，较上次大有进步，大家基本认可。

听钱秉雄谈下午参加景山的国民大会，到吉兆胡同，攻不进段祺瑞府上。

29 日 研究国语罗马字，拟出四点改进意见，寄给林语堂、赵元任。又拟一儿韵表。

天安门又开国民大会，继续驱逐段祺瑞。

此日出刊的《国语周刊》第 25 期上发表《与糊涂案无关的话》。王卓民口述了一首通行于山东境内的民歌《糊涂案》，说的是几位"缠夹二先生"由于重听，把关键词的音听成了相近的音。钱玄同的《与糊涂案无关的话》讲述了七个音的韵母能否押韵的问题，并要求大家放弃原先的《诗韵》，依国音或各地方音押韵。东省读者习习谷风来信，说该省当局复古，反对国语运动，希望《国语周刊》提供解决办法。钱玄同在《东省的反国语运动》中认为，大家要向社会宣布文言的罪恶，说明国语的好处，大力实施民众的活语言的教育。

12 月

1 日　编辑《国语周刊》第 26 期的稿子。

5 日　在此日出刊的《京报副刊》第 349 号上发表《赋得几分之几》。孙伏园编辑的《京报副刊》一周年了，钱玄同便写了这篇随笔，明确指出，反对白话文、主张复古的章士钊尽管随段政府一起倒台了，但复古势力仍在，还需要继续反对。对于《京报副刊》的排版形式，钱玄同希望能改成横行。

6 日　此日出刊的《国语周刊》第 26 期上发表《在劭西先生的文章后面写几句不相干的话》，署名"疑古玄同"。钱玄同认为，尽管章士钊倒台了，但新的复古文妖还会出现，大家还是会反抗和攻击那些文妖。同期还发表了黎锦熙、疑古玄同的《我们的启事》。由于《京报》决定停办各种周刊，《国语周刊》从下一期起独立出版，"希望大家多照顾点儿买卖"。

8 日　编辑《国语周刊》第 27 期的稿子。

13 日　此日出刊的《国语周刊》第 27 期上发表《孙伏园〈国语统一以后〉的附言》。孙伏园的《国语统一以后》是钱玄同约来的稿子，本来是要互动一下的，可钱玄同又没时间写稿子，只是在附言里先说明一下。裴文中来信，谈了一些对平民教育与平民文学的看法。钱玄同的回信以《平民文学谈》为题，主张平民教育应该用活的国语，平民文学除了活的国语和方言的民间文艺，还应如裴文中所说，"用固有的平民文学的形式去创作新的平民文学"。这种"旧瓶装新酒"，尽管试行起来有难度，但还是应该努力去尝试。

15 日　编辑《国语周刊》第 28 期的稿子。

18 日　徐婠贞又病了，但不严重。

去汪一庵家，他主持此次“数人会”。国语罗马字方案大致定了。赵元任制一全音分声调表，借来抄好。

19日 作答周启明的信，约六千字。

20日 徐婠贞的病好了。

国语统一筹备委员会开增修字典委员会，通过改京音方案，半年为期，明年暑假完成。赵元任在森隆请钱玄同、林语堂一起吃晚饭，继续讨论完善国语罗马字方案。

此日出刊的《国语周刊》第28期上发表《苏州注音字母草案》。钱玄同制定了注音字母与国际音标对照的苏州方言草案，目的是让大家注意方言的读音，以便研究方言、欣赏方言文学、唤醒民众，同时以给顾颉刚、魏建功书信的形式加以说明。

廖立勋在《指示代名词中“那”字的商榷》中以湖北方言为例，指出指示代名词有表示远、中、近三种。钱玄同在《也是书后》中表示赞同，并作了补充。

21日 将答周启明关于罗马字的稿子整理好交给李小峰。

编辑《国语周刊》第29期“全国国语运动大会特号”的稿子，有黎劭西八千字长文宣言及十周歌。到印刷所交第29期的稿子。

左半脸生癣，大出水。

22日 到金子直处诊视，说是湿症。

23日 主持“数人会”，在大陆春请吃晚饭，一起讨论赵元任新提出的方案，林语堂也提一案。

将与顾颉刚讨论《说文》的往来书信再抄一通，给《国学周刊》。

24日 黎明中学的课已辞，不用再去了。

将与顾颉刚论《说文》的信抄完。

赵元任又有新方案寄来，与大家修改完善的林案比较接近。

28日 此日出刊的《语丝》第59期上发表《国语罗马字》。读者嵩山给《语丝》的编辑周启明来信，希望汉字能改为罗马字的拼写，主要理由是汉字太难排字和打字了。钱玄同的回信驳斥了社会上对几种反对国语罗马字的意见，并预告"数人会"正在讨论国语罗马字，不久就会公布方案。

1926年(丙寅，民国十五年) 39岁

▲3月18日，数千北京学生和市民集合于天安门前开"国民大会"，声言反抗"八国通牒"。会后游行请愿，段祺瑞执政府竟下令开枪，当场打死47人，伤两百余人，造成"三一八"惨案。

▲4月26日，新闻工作者、新闻教育开拓者邵飘萍被张作霖诱杀。

▲7月9日，国民革命军誓师北伐。

1月

1日 到中央公园，参加国语研究会十周年纪念会，分发200张宣言。

到周启明家，饮屠苏酒、杂煮年糕等，又吃中国饭，客人有钱玄同、沈氏三兄弟、马幼渔、徐耀辰、张凤举、张振南、龚绿子、刘半农、孙伏园、孙春苔、章川岛。午后大家渐散，只留下钱玄同、孙伏园、孙春苔，主人要求留下来开群言堂。

2日 到赵元任家吃晚饭，"数人会"继续讨论完善国语罗马字方案。

3 日　将《民间文学》贴好，歌曲二册有余，故事不满一册。

5 日　将前年夏天与去年夏天北大试卷 78 本阅毕。

将苏州罗马字各韵分声调写出，拟当面向陈颂平、陆雨庵、顾颉刚三位苏州人请教。

7 日　"数人会"成员不断交换方案，改进意见。

9 日　中午走访孙伏园，借来《新世纪》。

在春明馆一起吃中饭，"数人会"一起讨论完善国语罗马字方案，实在争论不下时，就进行表决。

10 日　抄完《新世纪》目录。

12 日　与黎劭西一同到欢迎饭店吃晚饭。向他提出自己的主张：以后要标声调即写罗马字，写注音字母可勿标声调。

师大学生宫璧成（新疆伊犁人）亲自采访平民学校学生，搜集北京平民歌谣，编成一书。黎劭西拟先在《国语周刊》上发表。两人认为，最好以汉字、注音字母和罗马字三体书写。

13 日　下午课毕到北大一院校对《国语周刊》第 28 期的稿子。为廖立勋《指示代名词中"那"字的商榷》加的按语太长，重写为简短的《也是书后》。

15 日　下午到北大校对第 28 期大样。随后到研究所，关于罗马字的问题，又与刘半农"大吵其嘴，至可笑也！"

收到北大和师大的通告，次日又要"大举索薪"，停课一日。

16 日　到教育部，与陈颂平讨论苏州音，将日前所拟苏州罗马字在韵母各音调下注明苏读。

统计《百家姓》中同声同韵同调的姓。此书列姓 438 个，复姓 30 个，单姓 408 个。着手依韵排列。

17 日　依韵排列《百家姓》。

18 日　各校继续停课一日。晚上得到通告，已筹得二成欠薪，次日复课。

到北大领取第38期的1000份周报送到教育部。

21日 《国语月刊》上一年春天出至第2卷第3期，第4期没编全，就停刊了。上海中华书局马国英来信，表示想继续办下去。钱玄同取出存稿，清理一番，约三十篇稿子讨论国语罗马字，其他稿子也有三十篇左右。其他稿子让上海中华书局去编辑，关于国语罗马字的稿子，等"数人会"的小册子印成再行加入，可以出一本《字母讨论号》中下合册，仍由自己编辑。

23日 下午到赵元任家，"数人会"继续讨论国语罗马字。

27日 此日出刊的《北京大学研究所国学门周刊》第15、16期合刊上发表《论〈说文〉及壁中古文经书》。这封钱玄同1925年12月13日写给顾颉刚的信后被收入《古史辨》第一册下编。钱玄同指出，一切古书，都应当作"可供参考的史料"；鉴别去取，全凭自己的眼光与知识。先贤疑古，往往不敢突破自己信奉的经书。《说文》大量引用所谓"壁中古文经书"，是著者许慎的不足。从出土的甲骨文和金文来看，《说文》辗转传写，不少古文古字失了本真。

2月

5日 傍晚到教育部，与黎劭西一同吃晚饭，讨论林语堂、赵元任的新主张。

9日 徐婠贞的弟弟徐林士又来了。此人曾调戏钱家女佣。

将魏建功的《吴歌声类》看了一遍，改正几个疏谬。

10日 下午约宫璧成带一平民学校的13岁小学生到教育部，校正北京平民歌谣的音。

12日 连日精神疲惫，手脚疼痛，至金子直处诊治。中午回家，徐婠贞的嘴唇已出脓，略见好转。

学校发上一年2月、3月的八成薪水，往各处取领。本拟回家吃年夜饭，但不愿与徐林士一起吃饭，独自在中兴茶楼吃，已是第三年了。

13日 注《广韵今读》。之后几日都在做此事。

15日 买到万斯同的《纪元汇考》。

16日 逛厂甸，购买《续汇刻书目》《拍案惊奇》《交泰韵》《韵法直图》《横图》《天花乱坠词》和李贽的《墨子批选》等。

18日 逛厂甸，购买《康熙字典》《史记订补》《音韵阐微》《声谱》。

19日 逛厂甸，购买《盛世危言》《几何原本》《管子校正》和日本版的《史汉评林》。

23日 逛厂甸，购买《原富》《是仲明年谱》《李申耆年谱》《簠室殷契征文》。

24日 逛厂甸，买到朱修阳(学勤)笺注的《简明目录》。

到孔德学校，刘半农新买到一本《何典》，中有"放屁放屁，真正岂有此理"，吴稚晖的话找到出处了。刘半农正在标点付印。想为此书作一序。

25日 逛厂甸，买了《辖轩语》《书林清话》《学算笔谈》《琵琶记》。

3月

5日 傍晚带徐婠贞到刘半农家，还请了沈尹默夫妇、沈坚士夫妇、马幼渔夫妇一起吃晚饭。

9日 徐婠贞又病了。

近来翻阅梁启超《中国近三百年学术史》，对于晚明学者的气节、人格以及清儒的学博识粹，十分向往。灯下点阅《鲒埼亭集》中顾炎武、黄宗羲、黄宗炎、毛奇龄（在别集）传。

10 日　请金子直来家给徐婠贞、幼儿及自己看病。

11 日　回宿舍，点阅全氏《李绂传》《方苞传》。

12 日　此日出刊的《猛进》第 52 期上发表《论几何学及论理学书》，其实是写信给《猛进》的编辑徐炳昶，讨教几何学及论理学书哪些译著比较好。

钱玄同 1921 年 1 月 27 日给顾颉刚的信，被顾颉刚加上标题《论近人辨伪见解书》，编入 1926 年 3 月北京朴社初版的《古史辨》第一册上编。钱玄同发现一个很有趣的现象，康有为、夏曾佑、崔适等人一边辨伪一边又引用伪书，因而认为辨“伪事”比辨“伪书”更重要，并提议应“择要择善点校印行”《辨伪丛刊》。钱玄同在信中自述曾经受章太炎师的影响而宗古文经学，后受崔适和康有为影响，“背师”改宗今文经学。关于《辨伪丛书》，钱玄同建议收录崔述的《考信录》、康有为的《新学伪经考》、朱熹的《诗序辨说》、章太炎的《微信论》以及《论衡》、《史通》中的相关篇目。钱玄同 1921 年 11 月 5 日给顾颉刚的信，被顾颉刚加上标题《论编纂经部辨伪文字书》，也编入《古史辨》第一册上编。钱玄同认为，编纂经部辨伪之文，应该用“集说”的办法。钱玄同 1923 年 2 月 22 日给顾颉刚的信，被顾颉刚加上标题《论〈诗经〉真相书》，也编入《古史辨》第一册上编。钱玄同鼓励顾颉刚编一部《诗辨妄》，愿意写个序，主要强调：《诗经》只是一部最古的“总集”，并非“圣经”；《诗经》中某诗的内容要如实领会，并没有“刺某王”“美某公”“后妃之德”等“言外之意”。钱玄同 1923 年 2 月 9 日给顾颉刚的信，被顾颉刚加上标题《论〈诗〉说及群经辨伪书》，也编入《古史辨》第一册上编。钱玄同从《小说月报》的预告中得知将刊出顾颉刚的《〈诗经〉的厄运与幸运》一文，就代北大《国学季刊》约写如此“离经叛道”的论文。钱玄同还以《诗经》辨伪为例，强调群经辨伪的重要性。钱玄同的《与胡适论崔述书》也被摘录进《古史辨》第一册上编。钱玄同赞同胡适所说“崔东壁是二千年来的一个了不得的疑古大家”，其功绩是“推倒秦汉以来传记中靠不住的事实”。最全的崔述（东壁）著作是陈履和刻的《东壁遗书》。钱玄同 1925 年 8 月 24 日给顾颉刚的信，被顾颉刚加上标题《论〈庄子〉真伪书》，也编入《古史辨》第一册下编。钱玄同认为，《庄子》中的确有些伪书，但有几篇中仅仅由于对孔子说了几句尖刻俏皮的话就被认定为伪书，与史实不符。在孔子没有被立为“圣人”之前，先秦诸子是平等的，相互开开玩笑十分正常。

4 月

5 日　此日出刊的《语丝》第 73 期上发表《废话——关于“三一八”》署名“夷罟”。钱玄同围绕“三一八”的几种言行进行社会批评。

6 月

7 日　此日出刊的《语丝》第 85 期上发表《疑古玄同与刘半农抬杠——“两个宝贝”》。钱玄同由于不喜欢张恨水主编的《世界日报》副刊《明珠》及其市民小说《春明外史》，而该报偏偏刊出广告，要请刘半农来主编一种副刊，而且刘半农的《新青年》《语丝》同人“都已答应源源寄稿”，于是给刘半农写信抬杠，说自己就是“刘半农的《新青年》《语丝》同人”，并没有答应寄稿。刘半农回信说尽管是《世界日报》的副刊，但自己全权负责，与其他副刊并不一样，并就两个爱抬杠的宝贝写了一首打油诗。

23日 徐婠贞病情加重，呕吐发烧，还发脾气。

28日 徐婠贞又牙痛了一天。老三患痢疾，请金子直来诊治。

29日 徐婠贞尚平静，但饮食又略差。下午金子直来给老三打针、灌肠。

7月

1日 上午请金子直来为老三打针、灌肠。随后又往取药。晚上老三想吃橙子，徐婠贞想吃杏仁布丁，就去畅园楼购买。

3日 马厂纪念日，北京城中未挂旗。

仍兼充老妈子，为老三取药。徐婠贞牙痛，发烧，呻吟不止。

10日 老三病已好，徐婠贞的病也轻了。

《〈吴歌甲集〉序》载1926年7月北京大学歌谣研究会出版的《吴歌甲集》。钱玄同认为，《吴歌甲集》这样的方言文学，最好能既记音又记字，这样读上去才有韵味。

9月

11日 "数人会"终于修改完成了国语罗马字拼音方案。

12日 走访刘半农，他标点《西游补》及《孽海花》，有些疑难的地方，应约前去商量。

13日 孔德学校初、高中上课，钱秉雄、钱秉穹去上学。

到教育部，与黎锦熙、汪一庵、萧涤尘、白涤洲讨论修改字典。

制国语罗马字表，为公布之用。

14 日　开始到孔德学校上课。

修改字典土部。校《花影集》。

15 日　到景山书社，购买《四部丛刊》本《酉阳杂俎》。

拟用郭子衡的“百部字典”法试验，取《国音学生字汇》排试。

16 日　开《孔德月刊》编辑会，去年是旬刊，今年改为月刊，张秉真任主任。

与黎锦熙一同到长安春吃晚饭，商榷修改罗马字条例。约来华美印刷局的容兆麟一起吃饭，请他当晚赶排。

17 日　下午去教育部，赵元任也在，与白涤洲讨论北京话中的入声字及助词的问题。

18 日　到华美印刷局，校罗马字拼音法式。

19 日　领薪水，北大五成，师大六成五。

20 日　国语罗马字已印好 200 份，请公布之信及百份此书均送至教育会黎锦熙、汪一庵、陈颂平。

到孔德学校去见马叔平，经子渊要请他到中山大学去办考古院，他不去。

28 日　录出《说文》部首 540 字，备注以今音。

向黎劭西借得范寅《越谚》。

10 月

8 日　中法大学纪念日，放假三天。

9 日　江绍原家生儿女，在畅园楼请钱玄同、周启明、俞平伯吃晚饭。

16 日　与吴承仕、朱希祖、马裕藻、沈尹默、郑典、李仲衍在西长安街芳湖春宴请黄侃。黄侃避南方战乱到达北京，吴承仕聘他到北师大国文系任教。

21日 大兄钱恂病了，下午去探望。

23日 此日出刊的《语丝》第102期上发表《给黎劭西的信——樵歌的跋》，钱玄同主要论述押韵问题。在钱玄同看来，押韵主要有两大功效：一是“文章容易上口，便容易记得”。二是“利用读音的和谐来增加文学的美趣”。即闻一多所说的音乐美。押韵不必拘泥于遗老们死抱着的《诗韵》，凡“活语言中读成叠韵的字”，都可“随意拿来押韵”。

24日 傍晚探访大兄钱恂，他的烧已退，精神不佳。

12月

24日 此日出刊的北京大学新生社编辑出版的《新生》周刊第1卷第2期上发表《为什么要提倡“国语罗马字”?》，署名“疑古玄同”。钱玄同开门见山：“民国十五年(1926)十一月九日，国语统一筹备会公布‘国语罗马字拼音法式’。这件事在我们看来，真是应该而且必要办的。因为我们确认四四方方的汉字非改革不可，改革非拼音不可，拼音非用罗马字母不可。‘国语罗马字’便是tomorrow之中国文字。”更何况，提倡国语罗马字，便于与“现世界的文化学术融合”。

1927年(丁卯，民国十六年) 40岁

▲4月28日，李大钊被奉系军阀张作霖处以绞刑。

▲6月2日，国学大师王国维在颐和园投昆明湖自尽。

▲8月1日，南昌起义爆发。

1 月

1 日　到周启明家去，他家元旦照例要请几位老朋友去吃屠苏酒、年糕杂煮等。今年的老友还有马幼渔、马隅卿、沈士远、沈尹默、沈兼士、徐耀辰、苏民生、刘半农。

3 日　走访马叔平，谈及王国维反驳自己的文章。

5 日　上午张干中来访，约定 23 日演讲罗马字读音，他要赶在 23 日以前《新生》出“国语运动特号”，嘱将字母表列入，以代讲义，并嘱约人撰文。

到金子直家，为毛头、徐婠贞和自己取药。

9 日　前几天到教育部都见不到黎锦熙，说是病了。下午去其家探望，他感冒好了。同他讨论词类分合的问题。

10 日　王淑周被困西安半月，刚来北京。张承武、沈尹默、沈叔平、钱玄同等在森隆请他吃晚饭。他说西安城内米价大涨，甚至要吃野菜。

11 日　下午到孔德学校。马隅卿拟请人教一、二、三年级的“注音字母”，而自第四年级起，请教国语罗马字拼音。

12 日　到商务买了一本英文的《阿 Q 正传》。

15 日　语丝社在长美轩赏雪。到场者有钱玄同、李小峰、周启明、江绍原、刘半农、王品青、陶元庆、许钦文、章衣萍、徐耀辰。

大兄钱恂农历生日，带了徐婠贞到姚家胡同钱稻孙家吃牛头及大青鱼。

23 日　打给赵元任、黎锦熙的信。

24 日　打了胡适之《杜威先生与中国》《我的儿子》《一颗星儿》。

2 月

2 日　逛厂甸，买了百三家本《嵇康集》《李鸿章》《更岂有此理》。又买了海山仙馆本《几何原本》，拟赠徐旭生。

4 日　逛厂甸，购买《通鉴外纪》《东西学书录》《海上花》《治平通议》。

5 日　逛厂甸，购买 15 卷本《几何原本》、《海上奇书》(共九期)、《海上花》(第十回)、卢刻《西学书目表》和《中俄国际约法》，还有第二年的《新小说》。

8 日　上午赵元任来访，将小册子的材料都“引渡给我”。

10 日　在家改《新生》“国语号”的两篇外来稿子。

11 日　下午逛厂甸，购了扫叶本《嵇中散集》、顾氏《四十家小说》(石印)、《广虞初新志》。

12 日　逛厂甸。购买陶兰泉影印宋巾箱本《八经》杨刻《世说新语》、王菉友《教童子法》和《诗谭录》。

13 日　下午去火神庙，买了《恒轩吉金录》《书目答问》《辅轩录》。

21 日　此日出刊的《新生》第 1 卷第 8 期“国语罗马字特刊”上发表《历史的汉字改革论》，署名“疑古玄同”。钱玄同一一批驳了社会上对国语罗马字的几种反对意见，又从汉字的历史演变来阐述汉字必须改革，认为马罗字母是世界公用的拼音字母，与公历、公尺一样，是没有国界的。这一期还发表了两篇说明性的文章《国语罗马字的字母和声调拼法条例》《关于国语罗马字字母的选用及其他》，均署名“疑古玄同”。后一篇改题为《关于 GWOYEU ROMATZYH 字母的选用及其他》，1936 年 3 月《国语周刊》第 231—235 期转载。

22 日 看望大兄钱恂，打了强心剂才较兴奋。请名中医陆仲安诊治，“他说绝无丝毫希望”。

23 日 上午探视大兄钱恂，心脏衰弱，仍靠强心药。“镇日太太、太太的拉住了嫂嫂这样叫，真令人酸鼻。”

晚上再去探视。“我走近床前，他睁着眼睛竟说不看见我了！”

24 日 钱恂约 11 点去世。

下午帮着写印报丧条。他们忙着赶孝衣，钱玄同则买了黑纱来做成衣就套上。

25 日 未刻，大兄钱恂小殓。钱玄同在殓后上祭时穿了一下白袍鞠躬。钱秉雄、钱秉穹穿了一天白袍，磕了头。

抄写了一副大兄钱恂自挽联，又为钱恂撰写宗旨相反的挽联：“卅载周游，用新知新理，启牖颛蒙，具上说下教精神，宜为国人所矜式。一生作事，务自洁自尊，不随流俗，此特立独行气象，永诒子弟以楷模。”

3 月

1 日 沈麟伯来为钱秉穹和五儿看病。

傍晚到受璧胡同，哀启已完。钱稻孙请单不庵、乔大壮、洪芰舲，撰写钱恂的墓志铭。

4 月

7 日 李大钊被捕，28 日被张作霖杀害。

8 月

奉系军阀政府命令北京九所国立高等学校合并为国立京师大学校，教育部长刘哲兼任校长。北京师大改称京师大学师范部，张贻惠为师范部学长。国立大学教学经费更加紧张，原先拿着两份教授薪水的钱玄同也成了穷教授。

9 月

12 日 41 岁生日。“年来贫（我）病（我妻）交攻，兼之耳根时时不清净，神经因之而大大的衰弱，于是懒散颓废，日甚一日，真成了一个鲜鲜活死人了！”

为了再打起精神，不久前集了一副对联：

打通后壁说话，

竖起脊梁做人。

拟请沈尹默书写汉字，又请黎劭西书写注音字母。[①]

梁家园的师大寄宿舍要取消，租定东安门内东河沿 28 号之南屋三间，原为孔德学校女教员宿舍。

晚上约黎锦熙、汪一庵在正味吃饭，商量修订《国音字典》事宜。

系主任吴承仕（检斋）来商聘请钱玄同为京师大学校师范部教授，但钱玄同只愿去当兼课讲师。理由有二：一是师大规定教授每周上课不得少于 12 小时，加上孔德学校、中法大学和女子师范的功课至少有 10 小时，没有精力承担。二是不愿接受师大校长刘哲的聘书。商谈下来，每周上六小时，“声韵沿革”和《说

---

① 杨天石：《钱玄同日记（整理本）》（中），第 692 页。

文》各三小时。

13日 负责字典片中部首和声符编写工作，后几日都忙于此事。

17日 钱玄同、徐森玉、马幼渔、沈兼士、黎劭西、刘半农、朱遏先、陈百年，回请日本人：高烟畑彦次郎、那波利贞、中野长右卫门、竹田复、后藤俊瑞、长泽规矩也、今村完道、永持德一、小林胖生、智原喜太郎。

20日 各校开学。

王国维于6月2日自杀后，其薪俸仍要给家属。其功课只请马叔平担任，给的是兼职讲师的薪水。清华也没钱请章太炎或钱玄同去研究院任职。

捡出20年前章太炎师所讲、朱蓬仙所抄的《说文札记》节要，录于保息局本的书眉。随后几天继续抄录。

25日 师大关大门，门内警察守门，正在大搜检。

30日 与黎劭西一同请沈兼士在正味吃晚饭，商量在国学馆设一字典部，编一部古今方国的字典。国语统一委员会已没经费维持，而国学院尚有法、美、日的赔款。

10月

1日 咳嗽痰多。中午到金子直处诊视。

2日 沈尹默次女沈令莹与谌亚达在来今雨轩订婚，钱玄同带徐婠贞、钱秉雄、钱德充前往，钱秉穹留守在家。

抄补俞平伯《文学史讲义》。

4日 到中央公园记部首古读。半月来将每字以古纽、古韵及罗马字拼法记之。

6日 到师大领薪水。

16 日　日来无形戒严，晚上 10 点以后宵禁。

1928 年（戊辰，民国十七年）　41 岁

▲2 月，《语丝》杂志在上海复刊。

▲6 月 4 日，奉系军阀张作霖乘坐的火车专列行至沈阳城郊皇姑屯车站的铁桥时，日本关东军高级参谋河本大作大佐指挥日本工兵引爆预埋的炸药。张作霖重伤，不久气绝身亡。

▲6 月，国立中央研究院成立。

1 月

1 日　带钱秉雄到周启明家吃屠苏酒、年糕杂煮等。宾主共 14 人：周启明、钱玄同、刘半农、徐耀辰、张凤举、苏民生、谌稷如、沈尹默、沈士远、陈百年、马幼渔夫妇、马隅卿、马季明。钱秉雄和周丰一不久要赴日本留学，里边另设一桌。主人自赠正彩，每位客人都带附彩去。饭后抽签赠彩。

7 日　赵元任夫妇已回北京，约汪一庵、黎锦熙、钱玄同到芳湖春吃饭，赠送大家调查吴音表六册。

8 日　到商务买了清华《国学论丛》第 2 册，内有赵元任译高本汉的文章，极其重要。

15 日　下午到撷英，王璞请赵元任教国际音标，黎劭西等人一起商谈。商谈的结果是必须进行字典工作。王璞、赵元任、汪一庵复阅初稿，钱玄同和黎劭西则负责将《广韵》全书加入的工作。

18 日　至师大和女师大领薪水。

写信给陈聘之，托其设法借200元，度阴历年关。

20日 陈聘之帮助借到高利贷300元，月息三分，三个月清债。

取《广韵音表》，写41纽的总纲。次日也在做此事。

21日 到琉璃厂一带还账。

22日 取《切韵》三种，记以纽呼。

23日 傍晚走访周启明，吃他的鲞冻肉、藕脯、火腿粽。灯下又记《切韵》的纽呼。

24日 逛厂甸，购得《明代名人尺牍》《小儿语》《财政四纲》《春秋中国夷狄辨》。

27日 逛厂甸，购《西游补》（申报馆本）。

28日 逛厂甸，购买《兼明书》《官话字母》。又到商务购买《戴东原的哲学》及《荀子集解》等。

29日 逛厂甸，购买《王忠懿公遗书》第一集。

30日 逛厂甸，购买《侯官严氏丛刻》《采薇俚集》《集韵校正》和王筠《教童子法》《正字略》。

2月

1日 到富贵购买石鼓及泰山，拟作朱逖先的寿礼。

2日 朱逖先五十初度，中饭去吃寿宴。到景山书社取《春在堂全书》160本，价27元。

4日 逛厂甸，买到钱恂的《中俄界约斠注》，还买了《诗本谊》和《文变》（蔡孑民选）。

5日 逛厂甸，购到《绛帖》前两本，感兴趣的是第一册中的《诅楚文》。

6日 会晤长泽规矩也，马隅卿请他吃饭，钱玄同与张凤举作陪。

7 日　到文雅堂将预定的李登之《摭古遗文》取来。

走访黎劭西，商讨《国音字典》的用韵问题。见到《说文诂林》样本，约两百种书，连邮费 63 元。黎劭西答应设法购买。

12 日　拟翻印整理瑞典人斯文赫定所得的楼兰《坠简》。马隅卿估计照相本钱不下于 60 元。拟由三马、二沈、周启明、钱玄同、朱希祖、刘半农、张凤举、徐耀辰或俞平伯负责。这是真正六朝人的墨札。

14 日　大兄钱恂周年忌日，至受璧胡同去。

15 日　马隅卿在森隆请日本长泽规矩也、智原喜太郎吃晚饭，前往作陪。

3 月

1 日　到同古堂，买了一块黑的寿山石章，拟由黎锦熙转请齐白石刻"疑古玄同"四字阳文。

3 日　到大嫂处借来祖宗像，与家中的父像、生母像、父小照，拟请吴郁甫拿去摄影，装成一本。

4 日　钱秉雄将去日本，上午全家游中山公园，到长美轩吃中饭。饭后到国生照相。

7 日　上午，钱秉雄乘火车去塘沽，再转乘到神户的海轮，沈令杨、马威同行。钱玄同和钱三强送其到车站，很多孔德学校的同学也来送行。

8 日　日本帝大教授盐谷温宴请中国学者，其致辞时朗诵一篇白话的汉文，又唱一首日文七绝。盐谷温赠送大家吴昌龄《西游记杂剧》（日本新印）及他所著的《宋明通俗小说传流表》。

10 日　中午，中国学者在东兴楼回请盐谷温等人。钱玄同与黎劭西另有饭局，饭后赶到东兴楼照相题名。

11 日　将借来的祖先像送到摄影社去拍照，共二十多元。

12 日　取到《说文诂林》第 1 期，有 18 本。

16 日　走访马幼渔，借阅《南疆逸史》。

23 日　在家用罗马字写《关雎》《葛覃》，送作智原喜太郎与德田幸子结婚贺礼。款写注音字母。

4 月

8 日　魏建功、王碧书"无形式的结婚之日"，请大家到什刹海会贤堂吃午饭。饭后到孔德学校为吴检斋写《说文》部首。

6 月

奉系军阀退回关外，国民党势力到达直隶京津一带，国民党政府把教育上的大学区制推行到北方。北平九所国立高等学校合并为北平大学。李煜瀛为校长，李书华为副校长。原北京大学改为国立北平大学北京大学院，原北京师大改为北平大学第一师范学院，原女师大改为北平大学第二师范学院，专收女生。北平大学聘张贻惠为第一师范学院院长，以林砺儒为临时院务委员会主席。第二师范学院院务由大学副校长李书华兼管。

国民党统治北平后，教育方面的情况比以前更坏。1928 年师大的情况，林砺儒描述道，"校府如洗，挹注无从，教授无用品，办公无纸笔，任职者无薪，执义者无饷"①。钱玄同只能到办学经费相对宽裕一点的燕京大学、中法大学等任教。

---

① 转引自《北京师范大学校史》(1902—1982)，北京：北京师范大学出版社，1982 年，第 80 页。

9月

3日　钱秉雄回国度完暑假，去日本前，全家合影留念。

12日　42岁生日，到同生摄影作纪念。

午后到报子街同和堂，北大国学门词学专家刘子庚在此开吊。见到蒋觐圭，说刘子庚是“一怒而亡”。

13日　多日与军界交涉，要在中南海为“中国大辞典编纂处”置一处办公场所。

14日　位于东华门北河沿的孔德学校，教务主任马隅卿的宿舍在东小院，槐树下的两间东房同意给钱玄同作宿舍。

上午到孔德学校，两间东房已收拾好。

这是两间相通的小房，约25平方米。房间布置得很是特别，门是向西开的，一进门靠北墙放着六个书箱，书箱对面放着六个书架子，中间留下能过一个人的通道，靠南墙放着一张单人床，东窗下放着一张三屉桌和两把椅子。钱玄同在这两间屋中度过了十三四个寒暑，直到晚年才搬回家住。

午后至西四所，协商中国大辞典编纂处的办公场所。

走访陈颂平，请他出面与租用中南海的国立北平图书馆筹备委员会协商办公场所。园内的赐福堂、永福堂、颐园，要求给中国大辞典编纂处使用。

15日　上午到西四所，继续协商办公场所。

到商务取《杨诚斋全书》。

16日　钱稻孙来，单不庵为其父墓碑写的字太大，想请钱玄同重写。

整理《国音常用字汇》午集的“瓜、瓦”两部。

18日　下午写大兄钱恂墓碑。其文曰：

元配董

湖州府归安县钱公念劬讳恂暨　　夫人合葬之墓

继配单

尚有两块小的，一书安葬年月及墓向，一列子孙之名。末行曰："弟师黄再行敬书。"

20 日　编字典，丑下的"攵、夕、大"三部。

23 日　北平政府拨东华门大街废弃的宗人府给孔德学校，面积将近二十亩。然而，学生一时不肯迁校。

26 日　到清华大学，这是首次去。见到秘书杨振声（金甫），他邀请钱玄同去清华当教授，钱玄同只答应去教三小时音韵。

27 日　到琉璃厂一带还中秋节前的账。

30 日　与黎锦熙一同拜访将南下的蔡元培妻弟黄干城（幼轩）。国语研究会的经费、章程等托他到国民政府大学院（教育部）设法办理。

走访魏建功，请他帮助办《国语周刊》。

10 月

3 日　傍晚到新晨报馆叩见孙小姐和编辑邓之诚，商谈《国语周刊》事宜。

5 日　阅《世界日报》，得知国语罗马字于 9 月 26 日由国民政府大学院公布。到教育部，看到了大学院的指令，甚慰。

7 日　晚上打罗马字信六封：赵元任任审核股主任、白涤洲任训练股主任、魏建功任编辑股主任、沈步洲任文书股主任、汪一庵任会计股主任、陈颂平任事务股主任、钱玄同任宣传股主任、黎锦熙任组织股主任，尚缺调查股主任。

9 日　去国语会，在天安门见国音字母已贴出。

10 日　到孔德学校与钱稻孙相会，在他要求下，给北平北海图书馆写招牌。

11 日　下午写《遗嘱》四条，镌在教育部进门的四扇屏门上。晚上到天安门，没有前一天晚上人多，道路上挂红灯笼，而天安门还是漆黑一团。为未名社及北平北海图书馆写招牌。

14 日　将《遗嘱》末幅写好，交连喜。

20 日　大同中学五周年，上午开纪念会，应邀去演讲。

21 日　中海有所谓“国术联欢会”，徐婠贞带孩子前去观看。

22 日　到国语会值日。门外“国语统一，言文一致”八个四方尺的文字做成了。回家编中华民国国音字母，拟成国音字母第二印稿。

26 日　北京大学学生自 6 月开始着手推动“复校”，但没有得到国民政府承认。学生无奈之际，只能自己来请老师上课。

27 日　追悼黎元洪，学校放假。

28 日　与黎劭西雇一汽车到马季明家，与黄子通、容希白、许地山、郭绍虞、沈尹默、沈士远等饯燕京大学校长吴雷川。

29 日　到国语会与黎锦熙、钱均夫、陈颂平、张燮和开联席会议，商量分配房屋，将有槐树的北屋九间及东屋归国语会办国音字母传习所。

30 日　将《中华民国国音字母》稿编齐，尚待校勘一遍，其下附《百家姓》及省与特别市之名。

11 月

3 日　请吴雷川在怡园茶话，顺便看居仁堂。图书馆同人在忠信堂请吴雷川吃晚饭，国语会的人作陪。

8 日　见到中法大学教授萧子升，说起师大反对黎锦熙任校长的事。中午走访黎锦熙，他出示一封辞职信的草稿，推脱自己忙于国语会的事，无暇兼顾师大事务。

12 日 孙中山诞辰，放假。中午走访刘半农。马隅卿约来魏建功、周作人一起商量《孔德月刊》的编辑出版事宜。晚上走访黎锦熙，李大章也在。有 110 人呈请挽留黎锦熙，黎锦熙答应次日就职。钱玄同答应黎锦熙，任国文系主任。

范源廉任北京师范大学校校长时，于 1922 年聘其在湖南时务学堂时的同学杨树达为国文系主任。1926 年杨树达辞职时，推荐吴承仕为继任者。钱玄同则是吴承仕的后任者。[①]

应徐婠贞要求，向钱润辉借 100 元。

黎锦熙到国立北平大学第一师范学院去就职院长，却发生波折。

14 日 到商务购买四角号码的《学生字典》。

15 日 走访黎锦熙，略略商榷应对办法。收到国文系主任的聘书。

16 日 晚上在青年会看电影《清宫秘史》。

18 日 下午到怡园。黎锦熙召集新任各主任林砺儒、杨据梧、曾仲鲁、熊知白、李顺卿、钱玄同等，商量师大事宜。商量结果为黎锦熙辞职，由李大章请几个旧教员来组织一临时委员会。

1929 年(己巳，民国十八年) 42 岁

▲2 月 10 日(旧历正月初一)，国民政府决定从 1929 年起，

① 顾明远主编：《北京师范大学名人志·大师篇》，北京：北京师范大学出版社，2010 年，第 71—72 页。

中国旧历新年正式改名春节。

▲7 月 26 日，南京政府颁布《大学组织法》，规定大学应遵照教育宗旨及其实施方针，以研究高深学术，养成专门人才。

▲10 月 29 日，世界经济危机爆发。

1 月

1 日　上午到周启明家，每逢元旦，周家照例要请吃日本屠苏酒。今年的客人有钱玄同、沈士远、沈尹默父子、沈兼士、俞平伯、张凤举、黎子鹤、谌稷如、马幼渔、马季明父子、马隅卿、刘半农、徐耀辰。

3 日　得《中山大学语言历史学研究所周刊》第 13、14 期。内有傅斯年《与顾颉刚论古史书》，其不同意《春秋》"为断烂朝报之说"。

5 日　到一师院，由学生自治会欢迎张少涵，要求各主任前往参加。他们一定要钱玄同演说，钱玄同就讲了国语文的重要性。

7 日　此日出刊的《语丝》第 4 卷第 52 期发表《钱玄同黎锦熙致蒋梦麟书：用英文名称奇怪而不合理，教育部所颁北平音译更奇谬》。国民政府定都南京后，把北京改为北平。当年 12 月，教育部要求把北平译定为 peiping。钱玄同与黎锦熙致书教育部长蒋梦麟，认为教育部已颁布罗马字拼音，北平的音译应统一为 beepyng。至于北平各大学，尽可以用汉字，不用硬加拼音的音译。

10 日　在孔德学校写音韵表。此后几日都在做此事。

11 日　在国音字母讲习所讲演《国语拼音与汉字改革》。

13 日　北大学生李中浩等来访，他们正在筹办儿童刊物，钱玄同捐五元，并按要求在致蔡、蒋的信上签名。

朱逖先等组织召开“中国史学会”成立会，选出九名委员：朱希祖、陈垣、罗家伦、钱玄同、王桐龄、张星烺、沈兼士、陈衡哲、马衡。

18日 师大学生陈煦、王德华组织了文学团体“真社”，给钱玄同送来聘书，请做该社的“文学导师”。

20日 下午到辅仁大学，开中国史学会委员会，选主席及各部主任。

梁启超于19日下午2点逝世。在黎劭西家接到杨遇夫电话，说下午胡适去送梁启超入殓。

拟联曰：思想革命的先觉，国学整理之大师。任公先生不朽！后学钱玄同肃挽。

22日 到陟山门大街6号任鸿隽家走访胡适，胡适说国府对于梁启超应有明令悼惜。

26日 与黎锦熙在广林春宴请胡适、徐旭生，商谈国语研究所事宜。

27日 取出《说文诂林》第一、二次出版的45本，与新到的第三期21本写书面，共66本，齐了。

28日 在富晋书庄买到陈去病刻的《南疆逸史》。

30日 走访胡适，商定要求政府表彰梁启超的专电：

> 南京蔡孑民先生、蒋梦麟先生鉴：梁启超先生为戊戌变法之重要人物，辛丑、壬寅间努力输入近代学说，革新思想，厥功甚巨。民七以后专事著作，整理国故，成绩斐然。今不幸勤劬以殁，至堪悼惜，拟请先生商陈政府明令优卹，以示崇礼先觉之意。是否可行，敬希裁酌。
>
> 张继、沈士远、胡适、钱玄同。

2 月

1 日 编制《唐宋十部韵书韵目异同表》。

3 日 走访黎劭西，大学委员会前一天在团城开会，一师学生为“增加预算”“恢复公费”等闹半夜，故未议此。

5 日 阅报知日前大学委员会竟将国语研究所提案“缓议”了。

6 日 徐婠贞旧病又有些发作，吃了几帖药，快好了。钱德充咳嗽了几天，不严重。

10 日 取了一部石印的《宋元学案》回孔德学校，用注音字母写其书头。

逛厂甸，买了《俪白妃黄》、杨刻《世说》、王炳耀的《拼音字汇》和六本《时务报》。买到大兄钱恂致梁节庵一便条，拟赠钱稻孙。

12 日 逛厂甸，买了《壬寅新民丛报汇编》26 本以及《黄帝魂》《公车上书记》《吴评诗经》《中国之武士道》，还有《哲学》第 5 期（有徐旭生的《王船山的道德进化论》）、《四部丛刊》本《寒山拾得诗集》、《校邠庐逸笺》三种等。

15 日 逛厂甸，买了莫刻《陶集》、国民报社印本《仁学》、《孙明复小集》和《宋论》，还买了拟赠马幼渔的木版《广艺舟》。

16 日 到直隶书局购得黄溯初编印的《敬乡楼丛书》18 本。到富晋摊上购得《石徂徕集》。在文友堂购得原板的《日本国志》，傅增湘旧藏。

17 日 下午到老墙根广化寺吊梁启超，并参加旧友公祭，熊秉三主祭。

到厂甸，在富晋书社购《千百年眼》《梲鞠录》《太史公疑年考》。

19 日　午后逛厂甸，买了《校邠庐抗议》《简字五种》《南村帖考》《於越先贤像传赞》和任渭长画的《高士传》。

20 日　逛厂甸，买了《周礼政要》(原版)、先兄钱恂的《中外交涉类要表》和《光绪通商综核表》(原版)、《吴评周易》、《侯官严氏丛刻》。最后一种为严复的书，拟购全。

21 日　黎劭西弟弟黎殿庸(锦炯)与张丽侠女士在忠信堂结婚，前去证婚，携徐婠贞和幼儿一同前往。

23 日　与马叔平、马隅卿在厚德福为沈麟伯饯行。他要出洋留学。

24 日　军警林立，戒备极严。市党部及各工会要在天安门开市民大会。据说是声援东交民巷华警罢工及"二一九"惨案。

26 日　会陈百年，他想聘钱玄同回北大当教授。钱玄同没精力上那么多课，只允教授两小时的音韵课。

按：经北京大学"复校"学生到南京请愿，国民政府同意保留"北京大学"的名称，称"北京大学院"，仍以蔡元培为校长，另派陈百年代理校务。陈百年就设法把在别处谋生的原北京大学教授聘请回去。

3 月

11 日　被迫停课九个多月的北京大学重新开学，钱玄同去教授两小时的音韵课。

5 月

25 日　深夜，正在北平探望母亲鲁瑞及妻子朱安的鲁迅，在写给许广平的书信中介绍了与钱玄同、顾颉刚的不期而遇:“我今天的出门,是为侍桁寻地方的,和幼渔接洽,已有头绪,访凤举未遇。途次往孔德学校,去看旧书,遇钱玄同,恶其噜苏,给碰了一个钉子,遂逡巡避去;少顷,则顾颉刚叩门而入,见我即踌躕不前,目光如鼠,终即退出,状极可笑也。他此来是为觅饭碗而来的,志在燕大,但未必请他,因燕大颇想请我;闻又在钻营清华,倘罗家伦不走,或有希望也。”

钱玄同在《我对于周豫才君之追忆与略评》一文中记述了鲁迅给他碰的这个“钉子”,所引的《两地书》,是出版时鲁迅有意修改过的。

6 月

15 日　据《北京大学日刊》1929 年 6 月 15 日《本院布告》,朱希祖、马裕藻、刘复、沈兼士、钱玄同、马衡、陈垣为《国学季刊》编辑委员会委员。

19 日　北京大学入学考试委员会决定刘复、钱玄同为本年新生入学考试国文预科、本科出题人。

此月,国民党政府宣布大学区制停止试行。教育部通令恢复北平师范大学和北平女子师范大学。

9 月

12 日　42 周岁生日。

16 日　上午师大学生靳德峻、李荫平、吴其作来办交涉,要将徐耀辰、黎劭西、杨遇夫新添的科目削去,将甘大文开除,请黄节教诗学,容庚教甲骨文,商承祚教金文,高孝曾添《古文辞类纂》。同意将甘大文开除，三教授不能更动，且不能不敬，其他酌办。

晚上写信辞退甘大文。甘大文是胡适的嫡传弟子，能作万言的洋洋大文，课堂上基本讲自己的“大作”，弄得学生很反感。

17 日　中秋节，国立学校奉令不放假。上午到师大领薪，并向评议会发出甘大文的辞职信。回家，见甘大文送来的节礼：《敬乡楼丛书》九本和一张照片制版的段玉裁赠戴东原篆联。

12 月

20 日　此日出刊的《北大图书部月刊》第 1 卷第 2 期上发表了《读〈汉石经周易〉残字而论及今文〈易〉的篇数问题》。钱玄同在马叔平处看见《汉石经周易》残字拓片两张，共有四百九十余字，由此引出了今文《易》的篇数问题。钱玄同认为，根据《论衡》和《隋志》的记载，戴东原和严铁桥的解说，西汉初年田何传《易》时，只有《上下经》和《彖》《象》《系辞》《文言》诸传。西汉中叶，才加入汉人作伪的《说卦》《序卦》《杂卦》。该文后收入北京朴社 1930 年 9 月初版《古史辨》第二册上编。

1930 年(庚午，民国十九年)　43 岁

▲3 月 2 日，中国左翼作家联盟在上海成立。

▲11 月 4 日，历时七个月的“蒋冯阎”战争(中原大战)结束，蒋介石获胜。

▲12 月，居延汉简在额济纳河流域被发现。

1月

1日　周作人因痛失爱女，每年元旦的宴客取消了。

到黎劭西家找白涤洲，孔德学校要印《夸阳历》，在注音上有许多地方请他更正。

2日　到商务馆购买《张横浦集》。回孔德学校，来薰阁送来石印横行的《二十四史》，少《明史》第四本，共122本，20元。

3日　看完《王阳明知行合一之教》。将石印的《夸阳历》注音变字的音。

4日　拜访吴稚晖，他说现在非将注音字母普及不可，北平、南京、无锡可先行。

到琉璃厂购买浙局《王文成公全书》、汤印《舜水遗书》。

接到嫂子信，单不庵病危。

8日　马隅卿想邀请吴稚晖来孔德学校讲演一次，为注音字母打打气。

11日　温源宁在东兴楼请吃晚饭，为拉拢李释戡到师大教戏曲史。李释戡是梅兰芳《嫦娥奔月》等戏的编剧。

12日　上午在中海中国大辞典编纂处开国语统一筹备委员会第一次年会。魏建功、白涤洲有提案。会后到西车站聚餐。

13日　吴稚晖来孔德学校演讲，他勉励少年应求本事，"本事者，科学、工艺之谓"。黎劭西、魏建功也来了，一起畅谈注音字母的推行等事。

14日　徐婠贞说昨晚接到大嫂的电话，单不庵去世了。

15日　到大嫂家，得知单不庵是13日中午故世的，享年53岁。

16日　《国学季刊》第2卷第2期的英文目录中，译音的字须改从国语罗马字，中午携回孔德学校改写。

17 日　购买《四部丛刊》本《陆象山集》。

18 日　到国语统一会，取苏州闰母材料。

傍晚到大嫂处，聊单不庵。

19 日　买得新近出版的《真美善》上的《孽海花》。

20 日　取出赵元任的信书，拟制闰母，首制苏州的，先编成草案。

24 日　到马叔平家吃晚饭，又见汉石经碎片数十。

25 日　花 17 元购得《图书集成》小书箱 16 个，适合备装小书。

27 日　至女师大、师大领取薪水。

29 日　去琉璃厂，在有正书局购得《京本通俗小说》。

31 日　得知单不庵眷属将暂居硖石，由亲戚蒋觐圭、张砺伯两家照应。其书由潘尊行略略点查，将来或售给中央研究院。

到中海，因《国音常用字汇》已编就，将谋付印，须商议。

2 月

1 日　逛厂甸，买了《任渭长画传四种》、戴东原《转语释补》上册、黄梨洲的《易学象数论》、真齐省堂《儒林外史》、黄小松本《熹平石经残字》。

2 日　逛厂甸，买了一部《朱子年谱》。又在直隶书局购得杨遇夫新刻的《师伏堂笔记》。

3 日　逛厂甸，买了抄本《韵略易通》、任渭长画的木版《高士》与《於越》。原有的《於越先贤传》竟缺了虞翻、孔坦、王羲之、王徽之、张彪、杨伯远妻王氏的像。这次买到的是全本。给三强买了一部《笠翁十种曲》。又为孔德学校买了一部《南疆逸史》。

5 日　逛厂甸，买了《儿女英雄传》、同文馆的《尔雅图》、原版的《春秋董氏学》。

6 日　逛厂甸，买了《明儒学案》《庄谐选集》《中国之武士道》《春秋左氏古经》《镜花缘》。

7 日　逛厂甸西路。买了《雪桥诗话初集》和续二集（第六卷缺）、庄世骥的《急就章考异》、朱彝尊的《古文尚书辨》（附陆陇其《古文尚书考》）、《方望溪全集》，补全了《侯官严氏丛刻》。

8 日　逛厂甸，买了《宋论》《俟解》《噩梦》《黄书》《思问录》《春秋经》。

9 日　到长巷头条广丰常吊王璞之丧。

逛厂甸的远东及中枢，买了《宋论》、《正蒙注》、《续高僧传》四集、《南雷文定》、《万充宗经学五书》、《重编五经文字九经字样》、《广仓千家姓》。写《船山遗书》封面。

10 日　逛厂甸的东南、西三路，购《传经表》和《通经表》。

黎劭西 40 岁生日，中海国语会同人送了他两桌酒席，晚上在他家聚会。

11 日　逛厂甸中枢，买了《孙征君年谱》。

12 日　下午在马隅卿处，魏建功来，聊到晚上。将《韵略易通》送给魏建功。

晚上走访马幼渔，获赠《左传事纬》。

13 日　逛厂甸，买了《南雷余集》《戴褐夫集》《归玄恭文续钞》《南海先生最近政见书》《心史》《翼教丛编》《明夷待访录纠谬》《桃花扇》《传经表》《通经表》《蒙学丛书》。

15 日　师大教授会在蓉园聚食，讨论后天上课与否。报载，国务会议已通过李石曾为校长。

逛厂甸，又买到全本《於越先贤传》，拟赠周启明。

16 日　到商务购买《戊戌六君子遗集》及《石遗室诗话》。又到富晋买到全套《雪桥诗话》。

17 日　马隅卿赠送《雪桥诗话余集》，此套书全了。

21 日　大兄钱恂的三周年忌辰。到受璧胡同去与大嫂聊了会，钱稻孙要下午才从清华回家来主持家祭。

22 日　见顾颉刚送来《大同书》全稿，带回孔德学校阅读。

23 日　托人抄写的王念孙父亲王安国的《韵书》稿已抄好一大半了，在孔德学校整理校订。

27 日　到两师大取一月份的薪水。

1929 年冬至为北大图书部月刊撰写的论文《读〈汉石经周易〉残字而论及今文〈易〉的篇数问题》，约七千字，得 14 元稿费。

徐婠贞卧床养病，春节时起床几天，今天起打算起来了。

28 日　中午回家吃面，徐婠贞为幼儿过生日。

下午回孔德学校，订王氏《韵书》抄本。

3 月

1 日　看《大乘起信论考证》。翻阅梁启超关于整理佛典的文章，拟购《华严经》等。到大佛寺购买《八十华严》、《维摩诘经》(什译)、《华严原义论全解》、《大乘起信论纂注》(真界)、《大庄严论》、《佛所行讲经》、《佛本行经》。

2 日　徐婠贞起床几天，又卧床了。到大佛寺购买《圆觉经》《异部宗轮论述记》《马鸣龙树传》《居士传》。写《八十华严》的封面。

3 日　到商务购得江绍原译的《佛家哲学通论》和吕澂的《印度佛教史略》《佛典泛论》。

4 日　到马季明处翻阅丁氏《佛学大辞典》。灯下写《居士传》的封面。

5 日　到大佛寺购买《杨仁山居士全书》和丁福保的《佛学小辞典》。

6 日　到大佛寺，购买《华严著述集要》29 种。见张宗昌所刻《唐石经》。

课后到广林春为徐婠贞叫菜。随后到卧佛寺，购得晋译《华严》及《四十华严》。灯下写《六十华严》及《著述集要》的封面。

10 日　徐婠贞又病了，名中医李景泉已来诊过，说是风瘫，不要紧。

到大佛寺购买《五灯会元》（宋，普济）、《禅林僧宝传》（宋，惠洪）、《贤首五教仪开蒙增注》（清，通理）、《贤首五教仪》（清，续法）、《禅源诸诠集都序》（唐，宗密）、《黄檗传心法要》（唐，裴休）。

11 日　到大佛寺，买了李通玄《华严合疏》、宗密《圆觉经大疏》、中峰《广录》。

12 日　马幼渔帮忙买到二老阁本《明儒学案》。

13 日　又到大佛寺购买《指月录》和《续指月录》。

应学生要求，与北大林损（公铎）约定，到师大讲“论说文”。

14 日　点校康有为《大同书》抄本。

16 日　魏建功来说郭沫若新出的《中国古代社会研究》讲甲骨文甚佳，就去买了一本。

17 日　师大忽定出规矩来，各主任轮流做纪念周。轮到钱玄同做纪念周，只好装病不去。

高邮王氏《韵书》已全抄好订好，刻戳，记上书名，拟全数交给马幼渔去。

18 日　“三·一八”四周年，北大、师大、孔德等都放假。购买唐代澄观的《华严悬谈》及《华严经疏钞玄谈》68 本。

20 日　与陈百年、沈兼士、沈尹默、朱希祖、傅斯年等在《北京大学日刊》上发布《萧山单不庵先生追悼会启》。

30 日　下午单不庵的追悼会，有五十多位北京大学及北平教育界人士出席。陈百年、朱希祖、钱稻孙、马裕藻、林损、杨树达等发表了演说。钱玄同的长篇演说讲述单不庵的治学经验，由何士骥记录、整理，发表在《大公报》4 月 21 日的《文学副刊》上，标题是《亡友单不庵》。他还另作了《单不庵传》。钱玄同十分佩服单不庵为人治学的"健实"精神。

此月所编的《北京大学职员录》，钱玄同为国文系教授兼研究所国学门导师（讲师待遇）。

9 月

12 日　43 周岁生日。

叫中原来人为全家摄影，又自己单独摄一张。

又让钱秉雄摄两张：一站在内堂，另一坐在日光下的大藤椅上照侧面影。

13 日　取江沅的书，选五画以内可以写成单体形式的字，备作闰母的材料。

14 日　拟再取《金文编》《增订殷墟书契考释》《说文古籀补》三书中笔画简单的字记入。

收到顾颉刚的信，得知商承祚（锡永）被广东中山大学排挤，顾颉刚、傅斯年等人都愿招他来北平。

15 日　与顾颉刚商定，师大聘商承祚作教授，建议教授甲骨文三小时、金文三小时、金石名著研究两小时、字体变迁史两小时。由顾颉刚发电促其速来。

下午乘人力车进城，走访周启明，决定由徐元度（霞村）教授近代西洋文艺思潮两小时、傅仲涛教授近代日本文艺思潮。

21日 近一个月手痒,有炎症。

取日前所记江沅书中的字,将赵元任的表换了几个。

18日 张学良发出拥护蒋介石、呼吁和平的"巧电",又出兵华北,北平形势突变。

24日 师大学生要求上课,师大秘书处召集各系主任开会商议。没有开学经费,由各系主任联名致电校长,催款再说。

25日 上午吴辛旨来访。由于教书难以养家糊口,他想到北平图书馆谋事,拟辞师大国文系助理员。经挽留,他答应再考虑。

向俞平伯借得曲园所制《仓颉篇》格版,拟仿印。

26日 上午敖士英来访,见赠《浊母考》。

到女师大开研究所会议,提议储1000元购宋清两代金文书。

27日 到东安市场购得《胡适文存》一部,其中有单不庵的几封信,读着伤感。想到编撰单不庵遗集及传是自己的责任。

28日 钱秉雄来,说大嫂打来电话,转告单不庵的妾对于家产的要求。

到佩文斋购买《胡适文存》三套,分赠大嫂(因其中附单不庵的信)、钱秉友、钱三强。又购得《秦汉瓦当文字》石印本一部。

下午到大嫂处一谈。单不庵的妾若要诉讼,宜给钱,将来即使连书也要给她,但单不庵批校及手抄的书,必当存于公家,以作纪念。

灯下将单不庵遗书目录抄出,拟明后日归还大嫂。

29日 取出春间向大嫂借来的单不庵遗札26通,边阅边编排先后。

30日　燕大开学第三周，今日首次去上课。课后与马太玄一同走访顾颉刚。乘清华汽车回城，车中遇见罗莘田、陈寅恪、杨丙辰。

10月

2日　到富晋还书账。又到深蕃阁，取曲园所制《仓颉篇》格。

3日　方国瑜送来《国文学会丛刊》校阅稿。

走访马幼渔，决定本年在北大每周教授六小时功课：国音沿革三小时，《说文》一小时，音韵研究两小时。

5日　南京政府发来大学薪金，北大来电，上午去领取5月份薪水。

6日　中秋节。到女师大、师大领取5月份薪水。还掉一点中秋节账。

下午到大嫂处，将单不庵遗书目录及遗札26通交还。借得大嫂1903—1911年的日记来，拟检其中可作单不庵传的材料。

8日　师大开教务、事务联席会议，决定11日开学，16日上课。会后到和平饭店访蒋觐圭，得知单不庵手稿有一藤箱，有十余册为其子蒋鹭涛所得，有几本红红绿绿写小字的本子，已被其妾烧了。

9日　李景泉来为钱德充诊治咳嗽，沈麟伯也来。

10日　到北平图书馆，观赏近一两年所购珍本书籍展。

此日出刊的《燕大月刊》第6卷第3期上发表《论观象制器的故事出京氏〈易〉书》，这是1930年2月2日钱玄同给顾颉刚的信。钱玄同在信中对顾颉刚分辨出观象制器的故事为京氏《易》书所添加表示肯定，同时又根据出土汉石碑《易经》指出几处文字问题。此文被收入《古史辨》第三册上编。

15日 姚维崑在芳湖春请吃晚饭，共十余人，只认得吴检斋、孙人和（蜀丞）、黎劭西、杨子馀、艾情。另经介绍，结识了余同甲和王巘炜。

18日 会后到富晋书社购买石印的《三体石经》两纸。晚上服李景泉的中药。

19日 下午李景泉来诊病换药方。

抄《三体石经》的伪古文数纸。

20日 到二房东家找《华国月刊》，内有章太炎师所笺《三体石经》。

21日 走访前天从南方回来的马叔平。得知单不庵的遗书现已由马叔平、沈士远、马夷初、蔡孑民、胡适等人函请浙江教育厅保护。

22日 到大嫂处，告诉她单不庵的书籍由教育厅保存，以及蒋觐圭处所存遗稿还在。又从大嫂处借来16本日记，晚上翻阅。

25日 百衲本《汉书》出版，前往领取。

11月

4日 与黎锦熙到同和居吃晚饭。钱玄同主张声母、韵母也即声符、韵符，黎锦熙也赞成。

5日 翻阅关于金文类书，《燕京学报》第5期上容庚的《西清金文真伪存佚表》，可补充王国维的《金文著录表》。

6日 到北大、师大领取薪水。

约黎劭西、魏建功、白涤洲到同和居吃晚饭，分配迅速编成《国音常用字汇》工作。灯下取容庚的《西清古鉴表》，将真、疑、伪及容庚所改名录于书上，将卷一录完。

7日 上午到女师大领取薪水。下午到师大开预算整理委员会，通过减政预算，每系不得超过七千学分，主任必须任课8小时，教授12小时。

8日 下午硖石人张任政（惠衣）来，其系北大研究所的学生，来讨教音韵，在北大国文教授会中谈了约两小时。又到师大开第一次校务会议，通过减政案。灯下抄《隶古定尚书》。

10日 商锡永转来容希白所拓古物陈列，取《宝蕴楼彝器图录》一本，价24元，明日当往给之。这些都从奉天来，为《西清续鉴乙编》之物。

11日 晚上走访马幼渔，向他借罗振玉影印的《隶古定尚书》4种。向赵斐云借《殷墟后编》来，拟抄录。

12日 孙中山诞辰，放假一天。

购得杨东专、张栗原合译的莫尔甘《古代社会》及李膺扬译的恩格斯《家族私有财产及国家之起源》。

14日 师大22周年纪念。

16日 中午到李景泉处看病。午后到琉璃厂购买《西清古鉴》。刘半农回京，与黎劭西到广林春请他吃晚饭。

19日 阅读《殷墟文字类编》中的古象形字，极有兴味。

20日 到景山，购买《宝蕴楼彝器图录》。

21日 到景山书社购得石印的《缪篆分韵》。

22日 到来薰阁，买了《三古图》。

23日 打算抓紧编辑《国音常用字汇》，以段《说文》《广韵》为主，辅以《集韵》。

27日 上午到北大上课。午后到商务购《西清续鉴》《说文》和《涵芬楼秘笈》第6集。到富晋，浏览《平阳县志》，有和太炎师

《泰风》一诗等，拟怂恿北大购买。

29日 到师大，开课程标准改订委员会，钱玄同、李湘宸、袁子仁、李干臣、文范村、黄文山、丘大年到会。从5点开到8点，因师大欠电灯公司800元，被停电，于是点一支洋烛开会。

30日 走访马幼渔，取回《殷墟书契前编》。

此月创刊的《师大国学丛刊》第1期发表《〈章草考〉序》。《章草考》为卓君庸的专著。

12月

1日 上一天收到师大一封匿名信，说靳德峻正在策动倒钱（玄同）拥吴（承仕），早晨徐耀辰打电话来也说此事。

2日 至燕大走访顾颉刚，初识钱穆（宾四）。

3日 据吴辛旨说，靳德峻和易烈刚是在"倒钱"。他们在国文学会中说，他们不要的人（徐祖正、严既澄、李释戡），钱玄同偏要请来授课。

到有正书局购得《陶斋吉金录》正续编。

4日 胡适全家回到北平，中午在北大见面。在孔德学校看《石鼓文考释》。

5日 师大靳德峻和易烈刚的"倒钱运动"，理由有二：一是援引北大系人，二是不为毕业生谋事。

6日 到富晋购买《石鼓》两种。

在燕大上课，看见驱逐史学系主任朱希祖的传单及许多标语。

9日 到北大领取9月份的薪水。与马太玄一同走访顾颉刚。三人又一同走访容庚。容庚出示一物，形如方笔，类似写钢笔板的笔，长颖又有套，疑是古笔，索价500元。

在容庚处购得罗振玉五子福颐所编《玺印文字征》八册。又借得郭沫若《臣辰盉铭考释》一篇，拟移录。

10日 领到师大、女师大的7月份薪水。

课后到中海，见到白涤洲，拟明年1月起大加整理国语会：（一）出《国语报》，由白涤洲任主任；（二）设文献馆，为编国语史做准备，钱玄同任主任；（三）改《国语旬刊》为《国语研究》；（四）设国语师范班。晚又去黎劭西家商谈此事。

12日 走台阶时一脚踩空，摔跤伤了左脚。

13日 脚大痛，不能行，请沈麟伯来诊治。

14日 魏建功说胡适17日40岁生日，中央研究院同人有寿序，顾颉刚撰文、毛子水书写。国语会与西北科学考察团也应合送一文，魏建功撰文、钱玄同书写，同人共12人：白涤洲、马隅卿、缪金源、丁仲良、黎劭西、黄仲良、钱玄同、徐旭生、周启明、庄慕陵、孙子书、魏建功。

晚上马幼渔来探望。灯下校《六书音韵表》。

15日 魏建功来，送来《胡适之寿酒米粮库》平话体，两千余字，拟定之。5点到戴月轩购笔墨，用高丽卷纸书写，写好已是半夜。

16日 到商务取《清代学者像传》。

17日 《胡适之寿酒米粮库》两处有错字，割下重写三分之二，下午写好。傍晚去为胡适拜寿，见到有研究院赠泥金寿屏，“大开玩笑”。胡夫人赠给胡适“止酒”戒指，寿酒吃到一半，胡适“受戒”了。钱玄同过去看看，被胡夫人推为“证戒人”。

18日 《北京大学日刊》1930年12月18日刊《国立北京大学研究所国学门招研究生通告》，导师钱玄同的指导科目为“音韵沿革研究”与“《说文》研究”。

20 日 各学校从明日起至 1 月 10 日，放三周新年假，这是本年新规定。

将《文字蒙求》的字写完。

22 日 见国语会所制的“年历”，有注音字母的总理《遗嘱》，还有“国语统一，言文一致”字样。

24 日 下午到直隶书局购买故宫月份牌，每日印一件故宫的宝物，共 365 件，很有意思。

27 日 周作人、温源宁、杨丙辰、贺培之在德国饭店请蒋梦麟校长吃饭，前去作陪。回到孔德学校，约孙子书来，托他探听师大“倒钱”消息。

按：蒋梦麟于 23 日出任北京大学校长。原代校长陈百年回南京了。

29 日 将段玉裁的古韵用 33 部新名目打出对照。

30 日 到同和居，马雅堂、童禧文、徐旭生、刘钧、胡壮猷、樊逵孙请蒋梦麟校长吃饭，前去作陪。与蒋梦麟协商，单不庵遗著拟由北大编印。拟组织一“单不庵教授遗著编印会”，由马幼渔、马叔平、蒋梦麟、蔡孑民、陈百年、徐旭生、胡适、钱玄同、朱逖先、林公铎等组成。

1931 年(辛未，民国二十年)　44 岁

▲2 月 7 日，胡也频、柔石、殷夫、冯铿、李伟森五位左翼作家和何孟雄、林育南等 19 位共产党员在上海龙华被国民党淞沪警备司令部秘密枪杀。

▲9 月 18 日，日本关东军炸毁南满铁路柳条湖一段路轨，反

诬中国军队破坏，借此突然袭击东北军驻地北大营和沈阳城，“九一八”事变爆发，拉开了日本侵华战争的序幕。

▲11 月 19 日，诗人徐志摩空难丧生。

1 月

1 日　到北大领薪水。

2 日　与徐森玉、马隅卿、李召贻到后门外大街庆和堂，为孔德学校法文教员张稚亭的父母点主，唱了一场“老朽昏庸”的戏。

4 日　上午到国语会，开第九次常务委员常会，七个委员，外加萧家霖，都到了。去年年底的四个提案于席间通过。没报告完经济状况，就到大陆春聚餐。

5 日　方国瑜来，告知师大“倒钱运动”已停。

6 日　到二房东家理书，取得《歌谣周刊》四本，此比宋本《诗经》要珍贵多了。

7 日　到师大领薪水。到商务，购得中央研究院天文研究所所制的《周历》，以周为主，上有天文图，极精美。下午回孔德学校，取段氏《音韵表》的《易经》打在吴评《周易》上。

10 日　到师大开校务会议，结果以没有经费，煤火已绝，电复教部。

12 日　上午到佩文斋购得刘半农的木版《敦煌掇琐》上辑两册。又购《集刊》第二本。

14 日　购得罗根泽的《乐府文学史》。

16 日　灯下草《十八年来注音符号变迁的说明》，将登《国语报》。

17 日　日本人吉川幸次郎携来五代刻本《唐韵》书照片 16 页，说是从某照相馆借来的，就向他借一个星期，拟设法复写。

此《唐韵》比《广韵》的字略少。

18日 将《唐韵》交赵斐云去复写影印，据说中研院可出此钱。

中午，章鸿钊(演群)约请陈百年、沈兼士、寓南、马幼渔、钱玄同，商量刊刻崔适师遗文遗诗事宜。文稿诗稿都在章鸿钊家，他连原稿及他的抄本都能拿出来刊刻。大家主张由北大出版《崔觯甫先生遗著》，好在《史记探源》《春秋复始》《论语足征记》都已由北大出版。

走访何乐夫，谈女师研究所购金文书剪贴，并编目录索引事宜。

21日 到开明购活页文选，共出17本。购得袁昌英的《孔雀东南飞》。在富晋购得《南北小令》，用纯粹普罗调，普罗语言，普罗格式，而由文人创作。

23日 马家三兄弟在东兴楼宴请张之铭(伯岸)，前往作陪。他是20年前在日本时的旧友，与钱家、董恂士都相识。

《唐韵》的照片送来，翻拍效果颇佳，决定由中央研究院出钱。

25日 下午走访大嫂，姚文甫愿出资刊印她编辑的《清闺秀艺文略》，一起合计了刊印设想。

26日 在同古堂购得寿山石图章一对，拟请齐白石刻“钱玄同”“古疑”两印。

29日 到二房东家取得《元曲选》，想读读元明戏曲之类。

30日 与黎劭西到蓉园吃晚饭，将寿山石托黎劭西转请齐白石刻章。由于年老，齐白石春节后不再给人刻章了。

2 月

1 日　走访马叔平，一起整理《汉石经》。回孔德学校，写《中原音韵》。

2 日　马隅卿帮助购得《中原音韵问奇集》。

灯下依石山福治写《中原音韵》音表。

3 日　午后至中海，对白涤州、黎劭西说，《中州音韵》原本也必同于《中原音韵》。写《中原谱》，这几日都忙于此事。

7 日　到马隅卿处，周启明也来，一起吃中饭。饭后到师大研究所看西北考察团所陈列的器物。有汉宣帝黄龙及成帝元延时代的木简六匣，内有极精良可爱的章草。高昌发掘的墓志数十方，大半皆写而非刻，或朱或墨，有些精致不亚于魏墓志。

《唐韵》已印来，每部 8 元，由钱玄同、马家三兄弟、赵万里、赵荫棠、刘半农、魏建功共同出资，送一份给吉川幸次郎。

8 日　到女师大研究所，黄文弼宴客，共六桌。遇见董作宾(彦堂)，他说甲骨文中凡云“贞言”者，都记问卜之辞。

灯下将《中原音韵》的“鱼模”一韵写完。

9 日　各校第二学期上课。到富晋购得丁山的《说文阙义笺》，系根据甲文、金文等以诠释《说文》“阙”字。

10 日　到国语会取得彩印的月份牌。购得柳诒徵所印的《元明杂剧》。

11 日　到北大三院开研究所委员会，与周启明会同商议“接收”歌谣事宜。与马幼渔商议整理王念孙父亲王安国的《韵书》事宜，请陆宗达协助。

15 日　走访黎劭西，取到齐白石刻的章，都白文，精妙。

17 日　逛厂甸，购得《文字蒙求广义》《古史·纪年表》《万木草堂藏画目》《戊戌遗墨》《黄太夫人碑》，还在长兴书店购得康有为的书、碑等。自 1914 年开始逛新年厂甸书摊，已是第十八次了，“今年始觉大衰”。

19 日 逛厂甸，只购得一部铅印的《三不朽图赞》。至商务购得一部《度曲须知》。

20 日 徐旭生来访。他说筹划师大，感觉经费太少，故尝试向南京政府要求增加经费。

到广林春，与黎劭西一起吃晚饭，商议编《国音字典》。他打算取《广韵》《说文》两书所用的字，选用部分《康熙字典》的字，再加今日常用的字和简笔字。

21 日 逛厂甸，购得宣统三年会文堂石印本胡刻《文选》、铅印本《秋蟪吟馆诗钞》、康有为《诸天讲》、《郎园书牍》（附万毕术）和《十三经不二字》。

22 日 逛厂甸，购得原版《艺概》、《四川国学杂志》第 5 册（内有刘申叔《古本字考》）、梁任公印本《心史》和《等韵一得》（无补编）。还买到一本大嫂单士厘的《归潜记》，钱稻孙处已无存书，书板虽在，但不知何年再印。

23 日 赶去土地祠，只买到一本《小蓬莱阁金石文字》。

与黎劭西在撷英吃晚饭，决定编纂《国音字典》，将《说文》《广韵》全体加入。由钱玄同先将《说文》每片上的楷体写就，交给白涤洲等人。将各片改为康熙制而与《广韵》叠在一起。

24 日 上午将一篇写好。有许多古籀及罕用之正篆，在结体上有问题的字，乃须参考别的辞书来定。

由于没有及时阅卷上交分数，燕大扣发薪水。

逛厂甸，买到连史的《龚定庵集》，还有《绛帖》等数种书。

25 日 在富晋买到《说文部首》一本，拟将《玉篇》部次及《康熙字典》部首各字列入某部记上，以便查考。

赵万里寄来汉石经《周易》两大块照片，为于右任之物，他将拓本赠徐森玉。灯下匆匆抄出。

26日 逛厂甸，买到石印《经训堂丛书》、胡重编《说文字原韵表》、戴望（子高）的《论语注》。

28日 马季明来访，劝钱玄同上课。钱玄同要求先领到燕大二月的薪水才去上课，以后再将分数交上。

逛厂甸，仅在东路买到《唐人万首绝句选》。到商务购得姚名达所著《邵念鲁年谱》。

3月

1日 到厂甸逛了一下午，买到《列仙酒牌》（原版，缺葛洪）、《笠翁十种曲》、原版《海上花列传》、原版《一字一行》。又买了宋教仁的《宋渔父文》。

2日 到厂甸购得原版《官场现形记》。

3日 燕大的薪水果然领到了，于是开始上课。

5日 下午与周启明同去北大三院"接收"歌谣编务。

容庚说，郭鼎堂又有论文寄到，认为汤盘铭"苟日新……"为"兄日辛……"之误。

6日 开始撰写《左氏春秋考证序》，次日写成约七千字草稿。后开始修改文稿。

10日 将文稿交顾颉刚一阅，当即取归，须抄一份给师大《国学丛刊》。

14日 到师大领取薪水。

16日 批阅燕大考卷。买到中华新出版的《杂曲丛刊》。

17日 中午去燕大，交上学期考卷。购得《王荆公年谱考》

及《历代石经考》。

18 日　“三·一八”纪念。将《今文经与史料问题之我见》加入文稿。

19 日　到大嫂处，她将于 4 月 4 日赴大连钱燧孙家。

22 日　买到《蜀石经》和傅印大字元版《困学纪闻》，细细赏玩。没有别的玩物，只江艮庭《尚书释名》、陈启复《毛诗》、孙仲容《古籀》，字刻均精，堪以赏玩。

23 日　到小营医院探望马叔平，他患肝炎，尚未痊愈。

24 日　校阅大嫂的《清闺秀艺文略人名韵表》，有不少差错要校改。

26 日　走访大嫂，将稿子交还。晚上在德国饭店为大嫂饯行，大哥家来了大奶奶、二少奶奶、钱端仁、钱端义，徐婠贞、钱秉雄作陪。将《左荠墓志》一份赠送大嫂。

购得冯友兰（芝生）《中国哲学史》。

27 日　到研究所购《左荠墓志》黑白各一份。

28 日　又到富晋阁购得《两罍轩彝器图释》《从古》《筠清》。

29 日　到马隅卿处与徐森玉聊天，他说下星期内当将北平图书馆所购姚茫父所藏龚橙（半伦）的批本《筠清馆》借阅过录。傅沅叔家还有龚半伦书数种，有题字识语等，也可一一借阅。

到商务购买《毛诗白文》、《诗经白文》两部和《公羊》四部，还有谢国桢编的《顾宁人先生学谱》。又到富晋购得《积古》，原版初印。

30 日　一大早到东车站给大嫂他们送行。

31 日　徐森玉借来龚橙的批本，都是傅沅叔物：《蒙雅》（原稿）、翻雅雨本《尚书大传》、《诗比兴笺》、《一行居集》。

4 月

1 日　到北大研究所，开研究所国学门委员会导师联席会议。会后蒋梦麟校长在东兴楼请吃晚饭。

徐森玉借来龚橙批《筠清馆金文》及《癖谈》。灯下移录《筠清》作为消遣。

3 日　到马叔平处，共订《汉石经》。

4 日　下午到北大、师大、女师大领取欠薪（北大三成、师大四成、女师大五成）。

晚上刘梦庵来访。灯下将龚橙批《尚书大传》移录完。

5 日　方国瑜交来《国学丛刊》第 2 期稿子。编《国语字汇》稿，编了“ㄅ、ㄆ、ㄇ”三音。

6 日　至中海，与黎锦熙、白涤洲审定《国语字汇》稿子，就付印。

7 日　编《国语字汇》。回孔德学校，将《诗比兴笺》龚橙校识语移录。

9 日　为裴文中的父亲写纪念碑。傍晚到北大研究所，将龚橙批书注的《诗比兴笺》《二林居集》《筠清》《尚书大传》题跋影印。

10 日　阅读陆侃如、冯沅君夫妇的《中国诗史》，颇有见地，可惜有些地方尚嫌幼稚。

11 日　到平大艺术学院，观看熊佛西的《模特儿》。

12 日　黎锦熙在撷秀宴请白涤洲、魏建功、钱玄同，商量编辞典事宜。

刘叔雅在同和居请吃晚饭，同座有胡适、孙蜀丞、马幼渔等人。北大学生许维遹，作《吕氏春秋今解》。刘叔雅以为极好，拟集资付印，而胡适嫌体裁太旧，以为宜加标点、分段，不全录。两人意见相去太远。

马幼渔说仓石武四郎寄赠照井会都的《论语解》来，非卖品。

13日 到商务购买1912年与1916年的《中国学报》。向马幼渔借得照井会都的《论语解》。

17日 到商务购四部《毛诗》。拟将牟、魏、龚三家之序录于上方，以便省览。

18日 下午到北大二部开研究所的会，黎劭西忽然发病，陪他到晚上8点，待他缓过劲来，才回孔德学校。

19日 到商务购《四部丛刊》本另种《毛诗》《仪礼》，拟记入《汉石经》。

20日 在开明购到《绍兴先正遗书》，28元。

22日 到北平市教育局开"北平市注音符号推行委员会"，此前与黎劭西提了"本市推行注音符号办法建议案"。

23日 在孔德学校替学校写了许多旅行团的旗，连续3天，学生要去坨里、颐和园、故宫博物院和中山公园旅行。

24日 到女师大研究所，会郭昭文女士。她汇编《文字汇声》一书，劝她加入隋唐残本韵书及《广韵》，她赞同。

灯下点阅《潜书》的《法王》《性义》《恒观》《有为》《王治》。

27日 编完《国语字汇》"ㄊ"，"ㄋ"也弄了十分之八。

30日 到富晋，将罗振玉所拓的《汉石经》书序抄来。到黎劭西处，加上白涤洲，3人决定《国语字汇》中的"ㄈ、ㄉ、ㄊ"。

5月

1日 徐旭生校长来，商议下半年国文系课程事：一、不分国文系、英文系等，统称为"文学院学生"；二、每系的功课，一星期全体应为60小时，公共10小时，本系50小时；三、教授薪水提高（不能少于北大），钟点多少可商量，但至多只能兼六小时（照部章），且要得到本校的许可；四、教授须常在学校，以指导学生。钱玄同任国文主任，黎锦熙任研究所副所长。

2日　与黎劭西、白涤洲决定《国语字汇》中“ㄋ”的大部分。

4日　五四运动纪念日。先编完《国语字汇》中的“ㄋ”，又编完“ㄌ”。

7日　到黎锦熙家，与白涤洲一同解决《国语字汇》中的“ㄋ、ㄌ”。

14日　下午编《国语字汇》中的“ㄍ”，未完。到北新购周作人书，配全了。

16日　到中华购《人的生活》及武者小路《戏曲集》。感觉耶稣、路德、托尔斯泰、武者小路、神会、王守仁、康有为有相同的一面。

汪怡在华美请吃晚饭，商议编辞典。

17日　约黎劭西到中海，共商下学年师大国文系课程标准。

18日　为毛信校《以注音符号及国语罗马字注〈金史〉附刊之〈金国语解〉中满译金人名物》。

25日　师大开“第一第二两部教务会议联席会议”，决定下学年每系课程不超过60小时。

26日　燕大的课告假。走访朱逖先，转达徐旭生请他任师大史学系教授或兼主任的请求，但须教宋史及南明。他说要考虑考虑。

晚上编《国语字汇》中的“ㄍ”及“ㄎ”之半到“鑛”字。

30日　将《国语字汇》中的“ㄎ”剩余部分及“ㄏ”编完。

31日　约黎锦熙、白涤洲共校《国语字汇》中的“ㄍ、ㄎ、ㄏ”。

在同和居见到孙人和，他说师大国二学生在教室门外对课程标准议决案有多条反对意见。电告吴三立，请他次晨去看，若确有其事，就要辞职。

在商务购得威尔士《世界史纲》。

此月出刊的北平师范大学《国学丛刊》第1卷第2期上发表《〈左氏春秋考证〉书后》。此篇又被刊为朴社1933年7月出版的《左氏春秋考证》跋，收入1935年1月初版的《古史辨》第五册上编。顾颉刚为《辨伪丛刊》校点了刘逢禄（申受）的《左氏春秋考证》。钱玄同指出，刘逢禄的功绩是考证出了《左氏春秋》是部汉代刘歆增窜出来的伪书，康有为进一步考证出该书的底本是左丘明《国语》中鲁国的史料，崔适继续考证出哪些内容是刘歆增窜的。顾颉刚据此把康有为、崔适的相关考证文字作为附录一、二、三。钱玄同还希望有学者能学崔适著《史记探源》那样撰著《〈国语〉探源》和《今本〈国语〉与〈左传〉疏证》。

6月

1日　早上吴辛旨来访，说确有榜示，钱玄同很气愤，就给徐旭生写辞职信。

2日　回到孔德学校，收到徐旭生的复信，说学生已来解释说明贴榜的不妥，“望勿消极”。

3日　师大两位学生代表冯震、陈国钧来访，承认贴黄榜的不对，并持议决案来。既如此只好复职。

6日　编《国语字汇》中的“ㄐ、ㄧ”。

7日　校对《国语字汇》中的“ㄊ—ㄌ”，校印数十页，又编“ㄐ、ㄧ”，未毕。

12日　到琉璃厂购笔墨等。回孔德学校为图书馆写碑。写得不满意，准备重写。

13日 到佩文斋购得柳亚子编的《曼殊全集》五大册。

16日 午前到中海，与黎锦熙到同和饭店边吃饭边商议修改课程标准草案。傍晚回孔德学校，将草案誊写清楚，拟次晨送印，备后日开会时用。预算案则请黎锦熙做了。

17日 与黎劭西一同到北平市教育局开“注音符号推行委员会”。

得讣，章厥生病死于杭州。

19日 到北大、师大、女师大领取薪水。随后到多处还书账、箱账。

21日 由马叔平转来浙江来信，说单不庵的藏书开价1800元，而浙江图书馆已答应出价1500元。看来此事应该容易成交，就把信转给钱稻孙。

22日 徐婠贞又发病了，马上打电话请中医李景泉来诊治。

23日 樊逵孙、李干丞先后来访，说师大定了国文系教授的月薪：黎锦熙460元，一般教授最高340元。

25日 上午回家，徐婠贞病情略有好转。中午马氏四兄弟在东兴楼宴请蔡元培，约李石曾、周启明和钱玄同一起谈马隅卿的事。饭后请蔡元培到孔德学校参观。蔡元培原定下午到中海考察国语会，打电话要黎锦熙、钱玄同去接待，但蒋梦麟用汽车把蔡元培接到家里，没时间到国语会了。

为蔡元培撰写的“国立北平图书馆记”写隶书。此石碑仍立在国家图书馆分馆文津楼西侧。

27日 早晨收到蔡元培的信，下午5点可来国语会参观。约下午5点，蔡元培、蒋梦麟来参观中海，钱玄同与黎锦熙、白涤洲、汪一庵招待。晚上到东兴楼，中央研究院历史语言研究所宴请蔡元培。

29 日 师大开了一天"第一第二两部部务联席会议"，师大与女师大彻底合并，改研究所为研究院。会后到琉璃厂龙云斋印格子板。到开明书店购买朱一新的《无邪堂答问》。

7 月

5 日 国语会开第 12 次常委会。会后同人在广和饭庄聚餐。

取林春溥的《古史考年异同表》，在上记公历，记了一半。

6 日 上午到女师大取一成五的欠薪。

9 日 与沈尹默、周作人、马叔平、马隅卿等人开孔德学校董事会，同意马隅卿辞职，每月给 300 元，以中法大学教授兼孔德学校主任名义去日本调查图书馆建设，为期两年。

抄《越语肯綮录》，次日抄好。

12 日 黎劭西、孙子书、徐森玉在福生宴请马隅卿，钱玄同、赵万里作陪。

灯下将马隅卿所校《六幻西厢》的《董西厢》过录。

13 日 购得亚东新印出的吴敬梓《文木山房集》。又在商务购得影钞乾隆内府原刻的《同文韵统》。

14 日 到大东书局购买郭沫若的《甲骨文字研究》和《殷周青铜器铭文研究》，又买了董康的《书舶庸谭》。

15 日 阅读郭沫若的《殷周青铜器铭文研究》。

16 日 上午魏建功送来罗莘田的《厦门音系》，又借来胡文英的《吴下方言考》。

徐婠贞的亲戚汤庚(学潜)及其夫人从上海来。

下午马隅卿起程去日本。

17 日　下午与徐婠贞一同到金台旅馆看望汤学潜夫妇，并请他们在长美轩吃晚饭。

22 日　到北平师范学校的"注音符号暑期讲习班"演讲"汉字的变迁与声音"。

翁之龙在东兴楼请吃中饭，张思龙夫妇次日要回广东。下午为翁之龙、张菊圃、张思龙写字，又写师大碑两件。

24 日　校《国语字汇》印稿。

26 日　到中海，和黎锦熙一同到北海公园参加中英庚款董事会。

27 日　到青云阁购得罗振玉《石经余璧》。灯下写《金文今写》第一篇。

28 日　上午到师大阅卷，共请了马幼渔、黎劭西、沈兼士、孙蜀丞、夏宇众等 15 人。杨遇夫要到清华阅卷，说次日来。只有吴检斋不到，也不请假。用公款请大家到撷英吃中饭。一直阅到 31 日下午才完工。

1931 年 2 月，教育部决定将北平师范大学与北平大学第二师范学院（女师大）合组为北平师范大学，7 月正式合并。大学之下分设教育学院、文学院和理学院，黎锦熙任文学院院长。钱玄同任国文系主任。

8 月

1 日　写《金文今写》第二篇。

2 日　到东兴楼，沈尹默为孔德学校立案事宴请教育局。

写《金文今写》第三篇。

4 日　吴子馨带唐立庵来访，要刻本韵书。改、排顾颉刚的《疑年录》片，完成三分之一。

7 日 早晨方国瑜来，说云南有两人来北平考察国语教育，要与钱玄同、黎锦熙交谈。黎锦熙已约他们午后在中海相会。午后钱玄同也去中海交谈，其中一人为高师国文系毕业生陈宗孝。

灯下将《华国》第 4 期章太炎师的《新出三体石经考》抄了 8 张。

8 日 乌石锋从杭来，谈单不庵遗稿。又抄了七张章太炎师的文章。

10 日 上午到师大领两校薪水。女师大的薪水也从师大发了。

11 日 改、排顾颉刚的《疑年录》片。

12 日 终于改、排完成顾颉刚的《疑年录》片。

14 日 傍晚到中海。卫聚贤在蓉园宴请研究院同人。与黎劭西到长美轩品茗商谈次日开研究院会，商定研究员及编辑的人选及薪水。

15 日 到师大开研究院委员会，新委员为校长、教务长、三院院长、二门主任，再加傅侗、朱希祖两教授及秘书田静林，通过委员会章程及新职。新职有吴三立、孙子书、王朝行、王重民、白涤洲、彭黄相，而卫聚贤及李在谦则辞职了。

16 日 将顾颉刚的《疑年录》叠完。

17 日 到中海写师大招牌。

18 日 在富晋购得《观堂遗墨》两册。

19 日 上午到荣宝斋购得小中堂，拟作张寿林与陆秀如结婚的礼物。午后回孔德学校写《女曰鸡鸣》，用吴敬梓说。为熊佛西写尺页一张，写了五节《世说》的《赏誉》。

21 日 见到书法家卓君庸，他主张兼采行书及破体字了。

购买《四部丛刊》本《毛诗》《尚书》，取牟庭说录于上。《尚书》录毕，又录了些《诗经》。

灯下取先兄钱恂遗札标明年、月、日、某地，共 39 通，拟装裱。

22 日　晚上在孔德学校取出章太炎师各信注上年、月、日、某地，共 52 封，另有一封系骂孙者，未便列入。

25 日　接着开始校阅《国语字汇》的“ㄐ—ㄩ”之原稿。

28 日　刘嘉镕（铁庵）来谈文字学，他是北大国文系毕业生，系云南教育厅特派教育考查员。

傍晚到北海仿膳，徐旭生请吃晚饭，同席有李湘、黎锦熙、田静林，商谈研究院经费支出事。

29 日　吴检斋来信，大有绝交之意。

9 月

1 日　到师大领取欠薪。

5 日　上午到文学院办公处（石驸马故研究所）开临时校务会议，到了一个月的经费，讨论支配经费问题。

此日与 12 日出刊的 1931 年《国语周刊》第 1、2 期上发表《十八年来注音符号变迁的说明》。介绍了 1913 年教育部读音统一会制定的注音字母，1919 年教育部公布了按照音类重新排定次序的注音字母，随后又制成三种“注音字母书法体式”，1923 年修订的《国音字典》以北平音为标准。1930 年改“注音字母”为“注音符号”，而 1928 年 9 月大学院公布的国语罗马字拼音法式为国音字母第二式。

9 日　到琉璃厂，在直隶书局购得木版（新刻）吴挚甫评点本《史记》20 本。又购得《易经两读》，把《经》《彖》《象》列为三样之表式,阅读使用都方便。

12日　44周岁生日。

收到两封谩骂的匿名信。

16日　购得鲍鼎的《铁龟释文》。

19日　购到《北平晨报》号外,日本人突然炮击沈阳,大肆焚掠,中国兵不抵抗而退。

20日　关于"沈阳事件",徐旭生召集院长们开会,主张召集北平国立、私立大学校长开会商议。

25日　编《尚书篇目表》。编了好几日才编好。

28日　上午在太和门前开市民大会,为抗日救国事大游行。

30日　下午在孔德学校写《毛诗》311篇目。

据此月修订的国立北京大学中国文学系课程指导书,钱玄同开设A类(语言文字类)的说文研究续(三)、中国音韵沿革两门课,每周各三课时,为二、三年级的课程。

10月

2日　上午到琉璃厂,在北新购得鲁迅的《中国小说史略》改订本,又在富晋购得张凤的《汉晋西陲木简汇编》。

3日　购得萧一山《清代通史》卷下一、二两册。

7日　阅读经学方面的书,准备做表。

9日　灯下做《论语》的表。

10日　做《春秋》的表。

13日　向师大借得"通志堂"本司马光《古文孝经指解》。至商务购新影印《相台孝经》,校改在上面。

致函徐旭生,谈聘研究院历史科学门导师八人:黎锦熙、陆懋德、高步瀛、顾颉刚、钱玄同、徐炳昶、朱希祖、商承祚。

14 日　取《三体石经》中的《尚书》《无逸》《君奭》与《书古文训》对勘，确有不同。

15 日　收到《集古遗文》。

17 日　草《各省名称的罗马字拼法》一文，拟登《国语周刊》。

18 日　前一天下午听说房东要卖房子，今天徐婠贞听房东家人说没卖成。

24 日　此日出刊的《国语周刊》第 8 期上发表《各省名称的罗马字写法》。

25 日　在孔德学校剪《唐石经》中之《七经》，将《十二经》补足，忙了一天剪了《易》《书》《尔雅》。

28 日　撰写《〈新学伪经考〉序》，一直到 11 月 6 日才草成。

11 月

4 日　到师大领半月薪水。

8 日　到琉璃厂向开明书店购买《初堂遗稿》。郭斌龢来访，愿上《西洋文学批评史》，每周两小时，各年级都可选。

10 日　因日军策划的天津事件，北平各大学又开大会。

11 日　到师大开教务会议，忽然得到徐旭生辞职的电文。

12 日　到琉璃厂购曹文颐的《孝经考》。

13 日　徐旭生已回到北平，王士侃与李干丞去见他，他说经费一无办法，只好辞职，会议就讨论此事。电告教育部，要求挽留徐旭生。

14 日　师大成立廿三周年纪念日。晚上打电话问询黎劭西关于徐旭生之事，据说经代表挽留，徐校长略松口，而学生偏来劝退。

晚上 7 点开始戒严，路不能行。

16 日　师大学生为校长事开大会，上午停课。推继任人选，竟为易培基、经亨颐、张乃喜。

修改好《〈新学伪经考〉序》，约三万字。

17 日　录龚橙批《筠清》，随后几天有空就做此事。

18 日　到师大开临时校务会议，继续讨论挽留校长事宜。

19 日　到商务取廿四史，第一批为《后汉》《三国》《五代史记》《辽》《金》。

晚上戒严，净街时间改为 10 点。

21 日　报载学生又发电教育部，请速准徐辞职。

22 日　与黎劭西一同到徐旭生家，两人将一同辞职。

为方国瑜抄写康有为的《重刻伪经考后序》。

25 日　抄章太炎师的《三体石经》。借吴检斋的《华国》1、2、3、4 期，他来信索还，急于将第 3 期抄出。

27 日　天津又大闹了，晚上 6 点戒严。

12 月

1 日　下午到中海托孙子书借《经稗》。

4 日　北大教职员要开全体大会，商议反对日本事。《经稗》已借到。

5 日　抄《经稗》目录。

6 日　到北大二院参加徐志摩追悼会。院中贴了不少标语，对于徐志摩追悼会也大肆谩骂丑诋。

7 日　校对《〈新学伪经考〉序》。

北大上周一开会打破头，周二第一批示威团出发，周三第二批示威团出发，周四第三批示威团还卧轨三日，校中反蒋、反御用学生的气氛极浓厚。学生锁了讲堂，纠察队不准教员上课。

8 日 与两儿畅谈，表示须关心国家事，但不能过激。

9 日 还《经稗》，与孙子书谈天。

10 日 上午到师大领到三成薪水。接到一封奇怪的情书。

11 日 上午在孔德学校重打徐志摩的硖石诗及残诗。

12 日 黎劭西请吃饭，介绍符定一（宇澄）相识。他编了一部《联绵字典》，很好，但像 20 年前的钱夏一样固执。

徐耀辰日前丧母，下午与黎劭西一同到他家吊丧。

13 日 接到师大两秘书（王士侃、孙廷莹）、教务长（李顺卿）、三院长（李、黎、刘）的信及布告学生又呈教部文，他们不再负维持之责了。

14 日 审查师大《国学丛刊》第 3 期稿子，太糟糕了，好在他们只能出 70 页。《〈新学伪经考〉序》决计送给《国学季刊》了。

15 日 在师大见到罗根泽，他说顾颉刚要他编成一册《诸子辨伪》，即作《古史辨》第三册。

16 日 约白涤洲、黎锦熙到蓉园吃晚饭，谈《国语字汇》问题。

19 日 钱玄同、白涤洲、黎锦熙会审“ㄐ、ㄑ、ㄒ、ㄓ”。

21 日 黎劭西约在长美轩请吃饭，10 年前国语讲习所毕业生鲁清晨，任河北教育厅督学，来北平接洽推行注音字母，同席还有白涤洲。

22 日 本月都在忙于校对《国语字汇》。

26 日 北大复课了。

28 日 钱玄同、白涤洲、黎锦熙会审“ㄔ、ㄕ、ㄖ”。

29 日 到中海，会审“ㄗ、ㄘ”。

30 日 到中海，会审“ㄙ、ㄩ、ㄥ”，至此大功告成。

1932年(壬申,民国二十一年)　45岁

▲1月28日,日军大举进攻上海,第十九路军奋起应战,"一·二八"抗战爆发。

▲3月9日,"满洲国"在长春举行成立大典,溥仪为执政,郑孝胥任总理。

▲10月15日,由于叛徒告密,前中共总书记陈独秀在上海被捕。

1月

1日　到前门购物,购得《隶古定尚书》、《徐志摩自剖》、《最近卅五年之中国教育》(商务纪念)、《中原音韵》、《太和正音谱》和罗振玉《面城精舍杂文》。

灯下草拟附录一化学表。

2日　在旧书摊上购得《朱骏声文集》铅印本一册,十余年前康心孚所印。将附录二度量衡表及第三特别读音字表草就。

3日　到国语会开会,钱玄同提议:以个人先试编"国语普通辞汇",以为"词音统一"、"词形定一"之用。下午略逛厂甸。到商务购得周予同的《朱熹》、高本汉的《中国语与中国文》(张世禄译)、陆基和方寄观的《苏州注音符号》、方寄观的《常州注音符号教本》。

4日　黎劭西有《龟德颂》,又有"龟走",反观自己做事太像兔子,时走时睡,此后当学龟走。又念单不庵曾取过一个未用之号"龟竞",因自号"龟竞斋"。

5 日 撰《国语字汇》的说明约两千字。

7 日 下午到富晋，购得赵元任《广西猺歌记音》和道泉编注、赵元任记音的《仓洋嘉措情歌》。到商务购买《司马迁年谱》（郑鹤声）、《音韵学通论》（马宗霍）、《唐人万首绝句选》（仿宋排印，甚精致）。

8 日 撰写附录的说明。

9 日 校《国语字汇》样本。

10 日 校《伪经考序》稿。

11 日 到中海，交出《国语字汇》校样。

灯下修改"本书的说明"、"附录"、字母的读法及廿六罗马字读法。

12 日 与黎锦熙一同酌定后，将说明、公布令及附录三种交出，剩下《声韵略说》及《声韵表》，当尽快完成。

17 日 张雪门来访，邀请钱玄同到他所办的幼稚师范去讲关于国语的问题。

18 日 沈令扬来访钱秉雄、钱三强，说投靠日本人的方梦超死在沈阳了。

晚上《国语字汇》稿送来，灯下校对。此后几日都在校对《国语字汇》。

20 日 下午到商务取《辞源》续编，又购得《唐五代词》、《音学备考》、许地山的《印度文学》，还有胡适著、姚名达订补《章实斋年谱》以及周予同注释的《经学历史》。

22 日 到张雪门所办的幼稚师范演讲国语的问题。

24 日 写高步瀛所撰《获鹿张君墓表》，次日才写完。向黎劭西、白涤洲交出《国语字汇》校稿，略有更改的地方需一起讨论。

29 日　中午到福兴居，国语会常委为赵元任夫妇饯行。他们定于 2 月 2 日离平赴沪，去美国任留学生监督。据报载，日军进攻闸北，恐舟车都不能到上海。“忍不住又想到商务印书馆正在闸北宝山路，不知遭殃程度如何？其东方图书馆若受损失，实可怜也。”

魏建功出示注音符号的图章，仿齐白石，刀法很好。

为写《邪母古读考》搜集证据。

30 日　报载，商务印书馆、东方图书馆被炸。

31 日　方国瑜送来文化书社的《新学伪经考》。

灯下撰写《邪母古读考》。

2 月

1 日　到中海，与白涤洲、魏建功商谈《国语字汇》。

灯下写完《邪母古读考》。

3 日　上午到师大领取薪水，到各处还账。将《邪母古读考》送交方国瑜。

为北大山西学生解铁光写一观音碑。

5 日　上午赵憩之来访，借到两种韵书。下午去商务印书馆，得知总厂、东方图书馆及虹口支店损失极大，暂时停业，北京分馆照常营业。灯下抄《文字根本》。

除夕夜，禁爆竹，“故无此声，与往年最不同者，惟此矣”。

6 日　昨日火灾，物理系全烧光了，下午一师大开紧急校务会议。

灯下撰写《声韵略说》，断断续续写到 12 日半夜才完稿。

7 日　逛厂甸，购得李滨《玉烟堂帖本急就章草法考》及《玉烟堂帖本急就章偏旁表》、廖恩焘（鸿书）《新粤讴解心》、《新方言》(定本,原本)、《还读我书室年谱》。

8日 逛厂甸,购得薛福成《出使英、法、义、比四国日记》、李提摩太译的《百年一觉》、招子庸的《正粤讴》、朱一新的《义乌朱氏论学遗札》、胡韫玉的《国学汇编》。

9日 午后逛厂甸,购得《中俄界约斠注》《文史通义》《滂喜斋》。

11日 午后逛厂甸,购得《十五音》、容庚的《秦汉金文录》、《说文审音》、王国维的《急就篇校正》、《字学三种》、崔述的《知非集》、《天花乱坠》。又为钱秉雄购买《九种记事本末》。

赵万里来访,带来《中原音韵》的抄本,每份价1元2角。

13日 逛厂甸,购得刘熙载的《古桐书屋六种》、王照的《增订三体石经时代辨误》、《尔雅直音》、《夏小正考注》及《说文解字旧音》。

收到方梦超的讣告。"这个奠仪恕不送了,因为我是中国人。"

14日 逛厂甸,购得《跋南雷文定》、《百宋一廛赋》、《经解入门》和《清议报》(全16册),还有四川新刻之汉、隋两《艺文志》,方便查阅。

15日 灯下点阅《百宋一廛赋》。

16日 校改完成"说明"。晚上走访黎劭西,将定稿给他。

17日 购得《拼音识字表》。

18日 北大开始上课。逛厂甸,购得《古音类表》《东洋史要》。

20日 逛厂甸,购买《镜花缘》和洪宪《中国学报》4册。这是厂甸书摊最后一天。

到中海,与黎劭西商谈如何做韵书卡片,用于编《国音字典》。

21日 到开明书局购鲍鼎的《金文表》。

24日 晚上仍改《声韵略说》。改了好几日。

26日 看刘译《比较语音学》,可资参考处不少。

28日 走访黎劭西,谈《声韵略说》中的小问题。

29日 上午将"附录三"改定。到中海,与白涤洲、黎劭西商谈音韵问题。灯下做"音素表"。

章太炎师来北平,住在花园饭店。

3月

1日 下午到开明书店购得周予同的《本国史》下册。

2日 下午与马幼渔一同到花园饭店拜访章太炎师,一别16年,章太炎师"态度如旧,益为和蔼,背颇驼,惟发剪极短,与当年披发大不相同"。"政客一大帮,与辛亥冬与哈同花园时颇相像。"这次老师其实是"避沪难而来"的。约4点,朱希祖、马幼渔、钱玄同、黄季刚、吴承仕请老师乘汽车逛中南海公园。师徒在瀛台小憩,太炎师向大家谈论到《逸周书》《清史稿》。6点在大陆春行晚宴。宴会临近结束时,得到沪十九路军总退却的"噩耗"。

6日 到国语会开第16次常委常会。校"附录"一、二及"说明"。

7日 做成音素表。

11日 晤郑振铎,据说东方图书馆的宋版书早已取出,其他则都付劫灰了。

12日 约了马幼渔和马叔平,下午去拜访章太炎师,又是宾客满堂。忽与黄季刚龃龉。黄季刚称钱玄同为"二疯",问治音韵有何心得。钱玄同回答没有。黄季刚忽然不耐烦地说:"新文学，注音字母，白话文，屁话。”钱玄同听到“屁话”二字大怒，对黄季刚说：“这是天经地义！我们道不同不相为谋，不必谈。”“喧哗了一场，殊可笑。”

晚上客人散去，剩下钱玄同、马幼渔、马叔平、吴承仕与章太炎师“谈学甚乐”。得知老师新近著有《春秋经说》五万余字，又改定了《三体石经考》。钱玄同答应再为老师书写石印，一如当年写印《小学答问》。

16 日 到来薰阁去取重印的《天工开物》。

20 日 与黎锦熙同往协和医院探望胡适。他进院割盲肠已五星期，尚未收口。

21 日至 25 日 写 540 部首今读表，一依声分，一依韵分，其中有几个字不能从《唐韵》，当以本义的音为主。

27 日 钱稻孙夫妇为徐婠贞庆祝生日，在利通饭店请吃中饭。下午到中海，为陈筑山写其夫人传，备刻石之用。

28 日 到来薰阁，购得李泰棻的《今文尚书证伪》。

29 日 黄花岗纪念日，放假。

下午抄补《义府》一页。一年前借孙人和的《义府》，送到黎劭西家，托他车夫送还。

30 日 接到马幼渔电话，得知他与朱逖先拜访章师，已定次日下午 3 点在师大演讲。下午到师大与学生们商定，文学院的国文系、历史系、研究院联合请章太炎师来演讲。到中海，与黎锦熙说定，并与朱逖先接洽一切。

31 日 下午 1 点到中海，与黎劭西同乘汽车去接太炎师，朱逖先已在等了。约 3 点到师大，演讲“清代学术之系统”，讲到 5 点，由朱希祖翻译。太炎师家中来电话说有人在等候他，与朱逖先、马幼渔送他回去。

这次讲演由柴德赓记录，记录刊于《师大月刊》第10期。

此月出刊的《师大国学丛刊》第3期上发表《古音无“邪”纽证》。

4月

1日　开始写《广韵四声谱》。

7日　雇汽车请马幼渔代接太炎师到东兴楼，做东宴请太炎师，要把俞平伯介绍给老师，还有马叔平、朱希祖作陪。

8日　刘半农在家宴请太炎师，同席还有马幼渔、马叔平、沈坚士、朱希祖。宴后太炎师为钱玄同题写斋名“急就庼”三字。太炎师说：“志则笃矣，实未有也。”意指钱玄同没有自己的房子。

下午，大家护送太炎师到北大，演讲“揭示学界救国之术”，主要讲：一是不可有好奇之见，二是不可专倚智慧，三是不可依赖群众，四是不可偏信偏听。

12日　国文系两位学生刘同友、牛继昌来访，想组织国学研究社，已约黎锦熙、商承祚讲学。他们来请钱玄同讲音韵，钱玄同同意从下周二开始。

傍晚在孔德学校，点阅《孟子微》。

走访魏建功，出门失足踏空，蹩坏右脚。

13日　足痛，不良于行。到中海。郭昭文来访。下午黎劭西来，共商关于龟甲、钟鼎、隶草，及须重编《干禄字书》等类。

15日　接到黎劭西电话，得知教部决定以李建勋任师大校长。

16日　手又发炎，中午到金子直处诊视。

马幼渔送来吴检斋抄本《广论语骈枝》，约七千字，下午开始抄。

17 日　赵憩之来访，赠原本《五方元音》。

抄《三体石经》，将陈乃乾所印者全抄了。

18 日　与刘半农、马幼渔乘汽车接太炎师到北大，在中国文学系及研究所国学门演讲“广论语骈枝”。太炎师 3 点到北大，先看明清史料，4 点开讲，讲了一个多小时，由钱玄同把太炎师的话翻译成官话，魏建功写黑板。此后大家到马幼渔家，马幼渔宴请太炎师。在《语丝》上发表《谢本师》的周启明也来了，师生泯恩怨。

19 日　晚上周启明在家宴客，同席有俞平伯、徐耀辰、江绍原、废名，还有一位在东京留学时相识的陶望潮，一别二十余年了。

20 日　与马幼渔乘汽车接太炎师到北大讲学，从 4 点讲到 5 点，仍未讲完。晚上蒋梦麟校长在德国饭店宴请章太炎。

21 日　研究所抄的《广论语骈枝》送来，灯下加标点。

22 日　下午刘半农、马幼渔、钱玄同乘汽车接太炎师到北大讲学，4 点起讲，6 点讲完。太炎师请大家到他家吃南京来的大鱼，刘半农、马幼渔、钱玄同、魏建功、朱希祖、吴承仕都去。

23 日　将太炎师的《三体石经之解》分片书写，拟将王国维的释文也写上去。

24 日　将太炎师的《三体石经》抄好。

25 日　在师大为国文系学生组织的国学研究社讲《广韵》。

27 日　下午又为师大学生讲《广韵》。标点好《广论语骈枝》。

28 日　校勘标点好《广论语骈枝》。傍晚将校斟稿拿到刘半农处。

灯下撰《高子篇高君附笺》一则寄给太炎师，拟附入《广论语骈枝》。

29 日　陈筑山请吃晚饭，感谢钱玄同为其夫人写墓志。同座有王东孙和林宰平。

5 月

1 日　罗根泽在新陆春请吃晚饭，座中有黎劭西、刘子书、钱宾四，初识刘节。

2 日　沈兼士转来《高子篇高君附笺》，太炎师略改数字，说可用。

3 日　到文学院办公处，黎劭西、李建勋、钱玄同商量研究院下半年的办法。随后到北大领取薪水。晚上校对《广论语骈枝》印稿。

4 日　纪念五四运动，北大放假一天。中午到北大地窨中交校稿。

6 日　到师大领取薪水。

灯下将太炎师文相关的《三体石经》原文摹下。

12 日　钱德充夜里生病，已到金子直处诊视过两次。

带黎劭西去拜访太炎师，他准备过几天南归。师生大谈《左氏春秋》。

13 日　钱德充的病很重，发高烧，请金子直来诊治。

14 日　打电话请金子直来给钱德充诊治。到金子直处取药。金子直说孩子烧已发出来，希望接下来就会退下去。

15 日　请金子直来复诊，确诊为白喉，打了针。

下午 4 点到周宅，周启明宴请太炎师，日本料理与绍兴菜合璧。同座有朱希祖、马幼渔、沈坚士、俞平伯、魏建功，大家都请太炎师写字。由于俞樾的关系，太炎师称俞平伯为“世大兄”。

晚上钱德充的病略有好转。

16日 钱德充的病略有好转。中午请金子直来诊，又注射血清五千单位。下午去取药。

傍晚到朱逖先家，他与沈坚士请太炎师吃饭。昨天的陪客中俞平伯没来，又加了龚镇洲与刘半农。

朱逖先出示其珍藏的明抄宋本《水经注》，请太炎师题跋，钱玄同、沈兼士分别题署“钱玄同敬观”“沈兼士敬观”。

饭后打电话到家里，得知钱德充平安。

17日 钱德充的病渐有起色，仍请金子直来复诊。

抄《国音略说》中的声符部分，准备给《国语周刊》刊用。

18日 钱德充喉间白点仍未退，中午请金子直来复诊，再次注射血清五千单位。抄好《声符略说》。

19日 到中海，见到教育部来文，得知《国音常用字汇》已正式公布。

《国音常用字汇》尽管署名为教育部国语统一筹备委员会所编，但实际上主要为钱玄同所编。从1923年到1932年，这本书的编纂整整耗费了钱玄同10年时间。1929年，国语委员会第二次常务委员会决议改名为《国音常用字汇》，就原稿删定后，剩余9920字，加上异体异音的，共计12220字。再由钱玄同作最后的审核，黎锦熙和白涤洲共同提供意见。1931年，《国音常用字汇》全稿终于完成，次年5月由商务印书馆出版，同时废止1920年公布的《国音字典》。全书用注音符号和国语罗马字对照注音，所有字的音都标注声调。该书打破了传统的部首排序法，采用了比较科学的字母排序法。1932年，《国音常用字汇》由教育部公布后，成为全国标准读音的依据，为国音的统一做出了很大的贡献。

20日 请金子直来为钱德充注射血清五千单位。

21日 钱德充的仍发热。

22日 徐婠贞也病了，金子直来诊治，说是流行感冒，问题不大。钱德充第五次打针，剂量加大到一万单位。

下午钱秉雄也病了。五口之家，三人生病，钱玄同与钱三强父子晚轮流“值班”照料。

孙人和交来《前汉书》的抄稿。这是吴检斋要求抄的，作为付梓的底本。

25日 上午金子直来诊。下午到金子直处取药，钱三强确诊为流行感冒。钱德充仍有低烧，徐婠贞、钱秉雄都痊愈了。

27日 仍请金子直来诊。下午到金子直处取药送回家。

28日 徐婠贞手脚都肿了，大概是肾脏炎。钱三强的病仍严重，改请李景泉诊视，下午服药两次，大出汗。

29日 请金子直来诊，徐婠贞确是肾脏炎。徐婠贞又发高烧。钱三强的病仍请李景泉复诊。

收到吴检斋信，得知太炎师于21日微行出平南归了。

30日 徐婠贞退烧了，人也平稳。请金子直来诊，说无大碍。钱三强的病有好转，李景泉来复诊，改方服两剂便可停药了。

31日 徐婠贞退烧了，似乎除肾脏炎外，病有好转，胃口也好，只是脚软。徐婠贞晚上略安。

6月

1日 徐婠贞又咳嗽了，请金子直来诊视，说是气管炎，无大碍。

到富文斋取张伯桢的《康南海传》。

2 日　傍晚到金子直处取药。徐婠贞烧已退，手脚肿处也稍消。

5 日　到中山公园观看明岐阳王文物展览会，随后到金子直处取徐婠贞的药。徐婠贞由于吃得太多，引起低烧。

7 日　到金子直处取徐婠贞的药。徐婠贞的病已无碍。

8 日　到琉璃厂一带还节帐。走访吴检斋，交出《论语》及《昌言》稿，又取得《昌言》下半部来校。

9 日　赵憩之来访，借到《琼林雅韵》，拟发抄。

10 日　师大罢课，定于次日出发到南京“索校长”。徐婠贞差不多好全了，胃口也好，只有目疾未愈。到金子直处，只取包眼硼酸水一瓶。到师大文学院及教理学院，两处都关闭大门，阻止教职员入内。

送药回家后到中海，黎劭西也来了。得知早晨学生包围李干丞，要全校钥匙，并要 200 元旅费。秘书、教务长、三院长在李干丞家开谈话会，讨论结果由黎锦熙拟一宣言登《世界日报》。

11 日　听说师大被军警包围。

12 日　点阅《古籀拾遗》(阮卷)。

13 日　军警已撤，师大教理院和文学院仍半开门。

在富晋购买《长安获古编》和《怀米山房》。

14 日　点阅《古籀余论》。到中海，为黎劭西书写“立达书局”匾。郭昭文与丁迪豪代表研究院来中海挽留黎锦熙。

此日出刊的《国语周刊》第 37 期发表《国音声符略说》。

17 日　走访马幼渔，听说蒋梦麟次日将与高仁山的故妻陶曾谷结婚。

18 日　到中海，写齐任怡的“北风书店”匾字。

19 日　到蓉园，陆侃如、冯沅君夫妇请吃饭。他们即将去法国。

开始写定《急就篇》正草两体，正体，依《唐石经》，行草参杨、董、宋、赵四本，并注音，先写卡片。本月都在做此事。

23日 到中海，为孙蕴璞所办“著者书店”写匾，又与黎劭西合送两匾：“信信疑疑”“亦述亦作”。

24日 校毕《体撰录》。

得知教育部又任命李蒸（云亭）为北师大校长。

25日 到午门楼历史博物馆看洪承畴画展。

顾颉刚交来吴其昌的《殷先王先公三考》，早晨读毕，“虽有武断，尚觉贤于鼎堂”。

27日 走访吴检斋，商量为章师刻书事宜。刘盼遂赠送其所撰《段玉裁年谱》，用段玉裁与刘端临书作重要材料，很好。

30日 取《五经文字》的字体书写在《说文》上。

此月出刊的北京大学《国学季刊》第3卷第2号上发表《重论经今古文学问题——〈新学伪经考〉序》。这是钱玄同为1931年10月北平文化学社出版、方国瑜标点的《新学伪经考》所作的序。《国学季刊》上重刊此文前，钱玄同大大地增改了一番。钱玄同回忆自己是在崔适的指导下认真研读《新学伪经考》的。“我因为确信《新学伪经考》是一部极重要极精审的辨伪专著，故二十年来对于青年学子们常常道及这书，认为这是治国故的人们必读的一部要籍，无论是治文学的，治历史的，治政治的，乃至治其他种种国故的，都有读它的必要。”方国瑜标点本《新学伪经考》的出版，方便了大家研读此书。钱玄同结合崔适、张西堂等人的研究，对《新学伪经考》所考各“经”又作了一番考辨；进而指出，大家日后解经，“应该以‘实事求是’为鹄的，而绝对破除‘师说’‘家法’这些分门别户，是丹非素，出主入奴的陋见”。

7月

1日　接到白涤洲电话，国语会仍获得资金12000元一年。

4日　在孔德学校校对太炎师的《昌言》。

5日　上午校《昌言》卷四的后半原稿，到文楷交稿。

6日　到景山书社购傅斯年所印的薛尚功《历代钟鼎彝器款识法帖》。在孔德学校拆排《国粹学报》上太炎师的文章，未毕。

8日　在孔德学校点阅《书林清话》数篇。傍晚到直隶购《郎园读书志》和《书林余话》。

9日　到直隶换书，又买《杨慈湖遗书》。

10日　罗根泽在新陆春请吃中饭，同席有黎劭西、马季明，初次见到撰《穀梁真伪考》的张西堂。

13日　拟抄《三体石经考》。校《昌言》卷五抄稿。

14日　上午在孔德学校，校《昌言》卷六抄搞。

晚上校《昌言》卷二、卷三校样。

15日　将《广骈枝》最后几点阅毕。下午到文楷斋交稿(《骈枝》终校，《昌言》卷二、卷三校样，《昌言》卷五、卷六抄稿及原抄)。

到金子直处诊治手。走访马幼渔，将《体撰录》交他点句。

为燕南民众学校题写隶书校名，并由黎锦熙注音。

16日　到开明书局，购闵尔昌的《碑传集补》。

17日　手的炎症更严重了，几乎不能执笔拿东西了。

18日　到金子直处诊治手，随后几日都到金子直处诊手。

19日　走访朱逖先，听说师大女生要求将他革职，而六主任竟将此事提交教务会议。

23日　报载，朱家骅提议本年师大停止招生。

25 日　上午到金子直处看手，渐好转了。

26 日　手渐愈，大脱皮。

30 日　钱三强将往国会街法学院考清华，考到次月 1 日。

上午到国语班演讲：一、汉字造字是循形，用字是循音；二、宜注意方言和罗马字；三、拼音文字须写成固定形式，不可随时拼写，任意分合。

清华考对对子，是陈寅恪的主张。

8 月

1 日　到琉璃厂购物，到来薰阁购《论语义疏》。

2 日　阅报知停止招生令已到师大。

3 日　到文楷斋，太炎师《左氏》卷一、卷二上两卷写样已成，取来校阅。

6 日　师大开校整会，李蒸回北平报告教育部意见，绝对不招新生，研究院改回研究所。

7 日　上午写《古书今译》数则，拟投《国语周刊》。下午在孔德学校，审查赵憩之的《中原音韵研究》，晚上写审查报告书。

8 日　灯下写《韵略易通简表》。

9 日　到师大文学院开校整会，讨论组织大纲，在师大吃饭。灯下写完《韵略易通简表》。

10 日　上午赵憩之来访，交给他审查报告书。

太炎师来函催《左氏》稿，他怕热河事件扩大，危及平津。吩咐钱秉雄、钱三强将卷一、卷二上、卷二下之三卷，约三万字草草录出，以便将原稿寄还。

11 日　《左氏》稿已抄好。去黎劭西家，商量师大组织大纲中关于研究所的条文。随后到文学院，校长指定教务长、三院长与钱玄同五人组，共商组织大纲中的条文。

12日 李干丞在来今雨轩请吃饭，他向钱玄同辞行了。

13日 到来今雨轩，与李湘宸、黎劭西为张小涵、文范村、李干丞钱行，他们不日就要出洋。

14日 从8日开始，一周内写了兰、樊、胡、徐四家简表，都是由赵憩之之著作所引起的。日内当刻一格式誊清。以后当续写周、卓、朱(权)、蔡、毕、乔诸家之表，诸表成，则元明韵书之大略可讲了。

16日 到师大开"校务整理委员会"，讨论好组织大纲，师大请吃中饭。孙子书帮助向北平图书馆借来徐孝的《合并字学集韵》。

19日 开始写《中原音韵》音表。

20日 得知钱三强已考取清华大学。灯下写《中原音韵》音表。

21日 到周启明家，马季明出示新近买到的刘申叔致端方告密信28张。此信用有光纸裁成小张，用工楷书写，大概是刘申叔最认真写的字了。阅此信才知刘申叔在讲社会主义时已做侦探了。此信共约四千字，在周家竟抄了四个小时。

写《中原音韵》音表。

22日 写好《中原音韵》音表。

24日 上午到师大开会，讨论研究所事宜，只到李蒸、李建勋、黎锦熙、钱玄同，未有结果。历史科学门和教育科学门改纂辑处，永不招生。

30日 马宗芗来访，为抄太炎师著事宜，又邀请钱玄同到东北大学去教授功课，钱玄同婉谢，只答应去演讲几次。

31日 开始写《三体石经考》，写了好几日才写完。

9 月

3 日　到两大学领取薪水。在来薰阁购得郭沫若的《金文丛考》，“略一翻视，极佳”。

5 日　校两儿抄的《左氏疑文答问》。

8 日　钱三强 7 日到清华大学报到，没排上号。今日将一切手续办妥，次日可以去住校了。

12 日　45 周岁生日。

17 日　到商务买了一本《万有文库》中的小册子，又为三儿购《经史百家杂抄》，清华用作国文课本。

此日出刊的《国语周刊》第 52 期发表《评赵荫棠的〈中原音韵研究〉》。前有编者案：“赵先生是北大研究所国学门的研究生，钱先生是那边的导师。《中原音韵研究》是赵先生的研究成绩，这篇评是钱先生对于赵书的审查报告。”赵荫棠《中原音韵研究》及钱玄同的“审查书”载于 1932 年 9 月出版的北京大学《国学季刊》第 3 卷第 3 号。《中原音韵研究》由商务印书馆 1936 年 2 月初版。

24 日　本学期开始上课。

25 日　在孔德学校编《经数表》。

27 日　到琉璃厂购得夏味堂的《三百篇原声》，此书观点新异。

29 日　得知北大昨日因请缓缴学费事闹起轩然大波，校长开除九人，并辞职，学生于是罢课。

30 日　北大仍未上课。下午在孔德学校，发信给马幼渔、马宗芗（竞荃）、刘叔雅、周启明、朱逷先、沈兼士，邀他们明晚在大陆春商议《章氏丛书续编》垫款事宜。到景山书店取郑西谛《中国文学史》第二册，此书刚出版。

据《国立北京大学文学院课程一览》，民国二十一至二十二年度，钱玄同只教授国文系一年级中国音韵沿革、二年级《说文》研究两门课，每周各三课时。

"《说文》研究"的简介：取《说文》中的非形声字，及形声字中古今变迁复杂的字，就形、声、义三点各为之说明。上考甲骨刻辞及金器款识以穷其源，下考唐宋以来至现代语言以究其委。又对于孔壁伪经的伪古文之辨证，尤为加意。

"中国音韵沿革"的简介：叙述古今音韵的沿革变迁，分为四期：(1)周至汉，(2)魏至宋，(3)元至清，(4)现代。并用语言学家的新说，说明声纽韵部的发音。

10 月

1 日　此日出刊的《国语周刊》第 54 期发表《述几段古书的今译》。该文讲述了高阆仙用山东方言译的《论语·先进篇》、钱恂讲的《孟子·梁惠王篇》中"晋国天下莫强焉"一节的译文、清代梁章钜对《论语·雍也篇》中两节的弹词体译文、屈伯刚用苏州话译的《诗经·召南·野有死麕》末章、周伯陶用杭州话译的《论语·季氏篇》中一节，都诙谐有趣。

2 日　到商务购买《万有文库》本《日知录》。

5 日　取《疑年录汇编》中清代人有关学术思想，抄出并记明公历日期，备选清代思想文等。晚上将两《经解》三百余种书编一分经目录。

6 日　因师大印刷质量太差，与黎劭西商定，将他的宋、元、明及钱玄同的清代，各选若干文，分段标点，即交著者书店先印活叶，加目录而装成册，书名《宋元明思想学术文选》《清代思想学术文选》。也可用这个办法印成《经学史表》。

13 日　看夏敬观《音学备考》之《经传通假例证》，谬误很多。

16 日　在孔德看《诗声表》，点阅《毛诗古音考》至《周南》。

17 日　阅读《古韵标准》。

19 日　到商务，购得《万有文库》中的《中国历史研究法》并《补编》。

20 日　收到《国学季刊》第 3 号，读陆宗达文章，知王念孙晚年定论廿二部（依孔、江加冬），有平、上、去、入声调。

21 日　看江氏《唐韵四声正》。

22 日　与符宇澄商酌其书中的古纽古韵表。

23 日　到商务，购买《万有文库》本段《说文》，照原页石印，本子小而字大，悦目又便于携带。又为钱秉雄购买《万有文库》本《明儒学案》及《颜氏学记》。

25 日　取段注《说文》，打古韵目，打 28 部，后来又改正为 33 部。

26 日　继续打段注《说文》，打了第两篇。

27 日　到琉璃厂，购印泥，又购严刻《严氏说文声类》。

29 日　胡适在北大讲“陈独秀与文学革命”。

11 月

1 日　购得《万有文库》本《宋元学案》，送钱秉雄。

2 日　灯下将王、郭两家金文韵读照 28 部分法，用《六书音韵表》体例写成三册。

3 日　将戴氏《声韵表》另画格，略如江氏《四声切韵表》式重写。

4 日　考虑将丁氏《全汉诗》及严氏《全汉文》中之韵读一一

抄出，先用 33 部记，看其与《诗经》之异同。

7 日　到北大出版课，商议印刷唐兰的《中国文字发生史讲义》。

购得鲁迅的杂文集《三闲集》与《二心集》，躺在床上阅读，“实在感到他的无聊、无赖、无耻”。

13 日　取江沅《音韵表》，将月部、质部、冬部、烛部中韵特别打出，质部、月部韵依王致李书，冬部、烛部韵依孔（段致江书，本极赞成孔）。

14 日　到琉璃厂，购得影印无锡安氏所藏北宋拓本《泰山刻石》，能看到秦刻石的真相，可谓珍品。又购得郭沫若的《金文余释之余》。

16 日　到中海，见到黎劭西，嘱再剪一部段氏《说文》，与两年所剪北宋本《说文》贴在一张纸上，可以做成三部书：《说文古韵谱》《重考〈唐韵考〉》《说文今读》。灯下取江氏《楚辞韵读》，将段氏之表写于上方，以便参考。

17 日　下午回到孔德学校，卧床翻戴东原《经考》。续写段氏《楚辞表》。晚上走访马叔平。

19 日　接到吴检斋电话，就前往吴检斋处，得知太炎师有《太史公古文尚书说》一卷、《古文尚书拾遗》二卷的稿子已到。又有订正《石经考》二则。

走访黎劭西，得知师大校长李蒸已回京，报告师大可望不改制。

21 日　购得杨度之弟杨钧的《草堂之灵》四册。

22 日　购得《万有文库》本《金石索》。

23 日　到中海晤黎劭西，他正在修改《国语四千年来变化潮流图》，就与他一起修订。

12 月

14 日　徐婠贞旧疾复发，经半个月的治疗，已渐愈，但仍须服药。

开始改唐书的序。

报载，师大马哲民、北大许德珩均被捕，又有侯外庐、台静农也被捕了。

17 日　师大卅周年纪念日，放假。师大校长在撷英请吃中饭。

三中会竟提出停办师大。大家主张去函力争，用校长及全体教授之名给三中会发电报，也给蔡元培、吴稚晖、程天放、经子渊、张静江、于右任等人发电报。给蔡元培、吴稚晖的两封电报，教授由钱玄同领衔。校长李燕赴宁力争。

21 日　早晨收到吴稚晖快信，告知师大停办案已撤销。给吴稚晖回信。

24 日　改唐书的序，基本改好了。

25 日　走访魏建功，将序交出，又要来前年照相的魏撰胡适寿辞，拟抄登周刊。据魏建功说白涤洲丧子。

27 日　抄好魏文，还需作跋。

29 日　写好魏文的跋。

白涤洲又丧偶。

30 日　到师大，李蒸回平开谈话会报告争取经过。

到广和饭庄，骆鸿凯回北平将接眷回湖南，与黎劭西一起宴请他，吴承仕、余季豫、董鲁安、罗庸、郑奠等作陪。

31 日　到商务购得《万有文库》本《水经注》。

见魏文登出，因跋太长未登，拟修改。

据此月编印《国立北平师范大学职教员录》,钱玄同的到校时间为1913年9月,此时任国文学系主任,住址为东华门大街孔德学校,电话:东局2470。学历栏空白。

1933年(癸酉,民国二十二年) 46岁

▲1月31日,国民党政府将北平文物南迁,各界民众团体强烈反对,搬运工人罢工。

▲3月4日,热河省主席汤玉麟率部不战而逃,日军以128名骑兵为前头部队,兵不血刃,进占承德,热河沦陷。6日,宋哲元第二十九军与日军在喜峰口血战。

▲5月31日,中国代表同意日方提出的停战协定草案,一字不改,正式签署了《塘沽协定》。

1月

1日 买到一本旧书,有眉批三处竟是自己的手笔。应该是早年离湖赴沪或离沪赴日时流失的。

2日 约魏建功在东华春一同吃中饭。他出示太炎师自己开列的弟子名单,只有22人,不要说周氏兄弟,连龚未生、范古农也不在内。

3日 到中海,晤黎锦熙、王静如,与德国研究中国音韵的专家西门氏交谈。

阅读《天津报》,得知1日晚日本兵在榆关开火,恐怕北平不能久居了。

4日 传闻榆关失守,日军将迫近秦皇岛。如果学校要考

试，自己与钱秉雄、钱三强留下考试，徐婠贞和钱德充可以先南行。

7日 时事紧张，下午到师大开谈话会。考试只能照行，但学生如要回家，也未便拦阻。

8日 钱三强原说本星期不回家，15日考好才回，但他昨晚回来了，说全体学生请假，本届不考了。

到琉璃厂，买了吴瀛的《故宫博物院五年经过记》。

10日 走访吴辛旨，取回《周金文存》。魏建功送还《殷墟书契》。

听说魏建功夫人及弟妹将随徐旭生夫妇赴桃源。黎劭西也将女儿送回湖南。

14日 中午魏建功请钱玄同、黎锦熙吃饭，得知其妻、子、弟妹已回河南。

下午到商务购《万有文库》本《明儒学案》。

此日出刊的《国语周刊》第68期发表《关于魏建功的〈胡适之寿酒米粮库〉》。1930年12月17日是胡适40岁生日，魏建功套用平话体裁写了《胡适之寿酒米粮库》，大致讲述了胡适40年的生平以及对白话新文学的主要功绩。此篇平话体由钱玄同写成手卷，12位朋友签了名送给胡适。魏建功《胡适之寿酒米粮库》发表于《国语周刊》第67期。钱玄同此文，对于胡适的精彩人生和魏建功的精彩平话体贺寿文进行了“戏台里喝彩”。

15日 将康书序再阅一遍，又略有改动，定稿。

17日 到直隶书局，购丁福保的《说文解字诂林》续编一部。

18日 购得何柏丞的《浙东学派溯源》和蒋天枢的《全谢山年谱》。

19日 开始校对太炎师的著作。

今日将《太史》及《昌言》卷二、卷三、卷六,《左氏》卷五校毕。

20日 灯下校《昌言》卷四毕,随后几天继续校。

24日 到师大领取薪水。在商务买了谢国桢新出的《黄梨洲学谱》,以及《国学基本丛书》中的《史记》、《万有文库》本《算经十书》、胡适的《哲学史》。又到富晋付节账。

26日 除夕夜居然没有一声鞭炮声。

27日 感冒咳嗽,到金子直处诊视

灯下将《昌言》校完。

28日 校《左氏》,次日校毕。

29日 《体撰》一卷,写样毕。仅刻样《论语》,未校。

2月

1日 逛厂甸,购得齐履谦《春秋诸国统纪》、《六朝文絜》、《古今韵略》、《景檐遗文》,还有刘师复的《民声》1—29期合订本、《船山学报》第1期。又到商务购《世界宗教史》,到松筠阁购《广韵本变音考》。

2日 走访吴检斋,将太炎师的校稿交出,见到林公铎。随后逛厂甸,购钱馥之《小学庵遗书》。

3日 逛厂甸,购得《国学振起社讲义》、《眷云入门》、丁晏的《佚礼扶微》、《春秋摘微》、石刻《干禄字书》、壬寅(最早本)《饮冰室文集》。

4日 逛厂甸,购得《絜斋集》《吴长兴伯集》《李氏音鉴》,还有洪宪《中国学报》1—5期。又为钱秉雄购得徐刻《颜习斋年谱》。

5日 检吴其昌的《殷先王先公三续考》。此文武断处固有之,创获处亦殊不少,《燕京学报》大可刊登。

6 日　赵憩之见赠近著《〈字学元元〉述评》。

逛厂甸，购得《干禄字书》《明十五完人尺牍》《明两大儒手帖》。

7 日　在孔德学院校廖著《知圣篇》。

收到沈宅报丧条，沈氏三兄弟的太夫人昨日逝世，明日接三。

8 日　5 点到禄米仓沈宅吊孝，6 点半持香送库。

沈宅丧事一切照旧。和尚唪经，孝子披麻匍匐在孝幔中。

9 日　厂甸书摊最后一日，下午去逛，购得《春秋世论》《文变》《补钞文澜阁四库阙简记录》《龙龛手鉴》《增订金壶字考》及《金壶字考二集》。

到北平研究院拜访徐旭生，他不日将到陕西秦始皇陵考察古迹。

11 日　下午在孔德学校，取《公羊经》中周鲁及诸侯各国君的卒葬年代，分国录出，拟与《史记》相校。

12 日　晚上走访周启明。席间，得知刘半农拟印白涤洲的《广韵通检》。这是国语会的成绩，他不与国语会商量就印，“大奇大奇！”

13 日　课后到直隶书局取《通鉴》附属之数种。到中海，晤黎锦熙，得知刘半农不仅要印《广韵通检》，且宣称白涤洲为其助教。十分气愤，就写信给白涤洲、魏建功，说明此意，继则对刘半农抗议。

15 日　上午到北大研究院走访敖士英，商量续租房子。

下午在孔德学校点《俟解》。

晚上开始继续写《三体石经考》，一直到 28 日晚上，才写完并基本核对好。

20日　到商务购得钱穆的《王守仁》(《万有文库》本)。黎锦熙在西车站请吃晚饭,同席有其弟黎季纯及白涤洲。黎季纯在定县办平民教育,一起探讨如何教平民学好注音字母。

24日　孙子书在广和饭庄为白涤洲饯行,同席有黎锦熙、王重民。

25日　晚上罗莘田在东兴楼为白涤洲饯行。

26日　上午到福寿堂,沈家开吊。

27日　刘半农在玉华台为白涤洲饯行。

28日　董鲁安在西车站为白涤洲饯行。

3月

1日　校《古文尚书拾遗》写样,共两卷,校了一卷多。

2日　到北大及师大领取薪水。至商务购得《万有文库》本《孟子正义》。

3日　将《三体石经考》再看一遍。

又将《古文尚书拾遗》和《广骈枝》的写样校完,明日可送出。

4日　走访吴承仕,将太炎师的校稿一一交出,就回文学院办公处开研究所委员会,讨论旧历史科学门研究生结束办法。

5日　报载,热河守将汤玉麟昨日逃跑,承德陷落。

给太炎师写信。晚上在德国饭店宴请沈氏三兄弟,沈士远、沈尹默次日远行。

10日　课后回家,劝徐婠贞去南方。

11日　报载,张学良下野了。

傍晚回家,徐婠贞决定回南方去。钱秉雄也去,4月底回来。钱三强仍留清华读书。

13日　将家里一部分东西寄存马家,另一部分寄存孔德学校。

14 日　灯下撰《以一六四八年，岁在戊子为国语纪元议》一文，将登《国语周刊》。

15 日　报载，塘沽日兵已上岸。

17 日　下午与钱秉雄一同到东站过磅，再回家与徐婠贞、钱德充一同到东车站。5 点 15 分开车，母子三人去上海。钱稻孙夫妇及魏建功去车站送行。

18 日　将租房中的东西理完，运到马家和魏建功家，“于是毁家矣”①。

此日出刊的《国语周刊》第 77 期发表《以公历一六四八年岁在戊子为国语纪元议（与黎锦熙、罗常培书）》。清初学者刘献廷（继庄），善于接受新思想新学说，研读《华严经》时加入梵语、拉丁语、蒙古语而体会到四声之变，作《新韵谱》，倡导“统一国语与调查方言”。为了纪念这位先驱，钱玄同在给黎锦熙、罗常培的信中提议刘献廷诞辰的 1648 年为“国语纪元”。

19 日　晚上 9 点接到钱秉雄电话，他们已安抵上海。

21 日　汇文中学，陪师大四年级学生参观该校。

22 日　剪贴《出师颂》。

23 日　收到太炎师复信，回答《三体石经考》的疑问，又书一跋，对钱玄同认真书写《三体石经考》表示感谢。

24 日　到文楷斋取《石经考》写样，并刻成之第一张，刻得尚佳。

回到孔德学校，改《三体石经考》中的字。傍晚与魏建功一起在玉华台为罗莘田饯行。历史语言研究所迁上海曹家渡。

---

① 杨天石：《钱玄同日记（整理本）》（中），第 917 页。

25日 将《三体石经考》“补订二事”重写，课后到文楷斋交出。下午到师大领取薪水。

26日 中午钱三强回来，一同到东来顺吃中饭，后回清华去了。下午收到家信，徐婠贞他们刚到上海时由俞志靖招待，三天后迁到中社寄宿舍，房租50元，每人包饭14元。

28日 上午到北大领取薪水。灯下给钱秉雄回信。

31日 收到钱秉雄28日的信。

4月

1日 两校都放春假一周。

3日 上午马巽伯来访，获赠邵芝岩紫毫笔三支。

5日 到琉璃厂文楷斋探《三体石经考》刻书情况。

6日 做好《尚书今古文篇目异同表》。

9日 收到钱秉雄信。

10日 到中海晤黎锦熙，向他借得《东方杂志》，查阅钱穆论墨子兼爱的文章。

12日 到中海，还国语会和黎锦熙的书。

19日 到师大，开谈话会，时局紧急，拟定将重要文件及书籍装箱。

21日 接到吴检斋电话，下午到他家，太炎师信中说，滦州若失，北平必不可保，其稿写样可暂存安稳处或携南。两人商定，回信说此时尚不要紧，遇必要时当送入东交民巷保存。

到文楷斋，见《石经》已刻成数页。取回一样本，拟寄太炎师。

22日 下午2点到妙光阁吊李守常。他将于明日安葬在西山的万安公墓，今日设奠。与黎锦熙一同到师大文学院办公处，国二学生高去疾等与教员潘企莘为难,与黎锦熙、李湘宸,约学生代表来谈,疏解问题。

灯下抄隶古定《尚书》。

23日　取中华《四部备要》本略改。

24日　上午汇2000元到上海,托董亚粹转徐婠贞。

何日章来访,其系师大英文系毕业生,图书馆主任,1926年来拜过师,谈师大书装箱事宜。到中海晤黎锦熙。阅师大研究所的书目,择较精较要者圈出,预备先装箱。

26日　到中海,教育部的社会教育司司长张炯(星舫)来北平,黎锦熙认识他,就请他来中海看看,并托其催款。在平的五位常委黎锦熙、钱玄同、陈颂平、魏建功、汪一庵一起来参加茶话会。

28日　收到钱德充24日来信、钱润辉25日致钱秉雄的信。

29日　到北大和师大领取薪水。去中海,与汪一庵同到师大,5点国四照相。购石印仇兆鳌《杜诗详注》。

5月

2日　下午到二房东处取《白沙集》,走访马幼渔。

收到钱润辉信,告知2000元已收到。

3日　收到徐婠贞家书,系徐苏甘所写。

傍晚到北大寄宿舍看钱秉雄。

将1827—1932年师大实施课程列一对照表,以便写课程标准草案。

4日　下午在孔德学校写师大国文系课程标准草案,到半夜才写好。

5日　非常大总统即位之日,北大放假。

下午走访黎锦熙，商量草案，略有改动。

6 日　上午邵元冲到师大讲演，临时停课。

修改好课程标准草案，到中海交黎锦熙。到师大女附中开“各系教生行政实习谈话会”。

7 日　吴稚晖前日到北平，应邀来参加国语会的常委会。上午钱三强来，吩咐他与钱秉雄到大妈处，自己就去参会了。剧谈良久，一同到同和居聚餐，谈到下午 5 点才散。

8 日　手发炎，胃又胀，上午到金子直处诊视。

9 日　收到俞志靖来信，得知徐婠贞、钱德充甚好。

11 日　李召贻来访，说清晨 5 点左右敌机来侦查北平，恐怕大难将至。上午到金城银行将 5000 元提出，交中国银行汇沪。

12 日　早晨 6 点左右，敌机又来，我方射高射机关枪。

13 日　下午到师大参加“毕业生茶话会”，系校长所开，会毕摄影。

14 日　街上要道之侧于白天置沙包，挖战壕。上午钱三强来，中午钱秉雄来，一同吃午饭。饭后到金子直处诊病。

晚上 9 点起就戒严了。

15 日　上午松筠阁送来郭沫若的《卜辞通纂》及考释。5 点回孔德学校，晚上 7 点起就戒严了。得苏甘来电：“姊安，盼归。”大约上海方面闻敌机来北平，起了恐慌。就拿此电到北大三院宿舍，给钱秉雄看。

七时戒严之说，盖因今晚七时故宫第五次迁物，自天安门至前门戒严，而误传也。

16 日　上午发电到董大酉宅：“请告内人，苏甘电悉，平现安，如危，即归。”

17 日　师大研究院毕业生在蓉园宴请老师，照例谢绝，只是去参加了饭后的照相。下午到贾家胡同访李景泉，又访魏建功。到文楷斋，《三体石经》快刻好了。

18日 早晨6点左右听到炮声，持续一个多小时，打听了一下，是齐化门外苗家地日本人在打靶。

灯下做《元明清韵书中之纽异同表》《元明清韵书中之韵部异同表》。

收到钱德充信，他11日生病，14日痊愈。

19日 日本侦察机三次到北平回绕。

上午将两表做好，下午誊写清楚。灯下又做《守温字母与广韵声纽异同表》。

20日 日机又来11架，孔德学校临时停课。走访金子直，他说日本侨民及各国侨民都未集中，不至于轰炸。

晚上走访马叔平，10点半回孔德学校。出苏州胡同西口就遇警察诘问，但过了东单牌楼，就无人注意了。

21日 到文楷斋，见《古经考》又刻成20页章跋，就拿了到魏建功处，谈到晚上8点。回到孔德学校，接到黎锦熙电话，说前方战事很不利，何应钦让李书华告知国立四校长，可转告学生，允许他们请假回老家。

22日 上午，钱秉雄来，告诉他昨日听到的消息，让他向北大探问办法。下午到黎锦熙家问师大情形，得知下午大致已散。回孔德学校的路上到处是兵车，形势很不安。不少友朋准备逃离北平。

23日 到富晋及来薰阁还书账。走访汪伯烈、张少元、吴承仕还书。吴承仕说晚上去杭州，将《三体石经考》已刻成部分及章跋样本，交他带去。下午到师大文学院还书。打电话向黎锦熙探听消息。他说得到天津朋友电话，局面已和缓了。回到孔德学校，听说北平晚报坐了汽车发号外，也说局面缓和了。钱三强已将物件取回。

晚上接到魏建行和马叔平的电话，都说不走了。

24日 上午10点左右日军飞机又来，高而速。最后又来一只，散放传单而去。

走访周启明，告知吴承仕离开北平，商谈文楷斋要排印费一事。

26日 钱三强回清华。灯下做《部首今读》。

27日 中午两儿来，一同到润明楼吃锅烧肘子。钱三强说清华已布告本学期结束，九月初补考。

28日 上午董小西从上海来，要运他家的书物，带他到北大三院去见钱秉雄、钱三强。下午到黎锦熙家。随后到商务晤孙伯恒，他说平绥车不通已两日，冯玉祥又要独立了。

29日 傍晚走访周启明并晤幼渔。

取朱允倩《声母千文》写在格子本上，以便注国音。

30日 早晨师大学生李文保来访。中午钱秉雄、钱三强带董小西来，一同到德国饭店吃中饭。饭后到来薰阁接洽装书运书事宜。

报载所谓《和议协定》。

31日 上午帮董小西到徐家运书，托来薰阁代运代装。

灯下点阅《颜氏家训·勉学篇》。

6月

1日 报载，停战协定五项已签字。

到东河沿，看他们料理得大致清楚了，两儿及董小西三人都动手。午后到来薰阁，接洽运送事宜。

灯下点阅《颜氏家训·文章篇》。

2日 运送好董家书物，带大家到东华楼吃中饭。

收到家信，知安好。

3日 上午将《今读》再韵次一下

灯下做《部首古读》，先将540部参酌段、江、孔诸家所列，分写入33部。

4日 中午，魏建功在淮阳春宴请董作宾，董作宾新从上海研究院来，同座有台静农、庄尚启、沈兼士、赵憩之。《塘沽协定》既成，民众可少死，开始再吃酒水。

下午回孔德学校。继续做《部首古读》。

5日 下午先后到北大、师大领取薪水。

到永兴购打字带，拟打《部首今读》。

7日 傍晚走访周启明，交来捐助太炎师刻书款百元。

9日 到广和饭庄，今日钱玄同、黎锦熙、孙子书为胡适饯行。胡适将于11日离开北平，到上海赴美。同席有傅沅叔、魏建功、刘半农、王静如、赵万里。

在商务购得《四部丛刊》本《颜氏家训》。

10日 点阅《颜氏家训》，次日继续。

11日 收到董小酉自天津来的明信片，知已离平。

12日 魏建功带全家在淮阳春宴请钱家父子三人。

13日 马幼渔、马叔平在淮阳春请钱家父子三人，魏建功作陪。

14日 下午3点送两儿到火车站，晤尤炳圻、宋真甫，也乘此车去上海。

回到孔德学校，续记《说文》，次日做完。

16日 上午到金子直处诊视，说略有脑充血，取药而归。晚上10点接到电话，两兄弟安抵上海。

18日　下午起检阅师大试卷。本届国文系毕业生53人，他们历年的试卷都未阅，共96本，到夜半阅毕。

19日　上午将其他试卷阅毕，就送到师大注册课。午后到中海，将段氏《说文》与大徐《说文》贴在一片上，业已贴毕。先取来最后的十四篇下，回孔德学校后将此篇先打古韵。

21日　李云亭来电，师大重新招考，讨论此事，组织招生委员会。

23日　上午石砳磊来，要求写“北平女子协化中学”匾，午后到中海写好。

收到钱秉雄快信，全家平安。

24日　到师大开招生委员会。

25日　打完十四篇上的古韵。金子直处诊视。

26日　将《易经》打毕。到师大开谈话会，李蒸已归，他报告了去见王世杰的经过。到景山取郑振铎《文学史》第四册。

29日　中午到开明书局，购燕大新出版的《殷契卜辞》，系容庚所编。

7月

2日　上午国语会开第24次常委会，提议做“基本国语”事。

3日　早晨收到吴检斋信，他于7月1日回北平了，随信寄来1933年3月所印《章门弟子录》，内有周启明。10点走访吴检斋。

4日　上午抄傅斯年《集刊》中关于音韵的论文目。钱稻孙说，早稻田的青柳莺恒想要“中国音韵泰斗钱玄同”的著作，就以中海报告及此抄目对付。

5日　上午顾颉刚来访，将于次日回南方，赠送新编的《汉代史讲义》中《宗教与学术》一编。

到景山书社购得燕大研究生白寿彝新编的《朱熹辨伪书语》，为《辨伪丛刊》之一。

魏建功来电话，说钱秉雄给他去信，问询父亲近况。已有十多天没给徐婠贞他们去信，故又寄快信。

7日　到北大领取薪水。

8日　到师大领取薪水。

9日　到文学院办公处，师大研究生郭昭文、陈治策、李启修约了谈话。

12日　到师大，开月刊编辑委员会。下午在中海，头胀身疲，昏昏睡着，觉浑身不自在，大概中暑了。

13日　上午到金子直处诊视。

15日　阅报得知，本年将再给国语会12000元经费，可喜。

16日　傍晚到金子直处诊病。

18日　接到钱秉雄15日快信，说徐婠贞连续一周发烧，疑系伤寒，很焦急。到金子直处，说明徐婠贞的病情，他认为应该是伤寒，并讲述伤寒的发病过程。发电报询问徐婠贞病状，晚上得到回电，说"略愈"。

19日　清理30年来的信札。杨慧修在东兴楼请吃中饭，商量孔德下学年中学增英文班事宜。

20日　周国亭来访。

接到黎锦熙电话，徐旭生回平，约在西单商场半亩园吃午饭。就赶到一起吃中饭，同席有张寿林、陆秀如夫妇。

走访周启明。

21日　又整理了一天信札，其中单不庵、朱蓬仙、胡适、顾颉刚等人的信，与自己的历史也很有关系。大兄钱恂、章太炎师、崔适师的信，数年前已整理就绪，拟单裱为三本，其他凡有关系者均拟粘簿。

23日　中午到商务购《万有文库》单印本《本草纲目》和《严话老子》。

下午再弄书物，取崔编《五经释要》写目录拟印。

25日　午后走访黎锦熙。

杨慧修来，拟聘钱秉雄任五、六年级国文教师，每周各授八小时课，又兼一班的级任，月薪63元。

收到钱秉雄快信，徐婠贞的病渐见起色。

26日　发钱秉雄快信，告知孔德学校国文教师事。

到马幼渔家出北大国文题，上面派钱玄同、马幼渔、沈坚士、刘半农四人共出，沈坚士没来，马幼渔又加魏建功。

27日　理信札，检出1920年周迟明寄来的杭州闰音字母，可资参考。

28日　走访吴承仕，太炎师的书将刻好，需再付钱。钱玄同、吴承仕、马竞荃、周启明、潘景郑五人已付500元，拟催其他几位付钱。走访黎锦熙，商量师大南京卷所用题目。

29日　到北大地窨子印上海、武汉用的国文题1100份，中午印好。

30日　吴辛旨来，林砺儒在广东办师范学院，要他去做国文系主任。

购阅陈望道的《修辞学发凡》。

31日　到北大领取薪水。

8 月

1 日　到师大领取薪水。又到中华购得《基本英语文法》。

2 日　罗振玉的《殷墟书契续编》将出版，定价 80 元，商锡永去办理能优惠到 66 元。

接到钱秉雄快信，答应到孔德学校教书。

3 日　给钱秉雄回信，并将北大通告补考信及孔德聘书寄去。

下午到中海，得知黎锦熙有小病，到他家探望。

灯下打《文字蒙求》中的会意字。

4 日　将《文字蒙求》字打好。

收到朴社送来《左氏春秋考证》10 部。

7 日　沈兼士在德国饭店宴请马巽伯，前往作陪。

8 日　上午至地窨子印题目，中午印好。

晚上哈李阅在德国饭店宴请国文教员。

9 日　上午去北大监考国文。下午在北大阅卷。

忽有教育部未立案的美术学院，勾结大学院要来占领教育部档案保管处，且将侵入国语会，于是常委们在长美轩吃晚饭商此事。议定一面呈教育部，一面用主席与全体常委名义致函王雪艇，说五年来本会议办之事，现已非办不可，故要房，且述将被侵占事。

10 日　在北大阅卷一日。

12 日　上午师大开招生委员会。下午到北大阅卷，已阅毕。

13 日　傍晚走访黎锦熙，共出师大国文题。

14 日　上午到师大印题，1400 份。下午到师大监考国文。

15 日　在师大阅卷。至 17 日方阅毕。

高步瀛用大鼓书体译本届师大翻译试题之一。拟登下星期六《国语周刊》。

晚上请马巽、马节在森隆吃饭，其父马幼渔作陪。

16 日　刘半农在东兴楼宴请马巽及白涤洲，前去作陪。同席有哈李阅、沈麟伯、沈坚士、蒋梦麟、马幼渔、黎劭西、魏建功。

19 日　上午到双辇胡同看屋，此处较马神庙、沙滩两处要小，但尚整洁，且门房等均全，论其材料尚胜于沙滩。租金 28 元，20 日起租。

20 日　到师大开招生委员会决定初试录取之人。下午给上海发电报、写信，告知房已租定。

21 日　朱希祖来访，他此次是替中山大学到北平来招研究生的。

中午往付房租，房以全裱为宜。

22 日　下午到中海晤黎锦熙、白涤洲、魏建功。晚上到黎锦熙家，共出次日用的师大卷考试题目。

23 日　早晨师大派汽车来接去印题目。

24 日　到师大教理学院批阅复试卷。

傍晚赴长美轩，白涤洲次日将去上海，邀请黎锦熙、魏建功、何乐夫、钱玄同，共谈中华话匣子。

25 日　早晨为高步瀛的大鼓书体译文做了一个头即送登次日《国语周刊》。到东车站接徐婠贞和三个儿子。

26 日　东西搬运到新居，晚上就可入住。

此日出刊的《国语周刊》第 100 期上发表《古书今译》。这便是高步瀛的大鼓书体译文，有《世说新语》原文、大鼓书体译文、国音字母两式译文。

28 日　到师大批阅南京卷，近四百本，佳者绝少。

30日 接到黎劭西电话，说教育部按财政部预算每月一千六百余元发来了。"此一年中可以好好的做了，甚喜。"到中海，晤汪一庵，他报告四次赴京晤王世杰的事。

此月，重新修订北平师范大学《组织大纲》和《学则》。根据《学则》，钱玄同在国文系开设的必修课有：一年级的中国文字概略、周至唐思想概要，二年级的古今音韵沿革、经学史略，三年级的文字形义沿革、清代思想概要。此外，还要指导四年级学生的参观实习。

9月

1日 孔德学校开学，钱德充去报到，说9日补考，可望不留级。

到师大开招生委员会决定第二试及南京卷。

2日 走访杨慧修，得知钱德充9日补考。无论考得上与否，都可升入七年级，让他入英文班。

3日 到国语会开会，预算款到，决定切实工作。

4日 上午李文保来谈郝兰皋遗著(未刻者)将出卖事宜。

下午在孔德学校，拟课程表及课程标准。

5日 到中海，随后到黎锦熙家，商量课程标准。

6日 上午誊课表及教员名单送校长。到北大领取薪水。唐兰在丰泽园请吃中饭。饭后到商务购买黎锦熙著《国语文法》，到师大领取薪水。

8日 李文保交来郝兰皋遗著书目。

赵召贻来访，出示抄本江永《四声切韵表》原稿，极宝贵。

9日 下午走访余季豫，他身子太衰弱，不能上课了。

到中海晤黎锦熙，约来董鲁安，请他教"古今白话文学选读”。

10 日 回家照“合家欢”，以纪念自己 47 岁生日及到北京 20 周年，全家“又得团聚，可喜可贺”。

与黎锦熙在德国饭店宴请任叔永，请他为国语会做事。

12 日 46 周岁生日。

傍晚回孔德学校，灯下料理功课表等事务。

13 日 到师大文学院室阅卷。略理功课表等。

14 日 找老师接洽功课，上午走访吴检斋、杨遇夫。下午走访孙子书、孙人和。到师大开教务会议、考试委员会、研究所委员会。在研会中与高步瀛接洽好功课。会后打电话与马幼渔接洽好功课。

15 日 续排课表，唐兰和夏众宇的上课时间也定好了。

16 日 下午走访黎锦熙。然后到师大交课表。

17 日 走访高步瀛、孙人和、杨树达，商量调整功课表。

18 日 上午敖士英来访。下午到中海晤黎锦熙，预约徐森玉、孙子书、王有三、李文保，一同走访郝程远，看郝懿行的遗著。

19 日 到中海晤黎锦熙，李文保来说郝程远要价一万元。

22 日 魏建功傍晚来访，说《殷墟续编》已到，一同到森隆吃晚饭。

灯下签送课表，各科学生均在五人以上。

23 日 傍晚回家，钱三强也回来了。得知徐婠贞、钱秉雄到大嫂家。他们回来说，钱亚猛已于 9 月 8 日在日本结婚，新妇为日本人。

24 日 中午到撷英，师大教务会聚餐。该会拟办一旬刊《文化与教育》。

下午到师大为钱三强购《万有文库》本《世界史纲》。

25 日　上午到师大，学校召集新生，由校长、教务长、三院长训话，随后摄影而散。晚上与黎锦熙宴请师大同仁，到了四十余人。

27 日　浙江浦江人张同光来访，他是 1923 年高师史地部毕业生，曾选音韵功课，谈论古音及罗马字问题。

29 日　到中海，晤黄敬思。此人热心于国语罗马字。在来薰阁购得刘世川《长生殿》和《安阳报告》第四册。到北新购得《周作人书信》。晚上到东安市场，在佩斋购得丁文江、翁文灏等人新地图，《申报》60 年纪念，此为现在最精最好的地图。

10 月

1 日　上午到国语会开第 26 次常务委员会。白涤洲未归，魏建功未到，汪一庵先走，只有黎锦熙、钱玄同、陈颂平、何乐夫及温锡田在广和聚餐。

2 日　上午写本年度的课程表，拟付油印。

4 日　中秋节。下午到富晋还节账。

7 日　到师大领取薪水。

9 日　钱德充随校到石景山旅行，到晚上才回家。见其平安回家才回孔德学校。

10 日　患气管炎，上午到金子直处诊视。

11 日　给几位教员写信，征求对课程标准的建议。

到琉璃厂购《万有文库》本《宋元学案》。

12 日　给董鲁庵写信，促其速来解决白话文学选的问题。

13 日　剪贴《月仪》，未完。

15 日　约来董鲁安，他说天津女子师范学院决不许兼课，无法承担“古今白话文学选读”。

16 日　黎子鹤在同和居宴请沈士远，前往作陪。

剪贴《出师颂》，次日写完。

17 日　取刘半农、李家瑞合编的《宋元以来俗字谱》，择其中可用的简体字，写于卡片上。

18 日　晚上走访马幼渔，得知马隅卿今日动身来北平。

19 日　将《急就章》三种（松、玉、赵）及赵《六体千文》，交王善恺发出剪贴。

20 日　灯下整理《宋元以来俗字谱》。

24 日　白涤洲从上海回到北平，一同到新陆春吃晚饭。

25 日　陈光垚送来《简字论集》、《续集》及其《散文集》，下午卧床阅读。其简字"虽不适用，然锲而不舍之精神实可佩也"。

26 日　晚上走访周启明。周启明说，上星期日（22 日）《大公报·文艺副刊》同人在北海宴集，郑振铎、杨振声都劝说沈从文来师大接替董鲁安的课。但沈从文很腼腆，不愿教。

27 日　到丰泽园，刘半农、钱玄同、马裕藻、周作人、徐祖正、陈君哲、刘树杞、樊际昌宴请沈士远、沈兼士、白经天。

29 日　取《千字文》分音记于《国音常用字汇》上。

30 日　上午在杨慧修处晤周启明，说沈从文决不肯来师大教书。就想到直接请杨振声来教"比较文学"，中午到中海与黎锦熙商量，决定如此办。

到琉璃厂购商务新印出的《四库提要》洋装布面 4 巨册。

11 月

1 日　白经天在东兴楼回请刘半农、钱玄同、马裕藻、周作人、徐祖正、陈君哲、刘树杞、樊际昌等"八仙"。

2 日　三访杨振声，他坚决不肯来授课，只答应代邀朱自清

(佩弦)。

课后到二房东家走访马隅卿,并请他到淮阳春吃晚饭,马幼渔、钱秉雄、魏建功作陪。

3日 晚上,师大及女师大女生沈琳、翟风銮、孙堃姑、林卓凤、李琼在东兴楼宴请沈士远,前往作陪。

补全《流沙坠简》及考释每简上所编总号。

4日 课后到商务购得周辨明编译的《万国通语论》。又到来薰阁购得王澍的《段帖考正》。

阅读敖士英关于中国声韵变迁的文章,次日须还他。接到杨金甫来信,朱自清已同意教"新文学"。

5日 到国语会,开第27次常务委员会。

6日 到校长室,要求他们把朱自清的聘书晚上送到孔德学校。

7日 戴逵孙来访,送来朱丹九《辞通》卷五排印样本,夏丏尊要求作序。

乘汽车到清华,拜访朱自清,送去聘书。

8日 前让王善恺去托贴的《急就篇》三种(松、玉、赵)及章草《草诀歌》均已送来。先依次排好,拟先依《说文》次序重列而写入《说文》及王辑《仓颉篇》之上,再依韵排草书及破体字,拟依韵排,不依声排。

又取章草《草诀歌》每片均注音注字。

9日 到景山书社,购得《定县秧歌选》两巨册,此乃真正普罗文学。

到中海,晤黎锦熙和孙子书。晚上王佘侗(仿成)来问治文字学事宜。

10日 上午排好《草诀歌》(依韵排)。下午到琉璃厂一带购商务影印的《智永千文》。又先后到来薰阁购罗氏影印的《智永千文》、富晋购秦氏翻罗影的《千文》(此备剪贴也)。

11日 下午到中海，为师大附中写匾。得知国语会的听差赵连喜于6日卷一千六百多元部款而逃。

15日 到师大和北大领取薪水。

17日 身体不适，怕得气管炎，午后又到金子直处诊视。下午到国语会，争取保留办公用房，魏建功未来，白涤洲前一天已往天津与徐溶女士结婚。

18日 中午杨慧修在东兴楼宴请沈士远、马隅卿，前往作陪。

晚上，赵憩之和台静农在淮阳春宴请马隅卿，前往作陪。

吴承仕赠送《小学讲义》上册，又购得其《经典释文序录疏证》。

19日 下午在孔德学校阅读吴检斋的《小学讲义》。晚上袁守和在同和居宴请沈士远、马隅卿，前往作陪。

21日 到富晋购秦氏印的《月仪》《出师颂》《宝子碑》。

《千字文》已剪贴好了，取归。

22日 依韵排《千文》。

23日 到富晋购《开母》《少室》《禅国山》。又买到黑白分明的《琅琊台》全文。

24日 徐森玉在撷英请吃中饭，同席有沈士远、马隅卿、沈坚士、魏建功、马幼渔。

“国立北京大学研究院文史部”在东兴楼请吃晚饭，刘半农想编音韵书提要，座中有张少元。

25日 午后再去与朱佩弦面洽。到中海晤黎锦熙。

26日 写完《月仪》释文。

27日 咳嗽与牙痛，课后到金子直处诊病。

28日 咳嗽加剧。中午与黎劭西在广和饭庄请沈士远吃涮羊肉，因胃炎不能前往。沈士远求字，书写杜甫《自京赴奉先县咏怀五百字》一横披赠送给他。

魏建功与马隅卿在撷英请吃晚饭，同席有徐森玉、马幼渔、胡适、沈士远、沈坚士。

30日 咳嗽未止。魏建功帮购《安徽丛书》第26册，都是程瑶田的著作。

12月

1日 咳嗽加剧，早晨不能起床。

2日 咳嗽严重。到北大领取薪水。到金子直处诊视。

3日 傍晚带徐婠贞到撷英，刘半农夫妇为赵元任夫妇洗尘，白涤洲新夫妇也来作陪。白夫人徐溶，新婚才半月，毫无羞涩之态。

4日 咳嗽仍严重。连日都排《急就》片。

下午到师大领取薪水，又到金子直处诊视。后到国语会开第28次常委会。

晚上国语会同人在广和饭庄宴请赵元任夫妇，请刘半农、胡适两家夫妇作陪。又有交通部的陈彝煜，撰一国音电报来会，请审查。也请其吃饭。

5日 咳嗽略好。午后到中海为赵元任夫妇及任叔永夫妇各写横幅一纸。傍晚带徐婠贞到德国饭店，白涤洲及其新夫人徐溶在德国饭店请吃晚饭，同席有马幼渔夫妇、刘半农夫妇、魏建功夫妇、黎锦熙夫妇、赵元任夫妇。

灯下排好《急就篇》。

6 日　到中海写严既澄托写的王仲芹（文藻）纪念碑，次日写好。取《出师颂》眷好一韵谱。

8 日　黎劭西在家宴请白涤洲夫妇及王向辰、何子祥，邀往作陪。

9 日　灯下录皇象《文武帖》。

10 日　唐兰在同和居请吃中饭，他将于次年元旦结婚，请做证婚人。

取出夏间所写朱骏声的声母注以国音，先尽《国音分韵常用字表》所已定者，用黑笔注出。

11 日　到金子直处诊视。灯下取出夏间所定《说文部首今读》，审查修改。

12 日　审查修改《说文部首今读》。

13 日　到周启明家，马幼渔约沈尹默来，谈马隅卿事，顺便请他吃晚饭，同席有徐祖正、刘半农、沈坚、魏建功。

沈尹默为法款事已来数日，将于 15 日回上海。

14 日　课后到中海，《月仪》已剪好，共千余片，去其残字，每片记音以便依韵重排。

15 日　到琉璃厂开明书局，购得时庸劢的《声谱》及《声说》。

16 日　在孔德学校将《月仪》千余片依韵排列，并写谱。

17 日　北大及师大 31 周年纪念日。中午往撷英，李云亭宴请。去年他请陈筱庄演说，今年他请邓芝团演说，都是前任校长。

18 日　灯下取段氏《音韵表》，先录“《诗》所有之声类及押韵之字”，晚上做成“歌、佳、锡、冬、钟”五部。写《说文三读谱》时可用。

21 日　晚上，黎锦熙、汪一庵、魏建功、徐一士、彭心如、何容、陈懋治、钱玄同、温锡田在福兴居宴请白涤洲夫妇。饭后到来薰阁购最近出版的郭沫若的《古代铭刻汇考》。

22 日 咳嗽，牙痛。午后到金子直处诊治，又到北平牙科医院姜台永处医牙。

23 日 下午到姜处洗左牙，为制右方金牙之预备。

继续做《诗经》"宵、侵、缉、谈、盍"五部。

24 日 灯下继续做《诗》声类。

25 日 孔德学校 16 周年纪念日。下午徐婠贞往孔德学校看游艺会，钱秉雄任导演，钱德充登台表演。留下看家，做好《诗》"侯、厚、登、质"四部。

26 日 下午到姜台永处医牙，镶金牙三颗，共 30 元。

28 日 咳嗽加剧。

29 日 午前到北大领取薪水。中午到中海，用章草写赠唐兰结婚联。下午到师大领取薪水。随后到师大史学系 1933 班班会讲演《晚清今文学与学术政治之关系》。

30 日 到中海，为师大新年同学会书联。联为黎劭西撰：

新雪初晴同来与会

年华方盛乐且未央

校对太炎师红本《蓟汉昌言》卷一，校了七张。

31 日 师大在忠信堂举行"新年聚餐会"。

1934 年(甲戌，民国二十三年)　47 岁

▲3 月 1 日，溥仪在长春就任"满洲国"皇帝。

▲9 月 20 日，上海生活书店创办《太白》半月刊，加入大众语

争论。自第 2 卷起，率先使用手头字(简笔字)。

▲10 月 10 日，中国工农红军开始长征。

1 月

1 日　中午到来今雨轩，唐立庵请吃饭。他下午 2 点在来今雨轩结婚，证婚人已推给马叔平，但要去写婚书。傍晚到二房东家取黄汝成原刻《日知录》及罗印《高邮王氏遗书》。

灯下依黄季刚《日知录》校记用红笔校改在书上，为撰写《说文三续谱》做准备。

2 日　续写《唐韵今读》上声。张麦林、陆秀如夫妇在广林春请吃中饭，同席有周启明、黎锦熙、郭绍虞。

下午到金子直处诊治咳嗽。到文楷斋，购买徐协贞的《殷契通释》，共六本。

4 日　到中海，与黎锦熙、白涤洲共商国语会本年准备做的事。

5 日　午前到二房东家取《翁同龢日记》，第 17 册以后封面尚未写，拿到孔德学校补写。

到姜处诊牙，试用已做好的金壳子。随后到北大研究院文史部参加部务会议，会后与魏建功一同到淮阳春吃晚饭，商量国语会事宜。

6 日　到中海，与黎锦熙谈次日开会事，提十案：

(一)增修《国音常用字汇》案；

(二)编纂《国语标准词汇》案；

(三)规定“纷歧”、“混淆”与“未定”的词形案；

(四)编制《基本国语》案；

(五)规定国语文中采用西文原字的拼法案；

（六）搜采固有而较适用的“简体字”案；

（七）规定极详备的《辞类连书条例》案；

（八）修订“闰音符号”案；

（九）制定“方言罗马字”的拼法案；

（十）规定《说文》《广韵》《集韵》的今读，以作《新编国音字典》的初步案。

7日 到国语会开第29次常委会，黎锦熙、白涤洲、魏建功都有提案，所有提案交由魏建功整理，14日下午再在中海约齐常委议决。

8日 晚上师大教授会在撷英聚餐，商火灾事，出资赈烧掉寝室的学生，每位教授捐月薪的四分之一，全数约五百元。

12日 上午起开始做议案。吴文祺来访，携来《辞通》数卷及太炎师的序，催序。

13日 吴检斋来，出示太炎师信，催速印成其书。

报载溥仪将于3月1日称帝，恐北平又将危险。

下午走访魏建功，交议案。傍晚到徐耀辰家，他宴请大家，同座有周启明、沈启无、马幼渔、马叔平、马隅卿、魏建功、沈兼士、刘半农等人。

14日 下午到中海，国语会常委钱玄同、白涤洲、黎锦熙、魏建功、何乐夫、陈颂平、汪一庵都到了。魏建功已将提案整理好，一直议到7点才到长美轩聚餐。

15日 到琉璃厂开明书局取去年所预约的叶昌炽《缘督庐日记》。

傍晚到周家，周启明50岁生日，宴两桌客，其子周丰一也请了一桌。钱秉雄入父桌，钱三强入子桌。沈尹默日前又来北平，也来参加生日宴。

17 日　明末天主教耶稣会来华传教士金尼阁编著的一部帮助西洋人学习汉语、汉字的罗马字注音字汇《西儒耳目资》在卖特价，价廉物美。前往购买四部，自己两部(一部备记音或写)，代黎锦熙购一部，再捐助国语会一部。

晚上与黎锦熙、魏建功在德国饭店宴请陈旭卿(彝煜)。

灯下阅读《西儒耳目资》。

18 日　下午到中海，会黎锦熙，商定《佩文新韵》算会中物。

20 日　下午到中海，与黎锦熙商编《国音字典》事宜。后到中华书局购得《基本英语讨论集》。

21 日　到周家，应邀去吃日本煮法的牛蹄。共 4 家人应邀：钱玄同家、江绍源家、俞平伯家、章廷谦(川岛)家。周启明出示其生日诗及沈尹默、刘半农、胡适、俞平伯等人的和作。自己也和了一首：

> 但乐无家不出家，不皈佛教没袈裟。
> 腐心桐选诛邪鬼，切齿纲伦打毒蛇。
> 读史敢言无舜禹，谈音尚欲析折麻。
> 寒宵凛冽怀三友，蜜橘酥糖普洱茶。

22 日　下午到文学院国文系办公室，约张同光来谈音韵、注音符号等。

23 日　撰写给国语会的 10 个提案。

24 日　下午携议案到中海，黎锦熙、何乐夫都在，白涤洲、魏建功的议案同时送到，由黎锦熙编好，交付何乐夫排于本星期六出版的《国语周刊》，大约要刊登两期。随后到半亩园，国语会宴请王玉川、王茀卿等人，他们都是国语罗马字拼音的信徒。

25 日　到姜处，将左牙补好。到商务购《湘绮楼日记》。

28 日　下午整理《师大一览》中国文学方面国文系“课目”的

"内容大要",任课老师写来的大都要改,决定"以一百字以内为限"。

29日 到商务印书馆购赵秉文的《闲闲老人滏水文集》,将赠送周启明作寿礼。

30日 在孔德学校检阅《宋元学案》中各学案的表。

31日 到商务购得30年前夏曾佑"最新中学教科书"的《中国历史》3册之重印本,改为"大学丛书"《中国古代史》1册。又购得梁廷灿的《历代名人生卒年表》及《四部丛刊续编》的《群经音辨》。

又和周启明生日诗一首。

2月

1日 灯下续做"内容大要"。

2日 上午到北大领取薪水,在景山书社购得《瓯风杂志》第1期。下午到师大领取薪水。

3日 购世界书局的钱基博《现代中国文学史》,浏览一下,"误谬、芜杂、弇陋"。

4日 上午到国语会开第30次常委会,会后到蓉园聚餐。到商务购《四部丛刊》本《经典释文》,又到直隶书局购得吴兴许浩基的《郑延平年谱》。

5日 到商务,取《宋》《齐》《梁》《陈》四史。

6日 将太炎师的《菿汉昌言》卷一、卷二、卷三校完(一卷前月已校点)。

7日 继续校《菿汉昌言》卷四、卷五。

8日 将"内容大要"整理完成。

下午到大嫂处,还其日记。傍晚到同和居,约黎锦熙一同吃晚饭,“内容大要”请其带回审阅。

9日　傍晚到玉华台,王淑周与陈亚牧宴请沈尹默,同席有沈坚士、马幼渔、马叔平、马隅卿、周启明、陈能之、沈麟伯。

10日　下午到新陆春,贺吴检斋之子吴鸿迈结婚。

11日　整理拆开的《国粹学报》,拟编目装订。检阅动机有二:(一)黎锦熙说南桂馨将出资刊印刘申叔遗著,由立达书局承印,就将《国粹学报》中刘申叔的文章检出;(二)近来感觉该刊介绍的明末忠臣义士,实堪敬佩。亲日、亲俄派都是卖国贼,眼下的处境,真类似明季。

12日　黎锦熙在大美番菜馆请吃晚饭,同席有吴晓芝及郑友渔(裕孚)。郑友渔是南桂馨的信人,南桂馨准备出资一万元印刘申叔遗著,郑友渔说有二千七百页左右。吴晓芝出示样本,印得极佳,胜于《王忠悫遗书》。答应为他们编目及搜集遗稿。

灯下编写《国粹学报》目录。

13日　课后到富晋及来薰还账。至文楷交《葑汉昌言》校稿。

14日　大年初一。下午逛厂甸西路,购得《复堂文续》《孤星泪》,还有国学保存会本《张苍水全集》和节本《明儒学案》。

傍晚走访周启明,获赠火腿、栗子和赤豆三种粽子。

15日　中午到中海为郭启卜传铭弟重写学校匾。下午4点去逛厂甸东路,购得汪日桢《疑年表》,以及《超辰表》《伯牙琴》《相台书塾刊正九经三传沿革例》《小腆纪年》。

灯下将所写《国粹学报》撰录依国音排列。

16日　到富晋购谢国桢的《晚明史籍考》。

19日　到厂甸购旧抄本《明夷待访录》。

20日　逛土地庙,购得王永祥的《焦学三种》、原版《石菊影庐笔识》、陈启彤的《六书微》。

郑友渔在淮阳天宝城请吃晚饭，商量编印刘申叔遗著，同座有高阆仙、黎劭西、赵斐云、吴小芝等。

21日　上午到开明书局，购得癸巳年上海鸿宝斋石印的何玄子《诗经世本古义》，共16本。

下午逛厂甸东路与远东的文友堂，购得新民丛报社印本《戊戌政变记》、《粤雅堂丛书》、邓实校印《国粹丛书》14本、宋育仁评《明夷待访录》、郑所南《心史》、马宗霍《群经论略》及《墨子学》的油印讲义。

为周启明购买谭复堂所藏的戴氏《论语注》，又为其购初印戴注《论语》，也为谭复堂藏品，有"复堂所藏"及"谭献"两印。

晚上，马幼渔、马隅卿为袁守和饯行，袁守和次日要往美国，钱玄同、周作人都去作陪。钱玄同就将两本书赠送给周启明。

22日　为寻刘申叔遗稿，下午到二东家检旧杂志，取出《四川》《雅言》，还有1916年的《中国学报》。顺便将《古学汇刊》取出，但不全，就到厂肆某摊上配几本。4点逛厂甸中枢，购买钱保塘《钱氏考古录》。

23日　逛厂甸西路，购买商务版《戊戌六君子遗集》、陈士芑的《黄学庐杂述》、官堆纸初印本《俟解》、《姓氏急就篇》、《古学汇编》16本、《明夷待访录》(依旧备抄改之用)。

24日　逛厂甸东路、西路、南路，略巡北路及中枢，买到《路史》《船山师友记》《辛壬春秋》。

取出《中国学报》，将刘申叔文录出。

25日　逛厂甸西路及远东，略及中枢，购得影印王铁夫手写《渊雅堂文稿》、影印姜西溟手写《苇间诗稿》、日本版宋《真山民诗集》、最初印本《茶花女遗事》、《康氏官制议》、《欧洲十一国游记》、《欧洲十一国文论集要》、北大最初印的《中国学术论著集要》。

灯下拆订《中国学报》。

26 日 课后到中海，黎锦熙生日，应约到其家吃酒水。厂摊送原本《音学五书》到中海，就购下作为寿礼。在黎家晤杨昭俊（潜庵），他说《天发神谶》与《国山》笔法全同，皆苏建一人所书。

27 日 灯下将《国故》1—4 期的目录录出。

28 日 上午，检录《雅言》7 期中刘申叔的文章，另几期再找。又将郑友渔所抄的《国故钩沉》抄录，此册全是刘申叔文章。

下午逛厂甸，购买陈士元的《姓觿》、蜚英馆石印的《书目答问》、浙局本《文史通义》、《制义丛话》。

灯下录《四川国学杂志》中刘申叔的文章目录。

3 月

2 日 分别到北大、师大领取薪水。

到商务购《四部丛刊续编》的《雍熙乐府》《汉简》。

取刘申叔《国粹学报》文章 120 篇，各写为卡片，以便排次。

4 日 因病没去参加国语会第 31 次常委会。

5 日 到金子直处诊视。

6 日 欲将《国粹学报》刘申叔文章百余篇，略按经史子集旧序排订。只排了约二十篇。

9 日 到二房东家，选出《警钟》上刘申叔的文章。甲辰年《政艺通报》中有某君《孔子生日》一文及申叔《书后》。

11 日 将民国以来《四川国学杂志》《国故钩沉》《雅言》《中国学报》《国故》五种杂志合编一目，诗文及专著凡 104 篇。

12 日 将《国粹学报》中刘申叔的文章篇目录出。

郑友渔与伦哲如在大陆春请吃晚饭，同座有黎劭西、刘叔雅、余季豫、容希白、吴检斋、蒙文通。商定专著及《左庵集》以外者，凡杂文为外集，不全及不成书之专著为剩稿，其《国粹学报》撰录中之题跋，也搜集而附于外集之末。

13日 到中海，与郑友渔商谈。晚上回孔德学校，阅蒋智由《中国人种考》，查其中关于申叔的文章。

14日 到二房东处取《曼殊全集》来，查刘申叔在日本期间的行踪。

阅读郑友渔印的目录，各杂志的文章遗漏尚多，仅《国粹学报》就漏了四十余篇。

15日 在北大晤马叔平。他刚从南京回来，说朱希祖被罗志希请到中央大学做历史系主任了。

16日 到企古斋取王余佑的《五公山人集》，又到来薰阁以预约价购容庚的《武英殿彝器图录》。

17日 取《政艺通报》中刘申叔文章目录，略略翻检。

吴文祺送来胡适的《〈辞通〉序》，只剩自己的一篇序了。

18日 做好《政艺通报》刘申叔文章目录。

19日 到商务购《万有文库》本《世界史纲》、《武大文哲季刊》第3卷第1号。

20日 到二房东家检取，居然在《天讨》中又找到刘申叔两文。

21日 开始写《〈辞通〉序》，到次日半夜写好初稿。

23日 全天修改序文。

25日 上午将序改完，抄好。下午交给吴文祺。

26日 抄《〈辞通〉序》，拟交本星期六的《国语周刊》发表。

28日 走访马幼渔，借得四川《国学荟编》，找到几篇刘申叔的文章。

29 日　黄花岗纪念日，学校放假。

30 日　到开明书局购得罗氏新出《贞松堂集古遗文续编》。

编刘申叔丛书书目，40 种，略依汉志次序，又取前日所借马幼渔的四川《国学荟编》，将刘申叔文章录出。

31 日　下午到两校领取薪水。

在此日出刊的《师大月刊》第 10 期上发表《章太炎"清代学术之系统"演讲笔记的附记》。此文交代了这篇演讲笔记是由柴德赓所记，自己凭记忆作过修改。

此日出刊的《国语周刊》第 137 期上发表《〈辞通〉序》。《辞通》是一部解释古书中异体同义词语的辞典，商务印书馆吴文祺（从母姓）父亲朱起凤所撰，1934 年由开明书店出版。其最大的特点是每一组词语之后几乎都加有按语，以声韵为枢纽，指出文字异同之间的关系。并说明何者为假借字，何者为声近义通字，何者为同声通用，何者为形误，何者为别体，有时还刊正旧注的误解。钱玄同对此作了充分肯定，并摘抄了章太炎师、胡适、刘大白的序中所述此书的特色；他还就语言文字上"辞形之歧异与统一"及"本字与假借字"这两个问题发表了"管见"。

4 月

1 日　下午到来今雨轩，参加国语会常委会第 32 次会议。会后宴请教育部"钦差"六人，到了三人。

2 日　北大、师大放假一周。

3 日　在孔德学校取《四川国学杂志》中刘申叔文章拆出以备用。重订丛书目录，于《国粹报》中又增专书九种，又《国文典问答》，计 50 种。

4日 走访周启明,获赠茹二樵的《越音释》。

5日 徐婠贞生日,从森隆叫来几样菜,与钱秉雄、钱德充一同吃生日晚宴。

6日 接到马幼渔电话,说周启明访他,告知孔德学校校务主任杨慧修已于4日下午与相恋的女生文树新私奔了。

7日 上午到师大文学院办公处,李云亭开茶话会,招待日前来平开会的中华学艺社成员。下午接到中海电话,得知陈可忠与刘英士两位教育专员前往参观国语会,就赶去中海。

走访周启明。他下午已到孔德学校召集教务长、各主任、各级任开过谈话会。马幼渔、马隅卿、周启明、钱玄同、沈坚士五位董事致沈尹默函,报告维持情形,且推举蓝少铿继任校务主任,商定由钱玄同拟稿。

8日 上午将所拟信稿送到沈坚士、马幼渔两处一看。

下午走访黎锦熙,决定《国粹学报》中刘申叔的论著都为专书。

9日 到师大附中北校演讲师大入学试验的国文各科,及中学生不应专注重纯文学。

将信交人送马隅卿盖印,即送周启明盖印,由他发出。

10日 在民智书局购得张国仁的《世界文化史大纲》。

11日 周启明来孔德学校,庶务主任高铭勋向他辞职。李召贻约沈坚士及沈小梅、钱玄同、周启明到森隆,商定由高铭勋向李召贻及孔德会计沈小梅办移交事宜。

钱秉雄说小学部教员见报上新闻,及马隅卿突然来校,人心惶恐。

12日 走访周启明,见沈尹默复信,主张速电请蓝少铿来。周启明已以"董事会"名义发电给蓝少铿。

13 日　朱自清在广和饭庄请吃中饭，同席有柳亚子夫妇、郑桐荪夫妇、周启明、俞平伯、杨振声。首次见到柳亚子，30 年前在松江《觉民杂志》等中已读过其文章。他说略有收藏刘申叔的文章，回南后当录副本寄来。他出书画帖一册嘱题，晚间为题龚定庵诗一首。

14 日　师大校务会议议决，至去年 12 月 17 日纪念日止，凡满 20 年的教职员，都赠予纪念品。钱玄同于 1913 年 9 月到校，有此资格。送来"诲人不倦"银盾一枚，作函道谢。

15 日　到文奎堂购得伍非百的《墨子大义述》、金梁的《清外》。

17 日　到商务，购得《孤星泪》。到北大图书馆借得《六书假借经徵》。

收到郑友渔寄来的刘申叔相片，分发、西装，穿大氅，大概摄于日本时期。

18 日　将师大国文学系课程标准完全弄好。

接到郑友渔来信，说刘叔雅主张不刻《攘书》，为了淡化革命与变节问题。给郑友渔回复：《攘书》价值颇高，应刊印。

20 日　下午到大嫂处，告诉她印刷装订《闺秀艺文略》共须 400 元，大嫂听了很高兴。

21 日　到青云阁购《三灵解》及《瓯风》杂志第 3 期。

22 日　在孔德学校开董事会，北平的六位董事中马隅卿未到，决议有三：(一)追认校务主任为蓝少铿，(二)在平董事报告离平董事沈尹默、陈大齐、蔡元培、李石曾、张凤举，(三)电催蓝少铿速来。

师大在来今雨轩宴请 20 年老教职员，餐毕合影纪念。

在中山公园会晤胡适。

23 日　课后到商务购得傅东华翻译的《奥德赛》、陈西滢翻译的《父与子》。郑友渔送来印成的刘申叔稿散片数种，灯下校订。

24 日　约魏建功到崇华食堂吃晚饭，谈北大林损辞职等事。

25 日　整理刘申叔遗书。

郑友渔在天瑞居请吃晚饭，同座有黎锦熙、吴晓芝（承印代销）、赵羡渔等，商量诸多印书问题。

26 日　到中海，与汪一庵、徐一士、黎锦熙共商编辑辞典问题。

郑友渔送来刘申叔遗书散片。

27 日　全天在孔德学校整理刘申叔遗书相关材料，拟撰刘申叔各文系年。

郑友渔又将印成的散片送来。已印成专著：《老子校补》《庄子校补》《白虎通义校补》《白虎通德论补释》《晏子春秋校补》《春秋繁露校补》。又有《周书补正》《左庵集》《中国民约精义》尚未印完。

29 日　清华纪念日，钱秉雄、钱三强、徐婠贞前往参观。在家中校完木版《广论语骈枝》。

大嫂来家里，交来《清闺秀艺文略》稿。

走访沈兼士，请其担任师大毕业考试委员会的国文系“校外专家”，他同意了。

30 日　到北大、师大两处领取薪水。走访吴晓芝，请其承印大嫂的书。

5 月

1 日　到大嫂处，交估价单，决定用八开毛边印 500 部，加书皮、装订，共500元。

2日 到东长安街中央饭店，参加黎劭西妹妹黎绵文与桐乡冯式怅（刚叔）的婚礼。冯式怅为钱玄同塾师冯蓝宋先生的子侄。

4日 校对《昌言》卷五、卷六。

5日 革命政府纪念日，师大放假。

检此前所写《四川》《国故》《钩沉》《雅言》《中国》杂志中之刘申叔文章的卡片整理，拟抄印出一目录。

6日 到中党部开国语会第33次常委会，在中山公园长美轩聚餐。开始抄刘申叔文章目录。

7日 上午将刘申叔文章目录抄好。

课后到中海，谭丕模来谈"五四"时的新思想代表人物，他拟举陈独秀、胡适、钱玄同、吴虞为代表。

8日 下午在孔德学校，检《左庵集》，知五种杂志中有几篇文章已收入《左庵集》。

9日 下午将刘申叔文章篇目整理好，中午交黎锦熙付印。

到中海，为大嫂校对《艺文略》。

11日 将月前所写《国粹学报》刘申叔文章卡片写目，准备油印。

13日 收到吴检斋信，说太炎师又来催印稿，他定尽一个月出书。自次日起，当开始将未校者抓紧校对。

14日 开始校《太史公古文尚书说》。

15日 校《春秋左氏疑义答问》卷一，次日校好。

16日 校对《左氏》五及黄跋。

晚上，钱玄同、马氏三兄弟、徐耀辰、沈坚士、周启明、刘半农等人在东兴楼宴请马叙伦，据说是祝他五十寿辰。

17日 课后校对《左氏》卷五。傍晚到文楷斋将《骈枝》及其自序,《太史尚书》,《左氏》卷一及黄跋,《昌言》卷五、卷六交出。

18日 下午校《左氏》卷三,校好14页。晚上校《左氏》卷二下,校好15页。

19日 中午到中海,黎劭西为妹妹出阁宴请中海及国语会同人,另有媒人孙制壮。

下午到北大研究院开会,商量研究生初试科目。蒋梦麟在新丰楼请叶玉虎吃素菜,前往作陪。

21日 刘盼遂在新陆春请吃晚饭。座中有江叔海(1857—1935),谈丁丑、戊戌间轶事。

22日 校完《左氏》,又校《体撰录》。

23日 上午校好《体撰录》。随后到大嫂处,商量印书事。

中午走访吴检斋,商量太炎师书事。

24日 上午为大嫂书稿补录24人。下午走访刘半农,他拟印100张章太炎造像于丛书的前100部。

25日 校《古文尚书拾遗》,校到月底才毕。

26日 余季豫约请,到辅仁演讲"晚清公羊学派与思想政治之革新"。

27日 中午,李云亭在撷英宴请各系所请"毕业考试委员会"中的"校外专家",沈兼士到场,未吃而去。饭后到商务购得朱芳圃的《甲骨学》及章厥生的《中华通史》。傍晚到黎劭西家,他请新亲冯汝玠(志青)吃饭,与刘盼遂、张西堂一同作陪。得知蓝宋师及其兄延云、望如都已逝世。

28日 到北大、师大领取薪水。

松筠阁赠送郭沫若的《古代铭刻汇考续编》。

6月

1日　为《昌言》卷二、卷三、卷四二校。

校阅《三体石经》，次日校毕。

3日　钱稻孙带钱穟孙来家中，就约他们带上大嫂和钱稻孙夫人到长美轩一起吃中饭，饭后到同生摄影纪念。

到大东书局，购叶大令的《殷墟书契前编集释》。到文楷斋交出《体撰》及《拾遗》的初校，《昌言》卷一至卷四的二校。取回《昌言》卷五、卷六，《论语》《太史》《左氏》二校改正本。

徐森玉在同和居请大嫂、钱稻孙夫妇、钱穟孙、钱玄同吃晚饭。

4日　带徐婠贞、钱秉雄一起为大嫂、钱穟孙送行。

6日　上午将顾点《左氏春秋考证》二部剪贴在伊刻三传上。下午在孔德学校，校写日前校出的《三体石经考》。

10日　走访马幼渔，欣赏他所藏的《珍艺宧遗书》。

11日　应张少元、徐传峰之约，到男附中纪念周中演讲。到商务购四部本的《白虎通》与《繁露》。

13日　到富晋书店、松筠阁、来薰阁三处还账。走访马隅卿，要他转告二房东李召贻要继续租住。

14日　到富晋购得《饮冰室藏书目》，梁启超有题字及眉批。

15日　到师大文学院，参加国文毕业生合影。

收到北大来信，告知《国学季刊》新一届编辑委员会名单。

17日　校对《辞通序》，拟交《师大月刊》刊用。

18日　师大校长在教理学院风雨操场约集本届毕业全体同学开茶话会并摄影留念。黎锦熙因病未到，就由钱玄同代表演说。

19 日 校阅三年前太炎师在师大的演讲稿。

21 日 将太炎师在师大的演讲稿校好,写了几句跋,将发《国语周刊》。

弄"巴"字之形变稿成,明日当再检查各书,对照着写锌板。

23 日 与黎锦熙一同往基金会拜访任叔永,并晤胡适。据说本年因金价低落,因而国语会的经费不太好落实。

24 日 灯下将刘申叔在《国粹学报》中的专著郑贴本理好一半(13 种),准备次日送出。

25 日 上午到中海,大嫂书稿的印稿送来。将大嫂的书稿校完二校送出。

晚上到北海"仿膳饭庄",北平师范大学《教育与文化》编辑熊梦飞请吃晚饭,同席有黎锦熙、罗雨亭、何日章。

26 日 用钱玄同、黎锦熙的名义致函任叔永、胡适,为国语会的经费作最后的努力。

27 日 下午到中海,六页样张(编纂条例两页,正文四页)已送来,当即送基金董事会,共送出 14 份。

灯下二校《〈辞通〉序》,太炎师的演说稿初校,大嫂的文稿 13—24 页三校毕。

28 日 到商务购刘大白的《五千年表》两部,一部备用,一部拟作"纪年表"的稿本。

高步瀛在新陆春请吃中饭,同坐有黎锦熙、李云亭、杨遇夫、吴检斋、余季豫、宫廷璋、郑治木、刘盼遂等人。

灯下做完《国粹学报》中刘申叔专著。

29 日 上午到北大与师大领取薪水。下午收到胡适来信,得知国语会请求的美款被否决了。傍晚走访周启明,商量孔德学校的事。

30日 下午到中海，与黎锦熙修改预算，因损失一千元，则中海方面须全部依靠部里拨款。黎锦熙的薪俸由190元减为60元，钱玄同由100元减为50元，其他人的薪俸不减。

7月

1日 上午到国语会开第35次常会，通过预算。到撷英聚餐。

下午到来薰阁见赵万里，获赠影印明刻本《南唐后主词》。走访吴文祺。到西单商场半亩园，吴晓芝请吃晚饭，同座有黎锦熙、郑友渔、游弥坚。

3日 孔德小学部主任黄继植交来改革计划书一通，缺乏可行性。

6日 为孔德学校的事先后走访沈坚士、周启明和马隅卿。

7日 早晨熊梦飞来访。

周启明在东兴楼请吃晚饭，同席有沈坚士、马幼渔、马隅卿、陈君哲、赵万里、徐森玉。

8日 收到莆田师范学校职员、学生挽留蓝少铿的电报。又得蓝少铿电报，说为同人挽留，有了合适的机会就来北平。

下午先后走访沈兼士、周启明，都为孔德事。

晚上，黎锦熙、周启明、沈兼士都来孔德学校，商孔德学校事，决致电促蓝少铿速来。

10日 上午到师大开研委会。教育部下令师大停办研究所事，经讨论决定要力争，请再办"教育研究所"，而"纂辑工作"则唯有停止之一法了。

11日 下午在孔德学校重做《巴字字形说解》。

12日 蓝少铿来电，说将设法来北平，定行期就会电告。

到中海，将巴字字形考订之一部给黎锦熙看，他说很好，不必再改。将公墓碑第一行补好，检阅一过，即送出。

13日 魏建功在马隅卿处打来电话，约往谈下半年北大功课事。胡适说，马幼渔的功课，一年级的声韵由魏建功担任，清代韵学书研究由钱玄同担任。

14日 下午到中海会黎锦熙，忽得马幼渔来电话，说刘半农于下午两点一刻逝世。晚上与黎锦熙一同去刘半农家，萧迪忱与黎季纯在他家。

15日 走访严既澄，劝他到安大任文学系主任。他不愿，功课不多也还要留在北平。

16日 早晨8点刘半农在协和地窖入殓，未往。回家带了徐婠贞、钱三强到北大一院门口候路祭，祭者行三鞠躬礼。随后移灵后门外的嘉兴寺，一同送往，安柩时又行三鞠躬礼。下午4点又到嘉兴寺"接三"。

17日 下午到琉璃厂星云堂书店购得刘半农的《半农杂文》。

18日 约魏建功到淮阳春吃中饭。他交来纪念刘半农的稿子，三千余字。

灯下动手写《亡友刘半农先生》，次日写好，到《世界日报》社交稿、校稿。

19日 严既澄在家请吃晚饭。座中有戈绍龙、杨雨辰等人，开口闭口骂胡适。

21日 在此日出刊的《国语周刊》第147期上发表《亡友刘半农先生》。文章专就刘半农与国语运动的三项工作来说刘半农的贡献。这三点在国语问题上是三个部分，而在刘半农的工作上则为前后三个时期：(一)革新文学，创作新诗，征集歌谣，究求文法。(二)实验四声,研究国语。(三)调查方言,搜采辞类。

22日 黎劭西、汪一庵在来今雨轩请吃晚饭,为将在《华北日报》出《国语周刊》事,同席有萧涤尘、温锡田、胡天鼎等人。

26日 黎锦熙将要出版《佩文新韵》,拟作函为附录,谈儿化韵。

27日 将与黎锦熙论儿化韵做完。

30日 接到马幼渔电话,他家老太太病危,要去帮助制礼。马家五兄弟公意,除废拜跪及改良讣文外,一切从俗,连深衣服期也不改。

8月

1日 到师大和北大领取薪水。

2日 罗根泽在大美请吃中饭,同座有郭绍虞、何乐夫。郭绍虞说上海实行所谓“文化统制”。

下午到中海,会黎锦熙,国语会新来的周达夫,通日文及世界语、国际音标,也懂英文。此人颇有用。

3日 校师大一览中的“国文系课程标准”的铅印样子。

4日 早晨接到马隅卿电话,问询谢帖写法,知其太夫人已逝世。傍晚到宁波馆访问马氏兄弟。

灯下改熊梦飞所撰关于汉字革命的谈话,勉强改完。

5日 上午将熊文再一校阅。国语会开第36次常委会,来不及参会,直接到淮阳春聚餐。下午到宁波馆交讣文稿。

6日 上午到师大出版课,交出一览校样。

下午到小甜水井胡同宁波会馆吊马氏之孝。

7日 到中海,将《币韵之说明》做好,拟登本期《国语周刊》及《佩文新韵》之首。

8日　将《币韵之说明》弄好。胡适来电话，要求出北大转学生的文字学试题六道，当即出好送去。

9日　下午到宁波会馆马宅治丧处，去写铭旌。铭旌文为"马母李太夫人之铭旌"，下款署"世愚侄蔡元培敬题"，还写一"先母李太夫人之灵位"。

唐兰来访，说郭沫若信中说日本的石鼓照片，1200元可得一份。

此日出刊的《国语周刊》第150期上发表《"币"韵之说明》。

10日　《晨报》载，教育部令孔德学院停办。

下午到富晋购得《邃雅斋丛书》，到来薰阁购得朝鲜柳僖的《谚文志》，到商务购得"国学基本丛书"本中的《通志二十略》。

12日　蓝少铿已到北平，约他到淮阳春边吃饭边报告孔德学校数月的情形。

13日　晚上回孔德学校，蓝少铿回来，说已拜访过沈坚士。沈坚士主张辞退小学部主任黄继植。

14日　回孔德学校后访蓝少铿。他发信给几位董事，问询黄继植去留问题。

15日　上午到金子直处诊病。晚上回孔德学校，访蓝少铿。他说沈坚士刚走，沈坚士坚持辞退杨慧修、黄继植。

16日　蓝少铿辞退了黄继植。晚上11点杨慧修来，诳称周启明留他，"磕头"要留下。

17日　晚上回孔德学校，访蓝少铿，他说沈坚士忽变卦，同意留杨慧修。冯废名"去磕头"，他怕得罪周启明。

19日　接到吴文祺复信，不愿来孔德学校任职。

到富晋购得"四部续"之《急就篇》(单颜注)。

20日　晚上访蓝少铿，得知中学部教职员已确定，黄继植任生活指导委员兼授小学部功课，杨慧修的事未定。钱秉雄任七年级国文教师，又兼教务员（副教务长）。

21 日 到厂宫校长室，开招生委员会，决定第一试录取之人。本年国文系招考成绩不理想，共录取 36 人，其中女生只有三人。

22 日 访蓝少铿，说沈尹默复信已来。由于杨慧修向他“磕头”，沈尹默竟主张留下杨慧修。

23 日 下午在中海与黎锦熙共出次日所用的师大二试题目。

24 日 参加师大第二试。

25 日 上午到师大，口试新生，国文系第一试所取者共 36 人。完成口试后，招生委员会在忠信堂请吃中饭。

在淮阳春请白涤洲、魏建功吃晚饭。魏建功已决定将北大“音韵学”一门分组，音韵史由钱玄同、黎锦熙、赵荫棠教授担任。

26 日 上午到师大厂宫图书馆阅北平复试及南京初、二两试卷，中午在大陆春聚餐。

27 日 上午到师大阅卷，中午在撷英聚餐，傍晚阅好。

晚上走访魏建功，得知将钱玄同的课定名为“古音考据沿革”，每周三小时。

29 日 送一缎幛到马宅。

30 日 上午到师大开招生委员会，决规定平、京两处录取的新生。会后与黎锦熙到西车站吃中饭。饭后到来薰阁取日本东京帝大的《东方学》卷石印古本《玉篇》卷。

灯下拟“古音考据沿革”的“内容大要目”。

31 日 上午到师大领取薪水。到来薰阁购罗印原本《玉篇》两册。下午至聚贤堂吊马氏之丧。见到罗雨亭，他决定赴安徽大学。

9 月

1 日　彭一湖、孙伏园、熊佛西、瞿菊农在平教促进会请吃中饭，座中有胡适。

2 日　国语会开第 37 次常委会，未赴会，直接到撷英聚餐。

5 日　早晨，师大汽车来接去印题目，（省选）复试生及体育系续招生，共 100 人。

晚上走访周启明。他在东京拜访过中村不折及郭鼎堂。

7 日　早晨，师大以汽车来接去印题目。到商务购“国学基本丛书”中的《周礼正义》《仪礼正义》，及《万有文库》的《韩非子集解》。

8 日　上午到师大，口试六个省选国文系的学生。傍晚走访刘半农夫人，她要钱玄同与周启明、魏建功等共商应发讣文的人。

9 日　影印的《太平广记》送到。

10 日　上午到北大领取 8 月薪水。随后到师大借上学年（卅二年度）学生名册、选课单等供参考。

11 日　到师大开招生委员会，议省送学生及体育系续招学生，接着开教务会议，交出讲师名单：汪一庵、夏宇众、杨遇夫、孙人和、孙子书、严既澄、罗雨亭。本年教授：黎锦熙、钱玄同、高步瀛。

灯下开始做排课表。

12 日　生日，到中原与同生摄影（六寸，半身）。

下午为尤平白写人境庐《山歌》十五首，贺其结婚。

15 日　排好课表，送去师大。

18 日　到来薰阁，购买日本人中岛竦的《书契渊源》。

20 日　白涤洲夫妇送来笔记，预备整理成书。

21 日　到来薰阁还书帐。到邃雅斋，购王孝鱼的《船山学谱》。课后到中海，在送书中购得正续《汉印分韵》。

22 日　晚上白涤洲、魏建功、汪一庵赴郑州开国语会。

23 日　中秋。下午回家，晤徐苏甘及张恩虬（玉君）。张恩虬 19 岁，考入清华物理系，是张菊圃幼子。

晚上黎锦熙赴郑州开国语会。

24 日　早晨到师大厂宫，为第二次考省送复试生。

25 日　早晨到师大厂宫考省送复试生，考完就口试。随后到商务购得周予同标点注释的《汉学师承记》。

26 日　徐旭生来谈，要求写《欧洲哲学史》的封面。

灯下过录梁批《颜氏学记》，未毕。

27 日　到商务购冯友兰《中国哲学史》。翻阅《古史辨》第四册，及胡适的《说儒》稿。

28 日　上午接到黎锦熙电话，他于前一天晚上回北平。上午敖士英来访，冯玉祥聘他去教国文。

下午到北大领取薪水。灯下取去年写了一点儿的《急就今韵谱》续写。

29 日　师大开招生委员会，决定第二次省送生的录取问题。

30 日　灯下续写《急就今韵谱》。

10 月

1 日　课后领取师大薪水。到中海，托张西堂借梁启超论诸子的文章。

4 日　到北大上课，白涤洲夫妇没来听讲，魏建功说白涤洲生肺炎了。

5日　郑友渔赶到师大来相会，书稿已续印，他打算将刘申叔稿早日印好。

下午到北大二院，开关于刘半农追悼及纪念的会。

6日　拟定刘半农的挽联，共148字。晚上到黎锦熙家，共同推敲定稿。

7日　国语会开第38次会，仅钱玄同、黎锦熙、汪一庵、陈颂平四人到，中午在广林春聚餐。

11日　在北大向魏建功问询白涤洲的病情，说白涤洲病危。

灯下抄钱玄同、黎锦熙、白涤洲、魏建功、陈颂平、胡适、周启明、马幼渔、赵元任撰给刘半农的挽联，次日将送周大虎登《国语周刊》。

12日　上午约8点接到徐婠贞电话，说由黎锦熙太太转来，白涤洲于清晨4点逝世。晚上7点殓停灵法源寺。"半农死甫三月，白氏又继逝，国语界真不幸也！"①

灯下撰白涤洲挽联。

13日　午后到中海，写挽白涤洲之联。在中海开"涤洲家族善后会议"，成立"涤洲家族善后委员会"，由钱玄同、黎锦熙、陈颂平、汪一庵、魏建功等国语会五常委，以及罗常培、罗庸、王向辰、何容、伊见思、沈仲章、舒舍予、齐铁恨等人组成；其夫人徐溶及其兄白文渊也到会，为当然委员；推出常委六人：钱玄同、黎锦熙、魏建功、罗常培、王向辰、何容王。白涤洲为蒙人，其夫人主张不接三、不开吊，仅开追悼会，定于11月11日，已定下星期日(21日)安葬西山。

此日出刊的《国语周刊》第159期上发表《刘半农先生挽

① 杨天石：《钱玄同日记(整理本)》(下)，第1043页。

辞》：

当编《新青年》时，全仗带情感的笔锋，推翻那陈腐文章，昏乱思想；曾仿江阴“四句头山歌”，创作活泼清新的《扬鞭》《瓦釜》。回溯在文学革命旗下，勋绩弘多；更于世道有功，是痛诋乩坛，严斥“脸谱”。

自首建“数人会”后，亲制测语音仪器，专心于四声实验，方言调查，又纂《宋元以来俗字谱》，打倒烦琐谬误的《字学举隅》。方期对国语运动前途，贡献无量；何图哲人不寿，竟尔祸起虮虱，命丧庸医。

14 日　上午到北大，开刘半农追悼会，会中推定胡适、周启明、钱玄同、魏建功报告刘半农的学行。

16 日　撰写《哀青年同志白涤洲先生》。

17 日　上午改定文稿，约三千五百字。到中海，交换阅读各自悼念白涤洲的文章。下午到魏建功家，写白氏铭旌：“教育部国语统一筹备委员会故委员白涤洲先生之柩”，下署“国立北平师范大学教授友生钱玄同敬题”。舒舍予、罗莘田、何子祥都来魏建功家。晚上与黎锦熙在大陆春宴请舒舍予、何子祥、周大虎等，董渭川也来报告游俄调查拉丁化的情形。

19 日　到中海，会黎锦熙，并晤齐铁恨（白涤洲妻子的兄长）。

24 日　下午在孔德学校，检查师大四年来考卷，约一千四百余本，以国音次列为名单，黄昏开始批阅，晚上看了约六十本，随后几天忙于阅卷。

27 日　到北大领取薪水。

此日出刊的《国语周刊》第 161 期上发表《哀青年同志白涤洲先生》。白涤洲患伤寒病逝世，终年 34 岁。他是著名的青年语言学家，是钱玄同、黎锦熙和刘半农、赵元任数人非常得力的助手。钱玄同在《哀青年同志白涤洲先生》中回忆，自己身体衰弱，心绪纷乱，正苦于没有精力来编讲义，白涤洲主动向钱玄同表示："我今年再来听讲古音功课，写笔记，明年夏天讲完写完之后，由您校阅一过，将它出版，好不?"钱玄同自然求之不得。9月20日，星期四，钱玄同第一次上课，白涤洲就偕夫人徐溶一同来听课记笔记。钱玄同很好奇，下课时问白涤洲，为何携夫人一起来。白涤洲答道："下星期四(27日)，我正在郑州，当嘱她来笔记；今日先同她来笔记一次以资练习。"可惜只记了一回，白涤洲就生病去世了。

此期《国语周刊》还刊出钱玄同所撰《白涤洲先生挽辞》：

> 擅国语，考方言，声韵多端，精求无间。回忆十年以来，标准读音全赖商定，《广韵》《集韵》亦得诠明。君对国人，实多贡献。
>
> 与人忠，执事敬，年力鼎盛，进德何穷。讵意旬日之内，惕夫斯菌忽来侵袭，少者强者竟尔夭殁！我聆噩耗，能勿惨伤！

29日　早晨到师大，适遇康叔仁，将分数单交去。课后到师大领取薪水。

11月

2日　到文学院办公处，陈启明约来访，谈简字问题。

4日　国语会开会，未往。仅到致美楼参加聚餐。

7日　到直隶购《大亭山馆丛书》，共10本。

9日　到松筠阁购《安徽丛书》第3期。

11日　上午10点国语会开白涤洲追悼会。黎锦熙为主席，报告其性格。钱玄同报告其治学之诸道:(一)学国音,(二)研究旧韵书,(三)调查方音。

傍晚回孔德学校,成一《廿八家古音分部异同表》。

12 日 孙中山诞辰,放假。

14 日 上午到孔德图书馆访马隅卿,请其审定黄元同所定古音读法。黄元同所用其实是马隅卿老家的宁波音。

15 日 刘半农夫人来访,谈年内拟安葬,其铭幽之文,决定请蔡孑民作而由钱玄同书写。

18 日 沈尹默在东兴楼请吃中饭,同席有马叔平、马隅卿、蓝少铿、黎谌、周启明、沈坚士、徐耀辰。马幼渔血压高,卧床未到。晚上走访黎锦熙。

19 日 傍晚到外交部街 42 号王家饭店,平大五院长宴请沈尹默,前往作陪。

20 日 中午马叔平、马隅卿、钱玄同父子、蓝少铿、潘成义、周启明、徐耀辰、魏建功、王淑周、陈哲涵、沈麟伯等在撷英宴请沈尹默、沈坚士。

21 日 下午到中海访张西堂,赠以崔适师的《五经释要》,张西堂回赠新编《经学史讲义》(民大用)。

至中华购影印《全本水浒》,原本为刘半农所藏。又到来薰阁购《小学类编》,内有江沅《说文释例》。

阅高本汉《方音字典》。

25 日 徐苏甘来访,说女院将于 12 月 2 日下午请钱玄同讲演“清代学术之流派”。

28 日 取郑友渔春间交来《国粹报》上刘申叔的文章进行整理,关于专著一部分前已理好交出,眼下理外集的文章。

29 日 到两校领取薪水。取去年所印《说文三续谱》表格片，取后江《谐声表》审查。

12 月

1 日 到女子文理学院讲演“清代学术之流派”。

给许季茀写尺页，要求书写《吴歌甲集序》中的一段。许季茀邀请到德国饭店吃饭，徐苏甘作陪。

4 日 开始做《古韵廿八部音读之假定》。

5 日 到文学院办公处摄影，备登“本校卅二周年纪念专刊”。

9 日 完成《古韵廿八部音读之假定》。郑友渔在广林春请吃晚饭，介绍刘申叔的表弟张重威。此人在银行界做事，说刘申叔上辈弟兄共四人，同辈也四人。

12 日 下午在孔德学校，收到部分论文校样，校对三小时。到市场购得嵇文甫的《左派王学》。

13 日 取回论文校样，全改为罗马字母。

16 日 准备写给孔德学校的文章。

17 日 北大、师大两校纪念日，师大放假。

师大在撷英请吃中饭，有名誉教授查勉仲、陈小庆、刘廷芳、马幼渔等人。

此日出刊的《师大月刊》“师大三十二周年纪念专号”上发表《古韵廿八部音读之假定》。钱玄同主要根据夏弢甫的二十二部、章太炎的二十三部和黄侃的二十八部将古韵分为阴声八部、入声十部、阳声十部，共计二十八部，并将自己所定的二十八部与夏弢甫、章太炎、黄侃的分部进行列表对照；在此基础上，又假定了各部的音读。另有单印本，封面写着“钱玄同自题”“黎锦熙注音”。汉字上部都有注音字母。

18日 上午将关于刘申叔《国粹学报》中入外集的文章，除诗词等以外都整理好，拟日内送给郑友渔。午后到商务购谢国桢的《孙夏峰李二曲学谱》。

灯下为孔德校刊撰《几句老话——注音符号，G. R. 及简体字》，约三千字。

19日 将文稿修改好，中午交给蓝少铿。

20日 写刘申叔书的书签，写好两体古音字母。

21日 下午课前忽大晕，急忙以冷水手巾罨脸，就去上课。上堂讲了五分钟，疲惫无力，又要晕，只能下堂。少息，到金子直处诊视。乘洋车慢行到中海，将封面交给黎锦熙，请他注音。约4点乘汽车回家，晚饭后又大晕，留宿家中。

23日 往金子直家看病，不遇，就回孔德学校休息。

24日 到金子直处诊视，取两天的药。

25日 孔德学校17周年纪念日，因病未往参与，中午仅去参加摄影。撰教部交来陈光垚“简字偏旁表”的复呈。次日做好。

27日 上午到金子直处复诊，取四天的药。到中海会黎锦熙，交出呈文。

30日 取去夏6月4日所作的《说文部首古读》，依新定廿八部改好。

31日 上午雇汽车出门至商务馆，为孔德学校商谈《万有文库》的购书款稍缓支付。购姚名达的《刘宗周年谱》。到师大领取薪水。到金子直处诊视。中午到中海会黎锦熙，他的《国语运动史纲》已出版，见赠一本。晚上回孔德学校，见到修绠堂送来日本汉学家泷川资言的《史记会注考证》。

《增修〈国音常用字汇〉（G. C. Tz.）案》《规定〈说文〉、〈广韵〉、〈集韵〉的今读以作〈新编国音字典〉的初步案》《搜采固有而较适用的"简体字"案》《修定"闰音符号"案》《编制〈基本国语〉(J. G.)案》《规定极详备的〈词类连书条例〉案》《制定"方言罗马字"(F. R.)的拼法案》《编纂〈国语标准词汇〉(G. B. Ts.)案》《规定"纷歧"、"混淆"与"未定"的词形案》《规定国语文中采用西文原字的拼法案》,均为1934年国语统一筹备委员会第29次常委会上的提案,载黎锦熙著商务印书馆1934年12月出版的《国语运动史纲》。

1935年(乙亥,民国二十四年)　48岁

▲8月1日,中共中央发表《为抗日救国告全体同胞书》(《八一宣言》)。

▲12月9日,北平学生数千人举行抗日救国示威游行,高呼"停止内战,一致对外!""打倒日本帝国主义!""收复东北失地!""打倒汉奸卖国贼!""武装保卫华北!"等口号,表达了全国人民抗日救国的呼声。这就是"一二·九"运动。

▲此年,赵家璧主编的《中国新文学大系(1917—1927)》由上海良友图书印刷公司出版。

1月

1日　元旦。北大、师大都放假3日。

2日　张重威在其家请吃中饭,同座有郑友渔、南佩兰、黎劭西、陆颖民等人。

5日　到金子直处诊视。应约到周启明家吃日式牛肉锅,同

座有俞平伯、徐耀辰、冯废名、沈启无及日本人滨某。

6日　国语会开第41次常会，未到会。

到来薰阁，购《龙川文集》，不甚佳。购于省吾的《双剑誃〈尚书〉新证》，也不佳。获赠一部来薰阁新影印的泽存堂本《广韵》。

到商务购郑鹤声的《杜佑年谱》及陈梦麒的《中国大事年表》。到富晋购得《瓯风》第11期，中有陈谧所撰《陈虬传》。

7日　坐立说话用心都要头胀将晕，这几天只好不上课了。

灯下取《流沙坠简》中的《草书简》录出数篇。

8日　上午到孔德图书馆访马隅卿，聊《京本通俗小说》。

午后到金子直处诊病。晚餐后回孔德学校，取去年所剪贴的《千字文》录出备览。

10日　到金子直处诊病。

11日　到琉璃厂开明书店购闵尔昌的《高邮王氏父子年谱》、许瀚《古今字诂》。又到泰东书局取叶大令的《殷墟书契考释》，上一年预约的。

12日　到外交部街42号乐家饭店，钱玄同、马隅卿、魏建功、常惠、李大章、谢国桢、刘节等人宴请顾颉刚。他自夏天丧继母以后，老父不愿远行，不日将离开燕大到杭州养老父。

购得鲁迅新近出版的《准风月谈》，“总是那一套，冷酷尖酸之拌嘴骂街，有何意思？”①

13日　到商务购谢国桢的《明清之际党社运动考》，在来薰阁购刘修业女士的《国学论文索引三编》，中华购张梦麟节译的雨果《悲惨世界》、史襄哉与夏云奇的《纪元通谱》。又为钱秉雄购买《最近五分钟》及黎锦熙的《国语罗马字》《国语模范读本简

---

①　杨天石：《钱玄同日记（整理本）》（下），第1063页。

册》,孔德学校七、八年级学生竟要求钱秉雄与许固生教这方面的功课。又在中华购赵元任的《基本英语》留声片课本。又往金子直处诊病取药。

到中海。杨独任(西挺)次日结婚,送泥金屏一条,嘱写隶字,就写汉字《桃夭》,而旁注古音。

16日 到中海,借《周官辨》与有跋的《古学考》给张西堂,且又赠其《康书序》五本。到清秘阁购得《百家姓》,又到来薰阁,借到《百家姓考略》。

灯下将清秘本字字剪开,依国音排列。

17日 继续做《百家姓》。

接到黎锦熙电话,说王世杰有信给他和汪一庵,嘱他们乘寒假时去教育部,商量注音铜模与简体字。

18日 晚上在聚宝成为汪一庵、黎锦熙饯行。黎锦熙也主张简字当以行草为主。

20日 傍晚与徐婠贞、钱秉雄到钱稻孙家,其仲子钱端义与袁氏订婚,去吃订婚宴。

晚上回孔德学校,接到顾颉刚的信,嘱将对于《重论经今古文学问题》的意见速写一信寄去,将印作最后一页。当即草成一信。

此日出刊的《国语周刊》第174期上发表《几句老话(为〈孔德校刊〉写)——注音符号,C. R. 和简体字》。钱玄同指出,孔德学校自建校开始,国文教学就特别注重学习注音符号(字母),随后又注重国语罗马字拼音和简体字。今后要更加注重这三个方面。

21日 下午到开明书店购得石印的小本《文献通考》。随后到金子直处取药。到中海,开钱玄同、黎锦熙、汪一庵、魏建功、陈颂平五人组会。卓君庸忽来中海，携其俗体字搜集的样本来，希望黎锦熙带到南京，呈王世杰看看。

灯下给黎锦熙、汪一庵写信，说明对于简体字的意见，以备他们携往南京。

22日 上午将信写好。下午到西车站，请黎锦熙吃饭、交信，送他上车。随后到琉璃厂一带拟购物，忽觉心慌意乱，立即回孔德学校。右目忽花，不能看书写字。

24日 右眼仍花。下午再到金子直处诊视。

《世界日报》与天津《益世报》记者贺逸文来中海，为“教授访问”约谈两小时。

归阅晚报，知黄晦闻于今日逝世。

25日 早晨接到黄节（晦闻）宅报丧条，得知次日接三。

26日 下午到黄晦闻家吊丧。在黄家晤郑介石、卓君庸、董鲁安、周启明、马幼渔、马叔平、陈仲恕、马夷初等人。

27日 阅报知教育部昨日开会，关于简体字拟定了五个标准。

28日 上午到两校领取薪水。中午到金子直处诊视。

29日 到同和居，谢塨与刘盼遂请吃饭，同座有顾颉刚、郭绍虞、徐森玉、冯友兰、孙蜀丞、陈寅恪等。

30日 到金子直处诊视，且付一年的医药帐。到来薰阁购得刘节新著《楚器图释》。

到立达书局购敖士英的《中国文学年表》，又购宋仲温《急就》，将补贴在片上。

今年大复古，阴历廿三夜祭灶的炮声很多。

31日 开始写“《月仪》今韵谱”。

2月

1日　继续写"《月仪》今韵谱"。接到黎劭西、汪一庵快信，他们正在与商务、中华两家接洽注音汉字铜模字。教育部催促速成实用简体字表，王世杰说不必求备，分批公布也可以。黎锦熙说最好春假时公布一批。拟将商务、中华两家的初小教科书的生字先写简化字。

2日　到富晋、来薰还书账。在富晋购《书谱》，备剪贴之用。在来薰购容庚所印的《古石刻零拾》。又到直隶书局购得《榕村语录续集》。到商务、中华两家购最近的初小国语教科书各一部，以备初步选用简化字。

3日　上午到二房东家，取《傅青主集》及太须楼《书谱》。

下午到富晋，购得延光阁影印内府本。

4日　大年初一。下午逛厂甸，书摊少，只购得石印《复古编》。

《世界日报》与天津《益世报》记者的《贺逸文访问记》前半已来，不相干的空话装了一个大头，略将其记事处改了一些。

5日　上午到景山书社，购《古史辨》第五册及《论语辨》。下午逛厂甸，专逛西路，购得《天讨》原版一部。

贺逸文续稿来，灯下校阅。

6日　逛厂甸东路，购得《寒村诗文集》。路遇熟人张少元、钱宾四、孟心史，"忽觉伤感，不见半农与晦闻矣！"

"近日满腹伤感，颇思辞典处若能弄到一笔钱，让我得一大学教授之俸金，专事编纂形音一方面，而将师大之某职竟辞去，至少教四小时书，北大不教，如此则于人于己两尚有益。”[1]

7日 逛厂甸，购得陶望龄《罗近溪先生语要》、阮刻仿宋顾虎头画《列女传》。

到金子直处诊病，仍取止脑炎、安神经、补血之药。

傍晚到景山书社购顾颉刚编著的《尚书研究》讲义三册、徐旭生编译的《欧洲哲学史》。

8日 接到汪一庵、黎锦熙电话，他们已回北平，就去黎锦熙家。

逛土地祠，购得张之洞《广雅堂论金石札》、胡元玉《汉音钩沉》，还有王筠九种：《菉友蛾术编》《禹贡正字》《正字略定本》《菉友臆说》《夏小正正义》《弟子职正音》《毛诗重言》《毛诗双声叠韵说》《四书说略》。

9日 到中海，交商务课本，叫黄阔泉写片；交《书谱》，叫王善恺之丈人张某剪贴卡片。

10日 到中海开国语会常会，到撷英聚餐。

11日 上午到师大上课，刚开始上文字学课，就摇摇不支，想呕吐，勉强上了半个多小时就坚持不下了。随后到金子直处诊视，除服药外，又注射灰碘液。

下午到直隶书局购张其锽《墨经通解》、四川版《仓颉字林》、新影印原印的《周礼古字考》。

13日 到商务购“续四部”本《清隽集》《一百二十图诗集》《锦钱余笑》《郑所南先生文集》。到来薰阁，晤马隅卿与赵斐云。随后往土地祠中走，购得《海山仙馆丛书》本《菰中随笔》。

14日 下午到中海，与黎锦熙商量，一半功课请人代上，拟

---

① 杨天石：《钱玄同日记（整理本）》（下），第1071页。

请张西堂代“经学史”两小时、“周至唐思想概要”两小时，自己上文字学两小时、音韵沿革两小时，而将一小时的《说文》暂停。同时辞去北大的三小时课。如此尚有精力编简体字。黎锦熙则要求认真打针治病，看恢复情况再定。到土地祠略看，购吴野人《陋轩集》、蜚英馆石印《聊斋》。随后到金子直处取药，又打一针灰碘液。

15 日　上午整理简体字，可入选简体字表第一批的字，不过五分之一。

下午逛厂甸西路，购得《句馀土音》(扶轮社本)、《句馀土音补注》。

16 日　下午到金子直处取药，又注射一针赐保命。

逛厂甸东路，购得《船山公年谱》、《古桐书屋续刻三种》、《古文眉诠》、《吴赤溟集》(国粹)。在东安市场震华印字局印简体字表格(稿)500 张。日前叫黄某所抄商务、中华两家初小国语教科书的卡片，都已送来。灯下仅清理商务第一册 200 字，依国音排序。

北京大学公布沈尹默、沈兼士、钱玄同等为中国文学系名誉教授。

17 日　蓝少铿在东兴楼请吃中饭，同坐有马幼渔、马叔平、马隅卿、周启明、黎子鹤、刘佑卿、沈兼士等人。饭后到来今雨轩，与黎锦熙、魏建功讨论他们两人所拟的注音铜模之符号体势。随后逛厂甸，购得《唐石经贴本》(《周礼》《论语》)两种、《李氏丛书》(陕西印)、《长兴学记》(原版)和《李氏孝经》。

取李滨偏旁表，及刘申叔《俗字汇》名字之偏旁，将可用者录出，以便统一。

18 日　逛厂甸，购得《春秋非左》《字学举隅》《辅轩语》。又购《罗近溪语录》，准备赠送黎锦熙。随后到金子直处诊视，取药。他介绍明明医院院长马中行氏，嘱次日下午去请看眼病。

19日 上午有所谓“北平市新生活运动促进会”，将在太和门门前举行“新运周年纪念大会”。

下午到明明医院院长马中行处，诊右目。他把瞳仁放大，检查了两个钟头，诊断为眼球中血管破裂所致。

半夜忽得噩耗，马隅卿下午在北大上课，忽觉头晕，由学生架出课堂，雇汽车送协和医院，没能抢救过来，晚上9点半去世。

20日 下午到明明医院，验血检查。

马隅卿在协和冰窖中大殓，不忍往观，派钱秉雄去。

接到汪一庵电话，得知陆雨庵忽来，携来《苏州音表》等，要大家商定。

21日 下午4点雇汽车赴官菜园的观音院，参加马隅卿接三。吊毕，与马幼渔、马叔平、赵荫棠、郑奠等聊天，“不意哈李关忽来，假心假意的问病，刺刺不休，厌烦之至”。忽然犯病，头眩，站立不住。不久送库，马上命汽车送回孔德学校。

晚上11点，怕病情加剧，雇汽车到金子直处诊视，打灰碘液一针，服药后回孔德学校。

22日 下午到金子直处又取药，打灰碘液。到中海晤陆雨庵，一同探讨苏州方言音。

晚上回孔德学校，为陆雨庵校阅他所编的苏音小册，中多疑义，签出不少。

23日 上午为陆雨庵校阅好书。下午到中海，又觉头目眩晕，微卧即好。与陆雨庵、陈颂平、汪一庵，商定签出各疑义。

24日 上午汪伯烈来访，说可服Bromonta。他曾服用，有效。

《世界日报》上报道钱玄同病情还算客观，但《华北日报》却说马隅卿之死弄得钱玄同发疯了。

25日 下午到金子直处，注射灰碘液，取药。到中海，陆雨庵又来，商定苏音表，汪一庵主张用国际音标对照。

晚上回孔德学院。灯下取《吴歌甲集》，以新苏母拼写。

接到吴承仕信，说太炎师“不怒而威”，又来函问书何时能刻成。

26日 给太炎师写信，声明“是我一人之罪，与吴无涉，以平吴愤”。

27日 下午走访魏建功。诚如报纸所言，他周一咯血，不过仍能上课。

饭后不久，忽头晕，身子冷，急忙雇车回家，留宿家中。

28日 到金子直处打灰碘针、取药。随后到中海，晤陈颂平、陆雨庵，劝他们编《苏音字汇》。

3月

1日 上午校陆雨庵《苏州音表》。代陆雨庵重草《苏州音表》四张。

2日 上午到金子直处取药，又打一针灰碘液。随后到中海晤汪一庵、黎锦熙，谈简体字要加草书，他们都同意。在中海晤张西堂，他答应教授“经学史”及“周至唐思想概要”。

由王青芳介绍，与王森然谈话，他要作《近代二十家评传》续集。此续集中有钱玄同与崔适师，崔适师除著作以外都要问钱玄同要材料。

3日 国语会开常委会。中午直接到撷英聚餐，有黎锦熙、汪一庵、何乐夫、陈颂平、钱玄同、陆雨庵。

到富华阁购草书法帖《集古草诀》《草诀辨疑》《草书要领》。

4日 上午接到太炎师3月1日复信。下午到北大领取薪水，又到师大领取薪水。走访易价，将致李校长信托他转达，要送聘书给张西堂。又到富华阁，再购两册《草书要领》。

傍晚到金子直处取药，又打灰碘液。

6日 到金子直处取药，又打灰碘液。随后到文学院，告知注册课，排张西堂的课，周五开始上课。

8日 到金子直处复诊，取药，打灰碘液。

9日 上午将所知草书的书取出：《草书韵会》《草韵辨体》《草韵汇编》《草字汇》《集古草诀》《草书要领》《行草大字典》。其中《草韵辨体》没有，《草书要领》不全。

下午到金子直处取药，又打灰碘液。随后到中海晤陆雨庵、陈颂平、汪一庵、黎锦熙，一起商定苏州字母。

10日 黄晦闻追悼会在北大观音院开，开吊也在观音院。

敖士英来访，获赠新编《诸家古音韵部表》。

《世界日报》中有半部“马隅卿号”，《传略》系魏建功所作，无外行语。

11日 到金子直处打针。

利用苏州字母而编湖杭音表。湖表毕，杭表未毕。

12日 将石刻本《干禄字书》细阅，取“通”“俗”两体二三百文写片。

13日 上午又发病，中午雇汽车到金子直处打针，取药，留宿家中。

钱秉雄说，孔德学校的书，包括马隅卿的书，都要没收，送给黎子鹤。

14日 到金子直处取药，打针。

15日　打电话给魏建功，得知他与徐森玉、赵万里要清理马隅卿的书。催促他们速理速编目，速售与北大，以免被沈尹默等人算计。

晚上到大美，与黎锦熙边吃晚饭边商量先编成《最常用简体字略表》一书，选千余字，不必分四体，但取最简、最通行、最好写之一体排列，其余均待《常用简体字表》补充。

16日　赴魏建功家，劝他们从速理清马隅卿的书，尽快卖给北大。

下午到金子直处打针，取药，脉搏78。

17日　约魏建功、黎锦熙到淮阳春吃晚饭，继续谈马隅卿的书尽快卖给北大之事。

18日　傍晚走访马幼渔，谈马隅卿藏书的处置意见。

19日　下午到金子直处打针，取药，脉搏80。松筠阁送来郭沫若《金文辞大系图录》。

傍晚走访周启明，谈马隅卿藏书的处置意见。

灯下取刘申叔《俗字汇》中较可采的字写片，随后几天不断续写。

22日　上午到师大文学院，四年级学生要摄影。

中午又去打针取药。与黎锦熙到同和居吃中饭，探讨音韵问题。

灯下取《隶辨》，选其中的简体字写片，已写四分之三。

23日　上午又将《隶辨》看完。阅《干禄》与《隶辨》两书，都是隶楷的简体字，可以选进第一批。

午后到中海，会黎锦熙，一同到同和居吃晚饭，商定第一批简体字不可骇人听闻，务求通俗，多采俗体，少采草体。

24日　太太50岁生日，钱稻孙夫人送来礼品，请他们到外交部街42号王家饭店吃中饭。

下午到金子直处诊视，大夫自己生病，只好照老方取药。

25日 午后访蓝少铿，谈沈尹默的“奸谋”。

晚上徐苏甘在来今雨轩宴请徐婠贞，为姐祝寿。钱秉雄送其母两个大寿饼。

将“ㄚ、ㄛ、ㄜ、ㄝ”四韵选了300个简体字，感觉不采用行草还有些困难。

26日 下午到金子直处，打赐保命，取药。到来薰购《古文声系》。

灯下将《干禄字书》片子写完。

27日 到马隅卿故宅访魏建功，他说马隅卿书约八十箱，已清理60箱。

28日 下午到北大领取薪水。到金子直处，仍打赐保命，取药。

到文学院办公处走访黎锦熙，一同到蓉园吃晚饭。他说尽往趋行草的路上走就行。

灯下将数日前所写《隶辨》中可参酌的简体字卡片，依新韵排列。

29日 上午抄《隶辨》中可用的简体字“ㄚ—ㄣ”，未毕。

灯下续抄“ㄤ—ㄩ”，毕了。

30日 到师大领取薪水。从三月起，每月扣80元送张西堂。到金子直处诊治，取药，打灰碘液针。

刘半农夫人来，知刘半农墓地已定，4月动工，约一月可完工。

灯下将前数日所写刘申叔《俗字汇》的卡片，依韵排列。

31日 上午将昨晚所理出的分韵卡片，再各依《佩文新韵》

之韵次排列。弄好“ㄚ、ㄛ、ㄜ、ㄝ、ㄦ、ㄧ、ㄞ、ㄟ、ㄨ、ㄩ、ㄠ、ㄡ、ㄢ”。钱端义将与袁女士在中央饭店结婚，下午3点行礼，全家除钱德充外都去。

晚上将“ㄣ、ㄤ、ㄥ、ㄩ”四韵也理好了。

4月

1日　上午接到马幼渔电话，约来周启明，三人一同到北海仿膳吃午饭，劝说主持孔德学校图书馆，不愿与“鬼谷子”沈尹默打交道，推辞了。到金子直处诊视，打灰碘液，取药。

灯下取前写之五种（《急》《月》《出》《章》《皇》）章草，及《智永》今草，又刘申叔《俗字汇》，共七种。“ㄚ、ㄛ、ㄜ、ㄝ”四韵中字之偏旁写出。盖偏旁定，则简字已思过半了。

2日　钱稻孙家祭祖见礼，与徐婠贞不得已而往，钱秉雄回去看家。

3日　钱稻孙家会亲，与徐婠贞只好去，钱秉雄仍回去看家。

下午到中海，会黎锦熙、陈颂平、汪一庵，校定苏音表，可印了。到来薰阁，购得《衡斋金石识小录》及新影印的《薛氏钟鼎款识》。

4日　中午在来今雨轩宴请猛、获夫妇及钱稻孙、钱禨孙夫妇。下午，周启明之子周丰一与孙俭志女士也在来今雨轩订婚，带徐婠贞一同参加。董恂士季女董锦（海伦）与其婿杨康祖傍晚来访。他们3月24日在上海结婚，杨宅在北平，故来一趟，8日回沪。

5日　饭后到金子直处打赐保命并取药。

6日　傍晚到来薰阁，购得周伯琦《六书正讹》。

7日　马竟荃来访，并赠人参。

中午到长美轩，国语会开常委会，聚餐。《草韵汇编》中竟有“驴、炉”等字，据说都出于米芾。

8日 到金子直处，又打赐保命，取药。到富华阁，购米芾字帖。

9日 下午到文学院办公处，与吴新斋接洽国文系事，并向文学院图书馆借《说文长笺》。到商务购《明贤墨迹》及《朱子论语注墨迹》。

傍晚走访周启明，他的血压也高了，仅吃鱼虾素菜，医生命其服“碘钾”，以软其血管。

10日 上午检出关于太炎师书的续编，略加整理，拟赶一校。

下午在孔德学校，再校《广论语骈枝》《体撰录》《太史公》《古文尚书拾遗》4稿。

11日 上午三校《昌言》一、二、三、四卷，未改处仍有。

下午到金子直处打赐保命，取药。

灯下再校《昌言》五、六卷，未改处还有很多。

马幼渔病已一周，据说是感冒发热，有时头晕。“几位老朋友，死的死，病的病，血压都高了，殊令我触目惊心也。”

12日 教育部派冯平为视察各大学的视察员，要调查教员研究题目，因拟八题：

(一)“古今声韵表之编制”，1922年起，修改中；

(二)“三百篇古音读法之研究”，1934年起，已成《古韵廿八部音读之假定》一文；

(三)“说文广韵今读之标注”，1933年起，标注中；

(四)“古代文学六书分类之研究”，1935年起，编纂中；

(五)“草书行书字之撷采”，1935年起，撷采中，为编《常用简体字表》之取材；

（六）“说文中笔画简单字之撷采”；

（七）“经真伪之研究”。1931年起，已成《左氏春秋考证书后》及《重论经今古文学问题》二文；

（八）“晚清今文学派与思想、学术、政治之关系”。1931年起，仅在讲《清代思想概要》时作参考材料，为口头之讲述，尚未有文字撰录。

13日 隆福寺宝会斋送来明郭谌的《草韵辨体》。上午抄“教员研究”。

接到马幼渔电话，他的病好了。向马幼渔借来《民报》，或拆订，或不拆，不全，好在刘申叔的文章都在。

14日 傍晚走访高步瀛，为填写教员研究之表。

15日 上午高步瀛来，商改教员研究题目。下午到金子直处诊病，脉搏忽高至96，检血压149，换了一种药。

到中海，王世杰有信致黎锦熙、汪一庵，询“表”何时可成。傍晚再往金子直处诊看，脉搏已降至86。稍放心，即回家。

16日 下午刘半农夫人来，要求为刘半农、刘天华两人之柩写碑头。到金子直处诊视，脉搏82，取药，打针。

17日 给卓君庸写信，借观章草帖数种。给王世杰写信，约以三周当可交卷。

18日 将《左氏疑义》五卷再校毕，只剩《三体石经》了。

取从马幼渔处借来的《民报》检查一下，刘申叔的文章有四篇，《天讨》上有两篇。

19日 清以前草书书补述：金张天锡《草书韵会》、《草书集韵》、明郭谌《草韵辨体》、清陶南望的《草韵汇编》。

到金子直处诊病，取药，打针。

20 日　到有正书局，购得影印澄清堂祖拓，内有《豹奴帖》。

21 日　阅《章草考》及赵《六体千文》。

22 日　至金子直处就诊，打一针，药内有钠、安息香等。取药及漱口药。中海宝会斋又送来李滨《草说》，附其妻李薛慧余《草书编类》样本，朱宗文《草圣汇辨》。

23 日　至隆福寺宝会斋，将《草说》《草圣汇辨》拿回家，阅此二书。

24 日　上午卓君庸送来章草材料八种。

下午到金子直处医诊，脉搏 86，改打日本产血压降剂。到富华阁，购孙过庭《佛遗教经》。

25 日　上午弄“ㄢ”韵声母。简体字决定依据这几种材料：以前分韵编录的《急就》《月仪》《出师》《文武》和汉章帝《千文》；已做好卡片的智永《千文》，赵《千文》，王筠、刘申叔《俗字汇》；《干禄》《隶辨》可用之别体。最后用陶南望书补之，且更为最后决定其写法。因此书录章草、今草最富也。

下午在家中弄“ㄣ、ㄤ、ㄥ”韵。晚回孔德学校再试写“ㄢ”韵不备之字，不能决之体尚多有之，明日当取陶南望作参考。

26 日　到金子直处取药，又打灰碘液，脉搏 88。

27 日　走访魏建功，周启明已撰好《故国立北京大学教授刘君墓志》，两人斟酌数处，就携稿归。下午到北大、师大去领取薪水。到商务购得《春秋正义》，有不少手头字，又购宋文蔚《说文经字考疏证》。又到富华阁购得清李雪麟《草书要领》。

走访周启明，改定墓志。

28 日　走访魏建功，将墓志稿交与他，还见到董作宾。

29 日　将《三体石经考》校毕。到中海，得王世杰复信，说制成后尚拟送交中政会。到文楷斋，晤少堂柜刘明堂，将章氏全稿交出，他说一星期可改好，改好后即可付印，拟嘱其先印 20 部蓝的寄太炎师，大约 5 月中旬可成。到富华阁购得包慎伯法帖一、草书三。

到金子直处打针，取药，脉搏 84。

30 日　到中海，为注音铜模事，汪一庵、黎锦熙主张将一字数音者能减少铸数最佳。孙崇文、王善恺、赵善斋等共作顾问，汪一庵、黎锦熙、钱玄同三人作决定。

5 月

1 日　上午将章氏著书续编封面七种书签均写好，又写了“江阴刘半农、刘天华先生之柩”。

下午马隅卿书估价，魏建功、徐森玉、马幼渔、赵斐云“群英会”。过去聊聊，随后到文楷斋，将书签等交刻。

灯下给太炎师写信，书已校就，即可开印。

2 日　上午给孙伏园、卓君庸写信，索要章草《市民千字课》及《俗体字简本》。魏建功来，携来昨晚今晨两次所写刘半农墓志两纸，今晨写者较佳。

下午到金子直处诊治，打针。

3 日　文楷斋送来六种校正件，《三体石经》日后再送。

4 日　上午再校章稿，尚有错误数处。

下午到中海，原班人马正商选铜模字事。到金子直处取药，打针，脉搏 80，血压 140，“可喜也。盖茹素之效也”。把校对稿送文楷斋，到富华阁取残本《升仙太子碑》来。

收到孙伏园寄来卓君庸书《市民千字课》四纸。“可采者虽多，然有毛病者亦不少。”

5 日　上午参加国语会常委会，到同和居聚餐。饭后一同到周启明家，俞平伯、废名也在。魏建功共书刘半农墓志四张，后两张一稍肥而流动，一瘦而谨严，胜于日前两张。最后大家都觉得瘦本为佳。

6日　文楷斋送来《三体》校稿，及4日送去再改正数处之改正稿来，已全无误，可印了。卓君庸送来四张章草《市民千字课》，又送来《简体字字典》，即俗体字，不太能用，还是草书可用。

傍晚走访马幼渔，请他做师大国文系毕业试验校外监试委员。

灯下开始将卓字分片写出，以便以韵次而作参考。

7日　上午抄卓君庸字，次日抄好，依韵排列，一直排了好多天。

下午到金子直处诊视，取药，打针，脉搏82。到文楷斋，要求先印蓝色20部，先寄上海。

8日　接到太炎师5月5日复信，肯写刘半农碑头。

太炎师脸谱已印好取来，100张，共6元8角。

9日　给蔡元培写信，希望他能撰写刘半农的碑文和刘申叔遗书的序，还谈到简体字问题。

10日　到金子直处诊病，取药，打针。到中海，会黎锦熙。宝会堂又送来一部郭谌《草韵辨体》。

晚上走访周启明，借阅日本中堂书目。

11日　中午魏建功为马隅卿书事请客，同席有马幼渔、马叔平、赵斐云。给日本中堂汇款，欲购《六书精蕴》《草露贯珠》《草书渊海》《草书汇略》《真行草大字典》《丹青引》《八仙歌》。

13日　文楷斋送来总封面及书签。

16日　到金子直处诊视，打针，取药，脉搏84。

到中海，购容庚的《海外吉金图录》、顾起潜的《吴大澂年谱》。

17日 文楷送来刚装订好的10部书。约吴承仕、马幼渔、周启明到广和，商量善后事：一、定价五元，由直隶书局总售；二、每捐10元者，赠书一部，共收到1270元，应有127部蓝印书。首印20部，四人各得一部，16部寄给太炎师。

18日 上午给太炎师写信。下午到中海，文楷又送10部来，加上昨天的六部，挂号寄苏州。

19日 到金子直处诊，取药，打针。

22日 到金子直处就诊，血压144，脉搏84。

23日 下午到荣宝斋购挽联两副，随后到中海，自撰挽马隅卿联：

网罗明季乡邦文献，精忠劲节，取所表扬，孤怀上拟全双韭。

研治近代小说传奇，显微阐幽，极多创获，博览堪追冯梦龙。

马隅卿去年曾撰句，嘱书一联，也以挽联纸书写："读唐宋后奇书，录元明来死鬼。"又书跋："隅卿兄去年自撰此联嘱书，以疏懒迁延。今君作古已逾三月，我日来清理书案，忽见此联手稿，墨迹如新，君已入墓，观物怀人，真有山阳闻笛之感，敬为移写，焚寄灵堂。一九三五年五月廿三日。弟钱玄同。"

25日 收到太炎师22日信，书已寄到，并寄来《章氏国学讲习会简章》一册。

此日出刊的《国语周刊》第191期发表《致王部长函》和《致张司长函》。钱玄同向国民政府教育部长王雪艇（世杰）、教育部社会教育司长张炯（星舫）分别说明由于自己身体原因导致没能及时向教育部提交《简体字表》以及简体字表的编辑设想。

27 日　晤周启明，获赠《草书韵会》。

28 日　刘半农次日安葬于香山玉皇顶之老爷沟。今日他们在嘉兴庙家奠。因病不能往吊，由徐婠贞与钱秉雄前往。傍晚到金子直处诊，脉搏 80，血压 142。也不发烧，但就是不舒服。到富华阁，购《松江急就拓本》《升仙太子碑》《唐邕写经碑》《文殊般若经》。

《大公报》载 1935 年度总概算案，竟有国语会裁撤之语，从此“注音符号——国音标准——国音常用字汇”必将动摇。

29 日　上午到中海会黎锦熙，以两人名义，给赵元任写信，托他探听教育部对国语会的态度。下午陈颂平来，请其起草给吴稚晖的信稿。到师大领取薪水。再回中海，与黎锦熙改定给吴稚晖的信。

30 日　上午接到太炎师的信，知全书中有七个误字。到中海会黎锦熙，合致吴稚晖的信，中午发出。

下午到金子直处诊，打针。到文楷斋，交去七个误处，令其改正。到商务馆访伊见思，预购“丛书集成初编”。以特价购商务的《缀遗斋金石》。到松筠阁还《安徽丛书》第四集、郭沫若《辞大系图录》。又购得彼店所印《许氏说音》及戴氏《声韵考》。

31 日　吴承仕在大美请吃晚饭，决定太炎师书的出钱者，都给 10 部书。

6 月

1 日　取到中堂寄来的四部书。石版《草露贯珠》印刷最差。《真行草大字典》可贵。

黎劭西来电话，说张星舫有信来，催简体字。

2 日　中午到聚宝成，国语会开常委会，参加聚餐。

3 日　下午到文楷斋交去新印来的太炎师脸谱 50 张。到金子直处诊，取药，打碘钙，脉搏 80。

4 日　中午，钱玄同、马幼渔、沈坚士、徐森玉、陈垣、徐耀辰、周启明、袁国礼，在 42 号宴请沈尹默、唐兰、台静农、黎子鹤。

下午到富晋、文雅、来薰还书账。又到商务购得两书。马隅卿有八部预定未取的书，花 28 元买下。

文楷斋寄来改正之错字七个。

5 日　上午为太炎师的书写《勘误表》，付石印。

灯下作致太炎师及蔡孑民两信。给太炎师寄 20 张《勘误表》去。问蔡元培前信收到否，催刘半农碑及刘申叔书序。

报载，简体字通过。黄昏接到黎锦熙电话，说王世杰有电报来，也报告简体字通过。

6 日　中午到中海，晤黎锦熙、陈颂平、汪一庵。给王世杰拟发一复电，说《简体字表》已编成，10 日当将清稿送达，国语会"乞维持"。晚上与黎锦熙到来今雨轩吃晚饭。晤郑西谛，他说高梦旦来北平，寓他家中。他拟 9 号晚约高梦旦、钱玄同、黎锦熙、卓君庸、林宰平在来今雨轩一叙，这几位都提倡简体字。

10 日前将《最常用简体字表》写一清稿，由黎锦熙、汪一庵两人带往南京，初稿约三千字。

7 日　到金子直处取药，打针。

9 日　刘半农夫人与刘天华夫人一同在撷英宴请年来对于刘半农、刘天华之丧襄助之人。

13 日　《简体字表》草案脱稿。

14 日　上午，将《简体字表》注红字写完。

下午到东车站，将清稿交给黎锦熙、汪一庵，请他们带往南京教育部。

15日 房东来，她家已将房子卖去，特来通知。

下午到金子直处诊视。到来薰阁，购得罗振玉印的《俑庐日札》。

17日 本学期北大未上课，又是必修课。日前托魏建功送每人一本《古韵廿八部之音读》，今日只好出考题。下午访魏建功，将考题交他，晚饭后回。

18日 中午到金子直处取药，打针。

20日 清理近数月郑友渔寄来的刘书印片。一年多来，已印成五十余种。晚上回孔德学校，收到黎锦熙、汪一庵航空快信，催将《简体字偏旁表》火速寄去。简体字要先挑若干字制铅字。18、19两日，由黎锦熙挑选写印，20日起由王世杰等教育部官员以及潘尊行、赵元任、黎锦熙、汪一庵等人讨论。

灯下取前析的偏旁继续整理。前曾整理“ㄚ、ㄛ、ㄜ、ㄝ、ㄓ、ㄦ、ㄧ”，“ㄧ”尚未毕。晚上接着整理“ㄧ、ㄞ、ㄟ、ㄨ、ㄩ、ㄠ、ㄡ、ㄢ”。

21日 一大早将“ㄣ、ㄤ、ㄥ”整理好。随后将此诸片依韵序叠好。

灯下写好《最常用简体字偏旁表》。

22日 上午到邮局将《偏旁表》寄航空信。下午到金子直处，取药，打针。

房东的叔父又领人来看房，说没卖成。

27日 接到黎劭西寄来他手写石印的《简体字草案》，加了些字体，多半可斟酌。

30日 章门几大弟子戏封王：

黄侃——天王(洪秀全)

汪东——东王(杨秀清)

钱玄同——西王(萧朝贵)

朱希祖——南王（冯云山）

吴承仕——北王（韦昌辉）

7月

1日 将《左庵题跋》整理好。

刘申叔堂弟刘容季（师颖）在来今雨轩请吃中饭，同席有郑友渔、赵羡渔、张重威。将《左庵题跋》交与郑友渔。

晚上9点起即戒严，留宿家中。

2日 到师大领取薪水。到金子直处诊视，注射降血压剂，又取药。得知黎锦熙、汪一庵上午回到北平，就到黎锦熙家探望。对于《简体字表》，王世杰将采用《论语》《太白》《政艺》专选俗体数百文，刻成铅字。

3日 起草在京五董会（钱玄同、周启明、沈坚士、马幼渔、马叔平）致蔡元培校长函，要求孔德学校维护男女同校的传统。

4日 上午到中海，与黎锦熙、汪一庵商量国语会事宜，决定11000元经费只编印三书：《国语普通辞典》《国语标准辞汇》《注音汉字字典》。

5日 与周启明、沈坚士、马幼渔、马叔平、蓝少铿到东兴楼吃中饭，商量公函稿，并拟致电蔡元培。

6日 上午作致蔡元培函，当与公函同用航空快递。又告蓝少铿，请其将公函再抄一封，函寄沈尹默，托其在上海函促蔡元培。

下午到金子直处取药，打针。

8日 到中海，与黎锦熙、汪一庵商量国语推行委员会事。钱稻孙三女钱亚澄与刘节（子植）定亲，因病未往，只让徐婠贞、钱秉雄前往。

9日　与徐婠贞、钱秉雄到西车站吃中饭，然后给钱稻孙一行送行。除幼子钱端信、幼女钱亚满外，钱稻孙家都去日本了。新姑爷刘子植也去，将在东京结婚。随后到金子直处诊视，换药，打针。

到中海再与黎锦熙商新会事。

16日　给沈尹默发航空信，力陈孔德学校应避免男女分校之必要，挽留蓝少铿。

18日　将教育部的《简体字表》寄还，又附去《管见》及说明。收到教育部发来的国语推行委员会的聘书。

21日　得周启明寄来沈尹默信，说由董事会出面向政府去一信，再由他致函陈布雷，托其说明，以期釜底抽薪。

22日　将沈尹默信交信差送马幼渔、马叔平、沈坚士三处一看，他们都回复同意。灯下起草董事会给政府的函。

23日　在孔德学校，约来马幼渔、马叔平、沈坚士、周启明及蓝少铿，会商信稿。会后与周启明、黎锦熙到中山公园长美轩吃晚饭。

24日　将孔德学校董事会的信修改抄好，然后让各董事章盖，由蓝少铿寄给沈尹默信。

徐婠贞妹妹徐世学来家。她是来考清华与女子文理学院的，由徐苏甘和钱三强陪她体检、报名。

晚上与黎锦熙在中海出师大试题。

托周启明向日本玉英堂书店订购的《草书大字典》(即《草露贯珠》)寄到。

26日　在孔德学校抄南京用的师大试题。傍晚带到长美轩，与黎锦熙、易价到来今雨轩吃晚饭，将试题交给易价。

27日　到中海与黎锦熙商谈拟写国语推行委员会的新牌，

没能写成。

将 1935 年度功课表大致排好。

28 日 到市党部街，开“国语推行委员会”成立会，汪一庵、钱玄同、黎锦熙、陈颂平、魏建功五常委都到了。在华美聚餐，并宴请国语印刷所经理李实(子青)。

29 日 到金子直处看病，换药，打针。到中海，书招牌，歪斜不成样。与黎锦熙商聘罗根泽(雨亭)为教授，尚未决定。

30 日 黎锦熙来，与他商定聘罗根泽为教授。

31 日 订购开明排印的明《六十曲》两部，让钱秉雄去交款。

孙伏园、瞿菊农、黎季纯在东兴园请吃晚饭，同席有黎锦熙、魏建功、伊见思等。

师大送来罗根泽聘书，聘为教授，由于课时少，月薪 200 元。

收到刘容季寄来刘申叔少年事略，及其叔父刘富曾所撰刘申叔墓志铭。

8 月

2 日 上午陈光垚来访。写信给罗根泽，催其速来。

下午到中海，写招牌四块：教育部国语推行委员会、国音字母讲习所、国语速记讲习所、国语印刷所。

6 日 到北大领取薪水。

12 日 清晨，师大用汽车来接，参加新生第一试。

中午到马裕藻家，参加其夫人六十寿辰生日宴，同席有蒋梦麟、胡适、朱希祖、沈兼士等。

19 日 到师大开“招生委员会”，评定新生第一试成绩。

22 日 早晨师大用汽车来接，新生复试。

汪一庵来电话，说接到张星舫快信，一定要写324个第一批简体字。

23日　上午到师大口试新生，共51人，由钱玄同、高步瀛、黎锦熙、罗根泽四教授口试。中午招生委员会在玉华春聚餐。

下午到中海，给张星舫复电，同意写324个第一批简体字。

24日　开始阅师大之南京两次试卷及北平之第二次试卷。批阅北平的“国故思想概要”，仅批阅三分之一，就头昏胀，心跳加速，只能休息。

此日出刊的《国语周刊》第204期发表《论简体字致黎锦熙、汪怡书》。钱玄同在信中强调，简体字主要从草书和俗体中选用，应“字字有来历”；不同意上海方面倡导的“手头字”和“论语体”，理由是这种字“太简陋了”。

25日　中午，钱玄同、马幼渔、周启明在东兴楼合请朱逷先、马叔平、许季茀、沈坚士。

26日　到师大图书馆，将北平的“国故思想概要”48本试卷阅毕。其他卷子由张西堂、罗根泽、黎锦熙批阅。

27日　检取郭鼎堂之书，共有11种。

到中山公园。钱玄同、马幼渔、沈兼士、许季市、朱逷先、周启明相约在公园同生摄影，都是章门弟子。随后到长美轩聚餐。

28日　上午吴文祺来访，辞师大功课，将往暨南大学为教授。中午罗莘田在东兴楼宴请朱逖先，同座有唐立庵、沈兼士、许季茀、马夷初、马幼渔、马叔平、黄仲良、陆颖民。

29日　上午到师大教理学院校长办公室，开招生委员会，决定最后录取学生。

刘子植新夫妇自东京来。刘子植将为燕大副教授。

郑友渔送来油印《外集》目录，灯下检对，漏了不少篇目。

9 月

1 日 上午到市党部街开“推委会”第二次常委会。中午到西黔阳聚餐。下午走访孙蜀丞,借阅《高邮王氏父子》。

2 日 走访魏建功,将五卷及《明代手简》第一册、《形声类篇》交给他,准备印刷。

3 日 晚上在家宴请刘子植、钱清之夫妇,从淮阳春叫菜,钱端信、钱亚满作陪。

5 日 到师大领取薪水。

7 日 雇汽车访杨遇夫、罗雨亭、孙蜀丞、高阆仙等教员,与他们接洽功课。回家排功课表。

8 日 傍晚访魏建功,取回孙藏手卷,去归还孙蜀丞。

晚上,吴蕙兰、石砢磊、陈羲先、江学琛在蓉园宴请老师,有高阆仙、徐耀辰、顾竹侯、黎劭西、邓高镜等。

10 日 到中海,将课表交黎锦熙。

11 日 上午到师大,监印题目。监场仍为黎锦熙。考三样:“国故思想概要”“名著解释”“国文法”。

下午走访罗雨亭,并晤容庚。容庚建议将两千余简体字表印出。为表明异于部颁的 324 字,拟再稍订正即印,当再与黎锦熙商量。

12 日 48 周岁生日。中午刘子植、钱清之夫妇在翠华园请客会亲,带徐婠贞、钱秉雄同往,同座有章演群、包尹辅、徐森玉、包乾元等。下午叫同生来摄全家福(八寸),自己也摄一影(六寸)。

蔡元培给孔德董事会写来辞职函,并附启事,灯下录出。

房东退还房租,说房子已卖给南桂馨,可住到 11 月 12 日。

日后经设法，钱玄同向南桂馨续租到了房子。

13日 徐绪昌想赴苏往章氏国学讲习会听讲，嘱作介绍书给太炎师，下午将介绍书交给他。

14日 本学期师大没有排课，国文系主任由黎锦熙代理。只有历年试卷，尚须早早看完，给注册课。

15日 到二房东家开始理书，先将杂志理出，叠了三箱。检出陈独秀的《字义类例》，此书搜集简字时有用。

检春间所借卓君庸的书，抄录章草之体，足借参考。

16日 拟为师大的《教育与文化》“九一八”号题郑所南的诗，整理郑所南年表。

下午又到二房东家理杂志，又装了四箱，仍未毕。居然清出一本《天义》第13、14号合册（1907年12月出版），及20年前从《东方杂志》第3号上剪下来的刘申叔文章《论孔教与中国政治无涉》一篇。

17日 上午应编辑人熊仁安（名梦飞）之请，为师大出版的《教育与文化》“九一八”号题字，写了一首郑所南诗《心史·中兴集》：

> 愁里高歌梁父吟，犹如金玉戛商音。
> 十年勾践亡吴计，七日包胥哭楚心。
> 秋送新鸿哀破国，昼行饥虎啮空林。
> 胸中多誓深于海，肯使神州竟陆沉！

到北大领欠薪。到二东家，把杂志又装了三箱，总算把杂志全理出了。

下午到中海。得张星舫信，知324个部颁简体字已另觅人写了。灯下清理郑友渔送来的刘申叔文。

18日 将6月23日所编的《刘申叔遗书总目》改用表式重

写一遍，较为明晰，可以油印了。共 77 种书，拟订 70 册。

20 日　上午刁汝钧来访，谈论敦煌变文俗字谱。他有书稿，从马幼渔处借阅。他说取回去将修改出版。

将《刘申叔遗书总目》表做好，明日将发交油印。

21 日　庞静亭说，孔德学校将开关于注音符号教授的研究会，社会局指定该校为北平试验注音符号四小学之一。

应吴承仕之约，下午到鸿春楼与他相会。刘叔雅资助太炎师书刊资 100 元，前去交付吴承仕。

下午到金子直处就诊，打针。

23 日　阅《申报》，知何键反对简体字。

傍晚走访周启明，借得《越谚》作者范寅的日记九本。

24 日　跟孔德学校蓝少铿说，小学须先编一本无汉字而单用注音符号的读本。

25 日　到直隶书局，购得尚秉和《历代社会状况史甲编》、石印《金圣叹全集》。

到中海，见《刘书总目》六张已写完，就付印 40 份。

26 日　到中海，为李蒸写祝北洋工学院卅周纪念之匾“智创巧述”。

27 日　上午到中海，吴稚晖来北平，开第一次年会。黎锦熙、钱玄同、魏建功、陈颂平、汪一庵五常委都到了。在平委员胡适上午北大有课，课后到同和居参加聚餐。

下午到中华书局购得《明人尺牍》。到金子直处，血压高至 150，打降血压针，并取药。

28 日　灯下阅 20 年来崔适师的信，拟撕下付裱。

29 日　上午拟绍兴方音注符，未成（拟一草案，问询周启明），并想继续做湖州方音，想请黎劭西做湘潭的，周大虎做长沙的。

高步瀛在新陆春宴请中饭，同座有陈哲甫、余季豫、黎劭西、刘盼遂、杨遇夫、孙蜀丞。饭后回孔德学校，将30年来太炎师的信共67封(内有八封致钱恂)理好备裱。

10月

1日　上午草一绍兴音表。下午拟一闽音符号表。草成元音图六张。

2日　上午将方音韵表誊清一份，拟交黎锦熙。下午到中海，拟一方音声母表。

灯下写定辅音表。

3日　上午将前、昨所拟的闽母整理一过。灯下写方言字母说明书。

5日　到北大、师大领取薪水。到金家取药、打针。

6日　太炎师的黑印书送来。灯下在家中改成闽声母表。

7日　约黎锦熙到来今雨轩一同吃中饭，交修正的闽声母表，晤赵叔辅。

8日　往金子直处，注射降血压药。灯下继续改声母表。

9日　到中海，将所改定的正闽声母抄一清底，交与黎锦熙。

10日　报载，黄季刚于10月8日逝世。“我与季刚相识在戊申之岁(查旧日记)，自来因性情不相投合，论学亦多不相合，故多睽，然民四、五间，论古今纽韵，得益甚多。”[①]钱玄同认为，章门弟子中，黄季刚与朱逖先，实为翘楚。

11日　接到蔡元培挂号信，刘半农碑稿到了。

---

① 杨天石:《钱玄同日记(整理本)》(下)，第1144页。

12 日　下午走访魏建功，探讨温州方音，吃过晚饭后才回。

《中国音韵学研究》，高本汉著，赵元任、李方桂、罗常培合译。罗常培在北大教过这门课，从魏建功处借来油印讲义。

13 日　抄罗氏讲义附录之瑞典方言字母与 IPA 一表。

15 日　到中华书局取《饮冰室合集》样本，可以购预约券了。

18 日　上午刘半农夫人来，谈刻碑写碑事宜。

中午到二房东家，找到最初本《饮冰室文集》了，还是早年在湖州所购。刘申叔《中国地理教科书》第二册居然找到了，当即送郑友渔抄印。

19 日　下午到中海，《越谚》已剪贴完成，准备注音。

孙子书送来《念劬庐丛刻》一部，共四本。

20 日　上午内弟徐弼庭自绍兴来北平谋事，中午淮阳春聚餐，主人钱玄同，内子徐婠贞，大儿钱秉雄，三儿钱三强，徐家有叔岳徐子嗣、内弟徐世佐（弼庭）、内弟徐世度（苏甘）、内妹徐世学。

21 日　理《越谚》片，随后理了多天。

22 日　傍晚走访周启明，他送两部书：明毛晋的《毛诗草木鸟兽虫鱼疏广要》和清赵佑《草木疏校正》。向他请教《越谚》中几个字的绍兴话读音。

23 日　到金子直处诊视，打针，取药。

25 日　拟《声母形体之说明》一篇。

26 日　下午往金子直处取药，打针。

改定挽黄侃联：

小学本师传，更抽绎纽韵源流，黾勉求之，于古音独明其真谛。

文章宗六代，专致力沉思翰藻，如何不淑，吾同门遽丧此隽才！

季刚学长千古　　弟钱玄同敬挽

27日　下午，周启明之女静子与杨永芳在中山公园水榭订婚，带徐婠贞、钱秉雄前往。

28日　约黎锦熙到来今雨轩吃中饭，商讨拼音问题。

29日　得周启明信，范寅后代有汲古堂《智灯难字》，但不全。请周启明转告，不管多少，都愿买。

谭复生《致欧阳瓣姜书》26张照片已来。

到金子直处取药，又打钙碘针。

30日　约黎锦熙到来今雨轩一同吃中饭，告诉他注音符号全谱有三个用处：一是可代IPA，为精廉之国货记音工具，此轻元音当全用拼合，虽国音之"ㄞ、ㄢ"等亦宜分析。二是为吾辈记方音及注民歌之用，分母与合母各有其宜，但即用合母，亦须用分音法来说明。三是"义教"全用合母，但宜依国音条例，即(1)要标声调；(2)"ㄧ、ㄨ、ㄩ"宜属于韵；(3)"ㄜ、ㄧ"等不可省。另外还可以适用民众教育。黎锦熙表示赞同。

收到马幼渔寄来他所编的《经学史讲义》目录及第一章。他能用白话编讲义，是一种很好的勉励。希望自己在这一学年也能编一部分《国音沿革讲义》。

31日　傍晚到东兴楼，蓝少铿、李召贻、王叔周等人宴请沈士远。同座有沈士远夫人、沈尹默夫人、马幼渔、马叔平、周启明、沈坚士等。晚上，李圣章在翠华园宴请沈士远，同席有江绍原、马幼渔、李云亭、徐旭生、沈坚士、马叔平。

11月

1日　收到黄季刚讣文。

3 日　上午到国语推广会开第三次常委会，到撷英聚餐。

灯下写“温、上、南、四”之入声韵。

5 日　到中海，写挽黄季刚联，寄由汪旭初转。

9 日　到北大、师大领取薪水。

12 日　南桂馨派李朝风来，照租约点交房屋，付一个月租金 28 元，无押金，无其他。“总算圆满解决矣！又落实一件事，可喜也，心为之一喜。”

晚上约卓君庸在 42 号吃素大菜，还他春间所借的章草各帖。

13 日　日来阅读黎锦熙的《汉字新部首》，总体不错，部分尚可商榷。

与黎锦熙到大美吃晚饭。决定将《说文》用黎锦熙新部首排列。“我以为我弄古，他弄今，双方排列之结果，此新部可‘定则定矣’了。”

15 日　到金子直处诊视，脉搏 92，血压 152，打针，取药。到汪一庵家，他还约来黎锦熙、陈颂平，听中央广播电台赵元任的第三讲《韵母》，将讲义十讲弄来，借与孔德学校抄出。

18 日　上午校阅刘申叔的《毛诗词例举要》，共四十余张，只校了 10 张。下午到金子直处取药，打针。

听孔德学校大礼堂无线电，第四讲《韵母与结合韵母》。

19 日　上午 10 点起，忽闻演枪声，历一小时多。

中午由宋哲元、秦德纯、萧振瀛宴请各大学校长院长等，说明时局。

20 日　上午校好《毛诗词例举要》三十余张，下午到中海送出。

回孔德学校，听赵元任教育播音第三讲《三拼音》。

听闻华北事件须由南京外交解决。

21 日　上午刘半农夫人来谈写碑事。下午到周启明家，他在家宴请沈士远。同座有沈坚士、许寿裳、马幼渔、杨永芳。席间谈论时政。

22 日　下午到金子直处诊视。到直隶书局遇高步瀛，他赞赏施剑翘在居士林诛杀孙传芳。傍晚回孔德学校，继续听赵元任的讲座。

拟写一部《真草说文》，灯下提笔，一时写不出来。

23 日　郑友渔来访，出示刘申叔手稿中早年写给钱夏（玄同）的《答钱夏书》。

24 日　听赵元任广播。灯下整理一月来郑友渔送来印成的刘申叔文章。

27 日　上午接到孙子书电话，催还梁启超批本《颜氏学记》，时局不靖，梁家存北京图书馆的书拟取还。到开明书店，购新印刘承干原版《颜氏学记》，欲移录梁批注。傍晚回孔德学校，继续听赵元任广播。灯下移录梁启超批《颜氏学记》，随后几日都在做此事。

《大公报》副刊中有王以中《论刘继庄》一文，说王勤堉有《刘继庄年谱》，载《浙江图书馆馆刊》。

28 日　黎劭西在王家饭店请沈士远吃中饭，前往作陪，谈国事，惨然不乐。下午到景山书社，购近几年的《浙江图书馆馆刊》，不太全。灯下卧阅，此刊办得较北平为好。

29 日　继续听赵元任广播。

30 日　下午到中海。将梁启超批本《颜氏学记》归还孙子书。

12 月

1 日 到市党部街,国语会开会。会后到西长安街的贵阳春聚餐。

2 日 与周启明两人请沈士远、沈坚士吃中饭,饭后到王府井摄影。

3 日 将刘申叔文章校毕。

4 日 下午在中海写完《警钟》《政艺》等处所录刘申叔文目,拟付油印。

下午到金子直处看腰痛,又打针、取药。

5 日 首次给潘景郑写信。向去探望过马幼渔的沈士远和周启明打听马幼渔病情。

下午 2 点前后,日机来两次。

回孔德学校,开国语教材研究会,钱玄同、周启明为参加讨论者。

周启明代购范寅所藏的《通俗编》已来,共 16 本,封面有范寅遗墨。

6 日 到金子直处,腰痛未痊,再打一针。

又来日机若干架。

灯下读新购《通俗编》。

7 日 到中海,黎锦熙来,说时局已定,设冀察政务委员会。

9 日 到北大领欠薪,就往马幼渔家,马巽伯已来。马幼渔病情有起色。

北平学生大游行,到何应钦处请愿,反对自治,大散传单。

到金子直处取药。随后到师大领取薪水,到师大文学院访易价,询问学生游行情况。

10 日 将《说文》540 部首分入黎锦熙的 120 部中，感觉有应增应删之部。

11 日 将拟删拟增的黎锦熙部首记出。到北大看看，晤马夷初、周启明、唐立庵，知有罢课的模样。

到金子直处取药。到直隶书局购得方成珪校本《字鉴》及金圣叹贯华堂本《水浒传》。

12 日 钱三强来信，说清华罢课了。

下午马巽伯来访，说晚上将回南京，其父马幼渔的病快好了。灯下将《国音常用字汇》中字改为新部，因日前将《说文》写新部。

13 日 到中海，与黎锦熙谈，新部应以首笔起。到金子直处取药。灯下续写《国音常用字汇》新部。

14 日 于安澜（海晏）来访。到商务，取百衲本廿四史，又购《四部丛刊》中的《王文成公全书》一部。

报载，北大、师大、平大、清华、东北、燕大等校校长联名劝告学生上课。

15 日 走访马幼渔，他的癫痫病早好了，只是腰腿扭筋尚未愈，精神颇好。

钱秉雄到清华去看钱三强。回来说，清华虽罢课而校中秩序甚佳，下星期或可上课。

16 日 学生举行第二次大游行，清华、燕大等城外学生，居然冲进城来，与城内学生在天桥集合，欲进前门而未成，与警察冲突时有学生受伤。

17 日 周启明来孔德学校，说先往东城煤渣胡同圣经会购《国语圣经》。叶公超说这是近年改译本。

回家见到钱三强，“一喜”。

借阅《越中文献辑存书》10 种。

下午也去买了《国语圣经》。

18 日 傍晚得知孔德学校初中部忽有明日起罢课的消息。

今日各学校电话不通，全市戒备甚严。

19 日 中午家中接到钱端信电话，钱稻孙出任冀察政务委员会外交委员，下午将来拜访钱玄同。嘱徐婠贞，告诉他今天没空，且无处寻觅，明日再说。

孔德学校初中部罢课。

20 日 上午于海晏又来，取回《齐梁陈隋韵谱》。

中午回家，听说钱稻孙昨日下午已回，不必相见。

下午走访马幼渔，他能坐起来自己取茶壶喝茶了。回孔德学校，晤蓝少铿，得知社会局有令，中学提前放假。孔德学校明日将实行。

22 日 到四存学会购《颜李丛书》。又购得闵葆志的《江子屏先生年谱》。至荣宝斋购小屏四，嘱其打朱丝栏，将写《周南》之《关雎》《葛覃》《螽斯》《桃夭》，赠章孟匡新婚。他是太炎师长子，明年元旦将与彭望淦女士结婚。

23 日 到中华书局购《饮冰室合集》。又到同古堂购石章五方。两方请张樾丞刻楷书"夷罟""饼斋"，一方拟请齐白石刻"饼斋"，两方拟请王青芳刻"钱玄同""饼斋"。在同古堂购得日本人所编的陆机《平复帖》。

26 日 报载唐有壬被暗杀。

下午到周启明家。他生日，邀请大家吃日本的牛锄烧及面。同座有沈启无、俞平伯、冯废名、陈介白、章川岛。

28 日 中午回家，钱秉雄结识孔德学校小学体育教师徐幽湘女士，有求婚之意。

下午走访马幼渔。他居然可以起床走几步了。

29日 钱三强来，清华已通校车了。

30日 下午至同古堂取印章。又购寿石印章一枚。到金子直处，他制成一种降血压的药粉，需服五天。

31日 上午到北大出版部售书肆购得孟森的《明元清系通纪》，共11本。

中午沈兼士在福生食堂饯别丁梧梓，丁梧梓次日将往南京。钱玄同、罗莘田作陪。

下午又到金子直处取安脑药水。

1936年（丙子，民国二十五年） 49岁

▲6月14日，章太炎在苏州逝世，享年67岁。南京国民政府为其举行国葬。

▲10月19日，鲁迅在上海去世。

▲12月12日，东北军领袖张学良将军和西北军领袖杨虎城将军在西安扣留蒋介石，迫使其“停止内战，联共抗日”，史称“西安事变”。

1月

1日 日前所刻“饼斋”“夷罟”两印，今日始当开用。“饼斋”取义对于一切政教文化不固执，“夷罟”则不盲从多数。

中午师大教授会在撷英聚餐。他们谈学潮等，各大学本来已定遵守新来部令，本届中等以上学校提前放假，自1月4日至31日（原定自1月18日至31日），北大忽异议，说先劝学生自4

日起复课。师大方面主张对于国难及改变课程要提出些意见，因推举七人司其事，定6号开会商酌。七人者，教务长及三院长，又各院举教授代表一人：袁志仁、李湘宸、黎劭西、刘泛弛、马雅堂、钱玄同、杨据梧。

3日 中午回家。钱秉雄说15日将送德清徐幽湘南归。

4日 罗根泽赠送湖州老乡王树荣(仁山)的"绍邵轩丛书"，共七种：《续公羊墨守》《续穀梁废疾》《续左氏膏肓》《公羊何注考订》《箴箴何篇》《续公羊墨守附篇》《续左持平》。

购得陈天倪(鼎忠)《六艺后论》、钱穆《汉魏史》。

5日 雇汽车到金子直处，打针，取安神经药水。随后到中海开第五次常委会。会后到同和居聚餐，并宴请戴应观、李云亭。

6日 上午到北大领取欠薪，到景山书社购得浙江图书馆出版的《图书展望》二、三两期。

下午到师大领取12月份薪水。到金子直处打针，取药水。

8日 身体不适，下午到金子直处诊视，改打医神经针，又取治胃及神经药水。

到开明书店购《二十五史人名索引》。

11日 接受周启明的建议，由马家联系好给马幼渔诊病的朱内光。上午请内科主任朱内光检查病情，血压180，心脏略肥大，胃部扩张。他说宜静养，勿动喜怒哀乐之情，不宜多饮水(茶更不好)，主食要清淡。

12日 到金子直处打针，取安神经药水。

14日 到金子直处，没打针，新换一种药粉。下午至朱内光处交小便一瓶，他说验后若无糖尿及蛋白即不复，有则将回复。

16日 到金子直处就诊，药粉也许影响睡眠，仍打针。

17日 到东安市场购《东方杂志》新年号。到李宅取叶昌炽的《藏书纪事诗》。

回孔德学校，收到钱秉雄15日自天津来信，将于当晚11点赴南京。

取部颁324简字，搜集第二批的参考材料。

18日 到金子直处打针，取药。

20日 到李宅取《华国》。

回孔德学校，接到钱秉雄17日南京来信，他们于那天上午到南京。钱秉雄住下关东方大旅社，徐幽湘回姑母家。

到金子直处打针，取药。

购得清代翻刻明陈仁锡本《纲目》120本，字大行疏，方便翻看。

22日 接到钱秉雄家书，他于19日上午到上海。

到金子直处打针，血压152，取胃药。

还富晋、修绠、来薰、文学斋的节账。

24日 接到钱秉雄20日信，他已迁居俞志靖家，拟22日赴杭州。

下午逛厂甸，购《新广东》、《群学肄言》、《评点周礼政要》、《国粹学报》、《孽海花》(初本)。

傍晚走访马叔平，谈至11点。他日内将回京，请他写了一张“饼斋”的匾。

《世界日报》载：“咨行政院转令教育部，简体字停止推行，再定办法。”

27日 到金子直处打针，取药水。

逛厂甸，购《广阳杂记》和吴维孝著《新出汉魏石经考》。

28日 得钱秉雄25日发出的信。徐幽湘约他于2月6日动身北来，钱秉雄打算稍早一点回北平。

29日 到蓝少铿处，见到钱秉雄给他的信，说27日赴上海，2月3日乘车回北平。给钱秉雄发快函，由俞志靖转。

符定一来北平，赠送浏阳的“麻菌”、玉兰片。与黎锦熙在半亩园宴请符定一。符定一说黄季刚晚年最佩服的古音学者有毛奇龄、臧庸、钱坫、严可均、王念孙、孔广森。

30日 到中海，以黑印《章氏丛书续编》及自己的《康书序》赠送符定一。到厂甸逛西路，途遇郑友渔夫妇。购得《六十年来中国与日本》第三、四、六卷。

31日 接到钱秉雄27日发自上海的信，定于3日与徐幽湘一同回北平。

中午黎锦熙、蓝少铿为孔德学校男女分校事，在东兴楼请客，董事周启明、钱玄同、沈坚士，加高中方面陈觉生和初中方面李召贻。商讨结果是由黎锦熙、蓝少铿函告沈尹默，请他打电话给李圣章，求向社会局疏通，承认孔德学校是中法系统，而不是附校。饭后到金子直处取药、打针，又为徐婠贞续取药。

随后逛厂甸，途遇孙伏园，说次日将赴定县。购得《熹平石经残字》和《中西学门径书》七种。《广阳杂记》抄本共五卷五册，先购二至五册，另一册请摊主速从南方取来。到商务购马宗霍的《书林藻鉴》，到直隶书局购《瓯风》第19—22卷两合册。

2月

1日 钱三强昨日回家，下午将回清华，还须上课。

下午逛完了厂甸西路，购得《增订金壶字考》、《汉简》（点石斋石印本）、《清经解敬修堂编目》、《湘学报类编》、《癸卯政艺通报》（原）、《谈天》、《曲园篆书》（光绪丁未季秋石印）。又到商务购“四部初编”本《淮南子》，有很多简体字。

2日 上午到金子直处取药、打针。后到广林春，未参加国语会常会，直接与陈颂平、汪一庵、黎锦熙聚餐。

下午去逛厂甸东路，购《潘力田遗诗》《政艺丛书》《夏史》《徐氏三种》和傅青主的《霜红龛集》。

3日 逛厂甸，购《新学伪经考》，光绪辛卯武林望云楼石印本，依原板框大，而订成小型之本，“小本大字最可爱”；又购“新民丛报临时增刊”《德育鉴》、黄梨洲《思旧录》、黄节校印本《张苍水集》。

4日 午前到中海，为符宇澄书“联庵”匾。到金子直处取药。逛厂甸西北路，购买《居东集》《周官辨非》《文明小史》《太誓答问》。又购《六十年来中国与日本》第一卷一册、第二卷两册，只缺第五卷两册了。

5日 徐苏甘带许寿裳（季市）来家。许季市藏有诸先生致其太岳陶辑及其岳惺存的手札，内有钱振常的手札，嘱钱玄同题字。

接到钱秉雄31日信，说3日从上海启程，6日可到北平。

6日 上午到北大取欠薪。下午逛厂甸西南路，购得康有为《日本书目志》和《政艺通报》15本。到师大领取薪水。到金子直处取药、打针。

翻检《政艺通报》，没找到刘申叔文章。

7日 上午约9点钱秉雄来，他们于昨夜11点左右抵达北平。

孔德学校上午行开学礼，并摄影。董事只有周启明、钱玄同来参加。到华宫请周启明吃中饭。

下午逛厂甸，购得《午梦堂全集》(12种)、《日知录之余》(木版）、《劝学篇》（日本版）、《木皮子》、聂崇义《三礼图》（石印）、石印平津馆《说文》、《浣玉轩集》（文素臣集）等。

8日　到金子直处取药、打针。

9日　上午钱秉雄来谈与徐幽湘的关系，进展良好。

下午许寿裳带其长子许世瑛来，要求为许世瑛致函川大的任叔永与杨伯屏，还有武大的王抚五与陈通伯。

11日　到金子直处打针、取药。

12日　到文奎堂购顾起潜的《吴意斋年谱》。

13日　到金子直处打针，取药水。

徐一士代购到《六十年来中国与日本》第五、七卷各两部。

14日　上午清理有关刘申叔的文稿。刘申叔外集拟印五目：（一）《国粹学报》（尚未印）；（二）五种杂志；（三）《警钟》《政艺》等（刚印成）；（四）张表弟；（五）将来补遗（柳亚子的《天义》《警钟》等）。

走访马幼渔。他已康复，已去上课了。

15日　往金子直处就诊，血压又高达160，打降血压针，取药。

16日　到隆福寺的文奎堂及修绠堂走走，购日本人石印的《攀古小楼文》。又向文奎堂借阅《乾坤正气集》前两册来。

18日　郑友渔要借黎锦熙的《国粹学报》，想到可以从中寻找《国粹丛书》的广告，终于查全了40种书目。

19日　到中海，郑友渔应约前来，借去黎锦熙的全套《国粹学报》。

20日　将《国粹学报》上刘申叔的文章目录弄好，拟付油印。

21日　下午到金子直处打针，取药。

朱同抄文七篇已送来，灯下校对，明日当送郑友渔。

22 日　到金子直处取药，随后到中海，会黎锦熙。

接到郑友渔信，催刘申叔书稿。将朱同抄的刘申叔文章数篇交信差送郑友渔。

23 日　将刘申叔文章篇目与印出者对勘，尚少许多。

24 日　上午将《国粹学报》中未印的刘申叔文章录目，备改。

下午到金子直处诊视，打针，取药。到师大文学院办公处，交朱同续抄刘申叔文章数篇。

灯下将“某君”及申叔论孔子文两篇校点。又将陈、尹、刘、刘四人的刘申叔传料批出谬处，准备寄给蔡元培作传。

27 日　将刘申叔外集已印及未印者订篇目为二册，以便检查。灯下校《普告汉人》。

28 日　到金子直处取药、打针。《丛书集成》第一期已到，取来置在中海。

3 月

1 日　到金子直处取药、打针，随后到国语会，开第七次常委会，会后到新陆春聚餐。

2 日　阅报知清华免考，今日起开始上第二学期的课。

数年前与丁梧梓同班毕业的北大国文系学生刘延涛来访。他被于右任聘任，编辑《标准草书》，并赠于右任一联：“清夷四海望，博大圣人心。”师生大谈草书。

校阅刘申叔文章。

3 日　到金子直处，打针、取药。

4 日　刘延涛又来，借阅范文明书。

获赠吴棠的《读诗一得》，有钱玄同伯父钱振纲的《跋语》。

5 日　上午校对刘申叔的《读书续笔》。下午到北大取欠薪，终于领完了。到金子直处取药。

6 日　上午将《读书续笔》校好。下午到师大领取薪水。

7 日　到金子直处,取药、打针。到琉璃厂富晋购得罗振常印陈老莲、萧云从的《离骚图》及张伯英所印《十七帖及包慎伯疏证稿》。向九经阁购得壬、甲、乙三年的《新民丛报》。

8 日　下午刘半农夫人来谈刻碑事。

到群玉堂,购壬寅至丁未年的《政艺通报》全份。灯下略一检阅,有刘申叔的文十余篇,诗廿余首。发现这些刘申叔的早年诗文,"甚可喜"。

9 日　上午于海晏来访。下午到金子直处,打针、取药。

10 日　上午在孔德学校编《政艺通报》中刘申叔的文章篇目,有专篇 1 种、文 20 篇、诗 28 首。

下午到中海,易静正和高去疾来,李云亭请钱玄同书写"江苏教育学院八周年纪念""民教先觉"的匾。

14 日　晚上在王家饭店请吃生日宴,徐婠贞次日(农历二月廿二)生日。钱秉雄、钱德充、徐森玉、徐苏甘作陪。

15 日　徐婠贞请太太们来家过生日。

收到郑友渔信,谈论关于刘申叔文章。

16 日　下午到中海,将刘申叔书稿交人邮寄郑友渔。

17 日　下午到北平图书馆访徐林士。他家藏旧书画,想请人鉴别真赝优劣。

刘拓、袁敦礼、易价在玉华台宴请陈小庄与邓芝圆,前往作陪。

4 月

1 日　昨晚将致蔡元培的信写完,上午复阅一遍。

下午到中海，为张西堂写“觉今是斋”匾。又书赠蔡元培七十寿言：

隐不违亲，贞不绝俗。天子不得臣，诸侯不得友。

中华民国廿五年一月十一日为

孑民先生七十寿辰，敬录范孟博论郭林宗语以博一粲

后学钱玄同

须与信同时寄出。

2日 下午到中海，与黎锦熙商定修正扩充简体字事。

灯下将关于刘申叔事迹四篇批完。

3日 下午到中海，将给蔡元培的信寄出，讲关于刘半农碑、刘申叔遗书序事，又送他寿礼，还请他写“饼斋”匾及单条。

收到北大寄来的《歌谣》第2卷第1期（即第98期）。停刊10年的《歌谣》复活，可喜。

4日 儿童节，孔德学校放假。

上午到师大领取薪水。中午到中海，会黎锦熙，见到林景尹。他被本家叔叔骗来北平，要他去伪满办报，他不愿意，其叔与他绝交。走投无路之下，托黎劭西设法，就让他暂住中海。民国大学的文字学自敖士英离职后，空了一学期，黎锦熙就荐林景尹去上此门课。林景尹谈到黄季刚死后其家属情形，黄季刚的儿子黄念田及女儿黄念蓉，“均如疯子一般的得罪人，谩骂人，真可异”。

傍晚到金子直处打针，取药水。

5日 国语会开常委会，到会有陈颂平、汪一庵、魏建功。陆雨庵忽来，他74岁了，去年还与其子陆衣言提倡苏州方音符号。

饭后走访周启明，在周家晤林宰平之子林庚，他是文学家。

6日 上午整理刘申叔的《左庵诗录》稿，决定分四卷：卷一

《匪风集》(自定),卷二《左庵诗》(自定),卷三《左庵诗续录》(据手稿续编),卷四《左庵诗别录》(《国粹学报》《政艺》《四川》《中国》《天义》等杂志上所载者)。另乙巳年《国粹学报》有词 17 首,则编为《左庵词录》。

7 日 将《左庵外集》目录的卡片 360 张略依类排列。

8 日 下午到东安市场,购得朱芳圃《甲骨学商史编》、马宗霍《文字学发凡》。

晚上到金子直处诊视,打针,取四天的药水。

灯下将《左庵诗录》卷一《匪风集》及《左庵词录》校好。

10 日 下午到中海,黎锦熙说已向郑友渔说明,钱玄同、黎锦熙都写刘申叔遗书的白话序。他又说,马宗芗(竟荃)去年被东北大学所逐,到章氏国学讲习会讲《易经》,忽然来北平,想做师大教授。

收到蔡元培来信,将刘半农碑改正寄回。

14 日 将"张包"与"郑目"校对。

15 日 上午校好《左庵诗》(《诗录》卷二)一卷。

灯下校《左庵诗别录》若干首。

16 日 下午到荣宝斋,购一立轴贺周静子与杨永芳结婚。为刘半农墓碑划格。到商务买《魏叔子年谱》一册。到中海写立轴,写《桃夭》三章。灯下写刘半农底子。

将《左庵诗录》卷二送交郑友渔。

17 日 简体字还宜以章草为主,拟先取《急就篇》可用之偏旁写出,其 324 字中已公布的偏旁可直接用。章草不足者,则取破体及今草补之。

18 日 上午到金子直处打针,未取药。到荣宝斋取回刘半农碑额纸。下午到中央饭店,周启明女儿周静子与杨永芳结婚,

3 点回家，换徐婠贞和钱三强来观礼。

19 日　给太炎师写信。

20 日　上午寄太炎师挂号信，内附刘半农碑额格纸及洋 8 元，为购一年讲演记录之用。到文楷斋，交付太炎师脸谱 20 张，去年所印蓝印本 20 部要装订。到荣宝斋取碑格。

孙伏园来北平，黎锦熙在来今雨轩请他吃晚饭，前往作陪。

21 日　写刘半农碑。林景伊询问国际音标的读音等。

22 日　傍晚到金子直处，打针，取药水。

23 日　周大虎要将 1934 年 9 月 20 日在北大所授的《古音考据沿革》（白涤洲所记录），刊在 4 月 25 日的《国语周刊》，就到中海修改。顾颉刚到中海来谈。

24 日　得孙鹰茹信，退还 8 元讲义费，说“会中刊物，例当赠阅”。

25 日　中午到东安市场购小型纸夹，下午将《左庵外集》印稿夹好，备编次时可以参阅。

收到孙鹰茹寄来太炎师讲义六册：《小学略说》上下，《经学略说》上下，《诸子略说》上下。还有讲演会记录六册：《说文解字序》《白话与文言文关系》《论读经有利而无弊》《论经史实录不应无故怀疑》《再释读经之异议》《论经史儒之分合》。

此日出刊的《国语周刊》第 238 期发表《古音考据沿革（钱玄同讲 白涤洲记）》。这是白涤洲生前听钱玄同讲音韵学课所作的笔记。《国语周刊》发表这篇笔记时所加的编者《附记》中说：“现在发表的只是起头的一点儿。刚讲一课，白先生就逝世了。他只记了这一次！所以有得发表的也就只有一点儿。”黎锦熙在《钱玄同先生传》中提到这事时感慨地说，《古音考据沿革》“算是白先生的遗著，而现在又成为钱先生的遗说了”。

26 日　清华纪念日，徐婠贞、钱秉雄、钱三强都去清华了。钱德充往孔德学校。全天留守家里，整理刘申叔书稿，分别从手稿、抄稿、写样及杂志上裁下，共计155篇。

27 日　整理刘申叔篇目。

28 日　上午继续整理刘申叔篇目。中午到金子直处，打针，取药水。到中华取《饮冰室全集》文集部分。继续整理刘申叔篇目。

收到太炎师寄来刘半农碑额"国立北京大学教授刘君之碑"篆书，极苍劲严整。

29 日　上午将刘申叔文章张包之目155篇定完一目。下午到中海，用黄毛边重写刘半农碑，写了一百多字。

30 日　给郑友渔写信，商讨刘申叔遗书编辑事宜。

5 月

3 日　到金子直处打针、取药水。到市党部街，开国语会常委会，陆雨庵仍来，会后到鸿春楼聚餐。

4 日　上午将《甲寅》及《独立周报》上的刘申叔文章抄目。

收到郑友渔送来《左庵》第十册(张包)，灯下校阅。

5 日　上午将刘申叔文章(张包)目录弄好，可以油印了。

6 日　开始第三次用毛边格纸写刘半农碑，写了200字。

16 日　下午到北大一院，开"风谣学会"成立会，仅通过章程及选举常务而已。介绍周炅、罗雨亭、张西堂入会。

傍晚到东兴楼，郑友渔代南桂馨为吴晓芝饯行，黎锦熙、钱玄同、彭作桢、张重威等作陪。

17 日　将《左庵诗录》卷三从头校勘，黄昏校毕。

19 日　草撰《读刘申叔黄帝纪年说书后》一文，列举孔子、共和、公历、黄帝四种纪年，叙其主张及用否，为病后第一次撰文。

20日 略改文稿，拟增民国纪元一种。

21日 到博爱请葛医生看咳嗽。

22日 上午于海晏来访。下午在孔德学校开始校阅《中国文学教科书》。

23日 到中海，黄尊生来谈汉字六书。

24日 上午到金子直处诊视，血压151，咳嗽未已，仍取咳嗽及安脑药水。

到商务购得1932年11月教育部颁行《初级高级中学课程标准》一册，又购陈立《公羊义疏》（"国学基本丛书"本）。

25日 校阅《攈书》，明日可送郑友渔。

27日 给于安澜写信，作为其《汉魏六朝韵谱》的代序。

28日 约魏建功到淮阳春吃晚饭，谈及他们组织一"珍本字书刊行会"，拟印日本《篆隶万象名义》，集股印刷。钱玄同出10元，可得书十二三部。

将给于安澜的信抄好。

29日 接到郑友渔信，说张重威催还《左庵诗文》稿，就先整理此稿。

30日 为《左庵诗》卷四写了四处按语，说明各诗的来源。

因日本增兵平津，各校学生又罢课。上午回家，钱三强说清华罢课五天。

下午到中海，将《诗录》卷四送郑友渔。

灯下撰《诗录跋》初稿。

31日 到金子直处诊视，血压152，注射降血压针，取安神经药水。

校阅刘申叔的《参政时代札子》和《心感论》。《参政时代札子》是献给袁世凯的未成稿，陈义迂腐，措辞肉麻。

6月

1日 将《左庵诗录后记》改成誊好，次日交还郑友渔。

2日 傍晚到来今雨轩，徐苏甘为钱秉雄设生日宴，徐娟贞也来。

灯下写《诗录》目录。

3日 写完《诗录》目录。

到前门邮局取日本购来的原本《草露贯珠》。傍晚到金子直处，取治面部火疮外用药膏及安脑药水。

灯下取《外集》题卡片，略为排列。

4日 黄尊生在北海仿膳请吃中饭，同席有周启明、江绍源、许寿裳、马幼渔。

校点刘申叔《王船山史说申义》。此文出处不详，怀疑是否为刘申叔所作。

7日 结婚30周年纪念。全家到美美照相，一张全家照，一张夫妇照，自己又单独照了一张。随后到淮阳春吃中饭。

从5日开始修改，终于改好《读黄帝纪元书后》。

8日 早晨钱秉雄交来钱稻孙自辽宁发来的信，信中说钱䅟孙去世了。

下午到中海，将刘半农墓碑写好。

傍晚到公园长美轩，晤胡适、查勉仲，以及两位师大毕业生。

10日 下午清理刘申叔书稿。傍晚到金子直处，取药。

灯下校阅《攘书》20页。

11日 到中海将《攘书》20页送出。

12日 到中海，将刘半农碑文写错及写得不好的字，重写补缀，终于大功告成。

13 日　刘半农夫人来取碑文。

14 日　下午在孔德学校校阅《攘书》，忽得苏州电报："北平，东华门孔德学校钱玄同先生并转吴检斋先生鉴：太炎先生今晨卒，铣（十六）大殓，章宅治丧处。寒。"当即转告吴检斋、许季茀、马幼渔、周启明、沈兼士。即致一唁电："苏州锦帆路五十号章孟匡、仲连兄礼鉴：先师梦奠，骇痛何极！敬唁。钱玄同、吴承仕、许寿裳、马裕藻、周作人、沈兼士。寒。"

26 日　朱希祖、马裕藻、钱玄同、许寿裳、周作人等章门弟子联名呈请政府国葬章太炎先生。

6 月 15 日—7 月 9 日　把《攘书》及《中国文学教科书》校对好交付郑友渔，尚有《外集》数篇未校。

其间黎劭西赴南京，讲演兼筹 1936 年国语会经费。

7 月

10 日　写挽太炎师的对联。

晚上，与徐婠贞、钱秉雄到东昇祥购兰花缎幛三丈及白竹布，为一丈长的幛子，三幅拼成。马幼渔、许寿裳、吴承仕、周启明、沈兼士、钱玄同六人送太炎师。其文曰：

恭挽

先师蓟汉先生

素王之功，不在禹下；

明德之后，必有达人。

马裕藻　周作人

弟子　　许寿裳　沈兼士　鞠躬

吴承仕　钱玄同

13日　下午到中海，黎锦熙有信来，还在争取1936年度的经费。

潘景郑来信，嘱为《制言》25号（9月1日出版）撰纪念文。

14日　上午徐森玉来，为南桂馨不想要蔡元培的序一事，约他来商谈。

将孔德学校的《实验注音符号教学方法报告书》校改一遍。

15日　将孔德学校报告书交周大虎登18日的《国语周刊》。

16日　马叔平约请马幼渔、钱玄同到淮阳春吃晚饭，他次日动身经青岛去南京。灯下给潘景郑回信。

17日　徐森玉来访，已跟南桂馨说好，同意请蔡元培作序。

下午到中海，将章门弟子送太炎师的挽联寄给苏州潘景郑。灯下给蔡元培写信，催他写刘申叔遗书的序。

21日　开始编刘申叔《外集》目录，陆续编了几天。

24日　到师大访李校长，问本学年各系钟点事。校长说每位教授课时从12时减为10时，每系课时52—60时。

27日　收到蔡元培的信。灯下作《跋某君孔子生日纪念辞书后》。

29日　钱三强搬回家了，他从8月1日起将往北平研究院的物理研究所工作。

嘴巴右斜，有中风症状。下午到金子直处诊视，是中风。打针，又取降血压药水。

钱德充去考育英高中，校中来信，已录取。

8月

2日　下午乘汽车到金子直处诊病，打降血压的针，又取安脑开胃的药水。

收到《制言》第22期。

5日　下午到中海，约罗雨亭来出题。到师大领取薪水。又到金子直处诊视，打针，取药水。

6日　王仿辰来访，获赠琅琊台新刻。

8日　师大考新生，由罗雨亭主持。

下午罗雨亭来，李云亭认为国文系阅卷人太少，要另外请几位。

9日　到金子直处诊视，打针，取药水。

10日　看《古文声系》。中海送来黎锦熙的信，说已退烧，但还是腹泻。

11日　王青芳刻好"急就""夷罟"两印，"奔放自如，不守成墨，颇雄强可爱"。又请他刻"钱玄同"及"饼斋"两印，"饼斋"一印系春间所购寿山石。

12日　钱德充去考师大附中。傍晚到金子直处又打一针，取药水。

13日　接到罗雨亭与张西堂电话，告知师大2400份考卷昨日已阅好。

15日　看《国学季刊》上胡适的文章。

16日　上午到金子直处打针，取药水。随后到中海。罗雨亭来，谈次日发榜前开考试委员会事。下午郑友渔到中海来，谈刘申叔遗书。

17日　师大发第一试榜。罗雨亭来，报告开考试委员会的情形。

许季茀及其子许世瑛来。他有一纪念太炎师的文章，将刊于9月15日出刊的《制言》及《新苗》。

19日　到金子直处，打降血压针，取安神降血压开胃药。

20日 钱德充算术太差，未考取附中。

22日 傍晚到金子直处打碘钙针，取四日用药水。

23日 走访马幼渔，遇朱逷先，他刚从南京来。马幼渔约来沈坚士、许寿裳。朱逷先谈太炎师去世后的情形。

24日 晚上接到黎锦熙19日从湘潭发的快信。原定17日启行北来，而16日忽患“走马牙疳”，须速往长沙拔治，最早也要9月初才能来北平。

25日 一直打嗝，下午到博爱取药。到玉华台，钱玄同、周启明、马幼渔、沈坚士、许寿裳一起宴请朱希祖。

接到罗雨亭电话，师大北平第二试及南京一、二试之卷，昨、今两日阅毕。

26日 到金子直处诊视，打针。

27日 走访马幼渔，商议趁朱希祖在北平时开太炎师追悼会。灯下拟追悼会通启。

28日 张西堂与黄珮（晚芳）结婚。让徐婠贞、钱秉雄去。马幼渔证婚。

师大今日发榜。

29日 由于北大正在拆建大礼堂，太炎师的追悼会准备改用孔德学校的大礼堂。

上午到金子直处打降血压针，取药水。

30日 上午访蓝少铿，商借大礼堂。托孔德学校书记于永椿写通启，石印300份。

31日 通启已印好。约马幼渔来孔德学校，分头发通启。

下午到《世界日报》社访吴范寰，通启在该报登9月1、2、3、4日并嘱其代向天津《大公报》登9月2、3日。

9月

1日　到荣宝斋为朱希祖、马幼渔购挽联；又为六人所送“素王之功”购一联纸，要求划格，明日取。

2日　上午到荣宝斋取联纸，至中海，再书“素王之功”一联。

到承华园，由沈坚士、周启明、钱玄同、马幼渔、许寿裳宴请朱希祖、沈士远。饭后到同生照相。

将许寿裳《纪念先师》一文寄潘景郑，备为登《制言》第25期。

3日　将朱希祖、马幼渔两挽联请孔德书记迟乎农代写。随后到李召贻家，将太炎师的17件遗墨取来，准备陈列用。

傍晚与钱秉雄等一起布置会场，将“素王之功”悬于像旁。

4日　赴孔德学校，与沈坚士、朱希祖、许寿裳、马幼渔、周启明布置太炎师遗墨，共38件：钱玄同23、沈坚士7、朱希祖2、许寿裳3、马幼渔2、周启明1。约10点开会，推许寿裳为主席，招待员为林尹、孙伏园、陆宗达、李季谷。首由许寿裳致开会辞，次由朱希祖报告先师生平大事，次由章三婿乐清人朱铎民（镜宙）报告太炎师的病状及国葬等事，次由钱玄同略述太炎师在“文、史、儒、玄”四学方面的要点，次由蒋梦麟以来宾资格演说，约11点会场摄影，12点散会。会后章门弟子戴黑纱合影。

沈兼士在东兴楼宴请奉汤国梨之命赶来参加追悼会的朱铎民，钱玄同、朱希祖、许寿裳、马幼渔、周启明作陪。饭后回孔德学校清理会场，将各家出品送归。

晚上回家，将蔡元培寄来的《刘君申叔事略》编入《遗书》。

6日　到来今雨轩开国语会第13次常委会，陈颂平、汪一庵、魏建功、钱玄同到会。会后到金子直处诊视，打降血压针，取药水。约罗雨亭来中海，共商考省送师范生国文题。

7日 约罗雨亭、吴新斋下午来中海，省试卷约七十本，拟三人分看。后去诊病，血压183，取药水。

9日 下午到师大领取薪水，到中华取《饮冰室专集》24册。大嫂等人要送50岁寿礼来，不得已逃到孔德学校。

10日 因避寿导致心绪不佳，到葛处诊视，打针，取药水。

12日 上午到孔德学校，取日前先师追悼会的挽联，略事整理，预备打包寄苏州。

49周岁生日。晚上钱秉雄在42号请吃生日宴，徐婠贞、钱三强也来，钱德充守家。

13日 上午访高步瀛谈商课程。下午回家，照全家福和个人照。随后又访高步瀛，商定课目。到中海，罗雨亭来，张西堂也来决定课程。回家继续排课程。

徐婠贞、钱秉雄到东兴楼宴请送来寿礼的大嫂她们。

14日 上午写课表。

下午到清源医院走访黎锦熙。他浑身有疹，不能安宁。傍晚回孔德学校，灯下将课表一核，交号房，让注册课来取。

15日 走访黎锦熙，他又发烧了，心脏弱，打强心针。

17日 今明两日为师大选课之日，托助教办理，仅往签名。

下午至师大教理学院，签选课单。

18日 上午有师大国文系学生二、三年级的代表来，反对张西堂。下午到师大签选课单，随后到中海约罗雨亭来谈张西堂事。

19日 为张西堂事到清源医院走访黎锦熙，罗雨亭、张西堂都在。后到中海，再与两人谈商。

20日 到金子直处诊视，取药水。到中海，张西堂约谈。

10 月

10 日　到金子直处诊视，注射降血压新药，取安脑药水。

12 日　周作人、马幼渔、马叔平、沈坚士、许季茀在东兴楼请吃晚饭，贺钱玄同五十岁初度，同座还有徐祖正。

13 日　课后到博爱医院打针。由于身体欠佳，本学期每次只排一小时的课。

14 日　到中海，第二期《丛书集成》已来，嘱人去取到中海，拆箱检阅，以为消遣。

16 日　上午看孙海波上年度的《中国文字学概略》讲义。

下午到孔德学校，将已抄好的《左庵外集》目录检查并与印片核对，以便交付郑友渔。

17 日至 31 日　两周间，19 日周豫才(鲁迅)去世。“我因为青年们吹得他简直是世界救主，而又因有《世界日报》访员宋某电询吾家，未见我，而杜撰我的谈话，我极不愿，因作《我对于周豫才君之追忆与略评》文，登入该报及转载于师大之《教育与文化》第△期中。”①

1936 年 10 月 19 日鲁迅在上海逝世，北平《世界日报》连续几日报道鲁迅逝世的消息，还刊发了鲁迅专题，发了一组记者采访鲁迅生前好友的谈话。10 月 21 日该报《教育界》版中刊有记者“采访”钱玄同的报道。标题是“钱玄同昨表示”，副标题是“始终敬仰鲁迅天才”。其实，《世界日报》的记者只是打电话找过钱玄同，却并没有采访到他。这篇所谓钱玄同的“谈话”，完全是该报记者杜撰的。

---

① 杨天石:《钱玄同日记(整理本)》(下)，第 1224 页。

被《世界日报》记者这么一逼，钱玄同10月24日就写成了这篇回忆文章《我对周豫才君之追忆与略评》。为了消除《世界日报》的不实影响，钱玄同自然要求该报刊登这篇文章。同时又在《师大月刊》第30期、《文化与教育》半月刊第106期发表。钱玄同回忆两人的交往，同时对鲁迅作了“略评”。钱玄同认为，鲁迅可说的“长处”有三个方面：“他治学最为谨严，无论校勘古书或翻译外籍，都以求真为职志”；“豫才治学，只是他自己的兴趣，绝无好名之心”，体现了一种可贵的“闇修”精神；他读史与观世，有极犀利的眼光，能抉发中国社会的痼疾。鲁迅的“短处”也有三点：多疑、轻信和迁怒。

11月

1日 到国语会，开第15次常委常会。汪一庵昨日回北平，报告在南京的情形。据说王世杰上月赴广东与彼处校长们谈话，言语不通，因想及国语毕竟要统一。

去年秋冬间曾拟一闰音总表，未竣工。周大虎愿协此事，拟续成之。

下午到金子直处诊视，注射降血压剂，取药水。到九经阁购得《时务报》残册数本。

2日 黄萍荪寄来所办《越风》三册，读上去很有趣，“多记吾浙文献，与《逸经》性质相较类”，拟订购。

3日 日本秋操兵进城穿过。

4日 到中海，与黎锦熙谈论闰音字母。

傍晚接到钱秉雄电话，得知沈尹默来北平，率沈令扬、沈令翔两子在东兴楼宴请周启明、钱玄同、沈坚士、徐耀辰、马幼渔等人，就前往。

6日 中午前往东兴楼，与马幼渔、周启明、徐耀辰、沈兼士一起回请沈尹默父子三人，约徐森玉、钱秉雄作陪。下午来薰阁取蒋和《说文字原集注》、戴侗《六书故》首部。

7日 整理刘申叔《外集》目录。到来薰阁取《六书故》全部。

9日 到直隶书局购《文源》，又到中华购《中国小说史料》，孔另镜编。

到博爱打针、取药，血压178。

下午到中海，将刘申叔《外集》目录部分送崔子良。

11日 文奎堂送来《文献征存录》。

12点到同和居，孙伏园请吃饭，约来汪一庵、黎锦熙谈论民众基本词。下午回孔德学校，略理刘申叔遗书。

13日 郑友渔来北平，中午到森隆吃素大菜，谈刘申叔遗书。他说张溥泉也有序。汪东的序已寄到，此序已登《制言》第28期。

下午到来薰阁，购中岛竦的《书契渊源》第四帙。

14日 傍晚到文奎堂购得中岛竦的《书契渊源》第三帙。

15日 大雪封道，全天在家。写《刘申叔遗书总目》。

18日 午后为钱毯孙书墓碑，碑文为钱稻孙所拟。到葛处取药水。

19日 蔡汝堃来谈，他疑心《群书治要》靠不住，又拟作一篇考《易》卦之文，颇有见地。

20日 理刘申叔书文。

21日 在孔德学校理刘申叔《外集》文事，知太炎师关于刘申叔的文章共11篇，《国粹学报》六篇，《文录》有五篇，三篇相同，故实际有八篇，《外集》中已附录了三篇，尚有五篇拟附于卷三传状之后，各序之前，并拟将黄侃哭刘诗附入。借阅沈坚士的

《右文说在训诂学上之沿革及其推阐》。

25日 阅报知国军昨克百灵庙，伪满与蒙匪军大溃。

至琉璃厂，在商务购得顾远芗《随园诗说的研究》。在中华购得江谦的《说音》、徐蔚南编《蔡柳二先生寿辰纪念集》。徐蔚南书中有蒋慎吾的《兴中会时代上海革命党人的活动》一篇，叙"苏报案"前后的历史，极有用。

12月

22日 清华研究生权少文(国梦)由杨遇夫介绍来谈。他写了一部《说文音表》，略如江沅表式，而声母以黄侃41纽为主，每字下注《唐韵》反切，较江书为胜。他是中央大学本科生，受业于汪旭初和黄季刚。

23日 周启明约到淮阳春吃中饭。他写了一篇纪念先师的文章，关于先师学梵文的事，拟登《越风》。

下午回孔德学校，将《左庵外集》印于前面的总目稿写出，完成初稿。

24日 到大嫂处，她自辽宁回到北平后，还没见过面。《清闺秀艺文略》的印事解决，就去访她。

灯下取出太炎师及黄季刚关于刘申叔的文章，拟付抄写。黄侃有闻丧诗一首，小祥祭文一篇。

25日 孔德学校19周年纪念日，周启明未到，蓝少铿邀请钱玄同以校董资格说几句话。钱玄同说孔德学校校长蔡元培先生，最崇自由思想，崇理智，故本校一切皆应以理智解决是非。自己治国文，主要从事四个领域：白话文、注音符号、简体字和伪经考。这些都是"不顾一切而凭理智去做"。会后摄影。

下午在孔德学校，整理刘申叔遗书。

1937年(丁丑,民国二十六年)　50岁

▲7月7日,日军向卢沟桥一带中国军队开火,中国守军第29军予以还击。全面抗日战争爆发,史称"七七事变"。

▲7月29日,宋哲元率部离开北平,奉蒋介石命令撤退到保定,北平沦陷。

▲12月13日,国民政府首都南京沦陷。日军攻入南京城,开始了人类历史上最惨无人道、长达6个星期的"南京大屠杀"。

1月

1日　将刘申叔《外集》目录后记做成,尚需修改。将太炎师、黄季刚的文章移录卷首,代序文,并加识语。黎锦熙序已交来。

上午带徐婠贞到周启明家,鲁瑞老太太80岁生日。

理刘申叔遗书。修改好《黄帝纪年说》,写几句案语,就可交付郑友渔了。

2日　检阅《华国》,刘申叔的数篇文章,他处都有。

3日　到国语推行委员会,开第17次常委会。

4日　到中海,权少文又来谈,他要把钱玄同的《廿八部古韵音读假定》印入其书中,略作修改。

整理刘申叔《外集》目录。

5日　整理刘申叔《外集》目录。

6日　中午与徐婠贞一起到博爱诊视气管炎,取药,打针。下午回孔德,为林景伊的《中国声韵学通论》撰序。

8日 写好《中国声韵学通论》序。

9日 请赵善斋复写林书序数份。一给林景伊，一自留，一登《国语周刊》，一登《师大月刊》。约罗常培与魏建功在森隆吃饭，谈交替事。本学期罗常培已将《中国声韵之沿革》的《音论》部分讲过。下星期拟请魏讲《广韵》及元明清一段沿革，国音只需表过。汪一庵在第一年级已讲过国语发音，至古音一部分。

10日 到开明书店购黄季刚的《集韵声类表》，手稿影印。逛厂甸，居然购得刘申叔的《江苏乡土历史教科书》第一册、《江宁乡土地理教科书》第一册、《安徽乡土历史教科书》第一册，又购得《国粹丛书》数册。

11日 到博爱诊视，取药粉药水，打降血压针。

12日 今明两日将日前所作《左庵外集总目》录于复写本上。

14日 将《古韵廿八部音读之假定》修改好。下午带到中海，交给权少文。

15日 审查《外集》中年代有内证的文章，略补略改。

16日 周启明53岁大寿，约大家到他家吃寿宴，同席有俞平伯、江绍原、徐耀辰、废名、沈启无、川岛、陈介白等。

18日 下午到中海，晤梁启超少弟梁启雄。他著有《荀子简释》，说拟影印数种梁启超晚年手稿。

19日 国立编译所拟与国语会小有不同，陈可忠于去年12月来信问黎劭西。黎劭西嘱周大虎编《化学名词》，周大虎编好后，交来审定。上午修改审定《化学名词》，未毕。

20日 整理化学元素名称，主要根据编译馆的翻译名称。下午到中海，与周大虎商定。化合物名称也不改，由周大虎起草定音，大致可用就商定。

21 日　上午想修改《左庵外集》的后记，头胀心慌，不能安坐，就去博爱，打针取药水。

下午到中海审阅《化学名词》，由周大虎寄出。

22 日　修改去年年底所作的《左庵外集》附记。

23 日　在孔德学校改定《外集》后记。

24 日　作致蔡孑民函，为刘申叔传宜修改事。许季市来，他27 日南回，托其面交蔡元培。

灯下检刘申叔书印页。

25 日　上午将《外庵目后记》最后看一遍。下午到中海送出。

下午到博 1000 份印成，很精美。

27 日　校刘申叔文章《论小学与社会学之关系卅三则》，30年以前登《警钟报》，错字满纸。

28 日　今明两日校刘申叔文章。

30 日　上午排师大本学期功课，自己与黎锦熙均加两小时，魏建功代罗莘田，孙子书辞职，另聘王西微担任别的功课。

31 日　下午将本学期新添的课程写表，并写信告知易价及吴其作，送到文学院办公处，交听差送去。

到博爱取药、打针。

写刘申叔《论小学与社会学之关系卅三则》“附记”。

2 月

1 日　校完刘申叔文章最后两则。郑友渔送来《黄帝纪年说》校样，当即校好。

4 日　下午到博爱，打针、取药。

7 日　国语会开第 18 次会，会后到广林春聚餐。

到孔德学校，检1909年2月25日太炎师所作的《说文部首韵语解故》原稿，拟抄付《制言》。查阅留日期间的日记，摘出自己与章太炎、刘申叔关系的内容，准备作刘申叔遗书序和《章公言行杂记》。

8日 在孔德学校查日记，次日仍查日记。

10日 徐森玉在香积园请吃中饭，席间向南桂馨询问刘申叔入晋的事。下午到来薰阁、富晋、通学等处还书账，没还清。

除夕，没回家吃年夜饭，独自到东安市场的经济小食堂吃饭。

11日 孙人和赠送《庄征君集》。

14日 去厂甸开始巡阅，购得谭嗣同旧学中的《远遗堂集》。

15日 到商务购《隶释》《黎园按试乐府新声》。逛厂甸东路和西路，购得钞本两册。

16日 下午匆匆一阅厂甸，购得张尔田的《新学商兑》。

晤孙伏园，相约晚上到周家。到博爱打针、取药。

托周大虎代购的神州国光社出版的两种晋人写经《敦煌石室晋人写经》(惠蓬书)和《晋魏写经墨迹》(李苞慎)，已寄到。

17日 巡阅土地祠以南道旁的书摊，购得梁启超的《先秦诸子》油印本。

傍晚到东兴楼，蓝少铿请吃饭，谈有人要来强行接收孔德学校之事，钱玄同、马幼渔、马叔平、沈坚士、周启明、徐耀辰6名董事，还有钱秉雄、陈炳华、沈令扬、李召贻、谢星甫，决定由马叔平次日拜访华北院长何其巩。今晚钱玄同、蓝少铿、周启明、沈坚士4人走访查良钊，托他向法院说话。

20日 孙海波在大美请吃中饭，同坐有容希白、唐立庵、胡石青、于思泊、刘盼遂、黎劭西等。饭后逛厂甸土地祠中过道及内院，购得《恕谷后集》原刻本。到博爱打针。到中海，晚上与周大虎谈语音上的名称。

此日出刊的《国语周刊》第280期发表《林尹〈中国声韵学要旨〉序》。1937年7月，林尹（景伊）所著的《中国声韵学通论》由上海中华书局出版，钱玄同为此书封面题签并作序。林景伊是林公铎的侄子，叔侄俩都得大儒陈介石真传。林景伊从黄侃学小学，又到北大国学门读研究生，听过钱玄同的中国音韵沿革；转益多师后，潜心研究声韵学，终于成就此书。钱玄同认为，了解中国声韵学的变迁，更有利于学好注音符号所拼的现代标准音。

21日 逛厂甸，购《历代史表》石印本和《夏节愍集》。到博爱，打针、取药水。

22日 蔡元培的《刘申叔传》改好寄到，尚略有误，代为改好。

23日 到墨蝶林，孔德学校董事会为商量与华北学院房产纠纷案，宴请查勉仲、戴修瓒、纪清漪（律师女）。

24日 到大栅栏华美大药房购大型的健脑器，头胀时戴上，可以散热，与冷水手巾相同。

25日 元宵节，厂甸书摊末日。逛厂甸，购得《汪、罗、彭、薛诗钞》。

28日 到博爱，打针、取药。

3月

1日 蔡元培的《刘申叔传》送胡交印。

6日 到师大领取薪水。到博爱，打针、取药水。

7日 中午到西来顺，国语会开第19次会，会后聚餐。

到博爱，打针、取药。到中海，晤林景伊，获赠《陈介石年谱》两册。

8 日　饭后到博爱打针。

11 日　中午到师大购得容元昭的《李卓吾评传》。下午到博爱，血压 184，打针、取药。

12 日　孙中山逝世日，学校放假。

15 日　到金子直处打针，取药水。

16 日　收到周启明代购的日本刊印宋高宗所书《草书礼部韵》六册。

与蓝少铿到欧美同学会赴新闻专科学校，参加欢迎法国记者魏达士的茶话会。该校为成舍我所办。由于孔德学校与华北学院宗人府房产纠纷，要见李石曾，故前往。

17 日　中午到承华园，由沈兼士、周作人出面，宴请华北学院院长何其巩、董事长王觐、何其巩的把兄弟沈家彝与李石曾，商谈孔德学校与华北学院和解事，孔德学校五董事和蓝少铿都到。

19 日　课后去打针，取药水。

21 日　傍晚到华宫，请许季市与徐苏甘吃晚饭，与许季市谈关于宋平子、蒋观云、蔡孑民的著作。

22 日　下午到孔德学校，钱玄同、徐耀辰、沈坚士、周启明、马幼渔五位董事会商与华北学院的房产纠纷。会后到华宫聚餐。

25 日　下午去打针。

26 日　下午谢树英、梁明致来视察师大，就邀谢树英来谈了会，报告孔德学校与华北学院的房产纠纷案。

28 日　到商务购罗尔纲的《太平天国史纲》。到金子直处，打碘钙，取药水。

29日 黄花岗纪念日，学校放假。

购商务“国学基本丛书”本《鲒埼亭集》七册。

4月

1日 打针，取药水。

4日 国语会开第20次期会，黎锦熙不在，陈颂平只来了一会儿，仅钱玄同、魏建功、汪一庵在来今雨轩聚餐。到金子直处打针，取药水。

点读刘申叔的《清儒得失论》。

5日 到师大领取3月份薪水。

8日 到金子直处打针，取药水。

11日 徐婠贞52岁生日，大嫂他们都送礼来，中午请他们在墨蝶林吃大餐。

到金子直处取药水，打针。

21日 晚上钱秉雄回家，徐幽湘与钱秉雄的恋爱，得到徐母同意。

22日 将刘容季寄来的刘申叔残稿交赵善斋抄下。

23日 到市场购得范寿康和姜亮夫的书。

26日 将刘申叔的残稿三纸寄还刘容季。

傍晚到博爱医院，针打、取药水。

27日 与钱秉雄谈他的婚事。

28日 徐幽湘来。钱秉雄说，徐幽湘母亲允许他们在北平订婚，介绍人为黄六三、蓝少铿，地点在中山公园董事会。日期为7月10日或15日。订婚后一同去杭州。

29日 徐婠贞10年前的旧疾有复发之象，由徐幽湘陪到李景泉处去诊治。

30日　晚上到博爱，打针、取药水。

钱三强前往清华，预习镭学，约两周。

7月

1日　中午到同和居，周启明请孔德学校董事钱玄同、沈坚士、马叔平吃饭，谈孔德学校前途。

傍晚到来今雨轩，探听借地订婚的价格。

2日　上午到孔德学校，得刘师疑寄来的《礼经旧说》稿。中午到博爱，打针、取药水。

晚上钱秉雄回家，说已订好婚戒。

4日　国语会开常委会，到来今雨轩聚餐。

钱三强回家来。

6日　敬录《诗·小雅》："如月之恒，如日之升，如南山之寿，如松柏之茂。"写成一纸，祝大嫂八十大寿。

7日　带三个儿子，去给大嫂祝寿。

8日　清晨约4点，听到炮声，持续到6点。傍晚读晚报，始知日军与卢沟桥守军起了冲突。晚上戒严。

10日　下午到博爱，打针，取安神药水。

15日　钱秉雄、徐幽湘订婚日，地点在来今雨轩。来客约一百人，两点三刻入座，由钱玄同报告。三点三刻摄影。全家五人加徐幽湘共摄影，作钱秉雄、徐幽湘订婚纪念兼作钱三强出国纪念。随后请全家到长美轩吃晚饭。

16日　中午徐苏甘从森隆叫菜来家，贺钱秉雄、徐幽湘订婚，为钱三强饯行。

因时局不靖，钱三强决定提早到上海登轮赴法，钱秉雄、徐幽湘也一同启程去杭州。

18日 下午，钱秉雄、徐幽湘、钱三强离家去火车站，钱玄同夫妇不去车站送行，只让钱德充送。“强行时与我及婠握别，他忽然涕泗滂沱，我也老泪纵横矣！”[①]

19日 到博爱打针，取安神药。

要道沙包已撤，宋哲元晤香月，局势有所缓解。

9月

4日 往德国医院诊治，验小便无病，血压最高215，最低140。史悌福大夫（Dr. K. Stickforth）开两种药。吩咐一周内不要吃饭，主要吃葡萄，可略食面包、小米粥、菠菜、白菜、苹果等，不能吃肉和蛋。

12日 51岁生日。下午在家，打电话叫中原来摄影，自己独摄一张，与徐婠贞、钱德充合摄一张。

13日 下午到德国医院，请史悌福大夫复诊。血压高仍215，低130。面、大米、小米都可吃了，宜多吃青菜、豆腐、豆腐浆，可饮牛乳、黄油、红绿茶，但不可饮咖啡，不可吃肉与蛋。增加一种药。

14日 上午胡耀臣来，将刘申叔《礼经旧说》原稿送还一部分，由他觅人移录，请赵羡渔校对。送来原稿及抄稿的《冠一》（上缺）、《昏二》、《相见三》、《乡四》、《乡射五》、《燕六》、《大射七》、《聘八》、《公食九》。

到博爱打降血压针。

15日 收到钱秉雄9月3日来信，他与徐幽湘一同赴杭州。

---

① 杨天石：《钱玄同日记（整理本）》（下），第1264页。

他说“杭州目前尚称平静，除去每日有一二次航空警报外”。

16 日 收到钱三强信，8 月 21 日所写，说 22 日可到斯里兰卡首都科伦坡。

下午到博爱打降血压针，取安神药水。到商务购陆侃如的《乐府古辞考》，再到富晋还书帐，又到文楷还印 20 部毛边纸《新出三体石经考》的费用。最后到中原印照片。

17 日 上午到师大领取 7 月下半月的薪水。傍晚到博爱打针、取药水。

19 日 到博爱，金子直在，打降血压针，取药水。

中秋节，当局特令全市商店挂灯结彩以志庆祝。中山公园改为“北平公园”，东厂胡同改为“东昌胡同”。

22 日 校毕《礼经旧说》抄稿。

23 日 上午给郑友渔写信，谈补印《礼经旧说》事。

24 日 道路又挂红灯，东安市场前高悬白布匾：“庆祝陷落保定府。”

25 日 接到钱秉雄 9 月 25 日从杭州发来的快信，平安可慰。

10 月

10 日 到东安市场，购得世界书局影印的《说文释例》《说文段注》《说文通训定声》。

12 日 到孔德学校，检取《癸巳类稿》及《癸巳存稿》、《俞理初年谱》，拿回家来。

13 日 下午与汪一庵走访陈颂平，他于 9 月上旬失足跌伤，卧床四旬，近已渐愈，但尚未能起床，谈锋仍健。

15 日 痔疮发了。

16日 上午打电话请博爱葛医生来诊,未有好转。傍晚由徐苏甘请史悌福来诊治,晚上尚能安眠。

27日 到中海,晤汪一庵、汪公立、王善恺、彭心如、张卫生、赖次禅、赵善斋、严阔泉等人。何子祥日前离开北平,已到青岛。周大虎于半月前抵武昌,而后赴长沙。黎劭西卧病于长沙湘雅医院,其眷属寓长沙。

29日 到博爱打针,取药水。到孔德学校取从黎锦熙处借来的《国粹学报》,拿回家。

31日 校阅《刘申叔遗书总目》。傍晚到萃鸣春,请杨琼玖女士吃饭,酬其介绍史悌福看病。徐苏甘、徐婠贞作陪。

11月

2日 上午魏建功来,他准备20日赴云南,罗心恬将同行。他想请钱玄同题其父亲家书手卷,钱玄同则请他刻一方印。

校阅赵羡渔所校的刘申叔《礼经旧说》抄稿。

4日 中午到忠信堂,张清常请吃饭,他与陈楚俶女士订婚。在席上晤俞平伯、罗心恬、范村及石月樵。

5日 收到钱秉雄10月25日所发明信片。他暂时避居德清何家桥徐府。

7日 下午到同古堂取印。

名号定为:名夏,字季,号玄同、疑古(又作"罟""义鹄")、饼斋。室名:急就庼。

8日 街上传贴布文"庆祝太原陷落"。

10日 上午到师大文学院办公处访王恩华,他次日将赴陕,并晤汪静泉。

下午至米市胡同方宅走访刘容季谈刘申叔书事。到同古堂购青田石一方，拟请魏建功刻章。

11日 将《国粹丛书》整理一遍。

到玉华台，刘北茂为徐苏甘、罗膺中饯行，钱玄同、戴静山作陪。徐苏甘赴陕、罗膺中赴湘，都将于次日离开北平。

魏建功送来所刻之印“钱夏玄同”。“同”字略逊，“钱夏”两字绝妙。

12日 看魏建功之祖魏慰农先生《谕孙书》手卷。

13日 下午张清常与陈楚俶女士在忠信堂结婚，因病未去，送礼券4元。

起草魏慰农手卷跋。

14日 带徐婠贞一同走访魏建功，未晤。晤碧书，将送魏建功100元、罗先容100元托其转交。

灯下写魏慰农手卷的隶书封面：“魏慰农先生家书手迹。二十六年岁在强圉赤奋若十一月，钱夏敬题。”

15日 为魏慰农手卷写跋，尚未写完，魏建功来辞行，送来L形的图章。

下午到孔德学校，晤沈令扬、李召贻、陈炳华等人，检出罗振玉的《俑庐日札》。走访魏建功，归还手卷，并晤赵荫棠和郑颖孙。郑颖孙17日也将离北平赴庐山。

16日 上午10点罗心恬来辞行。11点王泽青来，他在天津接到李云亭来信，嘱其仍回北平保管校产，故回归北平。下午到琉璃厂，到同古堂，请张少丞刻一图章“钱玄同”。

到有正购黄石斋字三册：《孝经》《逸诗》和张天如墓志。又到商务购《语石》。

17日 到同古堂，将昨刻的石改为“玄同氏”，又取较大的寿山石，刻“钱夏饼斋”朱文小篆。

18日　到孔德学校，取大本《刘申叔遗书》回家。灯下在家中清理已印成订轶的刘书大小多种。

22日　到同古堂取图章。

12月

6日　晚上忽得钱秉雄11月11日自何家桥寄来的快信，"知甚平安，甚慰老怀"。

灯下做"顾、江、段、戴、孔、后江、王、章、黄、钱"古韵部对照表。

7日　上午11点行经北大一院门口，又驻皇军了。到二院见李晓宇，知《顾亭林诗集》只可以待将来了。晤张叔范，得知朱逖先随校到重庆，其夫人到安徽。

8日　至博爱打针，取安神药水及胃药。

到有正书局购沈子培草书《永嘉禅师证道歌》四张屏散片、石印的《六朝文絜》。

10日　上午到中海，晤汪一庵，听说有机关想用怡园。因出入不便，与汪一庵合议，拟迁回故教育部东院故厅。下午到同古堂取印套，又购青田章，请其刻"彦均"两字。

11日　上午阅报，说南京昨日沦陷。9点警察署大放鞭炮庆祝。

12日　下午到博爱，请金子直诊医胃痛，取药。

取太炎师的木版《新方言》一部，将各方音字写于眉端。

13日　下午到孔德学校，晤李召贻、沈令扬、陈炳华等人，正谈话间，警察忽来传话，学校须备五色旗。

14日　上午出胡同口一看，满街都挂五色旗。下午到辞典处，途经中南海门前，见有"中华民国临时政府"的牌子。到同古堂取“彦均”图章。

报载南京于昨晚沦陷。

15 日 昨日“中华民国临时政府”成立，今日天安门开庆祝大会，学校放假加入。警察送太阳与五色交叉之旗纸到家，嘱贴于门首。

16 日 下午到来薰阁取《殷礼在斯堂丛书》首册。

20 日 于南屋打《易音》，全部打好。

21 日 25 日是孔德学校成立 20 周年纪念日，鉴于经费窘迫，钱玄同建议不必铺张，宜教职员、学生、董事、中法当局及法国大使馆的人等摄影以资纪念。

23 日 购得文瑞楼石印的郝氏《尔雅义疏》。

24 日 阅报得知日军正在攻打杭州，德清已于 21 日晚陷落。

打《诗本音》，之后几日都忙于此。

25 日 到孔德学校，参加廿周年纪念摄影，钱玄同、周启明、沈坚士、徐耀辰、马幼渔五名董事都到。

26 日 在直隶书局取一部版本极劣的《小学钩沉》。接到钱秉雄 21 日写的家书。

1938 年(戊寅，民国二十七年)　51 岁

▲3 月 28 日，日本扶持的傀儡政权中华民国维新政府在南京成立。

▲4 月 7 日，由国民党著名领袖李宗仁指挥的台儿庄战役，经过第五战区广大爱国官兵的浴血奋战，终于取得胜利。

▲10月24日，蒋介石下令放弃武汉，次日武汉沦陷。

1月

1日　记下元旦感想："余今年五十二岁矣。抱病三年，迄无起色。精神衰惫，眼目昏花，不能久坐，不能多劳。甚矣吾衰也。但对于小学及经学，研求三十余年，犹愿耄年仍有进步。"①

上午给钱三强回信。

4日　到辞典处，晤汪一庵及日本林盛逵君。林盛逵为大连工业学校教谕，谈国音标准，出示册页求题字。

10日　改定《外集》序记。

11日　中午到博爱，打针。随后几日都往博爱打针。寄郑友渔函。

15日　到开明书店购买《焦理堂先生年谱》（闵尔昌作）、《小学钩沉》（长沙龙氏刻本）。

日前用东昌纸订信册五本，今日取来。将太炎师遗札贴成两本。

得报丧条，知孟森于14日逝世。

16日　粘先兄钱恂遗札，次日继续粘。

18日　整理刘申叔《左庵丛书》，清理出总目及后记稿。《礼经旧说》稿，预备先成总目及后记，接着看赵羡渔校阅的《礼经旧说》。

刘申叔《国学教科书》五种共九册。灯下写《国学教科书》九册目录，拟托来薰觅人用宋体字誊写，钉在遗书上，以便检查。

19日　取去年夏天所开《刘申叔遗书总目》，略以年代排列。

① 杨天石：《钱玄同日记（整理本）》（下），第1304页。

23日　开始做《刘申叔遗书总目》附记，仍拟作一序。

27日　到来薰阁，本节书账70元，傅印《困学纪闻》送去抵15元，还差55元。

30日　上午到博爱付账，看病，取药，又打针。到来薰阁还账，付20元。

2月

1日　逛厂甸，购买黄公度《杂事诗》、《晞发集》四册、《九经今义》、《是中国民复南皮张尚书书》。

5日　逛厂甸土地祠及东路，又去九经堂，购得王懿荣的《尔雅直音》、吴保初的《北山楼遗稿》、《新镌康南海先生传上编》、《庶策云》、程子端《左行草书楞严经》五册、《黄石斋全集》、《吴评左传》。

6日　逛厂甸西路，购得《陈石遗年谱》、《清议报》原本。

8日　上午到孔德学校，取前年借谢埜的《古学汇刊》，写其书目及期数，对照自己藏书，理清所缺哪几册。

下午逛厂甸，购得《清议报》全编的零本，居然配全了16册。

灯下写好《古学汇刊》第二的目录。收到魏建功1月16日的信。

9日　上午到中海访汪一庵，见黎劭西信，说已抵丰镐。

周启明代购廖燕的《二十七松堂集》，今日接到。“其人与金圣叹、魏伯子相近，亦尊王而大黜朱者也。”

12日　上午到博爱打针。下午去厂甸，略浏览西路一周，购得汤蛰仙的《三通考辑要》、广智书局刘陶所译日本田口卯吉的《中国文明小史》，又购得《昌言报》第1期。

19日　下午逛厂甸，购得《三不朽图赞》一部。

到博爱，打针。

21日　下午到杨琼玖家吊丧，其母今日接三。在杨家遇杨季子，杨度的弟弟，董海伦的公公。交谈得知钱润辉和董大酉寓上海静安南路，董海伦入蜀，其夫杨康祖还在中国银行。将《国粹报》中刘申叔文章系年记出，备作序时参考。

23日至25日　检取钱宾四的《先秦诸子系年考辨》，此书实为精密，超过胡适、梁启超等大家。

27日　上午到博爱打另一种高血压针，并取胃药及安神药。

3月

1日　马幼渔来，一同到五芳斋吃中饭，纵谈梁启超、夏曾佑、章太炎等名家思想。

6日　“灯火管制”练习防空。晚上，家中燃煤油灯。

12日　到金子直处打针，取药。

17日　上午继续为郑友渔写《生圹志》，仍未毕。下午在家中取刘申叔的《礼经旧说》，校稿整理。

20日　收不到钱秉雄的信，十分忧虑。

21日　徐婠贞后天53岁生日，大嫂家送来长寿面、花生糖、牛肉、鸡等，还有大嫂写了扇面的扇子。

23日　徐婠贞生日。听说大嫂和榴仙要来，一早就出门躲开了。

上午接到周启明电话，相约在孔德学校会商，同访何其巩，为孔德学校的事。

5月

1日　购得孙刻《叶水心集》、莫刻《王龙溪集》、《四部丛刊三编》影写本《春秋胡氏传》、《通志》原本《春秋刘申叔传》、广东翻《通志堂》本《春秋后传》(陈止斋)。

近来胃病严重,精神又衰。到博爱,请金子直诊,取胃药,打针。

6日 下午走访孙蜀丞,为孔德学校与华北学院的房产纠纷案。到博爱,取胃药,打针。到来薰阁,购木刻《爱智庐文》。

续撰《刘书总目后记》。

7日 续写《后记》一段。

8日 访孙蜀丞,为孔德学校的官司。

10日 到辅大,周启明、钱玄同、沈坚士、孙蜀丞相约来该校,为孔德学校与华北学院和解事。到博爱打针。

13日 傍晚接到孙蜀丞电话,华北学院那里一切手续都办妥,等候孔德付钱了。连夜把这一消息告诉蓝少铿。

14日 到孔德学校,取550元到周启明家,孙蜀丞也来。孙蜀丞拿钱离去。

15日 到孙蜀丞处,孔德学校与华北学院的房产纠纷和解了。到博爱打针,为钱德充、徐婠贞取药。

16日 访戴静山,出他家大门时摔伤了。孔德学校与华北学院和解了,何其巩约双方人在其家吃晚饭。钱玄同因伤不能往前,电话约周启明来家,请其转达谢意。

17日 电话约葛医生来换药,打针。

19日 至博爱换药,打针。

21日 带徐婠贞一同到博爱,自己换药、打针。徐婠贞因手皮破损而诊。

22日 到博爱,换药,打针。

天安门开庆祝徐州陷落大会。

25 日　到孔德学校，晤蓝少铿、李召贻、沈令扬、陈炳华等人，孔德学校与华北学院的房产纠纷，次日开庭调解。

26 日　孔德学校与华北学院的房产官司，开庭调解好了。

30 日　购得《四部丛刊》本《孝经》，配全了《四部丛刊》本的《十三经》。

6 月

1 日　上午到文奎堂还《王龙溪集》和《叶水心集》的书债。

2 日　上午钱端仁、钱端义、袁繁猷来。钱端仁送来一份拍给钱稻孙的电报："雄在沪。父在平否？盼电复。崑霤（志靖）转。雄。"到孔德学校给俞志靖复电："雄电悉。玄仍寓原处，余函详。请转告。玄同。冬。"

又请沈令扬致一电于其弟令年（上海金城银行）。

灯下给钱秉雄写信（由俞志靖转）。

徐婠贞去大嫂家。大嫂交给她俞志靖 5 月 16 日发来北平的快信。俞志靖始终在上海。钱幼楞夫妇及钱棣孙夫妇及其子在苏州、无锡交界处的荡口镇，钱仲联往桂林，钱华孙被难。俞家到荡口避难，徐生身弱积劳，途中病故。徐夫人及俞九思夫妇及其子女现移寓俞志靖处。

3 日　给俞志靖写信。

孔德学校为了结房产纠纷案而在承华园请客。客人有孙蜀丞、何其巩。主人有周启明、沈兼士、钱玄同、徐耀宸、蓝少铿、沈令扬、李召贻。

4 日　到博爱打针。随后到琉璃厂逛书店。

5 日　到博爱打针。

9 日　得沈令年复其兄电文："秉雄在沪。"看来是两人已在上海会面。走访周启明，托其代请孔德图书馆编目员。

10 日　到金子直处打针。

11 日　校阅刘申叔遗稿中的《聘》《公食》《觐》。

12 日　校阅《少牢》《有司》，午后到孔德学校送交胡耀宸。

17 日　到金子直处打针。接到钱秉雄 11 日复信。

18 日　给钱秉雄、钱三强分别复信。

21 日　上午打针。得陆雨庵讣。下午走访陈中平，示以挽陆雨庵联，他帮着修正。

22 日　下午写陆雨庵（艮庐）挽联：

搜集宋元简体字，推行苏语声韵符，令嗣已能继武；

选编务观白话诗，阐发子静精义学，我公无愧象贤。

艮庐先生不朽！钱玄同敬挽

29 日　蓝少铿想回老家，拟请李召贻代理，协助周启明前往接洽。

7 月

1 日　到博爱打针。

2 日　接到钱秉雄来信，他们俩到沪后都生病了，请沈麟伯诊治，已痊愈。拟乘轮船北来。

4 日　周启明约请钱玄同、蓝少铿、沈令扬在森隆吃中饭，商谈蓝少铿辞职之事。

5 日　到德国医院访南桂馨，谈刘申叔书事。

6 日　排刘申叔书《燕礼》《特牲馈食礼》，未全毕。

钱秉雄、徐幽湘忽然回家，“一年之别，半年来之思念，大慰”。

晚上与钱秉雄谈话到次日清晨才睡。

18日 到孔德学校，蓝少铿来谈，有留任的意愿。

8月

此月接到钱三强来信，他也放暑假了。

9月

5日 有四十余日没有日记，“无可记，故不记”。其间生过一周胃肠肿。

7月14日北平汉奸文人、伪古物陈列所所长钱桐病故。汉口的英文报纸《楚报》误将钱桐刊为钱玄同，发了消息。钱玄同在南方的学子见到后，非常悲痛。虽北平已沦陷，仍有人寄去挽联等悼唁。张凤举来唁钱秉雄的信，徐林士来唁徐婠贞的信，俞志靖及钱瑛来信问询，徐苏甘致徐婠贞信问钱玄同身体如何，孙鹰如竟寄来挽联，魏建功及罗膺中也写信给北平的朋友探询情况。“亲友们之关切实可感激。我无迷信，不特不以为嫌忌，且实感其交谊之深，不以生死而渝。”①

孔德学校今日开始上课，徐幽湘于9月3日迁到校中去住。钱秉雄到孔德学校上课。钱德充也开始上课。

6日 晚上接到董鲁安来函，盖一印曰“入无生忍”，又刻一佛像，刻“南无阿弥陀佛”，又其信笺上一写“青来堂”及“鲁启事”两印，均极精印。

11日 徐幽湘与榴仙赠送吉士林的寿饼。徐幽湘星期天有空，就请她晚上吃蟹。

12日 51周岁生日。徐婠贞送羊肉及鳜鱼去钱稻孙家，答

---

① 杨天石：《钱玄同日记（整理本）》（下），第1348页。

谢榴仙。

19 日　校刘申叔遗稿《乡射》《大射》。

20 日　将《大射》校完。下午到孔德学校，将《乡射》《大射》送胡耀宸。灯下续看《乡饮酒礼》，半夜校毕。

21 日　张西堂将于 23 日离开北平，晚上在华宫为他饯行。

《乡饮酒礼》礼送交胡耀宸，仅余《丧服》经传了。查《士丧》《既夕》《士虞》残稿，仅《士虞》中多一条，可作为补遗。

22 日　上午校阅《丧服》，手稿多未完成，已印的蒙文通本实为定稿，似可石印。

灯下再校阅《丧服》《士丧》，决定不补了。

25 日　改去年所撰的《后记》。傍晚回家，灯下誊出。

26 日　将《后记》改毕，又写了目录及《行款正误》一纸，就寄给胡耀宸。

27 日　中午到博爱，请葛验血压，血压 181。

拟以“忆菰”为号，原因是“先大父葬于湖州南门外之菰山”，“乌程旧称菰城”。

28 日　将去年复写的《刘申叔遗书总目》修正，及做《书目后记》。

30 日　马幼渔书赠“天谷见阳”诗屏，书法甚好。

10 月

6 日　符宇澄着人送来严可均《说文翼》稿本，想整理此书。

7 日　到来薰阁还书债一部分。到博爱还两节药费。

8 日　中秋节。做了十来天刘申叔遗书《目录后记》，到半夜总算做完。

11 日　铸新送来翻毛月饼和粽子。月饼为正明斋物，甚佳。

中秋也能吃到粽子，倒也有趣。

12日 中午到博爱，血压183，打针，取胃病药粉。

16日 钱秉雄为全家都摄了影。

到商务购得《增补本金石爻书目》。到金子直处诊，取胃病药，打针。

19日 午后往博爱，经东长安街御河桥处，车被一自行车所撞，仆于地，左手掌着地，起来后感觉肿痛，到博爱就诊，说无大碍。血压186。打针。

21日 到博爱，血压180，打针。

23日 下午到孔德学校，忽觉面红，头上血管多胀，心神不宁，用冷水手巾敷面，约5点回家。头戴健脑器才渐愈。

26日 到博爱，血压180，脉搏86，打针。

报载汉口于昨晚沦陷。

11月

1日 到博爱，打针，血压180。

到同古堂取张少丞所刻一章。

4日 下午在钱秉雄室中理杂物。找出好些书来，又找到先师一纸和朱希祖抄先师《俗字十二等表》。

5日 想到先师讲学数次的讲义，以后应合印：

(一)《国学讲习会略说》(附《振起》之首篇，附《演说录》)，1906年；

(二)《国学会讲义案三种》，1913年；

(三)《国学概论》(曹聚仁记)；

(四)《章氏国学讲义会》。

6日 到金子直处，打针。

9日 下午在钱秉雄室理杂物。找出30年前《说文》等等杂记，拟暇时将笔录本作底本而一一整理成书。

11日 午后在钱秉雄室理杂物，将民初朱宗莱所抄的《说文杂记》及其原稿理在一处，今后暇时拟将此杂记再细勘一过，异日拟出版以惠嘉士林。

16日 早晨胡耀宸来，催刘申叔遗书速成。下午将一个月以前做成的刘书《总目》及后记复审一过。灯下续审，次日凌晨改定。

17日 将《总目》送胡耀宸。

18日 王碧书说魏建功来信要求写几个字。用百名笺写《新方言序》，拟赠魏建功。王碧书及魏乃、魏至两孩定于次日赴天津，乘20日的海轮。到森隆三楼为魏、杨两人饯行，席上共九人：王碧书、魏乃、魏至、杨琼玖、韩小姐杨友、徐婠贞、钱秉雄、徐幽湘、钱玄同。

20日 到博爱，血压180，打针。

21日 到孔德学校图书馆，借得《传砚斋丛书》。

22日 周启明请吃中饭，同席还有钱秉雄、杨琼玖。

灯下写《左庵年表》。

24日 灯下撰就《左庵著述系年》。

27日 在周家晤许诗英。他定于12月26日在西长安街淮阳春结婚，介绍人周启明、陈君哲，证婚人沈兼士，主婚人由戴静山代。

28日 晚上杨琼玖来辞行。她将于次日赴天津，12月6日乘海轮去上海。

12 月

1 日　早晨起床后有些小中风。到葛处打针，又取镇神经的药粉。

到中海晤汪一庵。他要编《中国大字典》，约下星期再细谈。

4 日　到博爱，血压 178，打针。

5 日　到东安市场，购得《古史辨》第六册。

钱秉雄为钱玄同购得卢骚的《忏悔录》，张竞生译。

7 日　中午到中国银行访沈孟三及杨曼农，刘容季来信，嘱将《礼经旧说》稿交他们代还。

到博爱，血压 178，打针，取药水。

到商务购严译《天演论》《名学浅说》《群己权界论》《社会通诠》。

下午到群玉斋，购得壬寅年石印《东海褰冥氏三十以前旧学四种》、《寥天一阁文》、《莽苍苍斋诗》、《远遗堂集外文》、《石菊影庐笔识》。

11 日　胡耀宸送来《总目》校样。灯下校《总目》。

12 日　周启明从孔德学校来电话相邀，上午到孔德学校，得知学校的办学经费尚有希望。

1939 年（己卯，民国二十八年）　52 岁

▲1 月 1 日，爱国学生团体“抗团”成员李如鹏、赵尔仁、范旭潜入八道湾周宅，开枪射击周作人，子弹恰好打在其毛衣的纽扣上。周作人只是擦伤点皮，虚惊一场。

▲1 月 13 日，中共中央南方局正式成立，周恩来任书记。

▲7 月 18 日，国民政府颁发对钱玄同的褒扬令。

1 月

1 日　上午到文奎堂购得孙琴西的《逊学斋诗文钞》及《续钞》。

李召贻忽来，说周启明上午 10 点忽被狙击，未伤。沈启无正好在座，也被狙击，伤肺。

3 日　上午钱秉雄前往探视周启明，转交钱玄同的一封信。信中说“兄忽遇狙，但幸无恙，骇异之至，竟夕不宁”。钱秉雄讲述见面情形，周启明说日后当少出门。

5 日　午后到文奎堂购何格恩的《陈亮之思想》。

6 日　得故宫博物院赠送一部《宛委别藏》，系 1935 年故宫取养心殿所藏《宛委别藏》160 种中选取 40 种未有刊本者，交商务馆影印成 150 本。其中最有用者有宋张洽《春秋集传》，宋张文伯《九经疑难》，元杨鉤《增广钟鼎篆韵》。

8 日　北大哲学毕业生郝瑞桓来访。拿来两篇论文：《南宋思想家陈亮传》，藏晖出题；《清圣祖之倡导文治》，孟心史出题。要求为其看看。

中午到博爱，血压 178，打针。

10 日　周启明送给钱玄同古写本《文选》。

12 日　再校《礼经旧说》后记，及《左庵著述系年》，将于明日送交胡耀宸。

刘师培著作等身，但身后没人整理，“厂甸巡阅使”钱玄同，看到刘师培编著的单行本，就买下来，积少成多，就有了编辑整理《刘申叔先生遗书》的想法。刘师培的旧友南桂馨，为同盟会元老,“社会主义讲习会”成员之一,山西著名富家,号称“南半城”,曾任天津市市长。1936年南桂馨出资,邀请钱玄同等编辑出版了《刘申叔先生遗书》,即“山西宁武南氏刻本”。这是收集刘师培著作最多且校勘最力的一个版本,由南桂馨的幕僚郑友渔主持校印,聘请刘师培的学友钱玄同和弟子陈钟凡、刘文典等搜集整理。《刘申叔先生遗书》,计74种,论群经及小学者22种,论学术及文辞者13种,群书校释24种,1939年出版全套。

整理刘师培遗书,钱玄同著有《左庵年表》《左庵著述系年》和《〈刘申叔先生遗书〉序》《〈刘申叔先生遗书〉总目说明》。钱玄同在序文中介绍了近代戊戌维新以来中国学术思想界有代表性的启蒙人物12位,分别为:南海康君长素(有为),平阳宋君平子(衡),浏阳谭君壮飞(嗣同),新会梁君任公(启超),闽侯严君几道(复),杭县夏君穗卿(曾佑),先师余杭章公太炎(炳麟),瑞安孙君籀高(诒让),绍兴蔡君孑民(元培),仪征刘君申叔(光汉),海宁王君静庵(国维),先师吴兴崔公觯甫(适)。

14日 中午到孔德学校,商谈处理李大钊的遗留图书《九通》,把它卖给当时的北平女师大,帮助解决李大钊子女的生活窘迫问题(实为筹措去延安路费)。灯下取《国音常用字汇》的字典部首索引,着手改编《簾广(庵)百部偏旁》,拟用此新部首改编极古、极今二书:极古指《说文》,极今为《国音常用字汇》。

17日 傍晚,钱秉雄做完工作从孔德学校回到家里时,钱玄同正在南屋他的书房中翻阅书报。见儿子回来,钱玄同放下书报,问询学校和外面的情况。

6点多钟,家里正准备吃晚饭。钱玄同从南屋走到北屋来,妻子徐婠贞招呼他一同吃饭,他说:“你们先吃罢,我在藤椅上躺一会儿,稍微休息一下再吃。”他躺了一些时候,又站起来向卧室走去。妻子见他要进卧室，想到她下午出门归来换下的衣服还散放在床上，就赶紧放下饭碗走进卧室。这时，钱秉雄听到母亲惊叫：“不好了，快来！”钱秉雄进去一看，钱玄同两眼发直，嘴角上流出白沫子。家人赶紧过去扶他起来，他已不能言语，只做手势示意拍他背部。轻拍背部，钱玄同才缓过气来，吐出许多痰和唾液。家人赶紧请来德国医院史大夫。医生诊断后，注射一针。随即家人又叫来急救车把他送入德国医院。经诊断，他患的是右脑部溢血。大夫们极力抢救了几个小时，可他始终没有醒过来。晚上 9 点 45 分，钱玄同停止了呼吸，病故于医院中。

后世影响

抗战时期，交通不便，信息传递缓慢。1939 年 5 月 5 日，国立北平师范大学在陕西城固西北联合大学内举行“钱玄同先生追悼会”。会后出版了《钱玄同先生纪念集》，扉页为版画家尚莫宗的木刻“钱玄同先生遗像”，内收黎锦熙的《钱玄同先生传》和国立北平师范大学《祭文》，还有许寿裳的挽联：“滞北最伤心，倭难竟成千古恨。游东犹在目，章门同学几人存。”封面由许寿裳题字。《纪念集》里还有当年 7 月 18 日国民政府颁发的褒扬令：

> 国立北平师范大学教授钱玄同，品行高洁，学识湛深。抗战军兴，适以宿病不良于行，未即离平，历时既久，环境益艰，仍能潜修国学，永保清操。卒因蛰居抑郁，切齿仇雠，病体日颓，赍志长逝。溯其生平致力教育事业，历二十余载，所为文字，见重一时，不仅贻惠士林，实亦有功党国，应予明令褒扬，以彰幽潜，而昭激劝。此令。

1957 年，中国文字改革委员会下属的“汉语拼音方案委员会”研究制订了《汉语拼音方案》，1958 年 2 月 11 日全国人民代表大会批准公布该方案。不过目前来看，拉丁字母拼音方案主要功能是为汉字注音，作为表音文字取代方块汉字是不太可能的。

1958 年，周恩来在《当前文字改革的任务》报告里指出："1926 年产生了由钱玄同、黎锦熙、赵元任等制订的国语罗马字，1931 年产生了由瞿秋白、吴玉章等制订的'拉丁化新文字'。拉丁化新文字和国语罗马字是中国人自己创制的拉丁字母式的汉语拼音方案中比较完善的两个方案。在谈到现在的拼音方案的时候，不能不承认他们的功劳。"

钱玄同、徐婠贞夫妇的墓在福田公墓，原来的墓碑在"文化大革命"时被毁，剩下的半截石块埋在墓旁的土埂里。1987 年秋天，钱三强亲自去公墓联系修复。

1992 年，钱三强病逝，骨灰分三处存放，一部分安葬在中国原子能科学研究院内，一部分安放在八宝山革命公墓第一室，一部分安葬在北京福田公墓钱玄同夫妇的墓旁，墓盖上是钱玄同写的"从牛到爱"四个字。

参考文献

一、档案、家谱

1. 钱恂:《吴兴钱氏家乘》,上海聚珍仿宋印书局 1921 年印制。

2.《北京大学职员录》

3.《北京师范大学职员录》

4.《国立北京大学学科课程一览》

5.《国立北京大学讲授国学之课程并说明书》

二、报刊

1.《新民丛报》

2.《警钟日报》

3.《苏报》

4.《湖州白话报》

5.《民报》

6.《新世纪》

7.《旅欧杂志》

8.《民报》
9.《国粹学报》
10.《天义报》
11.《中兴日报》
12.《教育今语杂志》
13.《甲寅》
14.《独立周报》
15.《新青年》
16.《北京大学日刊》
17.《北京大学月刊》
18.《新潮》
19.《每周评论》
20.《北京高等学校周刊》
21.《国民公报》
22.《少年中国》
23.《东方杂志》
24.《小说月报》
25.《创造季刊》
26.《孔德旬刊》
27.《语丝》
28.《解放与改造》
29.《钱江评论》
30.《新社会》
31.《晨报副刊》
32.《京报副刊》
33.《国语月刊》

34.《国语周刊》

35.《教育杂志》

36.《努力周报》

37.《文学旬刊》

38.《之江日报》

39.《世界日报》

40.《大公报》

三、文集、文献资料汇编、文史资料

1. 钱夏(钱玄同):《说文解字部首集笺》,民国油印本。

2. 钱夏(钱玄同):《说文段注小笺》,民国油印本。

3. 钱玄同:《国音沿革略》,民国石印本。

4. 钱玄同等:《文字学讲义》,民国油印本。

5. 钱玄同:《文字学音篇》,北京:国立北京大学出版组,1937年。

6. 魏建功编:《钱玄同先生遗墨》,1947年。

7. 钱玄同:《说文部首今读》,上海:上海新知识出版社,1958年。

8. 曹述敬编:《钱玄同音学论著选辑》,太原:山西人民出版社,1988年。

9. 沈永宝编:《钱玄同五四时期言论集》,上海:东方出版中心,1998年。

10. 钱玄同:《钱玄同文集》,北京:中国人民大学出版社,1999年。

11. 钱玄同:《钱玄同散文经典》,北京:印刷工业出版社,2001年。

12. 钱玄同:《钱玄同作品集》,开封:河南大学出版社,2004年。

13. 刘琅编:《精读钱玄同》,厦门:鹭江出版社,2007年。

14. 钱玄同:《声韵学讲义》,台中县:文听阁图书有限公司,2009年。

15. 钱玄同:《文字学音篇》,台中县:文听阁图书有限公司,2010年。

16. 杨佩昌整理:《钱玄同:国学文稿》,北京:中国画报出版社,2010年。

17. 林文光选编:《钱玄同文选》,成都:四川文艺出版社,2010年。

18. 黎锦熙:《国语运动史纲》,上海:商务印书馆,1934年。

19. 章太炎:《章太炎说文解字授课笔记》,北京:中华书局,2010年。

20. 刘师培:《刘申叔先生遗书》(77种),北京:宁武南氏,1936年。

21. 顾颉刚等编著:《古史辨》,上海:上海书店,1993年。

22. 钱恂:《二二五五疏》,台北:文海出版社,1970年。

23. 钱恂:《金盖樵话》,沈阳:辽宁教育出版社,2001年。

24. 单士厘:《癸卯旅行记·归潜记》,长沙:湖南人民出版社,1981年。

25. 单士厘:《受兹室诗稿》,长沙:湖南文艺出版社,1986年。

26. 单士厘:《清闺秀艺文略》,国家图书馆藏。

27. 单士厘:《清闺秀正始再续集》,国家图书馆藏。

28. 章太炎:《章太炎全集》,上海:上海人民出版社,2015年。

29. 鲁迅:《鲁迅全集》,北京:人民文学出版社,2005年。

30. 胡适:《胡适全集》,合肥:安徽教育出版社,2003 年。

31. 钟叔河编:《周作人文类编》,长沙:湖南文艺出版社,1998 年。

32. 茅盾:《茅盾全集》,北京:人民文学出版社,1984。

33. 顾颉刚:《顾颉刚全集》,北京:中华书局,2010 年。

34. 朱自清:《朱自清散文》,北京:北京出版社,2008 年。

35. 池昌海主编:《陈望道全集》(第 5 卷),杭州:浙江大学出版社,2011 年。

36. 北京师范大学校史编写组编:《北京师范大学校史》(1902—1982),北京:北京师范大学出版社,1982 年。

37. 萧超然等编:《北京大学校史》(1898—1949),上海:上海教育出版社,1981 年。

38. 顾明远主编:《北京师范大学名人志・大师篇》,北京:北京师范大学出版社,2010 年。

四、日记、书札、年谱、回忆录

1. 北京鲁迅博物馆编:《钱玄同日记》,福州:福建教育出版社,2002 年。

2. 杨天石主编:《钱玄同日记》(整理本),北京:北京大学出版社,2014 年。

3. 中国革命博物馆整理:《吴虞日记》,成都:四川人民出版社,1984 年。

4. 周作人:《周作人日记》,郑州:大象出版社,1996 年。

5. 朱希祖:《朱希祖日记》,北京:中华书局,2012 年。

6. 沈卫威编:《胡适日记》,太原:山西教育出版社,1998 年。

7. 顾廷龙校阅:《艺风堂友朋书札》,上海:上海古籍出版社,

1981 年。

8. 上海图书馆编:《汪康年师友书札》,上海:上海古籍出版社,1987 年。

9. 黎锦熙等编撰:《钱玄同先生纪念集》,北京:北平师范大学,1939 年。

10. 朱传誉主编:《钱玄同传记资料》(影印本),台北:天一出版社,1981 年。

11. 王森然:《近代名家评传》,北京:生活·读书·新知三联书店,1998 年。

12. 沈永宝编:《钱玄同印象》,上海:学林出版社,1997 年。

13. 高勤丽编:《疑古先生——名人笔下的钱玄同 钱玄同笔下的名人》,上海:东方出版中心,1999 年。

14. 杨步伟:《杂记赵家》,沈阳:辽宁教育出版社,1998 年。

15. [日]仓石武四郎:《仓石武四郎中国留学记》,荣新江、朱玉麒译,北京:中华书局,2002 年。

16. [日]吉川幸次郎:《我的留学记》,钱婉约译,北京:中华书局,2008 年。

17. 唐德刚:《胡适口述自传》,北京:华文出版社,1989 年。

18. 周作人:《知堂回想录》,合肥:安徽教育出版社,2008 年。

19. 钱理群、严瑞芳编:《我的父辈与北京大学》,北京:北京大学出版社,2006 年。

20. 钟叔河、朱纯编:《过去的学校》,长沙:湖南教育出版社,1982 年。

21. 蔡元培、陈独秀:《蔡元培自述 实庵自传》,北京:中华书局,1915 年。

22. 曹述敬:《钱玄同年谱》,济南:齐鲁书社,1986 年。

23. 汤志钧:《章太炎年谱长编》(增订本),北京:中华书局,2013 年。

24. 姚奠中、董国炎:《章太炎学术年谱》,太原:山西古籍出版社,2001 年。

25. 李何林主编:《鲁迅年谱》(增订本),北京:人民文学出版社,2000 年。

26. 胡颂平:《胡适之先生年谱长编初稿》,台北:联经出版公司,1984 年。

27. 张菊香、张铁荣:《周作人年谱》,天津:天津人民出版社,2000 年。

28. 朱元曙、朱乐川:《朱希祖先生年谱长编》,北京:中华书局,2013 年。

29. 顾潮:《顾颉刚年谱》(增订本),北京:中华书局,2011 年。

30. 葛能全:《钱三强年谱》,济南:山东友谊出版社,2002 年。

五、论著

1. 吴奔星编著:《钱玄同研究》,南京:江苏古籍出版社,1990 年。

2. 李可亭:《钱玄同传》,开封:河南大学出版社,2002 年。

3. 吴锐:《钱玄同评传》,南昌:百花洲文艺出版社,2010 年。

4. 刘贵福:《钱玄同思想研究》,北京:北京师范大学出版社,2011 年。

5. 周维强:《扫雪斋主人——钱玄同传》,杭州:浙江人民出版社,2003 年。

6. 余连祥:《民国名人传记丛书 · 钱玄同》,合肥:黄山书社,2013 年。

7. 邱巍:《吴兴钱家:近代学术文化家族的断裂与传承》,杭州:浙江大学出版社,2009 年。

8. 魏继洲:《丰富的偏激——论五四新文学运动中的钱玄同》,北京:中国社会科学出版社,2013 年。

9. 张耀杰:《北大教授与〈新青年〉》,北京:新星出版社,2014 年。

10. 胡适:《亡友钱玄同先生成仁周年纪念歌》,《北新》1927 年第 47、48 期。

11. 熊梦飞:《记录玄同先生关于语文问题谈话》,《文化与教育》1933 年第 27 期。

12. 韩德溥:《教育文化消息:国民政府明令褒扬钱玄同》,《教与学》1939 年第 4 卷第 5 期。

13. 周作人:《玄同纪念》,《实报》1939 年 5 月 26 日。

14. 知堂:《最后的十七日:钱玄同先生纪念》,《宇宙风乙刊》1939 年第 8 期。

15. 王森然:《钱玄同先生评传》,《中国公论》(北京)1941 年第 5 卷第 4 期、第 5 期。

16. 赵荫棠:《钱玄同先生六周年纪念》,《中华周报》(北京)1945 年第 2 卷第 5 期。

17. 徐炳昶:《我所认识的钱玄同先生》,《国文月刊》1946 年第 41 期。

18. 魏建功:《回忆敬爱的老师钱玄同先生》,《国文月刊》1946 年第 41 期。

19. 鹤生(周作人):《钱玄同与〈章氏丛书〉》,《亦报》1950 年 1 月 28 日。

20. 鹤生(周作人):《饼斋的名号》,《亦报》1950 年 6 月

15 日。

21. 鹤生(周作人):《钱玄同》,《亦报》1950 年 12 月 15 日。

22. 鹤生(周作人):《王敬轩的信》,《亦报》1951 年 3 月 27 日。

23. 启明(周作人):《钱玄同》,《羊城晚报》1957 年 11 月 27 日。

24. 魏建功:《"钱玄同先生与黎锦熙先生论'古无舌上、轻唇声纽'问题书"读后记》,《中国语文》1961 年第 9 期。

25. 周作人:《饼斋的尺牍》,《七艺》1976 年第 2 期。

26. 姜德明:《鲁迅与钱玄同》,《新文学史料》1979 年第 3 期。

27. 秉雄、三强、德充:《回忆我们的父亲——钱玄同》,《新文学史料》1979 年第 3 期。

28. 任访秋:《钱玄同论》,《艺谭》1981 年第 4 期。

29. 曹述敬:《钱玄同的古韵说——关于〈古韵二十八部音读之假定〉》,《信阳师范学院学报》1982 年第 1 期。

30. 曹述敬:《钱玄同的古声纽说及其他》,《信阳师范学院学报》1982 年第 3 期。

31. 曹述敬:《钱玄同先生年谱》(上),《北京师范大学学报》1982 年第 5 期。

32. 曹述敬:《钱玄同先生年谱》(中),《北京师范大学学报》1982 年第 6 期。

33. 曹述敬:《钱玄同先生年谱》(下),《北京师范大学学报》1983 年第 1 期。

34. 叶淑穗:《关于钱玄同对鲁迅的"表示"》,《新文学史料》1984 年第 1 期。

35. 周作人:《钱玄同的复古与反复古》,《文史资料选辑》

1984 年第 94 期。

36. 陈漱渝:《钱玄同日记中的鲁迅》,《鲁迅研究动态》1985 年第 3 期。

37. 钱理群:《周作人与钱玄同、刘半农——“复古”、“欧化”及其它》,《辽宁教育学院学报》1988 年第 4 期。

38. 李大遂:《略述钱玄同的汉字简化理论与实践》,《语文建设》1989 年第 3 期。

39. 李可亭:《钱玄同古史研究论略》,《近代史研究》1991 年第 2 期。

40. 钱文华:《钱玄同编辑生涯说略》,《编辑之友》1994 年第 3 期。

41. 李可亭、吉素芬:《论钱玄同的中西文化观》,《黄淮学刊》1995 年第 3 期。

42. 文仄:《钱玄同生涯简录》,《新文化史料》1995 年第 5 期。

43. 李可亭:《钱玄同中西文化观研究》,《史学月刊》1996 年第 5 期。

44. 魏建功:《回忆敬爱的老师——钱玄同先生》,《文教资料》1996 年第 5 期。

45. 钱玄同:《钱玄同致江绍原信》,《鲁迅研究月刊》1998 年第 1 期。

46. 召南:《钱玄同的盖棺论定》,《鲁迅研究月刊》1998 年第 6 期。

47. 陈漱渝:《五四前驱　国学健将——〈钱玄同文集〉序》,《鲁迅研究月刊》1999 年第 4 期。

48. 刘思源:《钱玄同自撰年谱》,《鲁迅研究月刊》1999 年第 5 期。

49. 孙郁:《偏执的真人:钱玄同》,《读书》1999 年第 11 期。

50. 沈永宝:《论钱玄同的"白话体文学说"》,《复旦学报》2000 年第 3 期。

51. 徐立新:《钱玄同:最后的经学及其历史转变》,《学海》2001 年第 3 期。

52. 徐改平:《新文学运动中的钱玄同与胡适》,《浙江学刊》2001 年第 3 期。

53. 沈世培:《钱玄同与章太炎的交往》,《民国春秋》2001 年第 6 期。

54. 王淑芳:《钱玄同——〈狂人日记〉的"助产士"》,《北京师范大学学报》2002 年第 5 期。

55. 李可亭:《钱玄同学术活动的社会关怀》,《史学月刊》2002 年第 7 期。

56. 李端、郭小军:《钱玄同在北师大》,《光明日报》2002 年 7 月 11 日。

57. 何玲华:《〈新青年〉中的钱玄同》,《江西社会科学》2003 年第 3 期。

58. 孟方:《从一篇佚文看钱玄同文学观的坚执与变化》,《中国现代文学研究丛刊》2003 年第 4 期。

59. 郑师渠:《钱玄同与〈刘申叔遗书〉》,《北京师范大学学报》2003 年第 6 期。

60. 杨天石:《潘汉年与钱玄同——近世名人未刊函电过眼录》,《百年潮》2003 年第 7 期。

61. 刘贵福:《黎锦熙〈钱玄同先生传〉献疑三则》,《鲁迅研究月刊》2004 年第 1 期。

62. 辜也平:《原生状态的历史碎片——读影印本〈钱玄同日

记〉》,《鲁迅研究月刊》2004 年第 11 期。

63. 辜也平:《钱玄同日记:珍贵的历史文献》,《光明日报》2004 年 7 月 30 日。

64. 于静:《钱玄同、林辰藏书中的〈域外小说集〉》,《鲁迅研究月刊》2005 年第 2 期。

65. 孟庆澍:《"'用石条压驼背'的医法"——无政府主义与钱玄同的激进主义语言观》,《中国现代文学研究丛刊》2005 年第 2 期。

66. 许雪涛:《钱玄同、顾颉刚对待儒家经典的态度与方法》,《华南师范大学学报》2005 年第 4 期。

67. 苏桂宁:《"汉字革命"与钱玄同的文化选择》,《江汉论坛》2006 年第 1 期。

68. 刘贵福:《"进斯世于极乐之万物玄同"——近代墨学复兴对钱玄同的影响》,《鲁迅研究月刊》2006 年第 12 期。

69. 杨天石:《〈钱玄同日记〉(整理本)前言》,《学习时报》2007 年 1 月 1 日

70. 刘贵福:《钱玄同与〈文字学音篇〉》,《光明日报》2007 年 12 月 27 日。

71. 张向东:《钱玄同的文学革命之路:在"复古"与"革新"之间》,《重庆社会科学》2008 年第 4 期。

72. 魏继洲:《新诗的立场:钱玄同与〈尝试集〉》,《广西民族大学学报》2009 年第 3 期。

73. 魏继洲:《汉语审美性的断裂与延续——钱玄同废除汉字思想流变考》,《广西大学学报》2009 年第 5 期。

74. 李可亭:《崔适对钱玄同经学思想的影响》,《贵州社会科学》2009 年第 10 期。

75. 魏继洲:《参与彰显价值——钱玄同与“五四”文学语言建设》,《海南师范大学学报》2010 年第 1 期。

76. 魏继洲:《游移于互助与竞争之途——钱玄同偏激思想源流考》,《南方文坛》2010 年第 1 期。

77. 褚金勇:《钱玄同:在激情与理性中演绎“自由”的两难》,《郑州大学学报》2010 年第 6 期。

78. 姚婧:《从〈废除汉字采用新拼音文字案〉看钱玄同所谓“汉字革命”》,《语文学刊》2010 年第 19 期。

79. 魏继洲:《钱玄同与现代小说批评话语》,《广西社会科学》2011 年第 7 期。

80. 张家康:《新文化运动中的钱玄同与陈独秀》,《党史纵横》2011 年第 9 期。

81. 刘贵福、闵融融:《钱玄同与 1922 年非基督教运动》,《社会科学战线》2011 年第 10 期。

82. 马黎:《一个人要走过多少路,才能成为钱玄同》,《钱江晚报》2012 年 9 月 9 日。

83. 鲁先进、张玲琳:《钱玄同和古越藏书楼》,《图书馆研究与工作》2013 年第 1 期。

图书在版编目(CIP)数据

钱玄同年谱 / 余连祥著. —杭州：浙江大学出版社，2021.11
(浙江现代文学名家年谱 / 洪治纲主编)
ISBN 978-7-308-21326-4

Ⅰ.①钱… Ⅱ.①余… Ⅲ.①钱玄同(1887—1939)—年谱 Ⅳ.①K825.5

中国版本图书馆 CIP 数据核字(2021)第 082452 号

钱玄同年谱
余连祥 著

策　　划	陈丽霞　宋旭华
项目统筹	蔡　帆　王荣鑫
责任编辑	蔡　帆　吴心怡
责任校对	吴　庆
封面设计	周　灵
出版发行	浙江大学出版社 (杭州市天目山路 148 号　邮政编码 310007) (网址:http://www.zjupress.com)
排　　版	浙江时代出版服务有限公司
印　　刷	杭州高腾印务有限公司
开　　本	880mm×1230mm　1/32
印　　张	15.75
字　　数	365 千
版 印 次	2021 年 11 月第 1 版　2021 年 11 月第 1 次印刷
书　　号	ISBN 978-7-308-21326-4
定　　价	108.00 元
